财政部规划教材
全国高等院校财经类教材

资产评估学

主编 张彩英

副主编 王海春 赵国玲 李雪敏

中国财经出版传媒集团
中国财政经济出版社

图书在版编目（CIP）数据

资产评估学 / 张彩英主编. —北京：中国财政经济出版社，2018.6
财政部规划教材　全国高等院校财经类教材
ISBN 978-7-5095-8238-1

Ⅰ.①资…　Ⅱ.①张…　Ⅲ.①资产评估-高等学校-教材　Ⅳ.①F20

中国版本图书馆 CIP 数据核字（2018）第 097737 号

责任编辑：陈　冰　　　　　责任校对：黄亚青
封面设计：孙俪铭

中国财政经济出版社 出版
URL: http://www.cfeph.cn
E-mail: cfeph@cfeph.cn
（版权所有　翻印必究）
社址：北京市海淀区阜成路甲 28 号　邮政编码：100142
营销中心电话：88191537　北京财经书店电话：64033436　84041336
北京富生印刷厂印刷　各地新华书店经销
787×1092 毫米　16 开　20.25 印张　487 000 字
2018 年 6 月第 1 版　2018 年 6 月北京第 1 次印刷
定价：47.00 元
ISBN 978-7-5095-8238-1
（图书出现印装问题，本社负责调换）
本社质量投诉电话：010-88190744
打击盗版举报热线：010-88191661　QQ：2242791300

编写说明

本书是财政部规划教材,由财政部教材编审委员会组织编写并审定,作为全国高等院校财经类教材使用。

好的资产评估是并购业务、公司重组、新战略制定以及企业在其他金融方面决策成败的关键。也因此,对资产价值的测算成为投资人、企业老总、投资银行家、税务机关、资产交易各方等市场参与者最需要了解与关心的问题。本书以解决现实中的资产评估问题为出发点,以评估方法为主线,以资产评估基本理论为铺垫,以各类资产的评估为核心,分章展开,评估方法的选择使用以及评估案例贯穿始终。我们追求内容先进、科学,通俗易懂,教师好教,受众易学。

2016年7月2日《资产评估法》出台,2017年5月23日资产评估师考试科目改革,2017年9月中国资产评估协会发布25项资产评估执业准则和职业道德准则,我们将新法律、新科目、新准则与评估新理念贯彻在本书的各章中。本书的基本框架包括资产评估基本理论与基本方法、各项具体资产评估、资产评估操作。具体内容涉及资产评估概述、资产评估基础理论、资产评估基本方法、流动资产评估、金融资产评估、机器设备评估、不动产评估、资源资产评估、无形资产评估、企业价值评估、以财务报告为目的的评估、资产评估程序及信息收集、资产评估报告。本书结构严谨,内容新颖,系统务实。

相比国内外同类教材,本教材突出体现了以下几个特点:

"精"选作者,内容新颖。编写队伍"精",每一章编写人员都是长期钻研某一领域的专家学者,教材质量有保证。全书内容深入浅出,重点突出,案例的选取贴近现实,案例的分析周密、易懂。内容的编排新颖,教材中的有关内容都是按2017年9月以后的各项评估准则来阐述。

针对性强,言简意赅。本书紧紧围绕培养研究型与应用型相结合人才这一目标定位,摒弃了意义、作用等空洞的理论论述,增加了大量案例教学内容,紧密与理论阐述相结合。同时,语言简洁,操作过程、程序等主要用图示的方式,一目了然,通俗易懂,增强了可读性与趣味性。

荟萃名言,解读掌故。 在人类的历史舞台上,许多名人以其杰出的智慧演绎了绚丽的人生,他们的感悟和智慧都蕴含在其名言轶事中。本书在每一章开头搜集了与本章内容相关的经典名人名言,让学生从中仔细品读、回味,以新的思维、新的角度诠释其中的奥妙。

形式多样,一目了然。 本书仍沿用主编一贯的编写模式,强调编写的活泼性和多样性。每一章首页都有"重点提示"、"本章框架",以突出本章的教学重点及全貌。每一章最后均有"本章小结"及"阅读材料"。"本章小结"凝练地概括了一章的主要内容,以便于学生学习。"阅读材料"列举了编写过程中借鉴参考的教材,以便于学生进行深入学习。每一章的中间部分穿插各种形式的小模块,如"相关链接"、"背景资料"揭示了知识的融会贯通,"想一想"考察学生对知识的掌握及知识的拓展,"小测试"与资产评估师考试题衔接以提高学生的应试能力,"小提示"、"注意"等列出相关内容以及实务操作中需明确的问题,以帮助学生总结知识点、加深印象。本书图文并茂,一目了然,有生动活泼的效果。

启用二维码。 对于书中需要补充的以及拓展的内容通过添加二维码形式来展示。

本书由内蒙古财经大学张彩英教授担任主编,负责确定内容框架、提出写作大纲、统一撰写体例,并对全书进行修改和总纂。

参加本书编写的作者有:第1、第10章,张彩英;第7章,赵国岭;第13章,乔永峰;第4、第5章,王海春;第9、第12章,边静慧;第6、第8章,韩晓霏;第2、第11章,李雪敏;第3章,韩斯琴。周艳秋负责课件制作。在本书编写过程中,王梦宇、高矗、娜庆、韩晓霞在信息提供、公式编辑、图表制作、文字校对方面做了大量工作。

本书既可以作为高等院校资产评估专业学生的教材,也可以作为会计学专业、财务管理专业、审计专业、工商管理专业、金融专业、工程管理专业等非资产评估专业的《资产评估》课程教材,同时还可以作为初次涉足资产评估领域以及实务界人士的参考书。

本书章后思考题答案可以电子邮件方式向中国财政经济出版社索取(请注明:学校、书名、版次),email: caijingjiaocai@163.com。如需要电子课件等其他网络教学资源,请登录如下网址:http://www.zgcjjy.com 或 http://cjjc.cfeph.cn 下载。

本书的编写是在2008年出版2016年第六次印刷的教材《资产评估:理论·方法·实务》基础上做了颠覆性的变动、吸收参编者多年的经验以及变化了的资产评估业务实际后完成的,并参考借鉴了近年出版的资产评估教材及相关著作。我们在编写过程中,对于引用的内容尽可能以脚注或其他形式注明,在此衷心感谢相关文献作者!同时,感谢中国财政经济出版社张军的支持与建议！感谢中国财政经济出版社陈冰的辛苦劳动！书中不足之处敬请使用本书的人士能够不吝赐教，我们将会不断改进。

编　者
2018 年 4 月

目 录

第一章 资产评估概述 ………………………………………………（1）
    第一节 资产评估相关概念 ………………………………………（2）
    第二节 资产评估的原则和假设 …………………………………（7）
    第三节 资产评估的基本事项 ……………………………………（10）
    第四节 中国资产评估准则 ………………………………………（19）

第二章 资产评估的基础理论 ……………………………………（23）
    第一节 劳动价值论 ………………………………………………（23）
    第二节 效用价值论 ………………………………………………（25）
    第三节 供求理论 …………………………………………………（27）
    第四节 货币时间价值理论 ………………………………………（33）
    第五节 有效市场理论 ……………………………………………（35）

第三章 资产评估的基本方法 ……………………………………（40）
    第一节 市场法 ……………………………………………………（41）
    第二节 收益法 ……………………………………………………（49）
    第三节 成本法 ……………………………………………………（55）
    第四节 评估方法的比较与选择 …………………………………（65）

第四章 流动资产评估 ……………………………………………（69）
    第一节 流动资产评估概述 ………………………………………（70）
    第二节 实物类流动资产评估 ……………………………………（73）
    第三节 其他流动资产评估 ………………………………………（80）

第五章 金融资产评估 ……………………………………………（87）
    第一节 金融资产评估概述 ………………………………………（88）

目　录

　　第二节　债券评估 …………………………………………………（89）
　　第三节　股票评估 …………………………………………………（92）
　　第四节　长期股权投资评估 ………………………………………（97）

第六章　机器设备评估 …………………………………………………（101）
　　第一节　机器设备评估概述 ………………………………………（102）
　　第二节　成本法在机器设备评估中的运用 ………………………（107）
　　第三节　其他方法在机器设备评估中的运用 ……………………（122）

第七章　不动产评估 ……………………………………………………（127）
　　第一节　不动产评估概述 …………………………………………（128）
　　第二节　不动产评估的市场法 ……………………………………（135）
　　第三节　不动产评估的收益法 ……………………………………（141）
　　第四节　不动产评估的成本法 ……………………………………（147）
　　第五节　不动产评估的其他方法 …………………………………（152）

第八章　资源资产评估 …………………………………………………（159）
　　第一节　资源性资产概述 …………………………………………（160）
　　第二节　森林资源资产评估 ………………………………………（164）
　　第三节　矿产资源资产评估 ………………………………………（172）

第九章　无形资产评估 …………………………………………………（184）
　　第一节　无形资产与无形资产评估概述 …………………………（185）
　　第二节　收益法在无形资产评估中的应用 ………………………（190）
　　第三节　市场法和成本法在无形资产评估中的应用 ……………（194）
　　第四节　专利资产评估 ……………………………………………（197）
　　第五节　商标资产评估 ……………………………………………（199）
　　第六节　著作权资产评估 …………………………………………（202）
　　第七节　商誉的评估 ………………………………………………（206）

第十章　企业价值评估 …………………………………………………（212）
　　第一节　企业价值评估概述 ………………………………………（213）
　　第二节　企业价值评估信息的搜集与分析 ………………………（221）
　　第三节　收益法在企业价值评估中的应用 ………………………（223）

第四节　市场法在企业价值评估中的应用 …………………………（239）
第五节　资产基础法在企业价值评估中的应用 ……………………（249）

第十一章　以财务报告为目的的评估 ……………………………………（253）
第一节　以财务报告为目的的评估概述 ……………………………（253）
第二节　投资性房地产公允价值评估 ………………………………（256）
第三节　服务于资产减值测试的资产评估 …………………………（260）
第四节　服务于企业合并对价分摊的资产评估 ……………………（267）
第五节　服务于金融工具计量的公允价值评估 ……………………（273）

第十二章　资产评估程序及信息收集 ……………………………………（280）
第一节　资产评估程序概述 …………………………………………（281）
第二节　资产评估的具体程序 ………………………………………（282）
第三节　资产评估中信息搜集与分析方法 …………………………（287）

第十三章　资产评估报告 …………………………………………………（294）
第一节　资产评估报告概述 …………………………………………（294）
第二节　资产评估报告的内容 ………………………………………（297）
第三节　资产评估报告的编制和使用 ………………………………（301）

第一章
资产评估概述

> 也许金融界最普遍的问题就是:"这项投资的价值是多少?"不论投资的形式是债券、股票或者整个公司,对它经济价值的评估往往是总裁或分析家们的终极目标。
>
> ——M. 伏罗德海姆(Vanquish Luo Dehaim)
>
> 资产评估是一门需要学习的艺术而不是需要实践的科学。
>
> ——肯尼思 R. 费里思、芭芭拉 S. 佩舍雷·佩蒂
> (Kenneth R. Ferris、Barbara S. P'echerot Petitt)

重点提示
- 资产、资产评估的概念及相关术语的理解
- 资产评估的要素
- 资产评估的基本事项
- 资产评估的准则
- 价值类型、评估目的、评估假设

作为一门独立的学科,资产评估有其自身的研究对象、范围、目的、基本假设和应遵循的科学原则,有不同于会计学和经济学的价值标准和计量原则。资本市场的日趋活跃,产权交易的更加频繁,都使得对各类资产进行价值评估变得越来越重要。因而,理解资产评估的基本概念——资产、价值、资产评估、评估目的、价值类型、评估假设、评估原则,是建立资产评估思维方式的基础。本章将解释什么是评估,谁进行评估,并对评估中涉及的一些基本概念进行剖析。

第一章 资产评估概述

第一节 资产评估相关概念

一、资产评估的内涵

(一) 评估与估价

评估有广义与狭义之分。狭义的评估有时称"估价",指对资产的价值分析、测算活动,含义精准、明确、具体;广义的评估不只限于对资产的价值分析、测算活动,还可以指查验某人、某物或者某项活动、工作等,以判断其表现、能力、质量、效果、影响等,比如:教育评估、规划实施情况、规划和建设项目实施后可能造成的环境影响、国防评估、绩效评估、风险评估、节能评估、人才评估等。本教材论及的评估特指狭义的评估。

评估从字面意思来讲,"评"就是评定,对经济结果进行评价;"估"就是估计、估算,对未来的经济结果进行预测。

(二) 资产评估的概念

资产评估属于价值判断范畴,它实际上是一种通过模拟市场行为来分析、判断资产价值的行为,是评估人员根据有关数据资料,模拟市场对资产在一定时点上最有可能实现的市场价值的估计和判断活动。资产评估就是使用经济学的理论、方法对资产价值进行定量的估计和判断。

资产评估的概念可界定为:

资产评估(Assets Valuation),是指评估机构及其评估专业人员,根据委托对不动产、动产、无形资产、企业价值、资产损失或者其他经济权益进行评定、估算,并出具评估报告的专业服务行为。[①]

具体讲,资产评估是专业机构和人员,按照国家法律、法规和资产评估准则,根据特定目的,遵循评估原则,依照相关程序,选择适当的价值类型,运用科学方法,对资产价值进行分析、估算并发表专业意见的行为和过程。

(三) 资产评估的对象

1. 资产的概念。资产评估的对象是资产,资产是生产商品或提供劳务的工具,是能够长期提供收益流的物品。

资产(Asset)是特定权利主体拥有或控制的能以货币计量的,并能给特定权利主体带来未来经济利益的经济资源。

[①] 《资产评估法》。

2. 资产的特征。

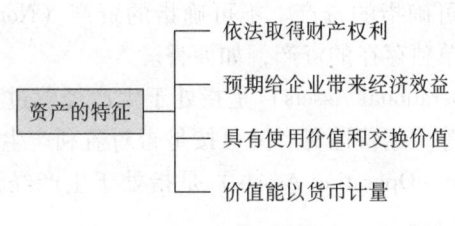

图 1-1 资产的特征

(1) 依法取得财产①权利是经济主体拥有并支配资产的前提条件。在资产评估中应了解被评估资产的产权构成。资产评估中的资产不应仅以所有权作为界定依据，一些资产，如特许经营权、采矿权，企业只有控制权而无所有权，但由于其能为企业带来净现金流，也应作为企业的资产加以确认。

(2) 预期会给企业带来经济效益。具有使用价值和交换价值，并能给经济主体带来未来效益的经济资源，才能作为资产确认。

(3) 从未来潜在能力来讲，资产具有使用价值和交换价值。

(4) 资产价值能以货币计量。资产若不能以价值计量就不能作为资产确认，即要形成价格，有价格才能以货币计量。西方经济学认为价格形成的要素有效用、稀缺性及有效需求，只有同时满足这三大要素才具有价格。

资产确认原则

3. 资产的分类。资产的存在形式是多种多样的，通常情况下，按照不同的标准，可将资产分为不同的种类，如表 1-1 所示。

表 1-1　　　　　　　　　　资产分类

分类标准	类　别
资产存在形态	有形资产和无形资产
资产是否具有综合获利能力	单项资产和整体资产
资产能否独立存在	可确指的资产和不可确指的资产
资产与生产经营过程的关系	经营性资产和非经营性资产

(1) 有形资产（Tangible Assets）是指那些具有实体形态的资产，如机器设备、房屋建筑物、流动资产、长期投资、专项资产、自然资源资产等。无形资产（Intangible Assets）是指特定主体所拥有或控制的，不具有实物形态，对生产经营长期发挥作用且能带来经济利益的资源，如专利权、商标权、非专利技术、土地使用权、特许权等可辨认的无形资产以及不可辨认的无形资产——商誉。

(2) 单项资产（Single Item Property）是指单台、单件的资产。整体资产（Overall Property）是指由一组单项资产组成的具有整体生产能力或获利能力的资产综合体，如企业生产流水线。

---

① 财产（Property）指属于国家、企业或个人的物质财富及民事权利、义务的总和，它不仅涉及被拥有的某物而且还涉及其所有权的具体归属（辞海）。财产的经济意义是资产，资产的法律意义是财产（康芒斯）。

(3) 可确指的资产（Specified Assets）是指能独立存在和转让的资产，除商誉以外的有形资产和无形资产都是可确指的资产。不可确指的资产（Non-Specified Assets）是指不能脱离企业有形资产而单独存在的资产，如商誉。

(4) 经营性资产（Operational Assets）是指处于生产经营过程中的资产，如企业的机器设备、厂房、交通工具等。经营性资产又可按是否对盈利产生贡献分为有效资产和无效资产。非经营性资产（Non-Operating Assets）是指处于生产经营过程以外的资产，如政府机关用房、办公设备等。

> **想一想：**
> 1. 如何区分资产（Asset）、财产（Property）、财富（Wealth）、资源（Resource）？
> 2. 怎样认识资产评估在市场经济中的地位和作用？

二、资产的价格与价值

《专业评估执业统一准则》（2016-2017版）给出的价格的概念是："某项资产的询价、报价或支付的金额"。价格是为取得一项资产所花费的实际数额。价格是一个历史数据或事实（过往的、以前的），是特定的交易行为中特定买方和卖方对商品或服务实际支付或收到的货币数额。价格是价值的货币表现形式。

价格（Price）——最后达成的结果，是一个历史数据或事实，价格有唯一性。

《专业评估执业统一准则》（2016—2017版）对于价值的概念表述是："资产购买方、出售方或使用方与该资产之间的货币数量关系"。价值是一个交换价值范畴，它反映了可供交易的商品、服务与其买方、卖方之间的货币数量关系。资产评估中的价值不是一个历史数据或事实，它只是专业人士根据特定的价值定义在特定时间内对商品、服务价值的估计，是拥有某项资产带来的经济利益。在评估业务中，价值必须是经过定义的，如市场价值、投资价值等。资产评估的目标是判断评估对象的价值而不是评估对象的实际成交价格。

价值（Value）——着眼未来，评估中的价值不是历史数据、不是事实，是估计。

资产价值与资产评估价值是紧密联系的。资产的价值是资产对主体的效用（Utility），是资产对主体的作用和影响，资产价值属于存在范畴，是客观存在，是资产评估的对象；而资产评估价值则是主体的观念活动或对资产价值的观念评估、观念把握，是观念范畴。

一般来说，资产价值决定资产评估价值，资产评估价值反映资产价值。

三、资产评估的要素

资产评估作为一种评价过程，要经历若干评估步骤和程序，同时也会涉及以下基本的评估要素：

1. 评估主体。评估主体即资产评估机构及其评估专业人员。评估专业人员包括资产评估师和其他具有评估专业知识和经验的评估从业人员。

提示：

参见 2017 国家职业资格目录 42 资产评估师

2. 评估客体。评估客体即被评估的资产，是资产评估的具体对象。作为评估客体既可以是有实体的实物资产，也可以是没有实体的无形资产；既可以是单项资产，也可以是诸如企业整体这样的整体资产。本章第三节对此内容还将细化。

单项资产评估（Single Item Property Appraisal）是指评估对象为单项可确指资产的评估。通常机器设备评估、土地使用权评估、房屋建筑物评估、商标权评估、专利权评估等均为单项资产评估。

整体资产评估（Overall Property Appraisal）是指以若干单项资产组成的资产综合体所具有的整体生产能力或获利能力为评估对象的资产评估，如以企业全部资产作为评估对象的企业整体价值评估、以企业某一部分或某一车间为评估对象的整体资产评估、以企业全部无形资产为评估对象的无形资产整体评估等。企业价值评估是整体资产评估最常见的形式。

3. 评估依据。评估依据是指根据什么进行资产评估，即资产评估工作所遵循的法律法规、专业准则、经济行为文件、重大合同协议、收费标准及其他参考依据，主要包括：

（1）法规依据。是与资产评估相关的法律、法规、准则，如《资产评估法》、《资产评估准则》、《资产评估操作规范意见》、《公司法》、《证券法》、《合伙企业法》、《物权法》等，这些法律、法规是开展资产评估工作必须遵守的行为准则。

（2）行为依据。是反映资产评估经济行为的文件，如证券管理部门同意公司上市的有关批文、资产管理部门同意公司与外方合作组建中外合资公司的有关批文等。这些文件、合同、协议明确了资产业务的性质与评估目的，决定了资产评估价值类型与相应评估方法的选择，是资产评估结果赖以形成的重要基础。

（3）产权依据。是与被评估资产相关的重大合同协议，如产品销售合同、技术转让协议、资产租赁合同等，这些合同、协议是评估人员对资产价值做出判断时所依据的重要资料。

（4）取价依据。是与被评估资产有关的取费标准和其他参考资料，如被评估资产所在地的房屋建筑物造价标准、各种费率取费标准、土地基准地价、行业协会发布的有关信息等，这些资料是对被评估资产价值做出判断的重要依据。

4. 评估目的。资产评估目的即资产业务引发的经济行为对资产评估结果的要求或资产评估结果的具体用途。它直接或间接地决定和制约资产评估的条件以及价值类型的选择。评估目的回答的是为什么要进行资产评估。本章第三节对此内容还将细化。

5. 评估原则。资产评估原则即资产评估的行为规范，是调节当事人各方关系，处理评估业务的行为准则。本章第二节对此内容还将细化。

2017 年修订实施的 25 项资产评估准则

6. 评估程序。资产评估程序是指资产评估师执行资产评估业务所履行的系统性工作步骤。即资产评估工作从开始准备到最后结束的工作顺序。这部分内容将在第十二章展开阐述。

7. 价值类型。资产评估价值类型是指资产评估结果的价值属性及其表现形式，或资产评估价值的质的规定性。这个要素对资产评估有关参数的选择具有很强的约束性，它包括市场价值与非市场价值。本章第三节对此内容还将细化。

8. 评估方法。资产评估方法即资产评估所运用的特定技术，是分析判断资产评估价值的手段和途径，是评估要素中最重要的一个要素。目前国际上公认的评估方法有收益法、市场法、成本法。这部分内容将在第三章详细介绍。

9. 评估假设。即前提假设，资产评估和其他学科一样，其理论体系和方法体系的确立也是建立在一系列假设基础上的。本章第二节对此内容还将细化。

10. 评估基准日。即评估时点，评估的资产价值所对应的日期。

以上十个资产评估要素有机结合，构成资产评估活动的有机整体。

四、资产评估的特点

资产评估具有如下特点：

1. 市场性。资产评估是适应市场经济要求的专业中介服务活动，其基本目标就是根据资产业务的不同性质，通过模拟市场条件对资产价值做出经得起市场检验的评定估算和报告。

2. 公正性。资产评估的公正性主要体现在资产评估是由交易双方以外的独立第三者站在客观公正的立场上，对被评估资产所做的价值判断，评估结果具有公正性。

3. 预测性。一项资产之所以有价值在于其预期能产生现金流。资产的市场价值是对其未来产生净收益的现实反映。

4. 咨询性。资产评估为资产业务所提供的评估价值，是一种专业化、市场化的咨询服务，评估结果本身并无强制执行的效力，评估主体只对评估结论的客观性负责，而不对资产交易价格的确定负责。评估价值只是为资产业务提供一个参考价值，最终的成交价格将取决于当事人讨价还价的能力。

> **小测试：**
> 资产评估结果的价值类型直接受制于资产（　　）。
> 　A. 评估的特定目的　　B. 评估方法　　C. 评估程序　　D. 评估基准日

> **总结：**
> 　资产评估：（1）是由专门从事资产评估的机构和人员进行的；（2）是对拟发生产权交易或变动的资产进行的评估；（3）是评估人员依据有关的法律、法规，在对被评估资产有关信息全面了解的基础上做出的价值判断；（4）具有明确的目的；（5）应当遵循一定的原则；（6）必须按照一定的程序进行；（7）应当明确所评估资产的价值类型；（8）应当运用科学的评估方法进行评估；（9）应当建立在一定的假设基础上；（10）应当载明评估基准日。

第二节 资产评估的原则和假设

一、资产评估假设

任何一门学科的建立都要以一定的假设为前提。资产评估是在资产业务发生之前通过模拟市场对准备交易的资产在某一时点的价格所进行的估算,进行评估时必须对被评估资产所处的时间和空间状况做出合乎逻辑的假定和说明,这便是资产评估假设。

(一) 资产评估基本假设

假设是资产评估结论成立的前提条件。在资产评估中,主要有四项基本假设,见图 1-2。

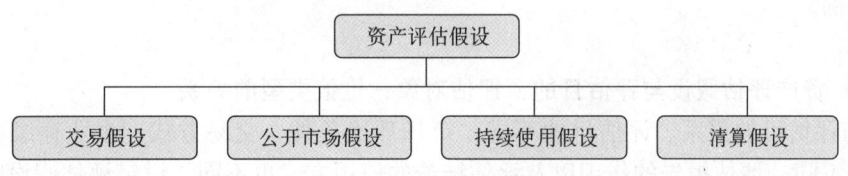

图 1-2 资产评估基本假设

1. 交易假设。交易假设(Exchange Hypothesis)是指假定所有待评估资产已经处在交易过程中,评估师根据待评估资产的交易条件等模拟市场进行估价。交易假设是资产评估得以进行的一个最基本的前提假设。

交易假设一方面为资产评估得以进行"创造"了条件,另一方面它明确限定了资产评估外部环境,即资产是被置于市场交易之中。资产评估不能脱离市场条件而孤立地进行。

2. 公开市场假设。公开市场假设(Open Market Hypothesis)是对资产拟进入的市场条件以及资产在该市场条件下受何种影响的一种假定说明或限定。它是假定被评估对象所处的市场是一个充分发达的、完善的、理想的市场,也就是买方、卖方同时存在,都有交易的意愿,同时信息对称。

公开市场假设旨在说明一种充分竞争的市场条件,在这种条件下,资产的交换价值受市场机制的制约并由市场行情决定,而不是由个别交易决定。

公开市场假设是资产评估中的最基本假设,其他假设都是以公开市场假设为基本参照。公开市场假设也是资产评估中使用频率较高的一种假设,凡是能在公开市场上交易、用途较为广泛或通用性较强的资产,都可以考虑按公开市场假设前提进行评估。

3. 持续使用假设。持续使用假设(Going-Concern Assumption)是对处于使用状态的资产拟进入的市场条件,以及在这样的市场条件下的资产状态的一种假定性描述或说明。持续使用又细分为三种情形:在用续用、转用续用、移地续用。

持续使用假设既说明了被评估资产面临的市场条件或市场环境,同时也着重说明了资产的存续状态。该假设要求,一般情况下不能按资产拆零出售所得收益之和来估价,而应将资产看成是一种获利能力而非物的堆积。

在用续用:处于使用中的被评估资产在产权发生变动或资产业务发生后,将按其现行正在使用的用途及方式继续使用下去。

转用续用:被评估资产将在产权发生变动后或资产业务发生后,改变资产现时的使用用途,调换新的用途继续使用下去。

移地续用:被评估资产将在产权变动发生后或资产业务发生后,改变资产现在的空间位置,转移到其他空间位置上继续使用。

4. 清算假设。清算假设(Liquidate Assumption)是对资产拟进入的市场条件的一种假定说明或限定,即假定资产面临着强制清算或快速变现的事实,以此为特定条件的假设。

由于清算假设假定被评估资产处于被迫出售或快速变现条件之下,资产交易双方的地位不平等,交易时间短,被评估资产的评估值通常要低于在公开市场假设前提下或持续使用假设前提下相同资产的评估值,因此,在清算假设前提下的资产评估结果的适用范围是非常有限的。

(二)资产评估假设与评估目的、评估对象、价值类型的关系

1. 与评估目的的关系。评估目的不同,市场环境条件、交易方式、企业存续状态、资产状态等不同,评估报告的作用以及评估结论的使用方式也不同。设定评估假设时应结合评估目的的设定。

2. 与评估对象的关系。单项资产评估假设适用于资产使用状态假设;企业价值评估假设适用企业经营状态假设或者清算假设等。

3. 与价值类型关系。不同的价值类型及不同市场交易条件,假设条件也不同。如使用投资价值类型评估并购标的企业价值,应假定企业并购方式和并购后的整合措施能够如期实现,作为协同效应价值估算的前提;如使用清算价值类型评估企业债务价值,应假设企业终止经营后,资产被迫出售、快速变现等市场条件,作为资产变现价值估算的前提。

> **想一想:**
> 理解资产评估假设的内涵和实质对资产评估有何意义?

二、资产评估原则

资产评估原则(Appraisal Principles)即资产评估的行为规范,是调节当事人各方关系,处理评估业务的行为准则(见图1-3)。

(一)资产评估工作原则

资产评估工作的性质决定了资产评估机构及其资产评估师在执业过程中应坚持独立、

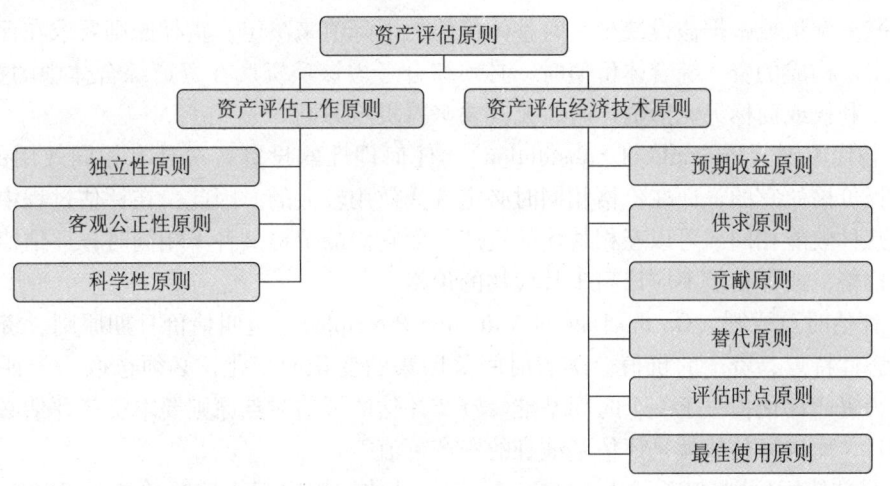

图 1-3 资产评估原则

客观公正和科学性等工作原则。资产评估的工作原则是规范资产评估主体行为的准则。具体包括：

1. 独立性原则。独立性原则要求：首先，评估机构本身是一个独立的、不依附于他人的社会公正性中介组织（法人）；其次，评估机构及其评估人员在执业过程中应始终坚持独立的第三者地位，不受委托人及外界与内在因素的影响和干扰，进行独立公正的评估工作。

2. 客观公正性原则。客观公正性原则要求：资产评估工作必须实事求是，尊重客观实际。工作中必须以实际材料为基础，以确凿的事实和事物发展的内在规律为依据，以求实的态度为指针，实事求是地得出评估结果，而不可以自己的好恶或其他个人的情感进行评估。

3. 科学性原则。科学性原则要求：资产评估机构和评估人员必须遵循科学的评估标准，以科学的态度制订评估方案，并采用科学的评估方法进行资产评估。

（二）资产评估技术经济原则

资产评估的技术经济原则是指在资产评估执业过程中的一些技术规范和业务准则。主要包括：

1. 预期收益原则（Principle of Anticipation Income）。资产在评定价值时必须考虑未来可能为控制者带来的经济效益。资产之所以有价值是因为它能为其拥有者或控制者带来未来经济利益，资产价值的高低主要取决于它能为其所有者或控制者带来的预期收益量的多少。

2. 供求原则（Principle of Supply and Demand）。供求原则是经济学中关于供求关系影响商品价格原理的概括。假定在其他条件不变的前提下，商品的价格随着需求的增长而上升，随着供给的增加而下降。供求双方的相互作用构成市场，影响资产价格。在进行资产评估时，应充分考虑资产本身的供求状况，准确评估资产的价格。

3. 贡献原则（Principle of Contribution）。根据经济学边际收益原理，各生产要素价值的大小可依据其对总收益的贡献来衡量。资产中某一部分或部件价值可以根据它对资产整体的贡献来衡量或根据假设缺少它时整体价值的下降值来决定。贡献原则要求在评估一项由多个资产构成的资产综合体价值时，必须综合考虑该项资产在资产综合体中的重要性。在评估专利权或商标等无形资产时，尤其要坚持贡献原则。

4. 替代原则（Principle of Substitution）。任何理性的投资者对具有相同效用的物品，必定选择价格便宜的，而在价格相同时必定选择效用较大的。因此，在评估过程中，如果同时有几种效能相同或可以互相替代的资产，而它们的价格又各不相同时，评估值应选取较低的价格，或评估值不应该高于替代物的价格。

5. 评估时点原则（On the Date of Valuation Principle）。也叫估价日期原则。资产评估具有动态性特点，资产的价值会随着时间等因素的变化而变化，必须选取一个评估基准日。它为资产评估提供了一个时间基准。资产评估的评估时点原则要求资产评估必须有评估基准日，而且评估值就是评估基准日的资产价值。

6. 最佳使用原则（Principle of Best Use）。最佳使用原则指按照评估对象的最佳使用方式评估资产的价值。最佳使用是指在法律上允许、技术上可能、经济上可行的前提下，能够使评估对象产生最高价值的利用方式。

第三节 资产评估的基本事项

进行资产评估前，要明确资产评估基本事项，鉴于本节有些内容将在第十二章详细阐述，故本节重点阐述评估目的、评估对象和评估范围、价值类型。

一、评估对象和评估范围[①]

（一）评估对象

1. 资产评估对象的概念。资产评估对象，也称为评估客体，是指被评估标的，它是资产评估的具体对象。

资产评估对象通常包括单项资产、整体单位以及资产组合。

资产组合的形式通常包括单项资产和多项资产按照特定的目的组成的实现特定功能的业务资产组或资产组合。

一个企业实际上就是一个或多个业务资产组的组合。整体企业或资产组的评估对象通常指其权益。比如对于一个企业，评估对象可能是股权或者是企业整体价值；对于一个非企业的业务资产组也可能是资产组投资者对该资产组享有的权益。

单项资产的评估对象一般就是该资产。但无形资产由于没有实物形态，其评估对象往

资产评估机构受理资产评估业务前应当明确的资产评估业务基本事项

[①] 中评协编：《资产评估基础》，中国财政经济出版社2017年版，第55~56页，有删减、改动。

往是指其权利状态。不同形式的权利可能形成的评估对象也会存在一些差异。

2. 资产评估对象的组成。

（1）企业价值评估的评估对象组成。企业通常都是由一个或多个实现特定业务的资产组组成。因此，对一个企业价值评估的评估对象可分为两种情况：一是将企业作为一个整体进行转让或其他相关经济行为涉及的评估对象。将企业作为一个整体进行评估，其评估对象一般为企业的股权，在有些特别情况下也可能是企业的整体投资，即企业整体价值；二是将组成企业的资产中各单项资产进行转让或其他相关目的的经济行为所涉及的评估对象。将组成企业的资产作为经济行为对象的评估，评估对象就是经济行为涉及的组成企业资产的相关资产和负债，如财务报告目的的合并对价分摊评估，评估的对象可以根据委托要求确定为企业的各项可辨认的资产、负债。

（2）业务资产组的评估对象组成。业务资产组的组成包括相关单项资产，也包括形成这些资产的资金来源，如股权投资或债权投资。从资产组的资产方角度分析，资产组实际相当于企业的资产；从资产组的负债方角度分析，资产组也有所有者权益和债权权益。因此，可以将业务资产组理解为介于单项资产与企业整体资产之间的一种状态。只不过在法律上资产组尚没有构成一个企业法人，甚至可能没有构成一个会计主体。

业务资产组的评估目的涉及资产组整体转让，则评估对象可以按照其整体转让经济行为界定为资产组的权益，如所有者权益；如果评估目的涉及的经济行为是针对业务资产组各单项资产的，则可以将评估对象设定为各单项资产和负债。

【例1-1】A公司是一个有限责任公司。该公司包括两个长期投资公司X公司和Y公司，现需要对公司A进行转让目的的评估，则评估对象就是A公司的股权。

【例1-2】B公司是一个有限责任公司，现变更为股份有限公司，需要进行资产评估。评估对象是该企业按照公司法规定可以作为出资的可辨识资产和相关负债。

【例1-3】C是一个特殊普通合伙企业，现需要对其进行转让目的的评估。其评估对象应该是该企业的相关合伙人权益。

【例1-4】D公司有两个独立的业务，分别是业务A和业务B，现要将业务A转让，需要进行评估。其评估对象就是D对业务A的权益。

（3）单项资产评估中的评估对象组成。这里的"单项资产"，不仅指"一项资产"，也包括若干项以独立形态存在、可以单独发挥作用或以个体形式进行销售的资产。单项资产的评估对象一般就是所对应的资产。

无形资产作为一种特殊形态的资产，其评估对象的组成具有自身的特性，无形资产的评估对象组成一般包含以下三个层次的内容：

①无形资产的种类及名称。无形资产的种类是指评估对象中的无形资产的种类，如专利、专有技术、商标或者其他类型的无形资产。如果无形资产是专利资产，则指该专利的类型及名称等；如果属于商标则指该商标属于什么类型的商标、注册领域以及名称等。

②无形资产的权利。无形资产多表现为享有一种权利。这种权利可能是已经确立的权利，也可能是还在申请阶段的权利，如专利申请权。对于已经确立的权利，则需要进一步明确这种权利是所有权还是许可使用权。

③无形资产的组成。评估对象的组成指单项无形资产还是一个由多种、多个无形资

产组成的具有特定功能的无形资产组合。如果是无形资产组合,则需要明确该组合中相关组成部分的具体类型、名称及权利状态等。

【例 1-5】A 企业集团拥有一个发明专利 X,采用普通方式许可给公司 C 使用。许可合同规定,专利 X 的年许可费为 C 公司每年专利产品销售收入的 γ。现 A 企业集团想将该专利 X 进行质押,需要对该专利进行评估,应该如何确定该专利资产的评估对象?

解析:本案例评估目的是将上述专利资产质押。由于质押应该涉及专利的所有权(包括使用、收益和处分的权利),同时由于专利 X 存在对外许可合同(合同权益或义务),因此评估对象应该为专利 X 的所有权以及专利 X 的许可 C 公司使用的许可合同的合同权益。

3. 资产评估对象的确定。评估对象应当由委托人依据经济行为要求和法律法规提出,并在评估委托合同中明确约定。在评估对象确定过程中,评估机构和资产评估专业人员应当关注其是否满足经济行为要求、符合法律法规规定,必要时向委托人提供专业建议。

(二) 资产评估范围

资产评估范围就是组成评估对象的资产种类和数量。评估范围是对评估对象组成、结构的进一步补充说明。

1. 企业价值评估涉及的范围。企业价值评估的评估对象一般分为企业股权或整体价值两类,这时的评估范围应该是被评估企业的全部资产和负债,包括可辨识的资产和不可辨识的资产,如商誉等;如果评估对象为企业可辨识的资产(如财务报告目的中合并对价分摊评估),则其评估对象与评估范围是一致的。

2. 业务资产组评估涉及的范围。当业务资产组的评估对象是资产组的权益时,评估范围就是组成该业务资产组的全部资产与负债;当业务资产组的评估对象是组成资产组各单项资产与负债,则评估范围与评估对象重合一致。

在涉及企业评估实务中,存在一种评估范围是剥离部分资产后剩余资产组成的业务资产组,或者是从一个企业中剥离部分资产与负债组成业务资产组,上述两种情况的评估对象就是相关业务资产组的权益,评估范围为构成业务资产组的资产及负债。

3. 单项资产评估涉及的范围。当资产评估对象是单项资产时,评估对象和评估范围都是该项资产。如评估一辆车,评估对象就是该车辆,评估范围也是该车辆。

对于无形资产,如果涉及评估对象是单项无形资产的相关权利,则其评估范围也是该单项无形资产。例如一项发明专利的所有权或者使用权,这时评估对象是该项专利的所有权或者使用权,评估范围是该项专利无形资产。

如果涉及多项无形资产组成的资产组的权利,则其评估范围包括组成资产组的全部单项无形资产种类及权利状态等。例如评估一个由多个专利或专有技术等组成的无形资产组合时,评估对象可能是该无形资产组合的所有权或使用权,评估范围则是组成该无形资产组合的全部专利资产和专有技术资产。

资产评估范围应当依据评估对象合理确定,满足实现评估目的和法律、法规要求,在资产评估委托合同中明确界定,具体内容应由委托人负责提供。

【例 1-6】某国有企业拥有汽车总装和零部件生产两种业务,现需要将零部件生产业务转让，按照相关法规规定需要对零部件生产业务的价值进行评估，如何确定评估范围？

解析： 该企业拥有两种业务，需要评估的是其中一种业务。按照国有资产管理规定，该国有企业需要聘请审计机构对该企业的财务报表进行分割。评估人员应该根据审计师提供的分割后的零部件生产业务的模拟会计报表确定评估范围。

二、资产评估的目的

资产评估目的是资产评估业务对应的经济行为对资产评估结果的使用要求，或资产评估结果的具体用途。

资产评估的目的有一般目的和特定目的之分。资产评估的一般目的包含着特定目的，而资产评估的特定目的则是一般目的的具体化。

（一）资产评估的一般目的

资产评估的一般目的或称资产评估的基本目标是由资产评估的性质及其基本功能决定的。我们如果暂且不考虑资产交易或引起资产评估的特殊要求，资产评估所要实现的一般目的只能是在资产评估时点的公允价值（Fair Value）。

关于公允价值的不同解释

（二）资产评估的特定目的

资产评估的特定目的包括：

1. 评估当事人委托进行资产评估的特定行为；
2. 资产业务对评估结果的具体要求；
3. 资产评估有哪些特殊情况或适用于哪些场合。

资产评估的特定目的统领着资产评估全过程，制约着资产评估价值类型的选择，是界定评估对象的基础。

一般来讲，资产业务（引起资产评估的经济行为）的范围如表1-2所示。

表1-2　　　　　　　　　　资产业务范围

资产转让	资产拥有单位有偿转让其拥有的资产，通常是指转让非整体性资产的经济行为。
企业兼并	一个企业以某种条件、某种形式（承担债务、购买、股份化、控股）接收其他企业的产权，使被兼并方丧失法人资格或改变法人实体的经济行为。在这个过程中要对有关资产的价值进行评估
企业出售	独立核算的企业或企业内部的分厂、车间及其他整体资产产权出售行为。
企业联营	国内企业、单位之间以固定资产、流动资产、无形资产及其他资产投入组成各种形式的联合经营实体的行为。
股份经营	资产占有单位实行股份制经营方式的行为，包括法人持股、内部职工持股、向社会发行不上市股票和上市股票。
中外合资、合作	我国的企业和其他经济组织与外国企业和其他经济组织或个人在我国境内举办合资或合作经营企业的行为。

续表

企业清算	包括破产清算、中止清算、结业清算等。以破产清算来说,破产前必须评估企业全部资产,评估结果作为企业清偿债务或确定公开拍卖底价的依据。
抵押担保	资产占有单位,以本单位的资产作为物质保证进行抵押而获得贷款的经济行为。担保是指资产占有单位,以本企业的资产为其他单位的经济行为担保,并承担连带责任的行为,担保通常包括抵押、质押、保证等。
企业租赁	资产占有单位在一定时限内,以收取租金的形式,将企业全部或部分资产的经营使用权转让给其他经营使用者的行为。
债务重组	债权人按照其与债务人达成的协议或法院的裁决同意债务人修改债务条件的有关事项。
企业资产保险	企业为了补偿自然灾害或意外事故所造成的经济损失,往往办理资产保险。资产评估既是计算交纳保费的依据,也是将来保险公司理赔的重要依据。

以上是资产评估业务特定目的的主要情形,但不是全部。

(三)资产评估的特定目的在资产评估中的地位作用

1. 资产评估的特定目的不仅是某项具体资产评估活动的起点,同时又是资产评估活动所要达到的目标。它是由引起资产评估的特定经济行为(资产业务)所决定的,对评估结果的性质、价值类型等有重要的影响。

2. 资产评估的特定目的是界定评估对象、确定资产范围的基础。任何一项资产业务,无论产权是否发生变动,它所涉及的资产范围必须接受资产业务本身的制约。资产评估委托方正是根据资产业务的需要确定资产评估的范围。评估人员不仅要对该范围内的资产权属予以说明,而且要对其价值做出判断。

3. 资产评估的特定目的对于资产评估的价值类型选择具有约束作用。特定资产业务决定了资产的存续条件,资产价值受制于这些条件及其可能发生的变化。

需要指出的是,在不同时期、地点及市场条件下,同一资产业务对资产评估结果的价值类型的要求也会有差别。评估的时间、地点、评估时的市场条件、资产业务各当事人的状况以及资产自身的状态等,都可能对资产评估结果的价值类型起影响作用。

三、价值类型

资产评估价值类型是指资产评估结果的价值属性及其表现形式,或资产评估价值质的规定性。不同的评估目的决定相应的价值种类。不同的价值类型从不同角度反映资产评估价值的属性和特征。不同属性的价值类型所代表的资产评估价值不仅在性质上是不同的,在数量上往往也存在着较大差异。[①]

(一)资产评估价值类型的分类

资产评估中的价值类型可以有多种分类标准和方法:

---

① 俞明轩在《资产评估》中对其定义为:"价值类型就是在不同的假设前提下对价值的定义",中国人民大学出版社(2 017)。

第一种划分是以资产评估的估价标准形式表述的价值类型，这种划分基本上承袭了现代会计理论中关于资产计价标准的划分方法和标准，将资产评估与会计的资产计价紧密联系在一起。

第二种划分是从资产评估假设的角度来表述资产评估价值类型，这种划分方法有利于人们了解资产评估结果的假设前提条件，同时也强化了评估人员对评估假设前提条件的运用。

第三种划分是从资产业务的性质来划分资产评估价值类型，这种划分强调了资产业务的重要性，认为有什么样的资产业务就应有什么样的资产价值类型。

第四种划分是以资产评估所依据的市场条件，以及被评估资产的使用状态来划分资产评估结果的价值类型，这种划分方法是我们现在采纳的。

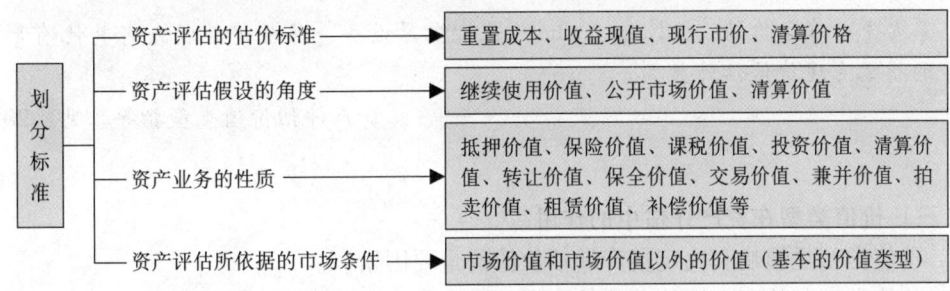

图1-4 资产评估价值类型分类

> **相关链接：**
> 　　第三条　本指导意见所称资产评估价值类型包括市场价值和市场价值以外的价值类型。
> 　　　　　　　　　　　　　　　　　　　　——《资产评估价值类型指导意见》2017

（二）市场价值与市场价值以外的价值

在《国际评估准则》中，**市场价值**（Market Value）被定义为："自愿买方与自愿卖方在评估基准日进行正常的市场营销之后，所达成的公平交易中某项资产应当进行交易的价值的估计数额"，"且当事人双方应当各自精明、谨慎行事，不受任何强迫压制。"

《资产评估价值类型指导意见》（2017）第四条指出，市场价值是指自愿买方和自愿卖方在各自理性行事且未受任何强迫的情况下，评估对象在评估基准日进行正常公平交易的价值估计数额。

《国际评估准则》并没有直接定义市场价值以外的价值，而是指出凡不符合市场价值定义条件的资产评估价值类型都属于市场价值以外的价值。市场价值以外的价值也称非市场价值、其他价值。①

---

① 国际评估准则委员会前主席马拉圭思先生指出，在法国，市场价值的概念被广泛接受，而非市场价值有时是混乱的。

《资产评估价值类型指导意见》（2 017）第五条指出，市场价值以外的价值类型包括投资价值、在用价值、清算价值、残余价值等。

相关链接：

第六条 投资价值（Investment Value）是指评估对象对于具有明确投资目标的特定投资者或者某一类投资者所具有的价值估计数额，亦称特定投资者价值。

第七条 在用价值（Value – in – Use）是指将评估对象作为企业、资产组组成部分或者要素资产按其正在使用方式和程度及其对所属企业、资产组的贡献的价值估计数额。

第八条 清算价值（Liquidation Value）是指评估对象处于被迫出售、快速变现等非正常市场条件下的价值估计数额。

第九条 残余价值（Salvage Value）是指机器设备、房屋建筑物或者其他有形资产等的拆零变现价值估计数额。

——《资产评估价值类型指导意见》2017

（三）价值类型在资产评估中的作用

1. 价值类型是影响和决定资产评估价值的重要因素。
2. 价值类型制约资产评估方法的选择。
3. 明确评估价值类型，可以更清楚地表达评估结果，可以避免委托方误用评估结果。

（四）价值类型的选择

相关链接：

第十三条 执行资产评估业务，选择和使用价值类型，应当充分考虑评估目的、市场条件、评估对象自身条件等因素。

第十四条 资产评估专业人员选择价值类型，应当考虑价值类型与评估假设的相关性。

——《资产评估价值类型指导意见》2017

1. 市场价值类型的选择。当评估人员执行的评估业务对市场条件和评估对象的使用等无特别限制和要求，不考虑对特定市场参与者自身因素和偏好，评估目的是为正常的交易提供价值参考依据时，通常应选择市场价值作为评估结论的价值类型。

但在选择市场价值时，评估人员必须关注到不同的市场可能会有不同的市场价值。当标的资产可以在多个市场上交易时，评估人员除需在评估报告中恰当披露所选择的市场价值是哪个市场的市场价值，还应说明选择该市场价值的理由。

【例1-7】[①] 国内某上市公司计划并购一家国内的非公众公司。该标的公司注册经营地在中国大陆，按照我国法律、法规注册成立，并受我国法律、法规管辖，对该标的股权

[①] 中评协编：《资产评估基础》，中国财政经济出版社2017年版，第66页。

进行评估，需要选择何种价值类型？

解析： 由于该案例的评估目的是为某上市公司收购国内非公众公司提供价值参考依据，同时没有提及需要考虑特定的买方或卖方的特性，因此应该选择市场价值。同时，该项交易应该在中国大陆发生，因此应该选择中国大陆的市场价值。另外，标的公司是国内的一家非公众公司，因此其股权不能在证券交易市场上转让，也不能在"新三板"市场上转让，只能在中国大陆一般的产权交易市场上转让。因此，我们选择的市场价值应该是中国大陆产权交易市场上的市场价值。

【例1-8】[①] 国内某国有企业计划到加拿大收购一家当地的公众公司。该标的公司是当地证券交易所上市的公司，现需要对该标的企业进行评估，选择何种价值类型？

解析： 由于该交易是国内的企业到加拿大收购当地的公司，并且没有提及特定的买方与卖方的特性，因此应该选择市场价值。这个交易应该受到加拿大法律、法规的管辖，因此应该选择加拿大的市场价值。同时，这个市场价值应该是加拿大证券交易市场的市场价值，不是一般产权交易市场的市场价值。

【例1-9】[②] 国内某企业计划收购一家总部在澳洲的A公司，A公司有一家全资子公司B公司，注册在美国。现需要评估A公司的子公司B公司的股权价值，应该如何选择价值类型？

解析： 本案例是要评估A公司的子公司B公司的价值，但是标的资产A公司是澳洲的公司，我们评估A公司的价值应该是A公司在澳洲的市场价值；因为B公司是在美国注册的公司，从理论上说，可以在美国市场上转让该公司股权，也可以在澳洲市场上转让其股权，并且这两种转让方式都有可能。因此在选择B公司的市场价值时应该选择B公司在美国市场和在澳洲市场两个市场中的最有利市场，也就是说应该选择B公司在美国市场和澳洲市场上最有利市场的市场价值。

2. 投资价值类型的选择。当评估人员在执行资产评估业务时，该评估业务针对的是特定投资者或者某一类投资者，也就是评估中必须要考虑这个或这些特定的市场参与者自身"特性"对交易价值的影响，则需要选择投资价值类型。

在评估实务中，评估人员在选择投资价值时通常需要说明选择的理由及所考虑投资价值包含的与市场价值区别的要素，如发生协同效应的资产范围以及产生协同效应的种类，这是选择投资价值必须要详细披露的内容。

【例1-10】[③] 甲企业拥有一座海滨酒店，乙企业拥有一个海滨浴场，两者位置相邻，现在企业甲要收购企业乙，应该如何选择价值类型？

解析： 海滨酒店与海滨浴场显然存在经营层面的协同，这种酒店+浴场的经营模式显然更容易吸引顾客，因此，甲企业收购乙企业存在协同效应，并且这种协同应该属于经营协同。对于这种明显存在协同效应的评估可以选择投资价值，但是，是否选择投资价值需要评估人员与委托方协商后确定。

[①] 中评协编：《资产评估基础》，中国财政经济出版社2017年版，第66页。
[②] 中评协编：《资产评估基础》，中国财政经济出版社2017年版，第66页。
[③] 中评协编：《资产评估基础》，中国财政经济出版社2017年版，第67页。

【例1-11】① 某移动通信运营商计划收购一家互联网电商企业，如何选择价值类型？

解析： 移动运营商有大量的客户资源，可以将这些客户资源嫁接给电商企业使得电商企业在短时间内快速集聚自己的客户资源，并且由于移动通信与电商之间没有相互竞争，因此，移动通信企业将自身客户嫁接电商企业对自身经营一般没有影响。这是一个典型的客户资源协同效应。这种存在明显的协同效应的案例可以选择投资价值，但是需要与委托方充分沟通。

3. 在用价值类型的选择。当评估人员执行资产评估业务时，评估对象是企业或者整体资产组中的要素资产，并且在评估业务执行过程中只需要考虑以这些资产未来经营收益的方式来确定资产的价值时，评估人员需要选择在用价值。

4. 清算价值类型的选择。当评估对象面临被迫出售、快速变现或者评估对象具有潜在被迫出售、快速变现等情况时，评估人员通常应当选择清算价值作为评估结论的价值类型。

5. 残余价值类型的选择。当评估对象无法或者不宜整体使用时，也即整体已经不具有使用价值，但如果改变其计量单元，将计量单元缩小至零部件后，还可以具有使用价值时，评估人员通常应当考虑评估对象的拆零变现，并选择残余价值作为评估结论的价值类型。

（五）关于价值类型选择与资产评估目的等相关条件的关系

决定和影响价值类型的因素有评估的特定目的、市场条件、资产功能及其状态。上述三项因素是一个有机整体，核心问题是特定目的。关于价值类型的选择与资产评估目的等相关条件的关系应该从两个方面来认识和把握：其一要从正确选择价值类型的角度，来关注资产评估目的等相关条件对所选择价值类型的影响；其二要从价值类型的选择对实现资产评估目的以及满足其他相关条件的角度，来关注价值类型的正确选择。

从第一个层面上看，资产评估中的价值类型是资产评估结果的属性及其表现形式。价值类型的选择本来就应该受到评估目的等相关条件的制约。有什么样的评估条件基础就应该有与之相适应的评估结果属性及其表现形式。

资产评估的特定目的不但决定着资产评估结果的具体用途，而且会直接或间接地在宏观层面上影响资产评估的过程及其运作条件，包括对评估对象的利用方式和使用状态的宏观约束，以及对资产评估市场条件的宏观限定。相同的资产在不同的评估特定目的下可能会有不同的评估结果。

评估对象自身的功能、使用方式和利用状态，是资产自身的条件，这是影响资产评估价值的内因。从某种意义上讲，资产自身的条件对其评估价值具有决定性的影响。不同功能的资产会有不同的评估结果，使用方式和利用状态不同的相同资产也会有不同的评估结果。

评估时所面临的市场条件及交易条件，是资产评估的外部环境，是影响资产评估结果的外部因素。在不同的市场条件下或交易环境中，即使是相同的资产也会有不同的评估

---

① 中评协编：《资产评估基础》，中国财政经济出版社2017年版，第67页。

结果。

从第二个层面上看，资产评估价值类型的合理选择也应该成为实现资产评估目的以及满足资产评估相关条件的重要途径和手段。

资产评估目的有一般目的和特定目的之分，资产评估的一般目的是要对各种条件下"交易"中的资产的公允价值做出判断，以及给出这些资产在各种条件下的公允价值。而特定目的是一般目的的具体化，资产评估特定目的的实质是判断特定条件下或具体条件下资产的公允价值。

公允价值的相对性质主要是指对于某一资产而言，它不是一个确定不变的值，而是一个相对值。当该资产处于正常使用及正常市场条件下时，有一个与此条件相对应的合理价值；当该资产处于非正常使用及非正常市场条件下时，也有一个与之相对应的合理价值。当然，这样的排列组合会很多，相应的合理价值也会很多。尽管对这个具体资产而言，不同条件下的合理价值各不相同，但是它们有一个共同的特点，即相对于它们各自面对的条件又都是合理和公允的。

想一想：

如何领会资产评估目的与资产评估价值类型的关系？

第四节 中国资产评估准则

一、资产评估准则概念

资产评估准则是指导评估师执行资产评估业务的技术规范和职业道德规范的总称。

2016年7月2日，全国人大常委会审议通过《中华人民共和国资产评估法》，并于2016年12月1日起施行。《资产评估法》的颁布标志着我国资产评估行业进入了依法治理的新时代。《资产评估法》赋予了评估准则法律效力。

财政部依据《资产评估法》制定了资产评估基本准则。同时，中国资产评估协会依据《资产评估基本准则》制定了资产评估执业准则和资产评估职业道德准则。

截至2017年底，财政部和中国资产评估协会发布的资产评估准则共26项，已经形成覆盖主要执业流程和执业领域，符合我国国情、与国际趋同、兼容性强的较为完整的资产评估准则体系。

二、中国资产评估准则体系特点[①]

1. 系统性与开放性相结合。
2. 原则性与规则性相结合。
3. 注重现实与适度超前相结合。
4. 执业规范与道德规范相结合。
5. 单项准则与综合准则相结合。
6. 评估程序与执业领域兼顾。

三、中国资产评估准则体系

中国资产评估准则体系包括资产评估基本准则、资产评估执业准则和职业道德准则。资产评估基本准则由财政部制定,中国资产评估协会根据资产评估基本准则制定资产评估执业准则和职业道德准则。其中基本准则和职业道德准则是单独的准则实体,资产评估执业准则是一系列准则的统称,包含不同层次。

(一)资产评估基本准则

《资产评估基本准则》是财政部依据《资产评估法》制定的,是资产评估机构、评估专业人员执行各种类型、各种评估目的的资产评估业务的基本规范,是各类资产评估业务中所应当共同遵守的基本规则。

(二)资产评估职业道德准则

资产评估职业道德准则是对资产评估机构及其资产评估专业人员职业道德的基本要求、专业胜任能力、独立性、与委托人和相关当事人的关系、与其他资产评估机构及资产评估专业人员的关系等方面进行的规范。

(三)资产评估执业准则

资产评估执业准则包括三个层次:

1. 资产评估具体准则。资产评估具体准则分为程序性准则和实体性准则两个部分。

程序性准则:是关于资产评估机构、资产评估专业人员通过履行一定的专业程序完成评估业务、保证评估质量的规范,包括《资产评估执业准则——资产评估程序》、《资产评估执业准则——资产评估委托合同》、《资产评估执业准则——资产评估档案》、《资产评估执业准则——资产评估报告》、《资产评估执业准则——利用专家工作及相关报告》。资产评估专业人员只有履行必要的资产评估程序,才能在程序上避免重大的遗漏或疏忽,保证资产评估的质量。

实体性准则:是针对不同资产类别的特点,分别对不同类别资产评估业务中的资产评估机构、资产评估专业人员执业行为进行规范。实体性准则主要包括《资产评估执业准

[①] 中评协编:《资产评估基础》,中国财政经济出版社2017年版,第196页。

则——企业价值》、《资产评估执业准则——无形资产》、《资产评估执业准则——不动产》、《资产评估执业准则——机器设备》、《资产评估执业准则——珠宝首饰》、《资产评估执业准则——森林资源资产》。

2. 资产评估指南。资产评估指南包括对特定评估目的、特定资产类别评估业务以及对资产评估中某些重要事项的规范。评估指南包括《企业国有资产评估报告指南》、《金融企业国有资产评估报告指南》、《知识产权资产评估指南》、《以财务报告为目的的评估指南》、《资产评估机构业务质量控制指南》。

3. 资产评估指导意见。资产评估指导意见是针对资产评估业务中的某些具体问题的指导性文件。该层次较为灵活,针对评估业务中新出现的问题及时提出指导意见,某些尚不成熟的评估指南或具体评估准则也可以先作为指导意见发布,待实践一段时间或成熟后再上升为具体准则或指南。资产评估指导意见包括《资产评估价值类型指导意见》、《专利资产评估指导意见》、《资产评估对象法律权属指导意见》、《著作权资产评估指导意见》、《商标资产评估指导意见》、《金融不良资产评估指导意见》、《投资性房地产评估指导意见》、《实物期权评估指导意见》。

截至2017年底,中国资产评估准则体系包括1个基本准则、1个职业道德准则、11个执业准则、5个评估指南、8个指导意见。

本章小结

- 资产评估作为一个专有名词,应当说具有多重含义。第一层含义,它是指一种社会经济活动——为了满足市场经济发展过程中各产权主体的需要所进行的一种经济活动;第二层含义,"资产评估学"是一门学科;第三层含义,它是指一种社会中介活动,或者说社会中介行业,这个行业我们称之为资产评估行业。

- 本章是对有关资产评估的基本内容所作的概括介绍。

- 评估中的资产是特定权利主体拥有或控制的能以货币计量的,并能给特定权利主体带来未来经济利益的经济资源。从不同角度划分,有单项资产与总体资产、有形资产与无形资产、可确指的资产与不可确指的资产、经营性资产与非经营性资产之分。

- 资产评估是指评估机构及其评估专业人员根据委托对不动产、动产、无形资产、企业价值、资产损失或者其他经济权益进行评定、估算,并出具评估报告的专业服务行为。它包含了评估主体、评估客体、评估依据、评估目的、评估原则、评估程序、评估价值类型、评估方法、评估假设、评估基准日10个基本要素,这些要素有机结合,构成资产评估活动的有机整体。

- 在交易假设、公开市场假设、持续使用假设和清算假设下,评估人员遵循独立、客观公正、科学性等工作原则及预期收益原则、供求原则、贡献原则、替代原则、评估时点原则、最佳使用原则等经济技术原则,在充分搜集资料的基础上,选择收益法、市场法、成本法等方法,对被评估资产进行评定和估算。与其基本假设想适应,资产评估具有市场性、公正性、预测性、咨询性的特点。资产评估有单项资产评估与整体资产评估。

- 资产评估有一般目的和特定目的之分,资产评估的特定目的统领着资产评估全过程，制约着资产评估价值类型的选择，是界定评估对象的基础。
- 资产评估对象通常包括单项资产、整体单位以及资产组合。
- 资产评估价值类型包括市场价值和市场价值以外的价值类型。市场价值以外的价值类型包括投资价值、在用价值、清算价值、残余价值等。
- 截至2017年底，中国资产评估准则体系建立完善，包括1个基本准则、1个职业道德准则、11个执业准则、5个评估指南、8个指导意见。

思考题

1. 如何理解资产、资产价值和资产评估价值？
2. 什么是资产评估？如何理解资产评估的本质和特点？
3. 资产评估的构成要素包括哪些？
4. 资产评估的假设有哪些？其含义？
5. 资产评估目的一般有哪些？
6. 资产评估应遵循哪些工作原则和经济技术原则？
7. 如何针对不同的评估目的选择资产评估的价值类型？
8. 如何理解价值类型？价值类型在资产评估中的作用如何？
9. 评估假设与评估目的、评估对象、价值类型是怎样的关系？
10. 我国目前的资产评估准则体系是怎样的？

阅读材料

1. 中国资产评估协会编：《资产评估基础》，中国财政经济出版社2017年版。
2. 乔志敏、王小荣：《资产评估学教程》，中国人民大学出版社2017年版。
3. 姜楠、王景升主编：《资产评估（第四版）》，东北财经大学出版社2017年版。
4. 肯尼思·R. 费里思、芭芭拉·S. 佩舍雷·佩蒂：《资产评估》，机械工业出版社2003年版。
5. 俞明轩、王逸玮：《资产评估》，中国人民大学出版社2017年版。
6. 周友梅、胡晓明：《资产评估学原理》，中国财政经济出版社2010年版。

第二章 资产评估的基础理论

"内在价值"是一个非常重要的概念,它为评估投资和企业的相对吸引力提供了唯一的逻辑手段。

——沃伦·巴菲特(Warren Buffett)

所有被交换的东西之间都应该是可以比较的,可以使用货币进行比较和计算;它说明一件东西的价值是否超过另一件东西的价值,以及超过的价值是多少。

——亚里士多德(Aristotle)

重点提示

- □ 劳动价值论、效用价值论的发展过程、内容及意义
- □ 供求理论的内容及其在资产评估中的应用
- □ 货币时间价值理论的思想及其在资产评估中的应用
- □ 市场有效理论的形成、主要内容及其主要作用

第一节 劳动价值论

一、劳动价值论的发展历程

17世纪下半叶,英国古典经济学创始人威廉·配第(William Petty)在其著作《赋税

论》中对商品价值的形成问题进行了研究，首次提出了劳动决定价值这一思想。配第认为劳动是价值的唯一源泉，奠定了劳动价值论的理论基础。①

亚当·斯密（Adam Smith）作为英国古典经济学的奠基者，在威廉·配第观点的基础上，第一次系统地论述了劳动价值论。他提出劳动是衡量一切商品交换价值的真实尺度，而这里劳动不同于威廉·配第所提出的劳动，该劳动是创造价值的劳动，是价值的源泉与尺度。②

英国古典经济学家大卫·李嘉图（David Ricardo）继承了亚当·斯密关于使用价值和交换价值的区分和界定，认为使用价值是交换价值的前提条件；并批判了亚当·斯密关于劳动决定价值这一观点的二重性，认为商品的价值应由生产时所耗费的劳动决定的。

古典经济学是卡尔·马克思（Karl Marx）对劳动价值论创立的重要来源，他以亚当·斯密与大卫·李嘉图的劳动价值论为基础，从商品价值的概念入手进行阐述分析，提出了科学的劳动价值论。马克思认为，商品的价值是由凝结在商品中的无差别人类劳动决定的。他在《资本论》中提出劳动具有二重性，即具体劳动和抽象劳动。

二、劳动价值论的主要内容

劳动价值论（Labor Theory of Value），是阐明商品价值决定于人类无差别的一般劳动的理论。劳动价值论认为商品的价值是由生产该项商品的社会必要劳动时间所决定，又被称为客观价值论。体现在资产评估方面，该理论的主要内容可概括如下：

1. 资产的价值是质和量的统一。价值是抽象劳动的凝结，商品的价值量就是生产商品所耗费的劳动量，即凝结在商品中的一般劳动量。劳动量是由劳动时间来衡量的，因此，资产的价值量是由生产该项资产的社会必要劳动时间决定的。

2. 生产某项资产的社会必要劳动时间并非固定不变的，会随着社会技术水平的进步和劳动条件的改善及劳动者劳动技能的提高而不断变化，并呈现出下降的趋势。因而，资产价值会随着社会技术水平和劳动者技能的提高而下降。即使是新购建的经济效用相同的资产，如果技术水平发生了变化，它们的价值也可能存在较大的差别。从收益的角度来看，可以认为技术水平变化前的资产产生了较显著的技术性贬值。

3. 劳动生产率和资产的价值密切相关，一项资产的价值量会随着社会必要劳动时间的变化而变化，并最终由先进技术条件下产生的同类资产的社会必要劳动时间所决定。

三、劳动价值论的启示

劳动价值论作为重要的价值基础理论之一，我们可以从中得到以下几个方面的启示：

1. 资产的价值由生产该项资产的社会必要劳动时间决定，在资产评估中必须充分考虑生产该项资产的社会必要劳动时间，这是构成资产价值的物质基础。

2. 资产是使用价值和价值的统一体，资产价值能够存在的前提条件是必须具有使用价值，没有使用价值的资产也就没有价值。由于价值是内在固化的值，资产价值需通过交

---

① ［英］威廉·配第：《赋税论献给英明人士货币略论》，陈冬野译，商务印书馆2013年版。
② ［英］亚当·斯密：《国民财富的性质和原因的研究》（上卷），郭大力、王亚南译，商务印书馆2013年版。

换价值表现，交换价值只能近似地反映出价值并围绕价值上下浮动。

2. 在资产评估中必须注意到资产的技术性贬值，有时这样的贬值非常显著，如果忽略，资产评估的结果就不可能公正、科学、合理。

3. 进行资产评估时必须把被评估资产置于市场条件变化的动态中考虑。在人类科技飞速发展的知识经济时代，评估资产不仅需要站在动态的角度考虑科技进步引起的功能性贬值，还要考虑科技进步带来的人们生活方式的改变对被评估资产所生产的商品需求的变化趋势，这样才能保证资产评估结果公正、合理。

4. 劳动价值论是重置成本法评估资产的理论基础之一。从本质上讲，劳动价值论认为资产价值由凝聚到资产中的物化劳动和活劳动所决定，这是典型的生产成本决定价值论，它从资产的供给角度来度量资产的实际价值。

第二节 效用价值论

一、效用价值论的发展历程

效用价值论是由历史上多个相关价值论分化演变、发展而来，在 19 世纪 60 年代前，效用价值论表现为一般效用价值论，此后表现为边际效用价值论。

英国早期经济学家 N. 巴本（1640—1698 年）是最早明确表述效用价值观点的学者之一。他认为一切物品的价值都来自其效用，无用之物是没有价值的。1750 年，意大利经济学家加里安尼提出价值是观念的东西，他从稀缺性来论述效用，认为稀缺物品往往具有最大的效用。1776 年，法国经济学家孔迪亚克被认为是效用价值论的开创者，在《谈商业与政府关系》一书中提到效用是价值的源泉，效用是消费者基于商品消费所获得的满足感而赋予商品的主观属性。

德国经济学家戈森（Gossen，1810—1858 年）是边际效用论的主要先驱者。他在《论人类交换规律的发展及由此而引起的人类行为规范》中重申了效用价值论，并提出了人类满足需求的三条定理（后来被称为"戈森定理"），为边际效用价值论奠定了理论基础。

边际效用价值论完成于 19 世纪 70 年代初，英国经济学家杰文斯（Jevons）、奥地利经济学家卡尔·门格尔（Carl Menger）和法国经济学家里昂·瓦尔拉斯（Leon Walras）在前人研究的基础上，几乎同时提出了边际效用价值论思想。

19 世纪 80—90 年代，边际效用价值论发展为两个流派，一个是以奥地利学派为代表的心理学派，另一个是以洛桑学派为代表的数理学派。以门格尔和庞巴维克（Bohm Bawerk）为代表的心理学派认为价值不取决于生产商品所耗费的社会必要劳动量，而取决于物品的效用和稀缺性，取决于消费者主观上感觉到的边际效用。[①] 数理学派以杰文斯、瓦尔拉斯及帕累托为代表，在帕累托之前，整个边际效用学派都是在基数概念基础上建立效用价值理论，帕累托系统地提出了序数意义上的效用价值理论，解决了边际效用量的度量问题。

二、效用价值论的主要内容

效用价值论（Utility Theory Of Value）认为，商品价值是人对商品效用的主观心理评价，因此又被称为主观价值论。体现在资产评估方面，该理论的主要内容可概括如下：

1. 主观价值的根源在于物品的有用性和稀缺性。资产要有价值，必须要满足两项基本条件：第一，具有有用性；第二，具有相对于需求的稀缺性。只有当资产的效用受到某种局限的时候，其价值才能被体现，也即价值的形成是建立在商品稀缺的基础上的。

2. 边际效用递减规律：每增加一个单位的商品或劳务，消费者心理上会感到增加的满足或效用越来越小。即随着商品和劳务消费量的增加，总效用递减的速度不断增加，也就是说随着消费量的增加，边际效用递减。

3. 边际效用价值论认为，在个体经济中，人们对物品进行单独的主观估价。当孤立的经济人在市场上相遇时，他们之间就发生了竞争，而竞争的结果就是制定出市场平均价格。在同一市场中，在信息对称的假定下，买卖双方对同质商品的竞价形成边际对偶，其主观评价决定均衡价格。这种边际对偶价格实际上接近于马歇尔的均衡价格理论，表明了价格是由市场中无数的买者和卖者的竞争形成的。

三、效用价值论的启示

从资产评估角度看，效用价值论给予我们以下几点启示：

1. 效用价值论认为价值产生于人们对物品效用的主观评价，开辟了从需求角度衡量价值的观点，在劳动价值无法衡量价值量大小时，可以用效用的大小来衡量其价值量，也为均衡价值论提供了理论基础。[②]

2. 效用价值论是收益现值法评估资产的理论基础之一。商品的效用随着时间的推移、数量的增加而降低，产品的效用是一点一点积累的，在效用达到饱和状态时，产品的价值才能完全体现出来。同样，企业的发展也会经历繁荣、平稳、萧条和衰退这样的经济波动周期，也就是说资产的收益不会无期限增长下去。因此，在选择收益法进行资产评估时，要将预期收益的估值分为两个部分：第一，达到饱和状态之前（平稳发展之前），这个时期为增长期，预期收益逐年增加；第二，达到饱和状态时（平稳发展期），该时期预期收益不变。

3. 边际效用价值论过分强调商品效用带给人的主观上的满足，忽略了交换和交换背后的社会经济关系，过分夸大了效用的作用，认为效用决定价值，效用是价值的源泉。其主观评价的思想在对资产进行评估时往往导致评估出的价值与客观价值存在一定的差异。

[①] ［奥］庞巴维克：《资本实证论》，陈端译，商务印书馆1964年版。
[②] 中国资产评估协会：《资产评估基础》，中国财政经济出版社2017年版，第24页。

第三节 供求理论

供求理论是在古典经济学供求理论基础上发展起来的，以效用价值为前提，把供求关系数量化，是微观经济学重要的分析工具。

一、供求理论的主要内容

（一）需求理论

1. 需求及影响需求的因素。**需求**是指在一定时期内，在各种可能的价格水平下，消费者愿意而且能够购买该商品的数量。有效需求是购买欲望与支付能力的统一。

影响需求的因素主要包括：（1）商品本身的价格；（2）相关商品的价格；（3）消费者的收入水平；（4）消费者偏好；（5）消费者对未来的预期；（6）其他因素：人口数量与结构的变动、企业的促销政策、政府的消费政策、社会文化习俗等。

2. 需求函数。需求函数用来表示某种商品的需求量与影响该种商品需求量的诸因素之间的关系。影响需求量的各个因素是自变量，需求量是因变量，一种商品的需求量是所有影响这种商品需求量的因素的函数。

3. 需求表及需求曲线。需求表是用来表示某种商品的各种价格与各种价格水平相对应的该商品的需求量之间关系的数字序列表。

假定在一定时期和特定的地区，价格之外的其他因素相对稳定不变，需求就是消费者对应每一价格水平愿意且能够购买的某种商品数量。需求函数可以表达为：

$$Q_d = f(P)$$

公式中：P 为商品的价格；Q_d 为商品的需求量。

某商品的需求表如表 2–1 所示。

表 2–1　　　　　　　　　　某商品的需求表

	A	B	C	D	E	F	G
价格（P，元）	1	2	3	4	5	6	7
需求量（Q_d，单位数）	700	600	500	400	300	200	100

把上述需求表中的需求量与商品价格之间的关系表示出来，就可以得到一条曲线。这种反映需求量与商品价格间的关系的曲线，称为**需求曲线**。如图 2–1，横坐标表示需求量（Q），纵坐标代表商品的市场价格（P），图中的斜线即为该商品的需求曲线。

需求曲线向右下方倾斜，是由于边际效应递减规律的作用。某种商品，拥有的数量越多，消费者从新增一单位的相同商品中所增加的效用满足感就越低，愿意为每新增单位商

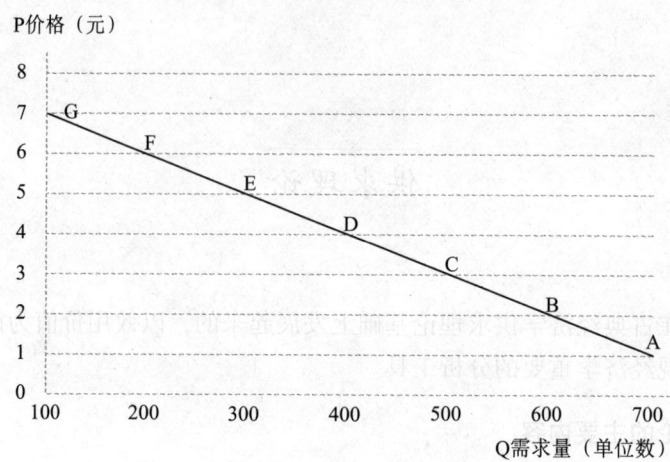

图 2-1 某商品的需求曲线图

品所支付的代价也就越低。把整个消费者市场看作一个整体,随着商品购买数量的增加,市场愿意支付的价格自然就低,需求曲线就呈现向右下方倾斜的负效率形式。

当仅仅是商品价格出现变动时,商品的需求量会沿着需求曲线发生移动,如图 2-2 所示。

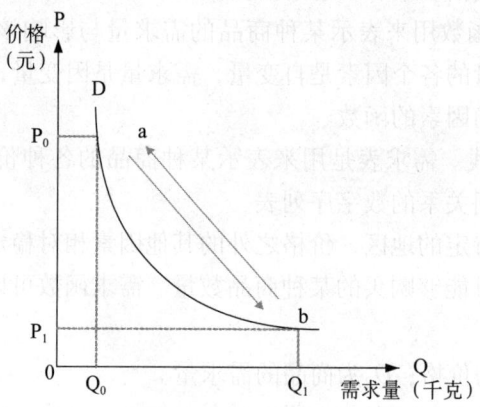

图 2-2 价格变化引起的需求曲线变化

当影响需求的其他因素发生变化时,即使商品的价格不变,需求曲线也会随之改变。如消费者的收入发生变化时,随着消费者收入的减少,需求量相应减少,需求曲线向左移动(D_1);反之,消费者的收入增加时,需求曲线将向右移动(D_2)。如图 2-3 所示。

4. 需求定律。在其他条件不变的情况下,某种商品的需求量与其价格呈反方向变动,是商品需求的一般规律,即商品的需求量随价格的上涨而减少,随价格的下降而增加。但经济学家在研究中发现了需求定律的特例。

(1) 吉芬物品。英国人罗伯特·吉芬(Robert Giffen)发现,1845 年爱尔兰发生灾荒,土豆价格上升,但需求量反而增加,在当时被称为"吉芬难题"。其原因是:靠工资生活的低收入者在实物价格上涨时增加了对廉价主食的依赖和需求。

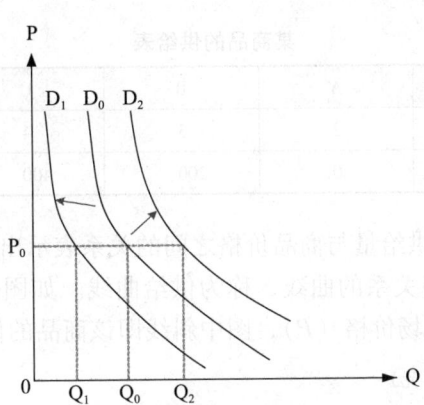

图 2-3 需求曲线的移动

吉芬物品是指在特定条件下，需求量与价格呈同方向变动的特殊低档商品。

（2）炫耀性物品。美国经济学家托斯丹·邦德·凡勃仑（Thorstein B Veblen）发现某类商品具有显示财富的效应，消费者对其需求程度会因其标价提高而增加，商品价格越高越畅销。人们通过对炫耀性物品的消费来彰显其身份地位，追求心理上的满足的经济现象，也称为"凡勃仑效应"。

（二）供给理论

1. 供给及影响需求的因素。供给是指在一定时期和特定的地区，假定价格之外的其他因素是相对稳定不变的，生产者（企业）对应每一价格水平愿意且能够供应的某种商品的数量。供给的两个条件：一是有出售愿望；二是有供应能力。二者缺一不可，因此它是供给欲望与供给能力的统一。

影响供给的因素主要有：（1）商品的自身价格；（2）生产的成本；（3）生产的技术水平；（4）其他商品的价格；（5）生产者对商品的价格预期；（6）政府的政策。

2. 供给函数。供给函数用来表示一种商品的供给数量与其各种影响因素之间的关系。各种影响因素为自变量，供给数量为因变量，一种商品的供给量可以看成是所有影响该商品供给量的因素的函数。

3. 供给表及供给曲线。商品的供给量和商品价格之间的函数关系可以分别用商品的供给表和供给曲线来表示。

供给表是用来表示某种商品的各种价格和与各种价格相对应的该商品的供给数量之间关系的数字序列表。

假定在一定时期和特定的地区，价格之外的其他因素相对稳定不变，供给就是生产者对应每一价格水平愿意且能够提供的某种商品数量。供给函数可以表示为：

$$Q_s = f(P)$$

公式中：P 为商品的价格；Q_s 为商品的供给量。

某商品的供给表如表 2-2 所示。

表2-2　　　　　　　　　　某商品的供给表

	A	B	C	D	E
价格（P，元）	2	3	4	5	6
供给量（Q_s，单位数）	0	200	400	600	800

把表2-2供给表中的供给量与商品价格之间的关系表示出来，就可以得到一条曲线。这种反映供给量与商品价格关系的曲线，称为供给曲线。如图2-4，横坐标表示供给量（Q），纵坐标代表商品的市场价格（P），图中斜线即该商品的供给曲线。

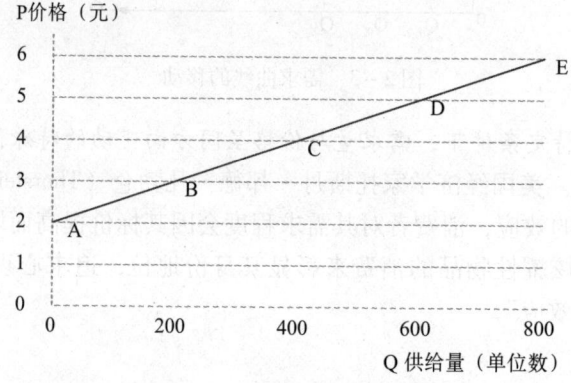

图2-4　某商品的供给曲线图

由于供给量与市场价格成正比，供给曲线是一条由左下向右上倾斜的曲线，具有正斜率。

当仅仅是商品的价格出现变动时，其供给量沿着供给曲线发生变化，如图2-5所示。

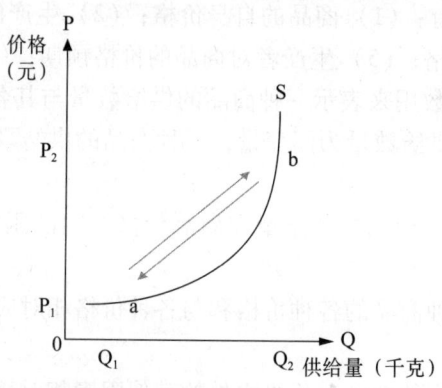

图2-5　价格变动对供给量的影响

如果商品的价格不变，影响供给的其他因素发生变化，供给曲线也会随之改变。以生产成本发生变化为例，商品价格不变的情况下，随着生产成本提高，生产者因利润空间下降，而减少供给数量，供给曲线向左移动；反之，生产成本降低，生产者增加供给，供给曲线向右移动，如图2-6所示。

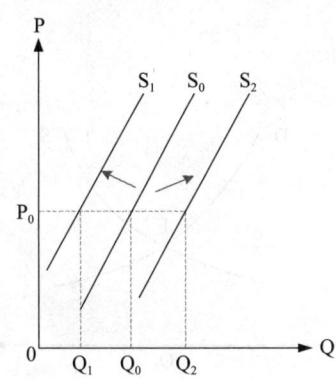

图 2-6 供给的变动与供给曲线的移动

4. 供给定律。当影响商品供给的其他因素不变时，商品的供给量与商品价格呈同方向变动，即供给量随着商品价格的上升而增加，随着商品价格的下降而减少。

供给定律有两种例外情况：第一是劳动，当工资增加到一定程度时，如果继续增加，则劳动的供给量不仅不会增加，反而会减少；第二指某些特殊商品，如土地、文物等，由于受各种条件限制，其供给量是固定的，无论价格如何上升，其供给量也无法增加。

二、供求均衡

（一）均衡的含义

在经济学中，"均衡"一般指经济体系的各种影响力量在相互制约中所达到的相对静止并保持不变的状态。市场均衡（Market Equilibrium）指的是影响市场供求的力量达到平衡的状态，即商品供给与需求相等的状态，这时既没有超额需求和超额供给，也没有需求不足和供给短缺。在微观经济分析中，市场均衡分为局部均衡和一般均衡。

（二）均衡价格

西方经济学认为产品市场价格的形成，取决于供需双方。需求曲线和供给曲线都反映了价格对于消费者的需求量和生产者供给量的影响作用。商品的均衡价格是在市场供求两种力量博弈下形成的。

如图 2-7 所示，均衡价格（P_0）是商品的市场需求量与市场供给量相等时所对应的价格，也是该商品的需求曲线与供给曲线相交时对应的价格。与均衡点（E）对应的价格和供求量分别称作均衡价格和均衡数量，该商品在均衡点对应的供给数量和需求数量都等于其均衡数量（Q_0）。

均衡价格是在供求双方竞争中通过市场机制自发形成的，均衡价格的形成是一个价格自发决定的过程。

市场价格高于均衡价格，则供大于求，市场出现商品过剩或超额供给。在市场自发调节下，超额供给会导致商品价格下降，供给方也会减少供应量，使价格回落到均衡价格水平。相反，如果市场价格低于均衡价格，则商品供不应求，形成商品短缺，超额需求会引发商品价格上涨，供应方也会增加供应量，使价格提升至均衡价格水平。因此，在市场机

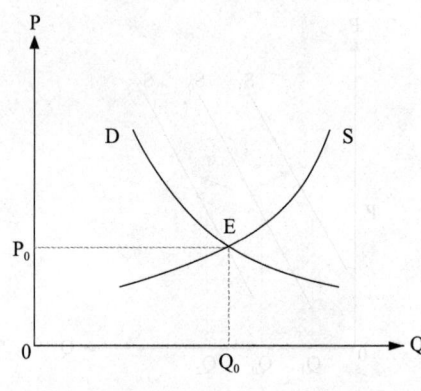

图 2-7 均衡价格示意图

制的作用下，供求不相等的非均衡状态会逐步消失，商品的市场价格会趋近均衡价格水平。

（三）均衡的变动

1. 如果供给不变，需求量增加使需求曲线向右上方移动，导致均衡价格上升，均衡数量增加；相反，需求量减少使需求曲线向下方移动，使得均衡价格下降，均衡数量减少。

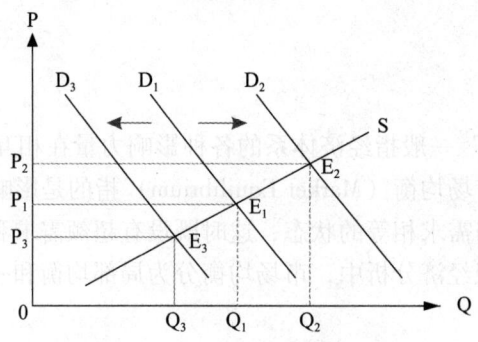

图 2-8 需求的变动和均衡价格的变动

2. 如果需求不变，供给量增加使供给曲线向右下方移动，导致均衡价格下降，均衡数量增加；相反，供给量减少会使供给曲线向左上方移动，使得均衡价格上升，均衡数量减少。

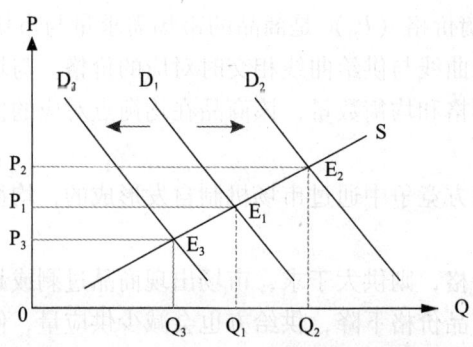

图 2-9 供给的变动和均衡价格的变动

因此，供求定理指任何一种商品价格的调整都会使该商品的供给和需求达到平衡。在其他条件不变时，需求变动分别引起均衡价格和均衡数量的同方向变动；供给变动引起均衡价格反方向变动，均衡数量的同方向变动。价格和供需数量均由供求关系决定。

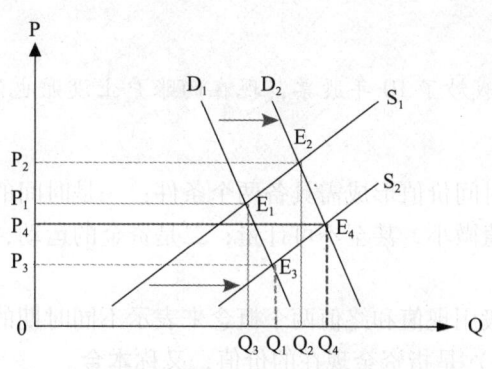

图 2-10　需求和供给的同时变动

三、供求理论的启示

由上述可知，消费者和生产者都愿意接受的价格和数量达成一致时，市场达到均衡状态，相应的价格为均衡价格。就资产评估实践而言，供求理论给了我们以下几点启示：

1. 一个充分发育的资产市场会给资产一个较为客观的价值或价格，评估人员只有充分利用市场才有可能为特定资产评估一个客观的价值或价格。

2. 市场的类型不同决定市场具有相对独立性，从而决定市场的供求也具有个性差异。从地域方面来看，市场可以划分为国际市场、国家市场和地区市场，这些市场既有联系也有区别。从市场活动的内容方面来讲，市场可以划分为商品市场、服务市场、要素市场和资本市场等，这些市场之间的差异比较明显。从同一市场的级别方面来看，有些市场分为一级市场、二级市场，有些市场分为一手市场和二手市场等。因此，无论从地域上、活动内容上还是级别上来看，其差异性都会使这些市场具有相对的独立性，评估人员在进行资产评估时，应充分了解市场的信息，对资产所处市场进行准确定位，这样有利于明确该市场的供求关系，从而为资产的价值做出客观合理的评判。

第四节　货币时间价值理论

一、货币时间价值理论的基本内容

货币时间价值（Time value of money）是指一定资金在不同时点上价值量的差额。其之所以存在是由于时间因素的作用,使当前时点的资金高于未来某个时点的同等数量资金的差额或资金随时间推移所具有的增值能力,也即资金经历一定时间的投资和再投资所增加的价值。

> **想一想:**
> 一位老太太说:"我炒了10年股票,现在的账户上没赔也没赚"。老太太真的没赚也没赔吗?

由概念可知,货币时间价值形成需具备两个条件:一是时间的积累,资金必须经历一定的时间积累,否则增值微小,甚至不可计量;二是资金的运动,资金必须投入生产或信贷运动中方可增值。

货币的时间价值一般用现值和终值两个概念来表示不同时期的价值。

现值(Present Value)是指资金现在的价值,又称**本金**。

终值(Final Value)是指资金经过若干时期后包括本金和时间价值在内的未来价值,又称**本利和**。进行现值和终值的换算,有单利(Single Rate)和复利(Compound Rate)两种方法,因此有单利终值与单利现值、复利终值与复利现值之称。

单利即利息不再计息。复利则是利息也计息,就是通常所讲的"利滚利",不仅本金要计算利息,本金所生的利息在下期也要加入本金一起计算利息。

复利终值(Final Value of Compound Rate)是指一定数量的本金在一定的利率下按照复利的方法计算出的若干时期以后的本金与利息之和。例如,公司将一笔资金 P 存入银行,年利率为 i,如果每年计息一次,则 n 年后的本利和就是复利终值。

一年后的终值为:

$$F_1 = P + P \cdot i = P \cdot (1+i)$$

两年后的终值为:

$$F_2 = F_1 + F_1 \cdot i = F_1 \cdot (1+i) = P \cdot (1+i)(1+i) = P \cdot (1+i)^2$$

由此可推出 n 年后复利终值的计算公式为:

$$F = P \cdot (1+i)^n$$

公式中,$(1+i)^n$ 为复利终值系数,用符号 $(F/P, i, n)$ 表示,可通过查"复利终值系数表"获得。

【例2-1】 将1 000元存入银行,利率假设为5%,三年后的终值是多少?

解:三年后的终值 $= 1\,000 \times (1+5\%)^3$
$= 1\,000 \times (F/P, 5\%, 3) = 1\,000 \times 1.1576 = 1\,157.6$(元)

复利现值(Present Value of Compound Rate)是指未来一定时间的特定资金按复利计算的现在价值。例如,将 n 年后的一笔资金 F,按年利率 i 折算为现在的价值,这就是复利现值。由终值求现值,称为**折现**(Discount),折算时使用的利率称为**折现率**。

复利现值的计算公式为:

$$P = \frac{F}{(1+i)^n} = F \cdot (1+i)^{-n}$$

公式中,$(1+i)^{-n}$ 称为复利现值系数,用符号 $(P/F, i, n)$ 表示,可通过"复利现值系数表"获得。

【例2-2】某公司计划4年后进行技术改造,需要资金120万元,当银行利率为5%时,公司现在应存入银行多少资金。

解:$P = F \cdot (1+i)^{-n} = 1\,200\,000 \times (1+5\%)^{-4} = 1\,200\,000 \times 0.8227 = 987\,240$(元)

资金的时间价值计算原理简单,即已知现值求终值,或已知终值求现值,计算时要确定一个系数,即确定银行利率和贴现率,关于这一点我们将在第三章阐述。

二、货币时间价值理论对资产评估实践的启示

货币时间价值理论正确地揭示了不同时点上资金时间的换算关系,是资产评估中计算资产现行市价的重要理论,其基本思想对资产评估结果有重要影响。

1. 一宗资产为其持有人带来的收益不是一次性的,而是在一定时期内连续不断地为持有人带来收益。按照货币价值理论,相同数量的资产在不同时点上获得的收益是不同的,其价值也不同。因此,采用收益现值法评估,应首先将不同时点上的一系列收益分别进行折现处理,然后再加总,而不能将资产创造的收益流简单相加。

2. 采用收益现值法对不同资产进行评估,必然要涉及货币收益的时间价值问题,都需要按照上述折现原理对资产为其持有人带来的收益流进行折现,折现后的价值就是被评估资产的现行市价。因此,收益法最能体现货币的时间价值。

3. 货币时间价值理论在资产评估的实践中应用较为广泛。例如,长期投资评估、融资租赁资产价值评估、盘盈和接受遗赠的固定资产价值评估和固定资产折旧等都需要充分考虑货币时间价值。

第五节 有效市场理论

一、有效市场理论的产生过程

英国经济学家乔治·吉布森(Gibson)最早讨论市场有效问题,通过研究以价格形成理论为基础的证券价格,提出了与市场假说相似的有效市场理论。

受有效市场假说的启发,法国经济学家路易斯·巴切利尔(Bachelier)率先运用随机游走模型,基于股票价格与收益的视角对证券市场有效性问题进行研究,1900年在其博士论文《投机理论》中首次得出"市场收益是独立同分布的随机变量"的结论,发现股票收益率波动的数学期望值总是为零,真正开始了对有效市场的研究。

英国统计学家肯德尔(Kendall)在1953年发表的《经济时间序列分析,第一篇:价格》中,通过对19种英国股票价格指数和纽约、芝加哥商品交易所棉花、小麦即期价格的周变化规律进行研究,提出股票价格遵循随机游走规律的结论。

1965年和1966年,保罗·萨缪尔森(Samuelson)与伯努瓦·曼德尔布罗特(Mandelbrot)研究了公平游戏模型和随机游走理论的关系,提出了"公平博弈模型",论述了有效市场与公平游戏模型之间的关系,为以后的实证检验提供了强有力的理论基础。

1965年,美国芝加哥大学教授尤金·法玛(Eugene Fama)发表的一篇题为《股票市场价格行为》的论文,提出了有效市场假说(Efficient Markets Hypothesis,简称EMH),成为证券市场研究的热门课题。1970年尤金·法玛的经典论文《有效资本市场:理论与实证研究回顾》对有关EMH的研究作了系统的总结,提出了研究有效市场假说的完整理论框架,在现代金融市场理论框架占据重要地位。

二、有效市场理论的主要内容

如果在一个证券市场中,价格完全反映所有可获得的市场信息,这样的市场即为有效市场或者说这样的市场达到了有效性。信息有效、投资者理性和市场理性的统一造就了有效的市场。内部有效市场(Internally Efficient Markets)又称交易有效市场(Operationally Efficient Markets),它主要衡量投资者买卖证券时所支付交易费用的多少,如证券商索取的手续费、佣金与证券买卖的价差;外部有效市场(Externally Efficient Markets)又称价格有效市场(Pricing Efficient Markets),它探讨证券的价格是否迅速地反映出所有与价格有关的信息,这些信息包括有关公司、行业、国内及世界经济的所有公开可用的信息,也包括个人、群体所能得到的所有的私人的、内部非公开的信息。

有效市场理论主要研究股票市场的外在效率,即股票市场的资金分配效率(市场上股票的价格对相关信息的反应程度和速度),它反映了股票市场调节和分配资金的效率,而内在效率在某些方面是影响外在效率的直接原因。如果有效市场假说成立,专业投资者的作用将非常有限,他们的全部产出是既定的,并且任何一个专业分析者的边际产出接近于零,广告将绝对不会影响公司普通股票市场价值,股票的需求曲线具有完全的弹性,即价格的任何变化将产生无限大的需求。有效市场股价对信息的反应过程如图2-12所示。

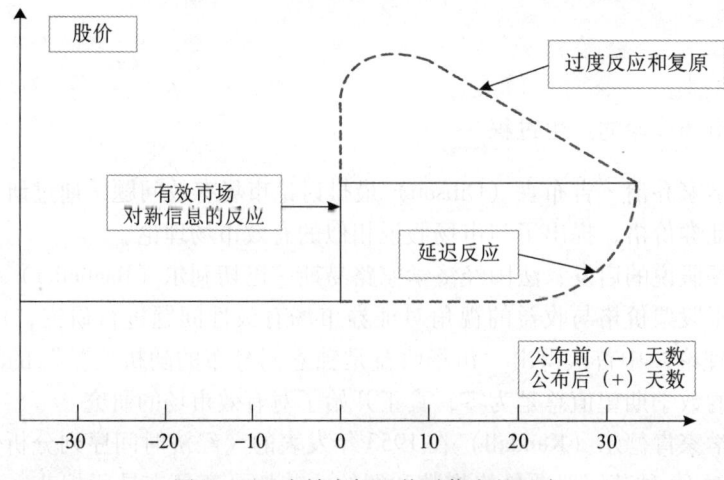

图2-12 有效市场股价对信息的反应

1. 在市场上的每个投资者都是理性的经济人，金融市场上每只股票所代表的各家公司都处于这些理性人的严格监视之下，他们每天都在进行基本分析，以公司未来的获利性来评价公司的股票价格，把未来价值折算成今天的现值，并谨慎地在风险与收益之间进行权衡取舍。

2. 股票的价格反映了这些理性人的供求的平衡，想买的人正好等于想卖的人，也就是认为股价被高估的人与认为股价被低估的人正好相等。假如有人发现这两者不等，即存在套利的可能性的话，他们立即会用买进或卖出股票的办法使股价迅速变动到能够使二者相等为止。

3. 股票的价格也能充分反映该资产的所有可获得的信息，即"信息有效"，当信息变动时，股票的价格就一定会随之变动。一个利好消息或利空消息刚刚传出时，股票的价格就开始异动，当它已经路人皆知时，股票的价格也已经涨或跌到适当的价位了。

三、有效市场理论的启示

三十多年来，有效市场假说一直是金融经济领域中最具争议和最重要的研究课题之一，其产生对金融经济领域的影响重大而深远，为金融资产价值的评估奠定了一定的理论基础。

（一）揭示了证券市场的特征，改变了人们对证券市场的认识

有效市场理论揭示了股票价格形成机制及股票投资期望收益率的变动模式。有效市场假说提出之前，人们认为股票价格有规律可循，尝试通过分析过去的股票价格信息去预测其未来价格。有效市场理论的研究者认为，股票价格遵循随机游走规律，并无规律可循。有效市场理论以信息为纽带，通过股票市场信息披露水平、股票价格对相关信息的反应效率等，研究不同信息作用形态下股票市场的特点，解决了证券价格形成过程中在信息披露、信息传输、信息解读以及信息反馈各个环节中所出现的问题，尤其是建立了上市公司强制性信息披露制度，提高了证券市场的有效性。

利用有效市场假说的理论和实证研究成果，研究分析不同证券市场之间在信息披露、交易规则、投资理念等方面的差异，可以为我国资本市场的规范和发展提供理论支持。

（二）促进了金融理论的发展

法玛将经济学的竞争均衡理论引入对资本市场的研究，指明了收益和风险的均衡关系。有效市场假说与资本结构理论（MM）、资本资产定价模型（CAPM）相互紧密依赖，通过市场效率和均衡模型相互为用、彼此促进，推动了金融理论的发展。有效市场假说及其实证研究，为资本结构理论、资本定价模型和期权定价理论被普遍、迅速接受提供了有力支持。

本章小结

- 本章阐述了资产评估的理论基础，其主要理论包括劳动价值论、效用价值论、供求理论、货币时间价值理论和有效市场理论。这些理论构成了资产评估的主要基础理论。
- 劳动价值论和效用价值论是经济学中具有代表性的资产价值构成理论。劳动价值论认为生产成本决定价值，从资产供给角度来度量资产的实际价值，即资产价值由凝聚到资产中的物化劳动和活劳动所决定，是利用重置成本法评估的理论基础。效用价值论是从需求的角度对资产的价值进行分析，认为资产的价值由资产为其占有者所带来的效用决定的，是利用收益现值法评估的理论基础之一。
- 供求理论以效用价值为前提，把供求关系数量化。任何一种商品价格调整都会使该商品的供给和需求达到平衡，价格和供需数量均由供求关系决定。就资产评估而言，一个充分发育的资产市场会给资产一个较为客观的价值或价格，评估人员只有充分利用市场才有可能为特定资产评估出一个客观的价值或价格。
- 货币时间价值理论是资产评估中计算资产现行市价的重要理论。由货币价值理论可知，相同数量的资产在不同时点上获得的收益是不同的，其价值也不同。因此，采用收益现值法评估，应首先将不同时点上的一系列收益分别进行折现处理，然后再加总，而不能将资产创造的收益流简单相加。
- 有效市场理论对金融经济领域的影响重大而深远，为金融资产价值的评估奠定了一定的理论基础。利用有效市场假说的理论和实证研究成果，研究分析不同证券市场之间在信息披露、交易规则、投资理念等方面的差异，可以为我国资本市场的规范和发展提供理论支持。
- 资产评估作为一项实务性和操作性很强的工作，必须要有科学、先进的理论基础作为指导。没有正确的理论，就没有正确的方法，也就不会有科学正确的评估结果。

思考题

1. 劳动价值论与效用价值论有何区别？
2. 收益法的理论基础是什么？你如何理解？
3. 浅谈货币时间价值理论对资产评估实践的启示。
4. 供求理论对资产评估实践有何启示？
5. 有效市场理论的主要作用是什么？
6. 谈谈"'未来的经济利益'是资产的一项重要特性"对资产评估的意义。

阅读材料

1. 中国资产评估协会：《资产评估基础》，中国财政经济出版社2017年版。
2. 刘玉平：《资产评估原理》，高等教育出版社2015年版。

3. 姜楠：《资产评估原理（第三版）》，东北财经大学出版社 2015 年版。

4. 乔志敏、宋斌：《资产评估学教程》，中国人民大学出版社 2015 年版。

5. ［美］萨缪尔森：《经济学》，高鸿业译，商务印书馆 1987 年版。

6. ［英］威廉·配第：《赋税论献给英明人士货币略论》，陈冬野译，商务印书馆 2013 年版。

7. ［英］亚当·斯密：《国民财富的性质和原因的研究（上卷）》，郭大力、王亚南译，商务印书馆 2013 年版。

8. ［奥］庞巴维克：《资本实证论》，陈端译，商务印书馆 1964 年版。

9. ［德］戈森：《人类交换规律与人类行为准则的发展》，陈秀山译，商务印书馆 1997 年版。

第三章
资产评估的基本方法

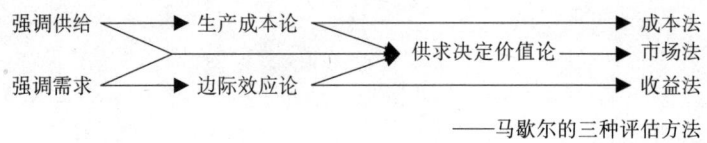

——马歇尔的三种评估方法

> **重点提示**
> - □ 收益法、市场法和成本法的基本原理和方法
> - □ 每类评估方法中各种具体方法之间的逻辑关系和应用
> - □ 选择和运用各种评估方法的基本要求和需要考虑的各种条件及参数
> - □ 复原重置成本、更新重置成本、实体性贬值、功能性贬值、经济性贬值、实际使用年限、资产利用率、成新率、折现率等概念的把握和估算

资产评估方法是指评定估算资产价值的途径和手段，这些方法主要基于价格均衡、预期收益、替代原则等经济学原理。资产评估方法主要包括市场法、收益法和成本法[①]三种基本方法及其衍生方法。

---

① James C. Bonbright 于 1937 年在其经典著作 *Valuation of Property* 中描述到，评估任何资产、工厂设备及用于商业或工业目的的无形资产只有三种方法。这三种方法被 James C. Bonbright 划分为成本法、收益法和市场法。从那时起，我们曾经修改过这些方法的名字，但是无论我们称之为收益法还是收益资本化法，其本质是一样的。同样的，市场法的另一种叫法，用于房地产评估时，称为销售比较法，用于非上市控股企业和整体企业评估时，称为指标公司对比法。无论我们赋予现代评估方法什么名字，其本质仅仅是成本、收益和市场法的修改和变形。

第一节 市场法

一、市场法的基本涵义及理论依据

市场法（Market Approach）是指通过将评估对象与可比参照物进行比较，以可比参照物的市场价格为基础确定评估对象价值的评估方法的总称。

市场法也称现行市价法、市场价格比较法，是指利用市场上同样或类似资产的近期交易价格，经过直接比较或类比分析以估测资产价值的各种评估技术方法的总称。

市场法是资产评估中若干评估思路中的一种，也是实现该评估技术思路的若干评估技术方法的集合。供求决定价值论是市场法的理论基础。市场法是根据替代原则，采用比较和类比的思路及其方法判断资产价值的评估技术规程。在运用市场法时，如果不能直接取得资产的现行市价，就应在市场上选择相同或相似资产用来与被评估资产进行比较，以这个相同或相似资产的市价作为基础，再进行必要的调整，以此确定被评估资产的价格。

任何一个理智的投资者在购置某项资产时，他所愿意支付的价格不会高于市场上具有相同用途的替代品的现行市价。市场法是资产评估中最为直接、最具说服力的评估方法之一。当然，通过市场法进行资产评估，尚需满足一些最基本的条件。

二、市场法的基本前提

通过市场法进行资产评估需要满足两个最基本的前提条件：

第一，评估对象或者可比参照物具有公开的市场以及相对活跃的交易。这个活跃的公开市场不能是个别交易，而是众多交易的客观结果。

第二，交易及交易标的的必要信息是可以获得的。公开市场上要有可比的资产及其交易活动，资产及其交易的可比性是指选择的可比资产及其交易活动在近期公开市场上已经发生过，且与被评估资产及资产业务相同或相似。这些已经完成交易的资产就可以作为被评估资产的参照物，其交易数据是进行比较分析的主要依据。

资产评估专业人员应当基于以下原则选择可比参照物：

1. 根据评估对象特点选择多个参照物；
2. 选择与评估对象在价值影响因素方面相似的参照物；
3. 选择交易时间与评估基准日接近的参照物；
4. 选择交易类型与评估目的相适合的参照物；
5. 选择正常或者可以修正为正常交易价格的参照物。

市场法适用范围

三、市场法的基本程序及有关指标

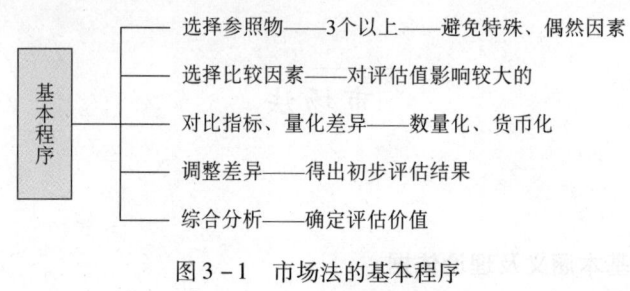

图3-1 市场法的基本程序

（一）选择参照物

选择参照物的关键是一个可比性问题，包括功能、市场条件及成交时间以及参照物的数量等问题。不论参照物与评估对象如何相似，通常参照物应选择3个以上。[①] 因为运用市场法评估资产价值，被评估资产的评估值高低在很大程度上取决于参照物成交价格水平，而参照物成交价又不仅仅是参照物功能自身的市场体现，它还受买卖双方交易地位、交易动机、交易时限等因素的影响。为了避免某个参照物个别交易中的特殊因素和偶然因素对成交价及评估值的影响，运用市场法评估资产时应尽可能选择多个参照物。

（二）在评估对象与参照物之间选择比较因素

影响资产价值的基本因素大致相同，如资产性质、市场条件等，具体到每一种资产时，影响资产价值的因素又各有侧重。如影响房地产价值的主要是区位因素，在机器设备评估中起主导作用的是技术水平因素。所以，应根据不同种类资产价值形成的特点，选择对资产价值形成影响较大的因素作为对比指标，在参照物与评估对象之间进行比较。

（三）对比指标、量化差异

根据前面所选定的对比指标，在参照物及评估对象之间进行比较，并将两者的差异进行量化。例如，资产功能指标，尽管参照物与评估对象功能相同或相似，但在生产能力、产品质量以及在资产运营过程中的能耗、料耗和工耗等方面都可能有不同程度的差异。运用市场法的一个重要环节就是将参照物与评估对象在对比指标之间的上述差异数量化和货币化。

（四）在各参照物成交价格的基础上调整已经量化的对比指标差异

市场法是以参照物的成交价格作为评定估算评估对象价值的基础。在这个基础上将已经量化的参照物与评估对象对比指标差异进行调增或调减，就可以得到以每个参照物为基础的评估对象的初步评估结果。初步评估结果与所选择的参照物个数密切相关。

[①] 国外在正常情况下要求至少搜集4~5个交易案例，才能有效运用市场法。

提示：
需调整的差异因素：(1) 时间因素；(2) 区域因素；(3) 功能因素；(4) 成新率因素；(5) 交易情况调整。

（五）综合分析确定评估结果

选择3个以上参照物，形成3个以上初步结果，采用算术平均法或加权平均法等方法将初步结果转换成最终评估结果。

四、市场法中的具体评估方法

市场法实际上是指在一种评估思路下的若干具体评估方法的集合。它们可以被分为两大类：其一是直接比较法，其二是类比调整法，如图3-2所示。

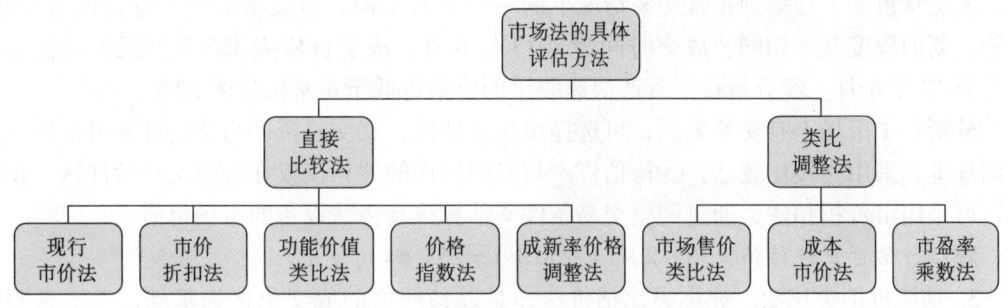

图3-2 市场法中的具体评估方法

（一）直接比较法

直接比较法是指利用参照物的交易价格及参照物的某一基本特征直接与评估对象的同一基本特征进行比较而判断评估对象价值的一类方法。其基本计算公式为：

评估对象价值 = 参照物合理成交价格

或 = 参照物成交价格 × (评估对象特征 ÷ 参照物特征)

提示：
直接比较法直观简捷，便于操作，但通常对参照物与评估对象之间的可比性要求较高。比如参照物与评估对象要达到相同或基本相同的程度，或参照物与评估对象的差异主要体现在某一明显的因素上，例如新旧程度或交易时间先后等。

直接比较法主要包括现行市价法、市价折扣法、功能价值类比法、价格指数法和成新率价格调整法等，但不限于以上方法。

1. 现行市价法。当评估对象本身具有现行市场价格或与评估对象基本相同的参照物具有现行市场价格的时候，可以直接利用评估对象或参照物在评估基准日的现行市场价格作为评估对象的评估价值。例如，可上市流通的股票和债券可按其在评估基准日的收盘价作为评估价值。批量生产的设备、汽车等可按同品牌、同型号、同规格、同厂家、同批量的设备、汽车等的现行市场价格作为评估价值。现行市价法的数学表达式为：

$$资产评估价值 = 评估基准日的现行市价$$

2. **市价折扣法。** 市价折扣法是以参照物成交价格为基础，考虑到评估对象在销售条件、销售时限等方面的不利因素，凭评估人员的经验或有关部门的规定，设定一个价格折扣率来估算评估对象价值的方法。其数学表达式为：

$$资产评估价值 = 参照物成交价格 \times (1 - 价格折扣率)$$

> **提示：**
> 市价折扣法一般只适用于评估对象与参照物之间仅存在交易条件（快速变现）方面差异的情况。

【例3-1】某企业因严重的资不抵债而进行破产清算，其中有一套机器设备需拍卖。评估人员从市场上搜集到正常交易情况下的一个交易案例，该交易资产与待估设备型号、性能、新旧程度基本相同，成交时间为2017年6月，成交价格为365.2万元。评估基准日为2017年8月。经分析待估资产快速脱手的价格将低于正常价格的30%。

分析：①市场上有交易案例，可选择市场法评估；②交易资产与待估设备可比性达到相同程度，采用直接比较法；③待估资产与参照资产的差异仅仅在市场交易条件这一指标上，可采用市价折扣法，通过调整交易条件来估算该套待估设备的市场价值。

解： 待估资产评估值 = 365.2 × (1 - 30%) = 255.64（万元）

3. **功能价值类比法。** 亦称类比估价法，是以参照物的成交价格为基础，考虑参照物与评估对象之间仅存在功能差异，通过调整两者功能差异来估算评估对象价值的方法。根据资产的功能与其价值之间的关系，可分为线性关系和指数关系两种情况：

(1) 资产价值与其功能呈线性关系的情况，通常被称作生产能力比例法，其数学表达式为：

$$资产评估价值 = 参照物成交价格 \times (评估对象生产能力 \div 参照物生产能力)$$

当然，功能价值类比法不仅仅表现在资产的生产能力这一项指标上，它还可以通过对参照物与评估对象的其他功能指标的对比，利用参照物成交价格推算出评估对象价值。

【例3-2】某待估资产为一机器设备，年生产能力为150吨。评估基准日为2017年2月1日。评估人员搜集的信息：①从市场上搜集到一个该类设备近期交易的案例，该设备的年生产能力为210吨，市场成交价格为160万元。②将待估设备与搜集的参照设备进行对比并寻找差异。③发现两者除生产能力指标存在差异外，从参照设备成交到评估基准日之间，该类设备的市场价格比较平稳，其他条件也基本相同。

分析：①由于待估资产的市场交易案例易于选取，可采用市场法进行评估；②交易资产与待估设备可比性达到相同程度，采用直接比较法；③待估资产与参照资产的差异主要体现在生产能力这一指标上，可采用功能价值类比法来估算该资产的价值。

解： 待估资产评估值 = 160 × (150 ÷ 210) = 114.29（万元）

(2) 资产价值与其功能呈指数关系的情况，通常被称作规模经济效益指数法，其数学表达式为：

资产评估价值 = 参照物成交价格 × (评估对象生产能力 ÷ 参照物生产能力)^x

【例 3-3】被评估资产年生产能力为 90 吨，参照资产的年生产能力为 120 吨，评估基准日参照资产的市场价格为 10 万元，该类资产的功能价值指数为 0.7。

解：待估资产评估价值 = $10 × (90 ÷ 120)^{0.7}$ = 8.18（万元）

4. 价格指数法。亦称物价指数法，是以参照物成交价格为基础，考虑参照物的成交时间与评估对象的评估基准日之间的时间间隔对资产价值的影响，利用价格指数调整估算评估对象价值的方法。其计算公式为：

资产评估价值 = 参照物成交价格 × (1 + 物价变动指数)

或 = 参照物成交价格 × 价格指数

> **提示：**
> 物价指数法一般只运用于评估对象与参照物之间仅有时间因素差异的情况，且时间差异不能过长。当然，此方法稍做调整可作为市场售价类比法中估测时间差异系数或时间差异值的方法。

【例 3-4】某待估资产为两室一厅居住用房，面积为 58 平方米，建筑时间为 2013 年，位置在某市闹市区，评估基准日为 2017 年 5 月 11 日。在待估房屋附近，于 2015 年 12 月曾发生过房屋交易活动，交易价格为 464 000 元。经调查和分析，评估人员认为该居住用房所处位置、面积、建造时间、交易的市场条件等方面与待估资产基本相同。经调查，2017 年居住用房价格与 2015 年相比上升了 9.3%。

分析：①由于可以找到待估资产的市场交易案例，应采用市场法进行评估；②该居住用房所处位置、面积、建造时间、交易的市场条件等方面与待估资产基本相同，故采用直接比较法评估；③待估资产与参照资产的差异仅仅在交易时间这一指标上，所以采用价格指数法只对时间差异进行调整即可推算出被估资产的市场价值。

解：待估资产评估值 = 464 000 × (1 + 9.3%) = 507 152（元）

5. 成新率价格调整法。成新率价格调整法是以参照物的成交价格为基础，考虑参照物与评估对象新旧程度上的差异，通过成新率调整估算出评估对象的价值。其数学表达式为：

资产评估价值 = 参照物成交价格 × (评估对象成新率 ÷ 参照物成新率)

资产的成新率 = 资产的尚可使用年限 ÷ (资产的已使用年限 + 资产的尚可使用年限)

> **提示：**
> 成新率价格调整法一般只运用于评估对象与参照物之间仅有新旧程度差异的情况。当然此方法略加改造也可以作为评估对象与参照物成新程度差异调整率和差异调整值的方法。

【例 3-5】待估资产为某机器设备，其生产时间为 2009 年 1 月，评估基准日为 2017 年 1 月。搜集到一交易案例，该机器设备和待估设备型号相同，属同一厂家生产，交易时间为 2016 年 12 月，交易价格为 124 000 元，该机器设备的生产时间为 2011 年。经调查了解，待估设备的尚可使用年限为 13 年。参照资产尚可使用年限为 15 年。

分析： ①资产的市场交易案例易于选取，应采用市场法进行评估；②参照物和待估设备型号相同，属同一厂家生产，可比性达到相同，采用直接比较法；③待估资产与参照资产的差异主要体现在新旧程度这一指标上，可采用成新率价格调整法通过对成新率指标的调整来估算待估资产的市场价值。

解： 待估资产成新率 = 待估资产尚可使用年限 ÷ (待估资产已使用年限 + 待估资产尚可使用年限)

$$= 13 \div (8+13) = 62\%$$

参照资产的成新率 $= 15 \div (8+15) = 65\%$

待估设备的评估值 = 参照物成交价格 × (评估对象成新率 ÷ 参照物成新率)

$$= 124\,000 \times (62\% \div 65\%) = 118\,276.92 \text{（元）}$$

由于直接比较法对参照物与评估对象的可比性要求较高，在具体评估过程中寻找参照物可能会受到局限。因而，直接比较法的使用也相对受到一定制约。

(二) 类比调整法

类比调整法是在公开市场上无法找到与被评估资产完全相同的参照物时，可以选择若干个类似资产的交易案例作为参照物，通过对比分析调整参照物与评估对象之间的差异，在参照物成交价格的基础上调整估算评估对象价值的方法。

> **想一想：**
> 1. 采用市场法如何选择参照物？
> 2. 直接比较法和类比调整法的差异表现在哪里？

在具体操作过程中，类比调整法①中使用频率较高的有以下几种技术方法：

1. **市场售价类比法。** 市场售价类比法是以参照物的成交价格为基础，考虑参照物与评估对象在功能、市场条件和销售时间等方面的差异，通过对比分析和量化差异，调整估算出评估对象价值的各种方法。其基本数学表达式为：

类比调整法

资产评估价值 = 参照物售价 + 功能差异值 + 时间差异值 + … + 交易情况差异值

资产评估价值 = 参照物售价 × 功能差异修正系数 × 时间差异修正系数 × … × 交易情况差异修正系数

【例 3-6】 (1) 估价对象概况：待估地块为城市规划上属于住宅区的一块空地，面积为 600 平方米，地形为长方形。(2) 评估要求：评估该地块 2017 年 10 月的公平市场交易价格。

分析： 该种类型土地有较多的交易实例，故采用市场法进行评估。

解： ①搜集有关的评估资料——待估土地资料（略）及交易实例资料。选择 4 个交

---

① 类比调整法在西方国家中应用广泛，特别是在技术进步快、产品更新换代周期短的情况下。我国的市场发育还不完善，类比调整法受到一定的限制。

易实例作为参照物，具体情况见表3-1。

表3-1　　　　　　　　　　　　交易实例情况表

	交易实例A	交易实例B	交易实例C	交易实例D	估价对象
坐落	略	略	略	略	略
所处地区	临近	类似	类似	类似	一般市区
用地性质	住宅	住宅	住宅	住宅	住宅
土地类型	空地	空地	空地	空地	空地
交易日期	2017年4月	2017年3月	2016年10月	2016年12月	2017年10月
价格　总价	19.6万元	31.2万元	27.4万元	37.8万元	
单价	870元/平方米	820元/平方米	855元/平方米	840元/平方米	
面积	225平方米	380平方米	320平方米	450平方米	600平方米
形状	长方形	长方形	长方形	略正方形	长方形
地势	平坦	平坦	平坦	平坦	平坦
地质	普通	普通	普通	普通	普通
基础设施	较好	完备	较好	很好	很好
交通状况	很好	较好	较好	较好	很好
正面路宽	8m	6m	8m	8m	8m
容积率	6	5	6	6	6
剩余使用年限	35年	30年	35年	30年	30年

②进行交易情况修正。经分析，交易实例A、D为正常买卖，无需进行交易情况修正；交易实例B较正常买卖价格偏低2%；交易实例C较正常买卖价格偏低3%。则各交易实例的交易情况修正率：交易实例A为0%、交易实例B为2%、交易实例C为3%、交易实例D为0%。

③进行交易日期修正。根据调查，2004年10月以来土地价格平均每月上涨1%，则各参照物交易实例的交易日期修正率为：

交易实例A修正率 = $(1+1\%)^6 - 1 = 6.15\%$

交易实例B修正率 = $(1+1\%)^7 - 1 = 7.21\%$

交易实例C修正率 = $(1+1\%)^{12} - 1 = 12.68\%$

交易实例D修正率 = $(1+1\%)^{10} - 1 = 10.46\%$

为计算方便，本例中对修正率取整，即交易实例A为6%、交易实例B为7%、交易实例C为13%、交易实例D为10%。

④进行区域因素修正。交易实例A与待估土地处于同一地区，无需作区域因素修正。交易实例B、C、D的区域因素修正情况可参照表3-2判断。

表3-2　　　　　　　　　　　　区域因素比较表

	B	C	D
自然条件	相同	相同	相同
社会环境	稍差	相同	相同

续表

	B	C	D
街道条件	相同	相同	相同
交通便捷度	稍差	稍好	相同
离交通车站点距离	稍差	稍近	相同
离市中心距离	相同	稍近	相同
基础设施状况	稍差	相同	稍好
公共设施完备状况	相同	稍差	相同
水、大气、噪音污染状况	相同	相同	相同
周围环境及景观	相同	相同	相同
规划限制	相同	相同	相同
综合打分	88	108	100

本次评估设定待估地块的区域因素值为100，则根据表3-2各种区域因素的对比分析，经综合判定打分，交易实例B所属地区为88，交易实例C所属地区为108，交易实例D所属地区为100。

⑤进行个别因素修正。a. 经比较分析，待估土地的面积较大，有利于充分利用，另外环境条件也比较好，故判定比各交易实例土地价格高2%。b. 土地使用年限因素的修正。交易实例B、D与待估土地的剩余使用年限相同无需修正。交易实例A、C均需作使用年限因素的调整，其调整系数测算如下（假定折现率为8%）：

$$年限修正系数 = \left[1 - \frac{1}{(1+8\%)^{30}}\right] \div \left[1 - \frac{1}{(1+8\%)^{35}}\right]$$
$$= (1 - 0.0994) \div (1 - 0.0676)$$
$$= 0.9006 \div 0.9324 = 0.9659$$

⑥计算待估土地的初步价格：

$$交易实例A修正后的单价 = 870 \times \frac{100}{100} \times \frac{106}{100} \times \frac{100}{100} \times \frac{102}{100} \times 0.9659 = 909（元/平方米）$$

$$交易实例B修正后的单价 = 820 \times \frac{100}{98} \times \frac{107}{100} \times \frac{100}{88} \times \frac{102}{100} = 1\,038（元/平方米）$$

$$交易实例C修正后的单价 = 855 \times \frac{100}{97} \times \frac{113}{100} \times \frac{100}{108} \times \frac{102}{100} \times 0.9659 = 901（元/平方米）$$

$$交易实例D修正后的单价 = 840 \times \frac{100}{100} \times \frac{110}{100} \times \frac{100}{100} \times \frac{102}{100} = 942（元/平方米）$$

⑦采用简单算术平均法求取评估结果为：

$$土地评估单价 = (909 + 1\,038 + 901 + 942) \div 4 = 948（元/平方米）$$
$$土地评估总价 = 600 \times 948 = 568\,800（元）$$

2. 成本市价法。成本市价法是以评估对象的现行合理成本为基础，利用参照物的成本市价比率来估算评估对象价值的方法。其数学表达式为：

资产评估价值 = 评估对象现行合理成本 × （参照物成交价格 ÷ 参照物现行合理成本）

【例3-7】评估基准日某市商品住宅的成本市价率为160%，已知被估全新住宅的现行合理成本为30万元。

解：某市商品住宅的评估价值 = 30 × 160% = 48（万元）

3. 市盈率乘（倍）数法。市盈率乘数法是以参照物的市盈率作为乘数（倍数），以此乘数与评估对象的收益额相乘估算评估对象价值的方法。其数学表达式为：

$$资产评估价值 = 评估对象年收益额 \times 参照物市盈率$$

市盈率乘数法主要适用于企业价值评估。

【例3-8】某被估企业的年净利润为1 000万元，评估基准日资产市场上同类企业平均市盈率为20倍。

解：该企业的评估价值 = 1 000 × 20 = 20 000（万元）

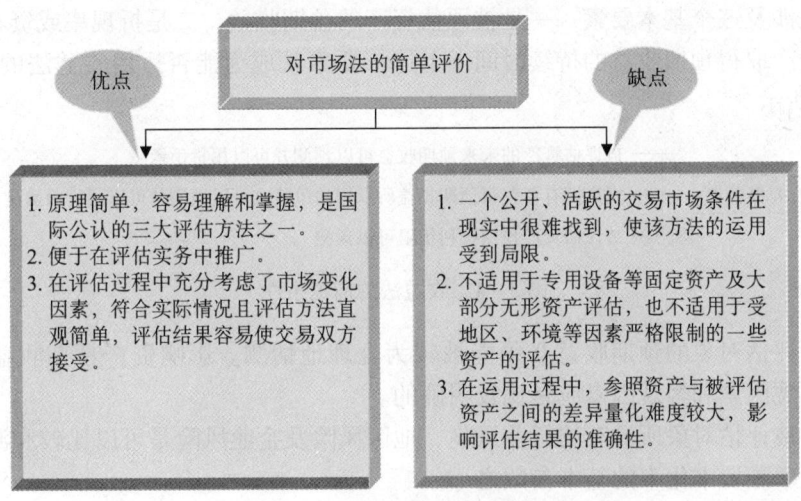

图3-3 市场法的优缺点

第二节 收 益 法

一、收益法的基本涵义及理论依据

收益法（Income Approach）是指通过估测被评估资产未来预期收益并折算成现值，借以确定被评估资产价值的各种评估方法的总称。它服从于资产评估中将利求本的思路①，即采用资本化和折现的途径及其方法来判断和估算资产的价值。

---

① 收益法的思路实际上是一种以本求利的逆向思维，因为就本利关系来说，已知利率，利用本金×利率=利息，求得利息。而收益法与之相反，由利息、利率反推本金，也就是说多少资产量在这样的利率下能够带来多少收益。

收益法的理论基础是效用价值论，即资产的效用越大，获利能力越强，它的价值也越大。效用价值论是从需求方的角度对资产的价值进行分析并评估。收益法利用投资回报和收益折现等技术手段，把评估对象的预期产出能力和获利能力作为评估标的来估测评估对象的价值。

收益法的基本公式为：

资产评估价值＝年收益额÷还原利率

收益法评估实质是将未来的收益还原到现在的时点上。从理论上讲，收益法是资产评估中较为科学合理的评估方法之一。当然，运用收益法评估尚需要满足一些基本条件。

二、收益法的基本前提

收益法涉及三个基本要素：一是被评估资产的预期收益，二是折现率或资本化率，三是被评估资产取得预期收益的持续时间。上述三要素就成为能否运用收益法的基本前提，如图3–4所示。

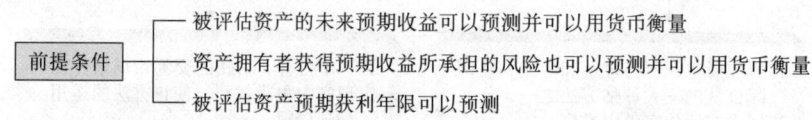

图3–4 收益法的前提条件

首先，评估对象的预期收益必须能被较为合理地估测。影响资产预期收益的主要因素，包括主观因素和客观因素应是比较明确的。

其次，被评估对象所具有的行业风险、地区风险及企业风险是可以比较和测算的，这是测算折现率或资本化率的基本参数之一。

再次，评估对象获利期限的长短，即评估对象的寿命，也是影响其价值和评估值的重要因素之一。

> **提示：**
> 收益法的适用范围：收益法常用于企业价值评估或能独立计算收益额的单项资产评估。运用收益法评估资产价值是以资产投入使用后连续获利为基础的，购买资产的目的在于资产的获利能力，如果在资产上投资不是为了获利，进行投资后没有预期收益或预期收益很少且不稳定，则不能采用收益法。

三、收益法的基本程序和基本参数

（一）收益法的基本程序

采用收益法进行评估，其基本程序如图3–5所示。

（二）收益法的基本参数

运用收益法进行评估涉及许多经济技术参数，其中最主要的参数有三个：收益额、折现率和收益期限。

```
┌─────────┐
│ 基本程序 │
└─────────┘
1. 搜集资料：搜集并验证与评估对象未来预期收益有关的数据资料，
   包括经营前景、财务状况、市场形势以及经营风险等

2. 分析测算未来预期收益：分析测算被评估对象未来预期收益

3. 确定折现率：确定折现率或资本化率

4. 将收益折算成现值：用折现率或资本化率将评估对象未来预期收益
   折算成现值

5. 分析确定评估结果：分析确定评估结果，用统计分析或其他方法判
   断结果的合理性
```

图3-5 收益法的基本程序

1. **收益额**。在资产评估中，资产的收益额（Income）是指根据投资回报的原理，资产在正常情况下所能得到的归其产权主体的所得额。[①] 资产评估中的收益额有两个比较明确的特点：（1）收益额是资产未来预期收益额，而不是资产的历史收益额或现实收益额；（2）用于资产评估的收益额是资产的客观收益，而不是资产的实际收益。

2. **折现率**。折现率（Discount Rate）是将未来预期收益折算成现值所采用的比率。从本质上讲，折现率是一种期望投资报酬率，是投资者在投资风险一定的情况下，对投资所期望的回报率。折现率就其构成而言，它是由无风险报酬率和风险报酬率组成的。

折现率 = 无风险报酬率 + 风险报酬率

无风险报酬率，亦称安全利率，一般是参照同期国库券利率。

风险报酬率是指超过无风险报酬率以上部分的投资回报率。

在资产评估中，因资产的行业分布、种类、市场条件等的不同，其折现率亦不相同。资本化率（Capitalization Rate）与折现率在本质上是相同的。习惯上人们把将未来有限期预期收益折算成现值的比率称为折现率，而把将未来永续性预期收益折算成现值的比率称为资本化率。至于折现率与资本化率在量上是否恒等，主要取决于同一资产在未来长短不同的时期所面临的风险是否相同。

确定折现率，首先应该明确折现的内涵。折现作为一个时间优先的概念，认为将来的收益或利益低于现在的同样收益或利益，并且随着收益时间向将来推迟的程度而有序地降低价值。同时，折现作为一个算术过程，是把一个特定比率应用于一个预期的收益流，从而得出当前的价值。[②]

3. **收益期限**。收益期限（Income Date）是指资产具有获利能力持续的时间，通常以年为时间单位。它由评估人员根据被评估资产自身效能及相关条件，以及有关法律、法规、契约、合同等加以确定。

[①] 一般来说，资产预期收益有3种可选择的类型：净利润、净现金流量、利润总额。净利润和净现金流量都属于税后净收益，都是资产持有者的收益，在收益法中被普遍采用。

[②] 利率是资金的报酬，折现率是管理的报酬。

提示

折现率 ←——————→ 资本化率

- 1. 未来有限期预期收益折算成现值的比率。
- 2. 一般由无风险报酬率和风险报酬率组成。
- 3. 折现率＝无风险报酬率＋风险报酬率

- 1. 未来永续性预期收益折算成现值的比率。
- 2. 既反映无风险报酬率和风险报酬率，也反映资产收益的长期增长前景。
- 3. 资本化率＝折现率－未来年收益的增长率

想一想：
1. 资产预期收益的类型有哪些？
2. 如何测算资产的预期收益及折现率？

四、收益法中的主要技术方法

收益法实际上是在预期收益还原思路下若干具体方法的集合。收益法中的具体方法可以分为若干类，其一是针对评估对象未来预期收益有无限期的情况划分，分为有限期和无限期的评估方法；其二是针对评估对象预期收益额的情况划分，又可分为等额收益评估方法和非等额收益评估方法等。

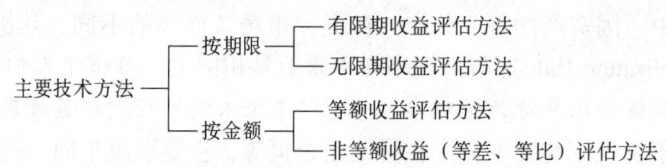

图 3-6 收益法的主要技术方法

为了便于学习收益法中的具体方法，先对这些具体方法中所使用的字符含义作统一的定义：

P ——评估值

i ——年序号

P_i ——未来第 i 年的评估值

R_i ——未来第 i 年的预期收益

r ——折现率或资本化率

r_t ——第 t 年的折现率或资本化率

n ——收益年期

t ——纯收益年期

A ——年金

(一) 未来各年收益不相等

$$P = \sum_{i=1}^{n} \frac{R_i}{(1+r)^i}$$

(二) 收益相等且有限期

$$P = \frac{A}{r}\left[1 - \frac{1}{(1+r)^n}\right]$$

其成立条件是：(1) 纯收益每年不变；(2) 资本化率固定且大于零；(3) 收益年期有限为 n。

(三) 未来收益相等且无限期

$$P = \frac{A}{r}$$

其成立条件是：(1) 纯收益每年不变；(2) 资本化率固定且大于零；(3) 收益年期无限。

(四) 未来收益在若干年后保持不变——无限期

$$P = \sum_{i=1}^{n} \frac{R_i}{(1+r)^i} + \frac{A}{r(1+r)^n}$$

其成立条件是：(1) 纯收益在 n 年（含第 n 年）以前有变化；(2) 纯收益在 n 年（不含第 n 年）以后保持不变；(3) 收益年期无限；(4) r 大于零。

(五) 未来收益在若干年后保持不变——有限年期

$$P = \sum_{i=1}^{t} \frac{R_i}{(1+r)^i} + \frac{A}{r(1+r)^t}\left[1 - \frac{1}{(1+r)^{n-t}}\right]$$

(六) 应用举例

【例 3-9】 某企业尚能继续经营，未来 3 年的营业收益将全部用于抵充负债，现评估其未来 3 年经营收益的折现额。经预测得出未来 3 年内各年预期收益的数据如表 3-3 所示。

表 3-3　　　　　　　　某企业未来 3 年的预期收益

	收益额（万元）	折现率	折现系数	收益折现值（万元）
第一年	300	6%	0.9434	283
第二年	400	6%	0.8900	356
第三年	200	6%	0.8369	167.9

解： 依据上表数据，查复利现值系数表，可以确定：

资产评估价值 = 283 + 356 + 167.9 = 806.9（万元）

【例3-10】某收益性资产预计未来5年收益额分别是12万元、15万元、13万元、11万元和14万元。假定从第6年开始，以后各年收益均为14万元，确定的折现率和资本化率均为10%。确定该收益性资产在持续经营及50年收益的评估值。

解：(1) 永续经营条件下的评估过程：

首先，确定未来5年收益额的现值（算式中的现值系数，可从复利现值表中查得）：

$$现值总额 = \frac{12}{1+10\%} + \frac{15}{(1+10\%)^2} + \frac{13}{(1+10\%)^3} + \frac{11}{(1+10\%)^4} + \frac{14}{(1+10\%)^5}$$

$$= 12 \times 0.9091 + 15 \times 0.8265 + 13 \times 0.7513 + 11 \times 0.6830 + 14 \times 0.6209$$

$$= 49.2442（万元）$$

其次，将第6年以后的收益进行资本化处理，即 14/(10%) = 140（万元）

最后，确定该企业评估值：

资产评估值 = 49.2442 + 140 × 0.6209 = 136.17（万元）

(2) 50年的收益价值评估过程：

$$资产评估价值 = \frac{12}{1+10\%} + \frac{15}{(1+10\%)^2} + \frac{13}{(1+10\%)^3} + \frac{11}{(1+10\%)^4}$$

$$+ \frac{14}{(1+10\%)^5} + \frac{14}{10\%(1+10\%)^5} \times \left[1 - \frac{1}{(1+10\%)^{50-5}}\right]$$

$$= 49.2442 + 140 \times 0.6209 \times (1 - 0.0137)$$

$$= 49.2442 + 85.7351 = 134.98（万元）$$

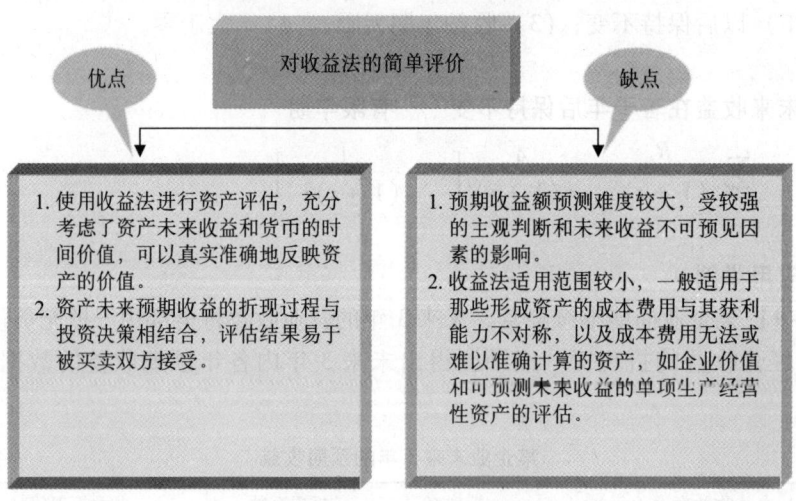

图3-7 收益法的优缺点

第三节 成　本　法

一、成本法的基本涵义及理论依据

成本法（Cost Approach）是指在被评估资产的现时重置成本的基础上，扣减其各项损耗价值，从而确定被评估资产价值的各种评估方法的总称。程序是：首先估测被评估资产的重置成本，然后估测被评估资产业已存在的各种贬损因素，最后将其从重置成本中予以扣除而得到被评估资产价值。

成本法是资产评估的基本方法之一，其基本思路是重建或重置被评估资产。在条件允许的情况下，任何潜在的投资者在决定投资某项资产时，所愿意支付的价格不会超过购建该项资产的现行购建成本。

成本法的理论表达式为：

$$资产评估价值 = 重置成本 - 实体性贬值 - 功能性贬值 - 经济性贬值①$$

劳动价值论（生产费用价值论）是成本法评估资产的理论基础，它从资产的供给角度来度量资产的实际价值。② 成本法是以再取得被评估资产的重置成本为基础的评估方法。

成本法评估资产的基本程序是：

首先，估测被评估资产的重置成本；

其次，估测被评估资产业已存在的各种贬损因素；

最后，将其从重置成本中予以扣除而得到被评估资产价值。

二、成本法的基本前提

成本法从再取得资产的角度反映资产价值，即通过资产的重置成本扣减各种贬值反映资产价值。只有当被评估资产处于继续使用状态下，再取得被评估资产的全部费用才能构成其价值的内容。从这个意义上讲，成本法主要适用于继续使用前提下的资产评估。对于非继续使用前提下的资产，如果运用成本法进行评估，需对成本法的基本要素作必要的调整。从相对准确合理、减少风险和提高评估效率的角度，把继续使用作为运用成本法的前提是有积极意义的。

采用成本法评估资产还必须具备几个前提条件，见图 3-8。

---

① 在评估实践中，当确实存在三种贬值时，其逻辑顺序应为资产经济性贬值、资产功能性贬值、资产实体性贬值。

② 劳动价值论认为资产的价值由凝聚到资产中的物化劳动和活劳动所决定，这是典型的生产成本决定价值论。

前提条件
1. 被评估资产的实体特征、内部结构及其功能必须与假设的重置全新资产具有可比性。
2. 被评估资产必须是可以再生的或是可以复制的，不能再生或复制的被评估资产，如土地、矿藏则不能采用成本法。
3. 被评估资产必须是随时间的推移具有贬值的资产，否则不能运用成本法，如古董、文物等，虽然可能具有可复制的特点，并且被评估资产与复制品在实体特征、功能效用等方面具有可比性，但随着时间的推移，古董、文物的价值可能不降反升，因而不能采用成本法对其价值进行评估。

图 3-8　成本法的前提条件

三、成本法中的基本要素

（一）资产的重置成本

资产的重置成本就是资产的现行再取得成本，即指在现行市场条件下重新购置和建造与被评估资产相同的全新资产所需的货币总额。具体来说，重置成本又分为复原重置成本和更新重置成本两种。

1. 复原重置成本（Reproduction Cost）是指采用与评估对象相同的材料、建筑或制造标准、设计、规格及技术等，以现时价格水平重新购建与评估对象相同的全新资产所发生的费用（支出）。即：

　　复原重置成本——"原消耗、现价格"

2. 更新重置成本（Replacement Cost）是指采用新型材料、现代建筑或制造标准、新型设计、规格和技术等，以现行价格水平购建与评估对象具有同等功能的全新资产所需的费用（支出）。即：

　　更新重置成本——"新消耗、现价格"

复原重置成本和更新重置成本的相同点在于均采用资产的现行价格且功能相同，不同点在于采用的材料、标准、设计方面存在差异。

小测试：

1. 在选择复原重置成本和更新重置成本时应依据什么原则？
2. 用物价指数法估算的资产成本是资产的（　　）。
　　A. 复原重置成本　　　　B. 既可是复原重置成本也可是更新重置成本
　　C. 更新重置成本　　　　D. 既不是复原重置成本也不是更新重置成本

（二）资产的实体性贬值

资产的实体性贬值亦称有形损耗，是指资产由于使用磨损及自然力的作用导致的资产物理性能损耗或下降而引起的资产价值损失。

设备在使用过程中，零部件受到摩擦、冲击、振动或交变载荷的影响，会产生磨损、疲劳等破坏，其结果是零部件的几何尺寸发生变化、精度降低、疲劳寿命缩短。设备在闲置过程中，受自然界中的有害气体、雨水、射线、高温、低温等的侵蚀，也会出现腐蚀、老化、生锈、变质等现象。上述磨损称为有形磨损，由此引起的贬值称为实体性贬值，或物理性贬值。

资产的实体性贬值通常采用相对数计量，即实体性贬值率，用公式表示为：

实体性贬值率 = 资产实体性贬值 ÷ 资产重置成本

（三）资产的功能性贬值

资产的功能性贬值，是指由于技术进步引起的资产功能相对落后而造成的资产价值损失。包括由于新工艺、新材料和新技术的采用，而使原有资产的建造成本超过现行建造成本的超支额（超额投资成本），以及原有资产超过体现技术进步的同类资产的运营成本的超支额（超额运营成本）。

资产的功能性贬值主要体现在超额投资成本和超额运营成本两方面。

功能性贬值是一种由于技术进步而引起的原有资产的价值损耗，它是一种无形损耗，在科技快速发展的今天，资产的功能性贬值日益突出。

（四）资产的经济性贬值

资产的经济性贬值，是指由于外部条件的变化引起资产闲置、收益下降等而造成的资产价值损失。具体表现在：市场竞争加剧，社会总需求量减少，导致开工不足；原材料供应不畅，导致生产中断；原材料成本增加，导致企业费用上升；通货膨胀下的高利率政策，导致企业负担加重；国际形势的变化、宏观经济政策的变化、新法律的出台、经济地理位置的变化等，都影响企业资产价值。

四、成本法中的具体评估方法

通过成本法评估资产的价值不可避免地要涉及被评估资产的重置成本、实体性贬值、功能性贬值和经济性贬值四大因素。在确定了具体评估思路后，需要对这些因素进行估算，从而确定被评估资产的价值。

（一）重置成本的估算方法

根据被评估对象的特点及资料搜集情况，重置成本有不同的估算方法，下面介绍常用的几种方法。

1. 重置核算法。重置核算法亦称细节分析法、加和分析法等。它是利用成本核算的原理，根据重新取得资产所需的费用项目，逐项计算然后累加得到资产的重置成本。在实际测算过程中又具体划分为两种类型——购买型和自建型。

- 购买型重置核算法是以购买资产的方式作为资产的重置过程，购买的结果一般是资产的购置价，如果被评估资产属于不需要运输、安装的资产，购置价就是资产的重置成本。如果被评估资产属于需要运输、安装的资产，资产的重置成本就是由资产的现行购买价格、运杂费、安装调试费以及其他必要费用构成，将上述取得资产的必需费用累加起来，便可计算出资产的重置成本。

- 自建型重置核算法是把自建资产作为资产重置方式，它根据重新建造资产所需的料、工、费及必要的资金成本和开发者的合理收益等分析和计算出资产的重置成本。

资产的重置成本应包括开发者的合理收益。一是重置成本是在现行市场条件下重新购建一项全新资产所支付的全部货币总额，应该包括资产开发和制造商的合理收益。二是资产评估旨在了解被估资产模拟条件下的交易价格。一般情况下，价格都应该含有开发者或制造者合理收益部分。资产重置成本中的收益部分的确定，应以现行行业或社会平均资产收益水平为依据。

【例3-11】重置购建设备一台，现行市场价格每台500 000元，运杂费10 000元，直接安装成本8 000元，其中原材料3 000元，人工成本5 000元。根据统计分析，计算求得安装成本中的间接成本为每人工成本8元，该机器设备重置成本为：

直接成本 = 500 000 + 10 000 + 8 000 = 518 000（元）
间接成本 = 5 000 × 8 = 40 000（元）
重置成本 = 518 000 + 40 000 = 558 000（元）

> **提示：**
> 重置核算法既适用于计量复原重置成本，也适用于计量更新重置成本。但采用重置核算法的前提是能够获得处于全新状态的被评估资产的现行市价。

2. 价格指数法。价格指数法是利用与资产有关的价格变动指数，将被估资产的历史成本（账面价值）调整为重置成本的一种方法，其计算公式为：

重置成本 = 资产的账面原值 × 价格指数
或 = 资产的账面原值 × (1 + 价格变动指数)

式中，价格指数可以是定基价格指数或环比价格指数。

定基物价指数是评估基准日的价格指数与资产购建时点的价格指数之比。

定基物价指数 = 评估时点价格指数 ÷ 资产购建时的价格指数

环比物价指数是以上期为基期的指数。如果环比期以年为单位，则环比物价指数表示该类产品当年比上年的价格变动幅度。环比价格变动指数可考虑按下式求得：

$$X = (1 + a_1) \times (1 + a_2) \times (1 + a_3) \cdots (1 + a_n) \times 100\%$$

式中，X为环比价格指数；a_n为第n年环比价格变动指数，$n = 1, 2, 3 \cdots n$。

【例3-12】某项资产购建于2014年，账面原值为100 000元，当时该类资产的价格指数为95%，2017年进行评估，评估基准日该类资产的定基价格指数为160%，则：

被估资产重置成本 = 100 000 × (160% ÷ 95%) × 100% = 168 421（元）

【例3-13】某项资产账面价值为200 000元，2012年建成，2017年进行评估，经调查已知同类资产环比价格指数分别为2013年11.7%、2014年17%、2015年30.5%、2016年6.9%、2017年4.8%。

解： 被估资产重置成本 = 200 000 × (1 + 11.7%) × (1 + 17%) × (1 + 30.5%)
× (1 + 6.9%) × (1 + 4.8%) × 100%
= 200 000 × 191% = 382 000（元）

价格指数法与重置核算法是重置成本估算较常用的方法，但二者具有明显的区别，如表 3-4 所示。

表 3-4　　　　　　　　　价格指数法与重置核算法的比较

评估方法	区别		联系
	考虑因素	资料	
价格指数法	价格变动（复原重置成本）	建立在不同时期的某一种或某类甚至全部资产的物价变动水平上	1. 都是建立在利用历史资料基础上。 2. 均需注意口径差异。
重置核算法	多因素——价格因素、生产技术进步和劳动生产率的变化因素（更新重置成本、复原重置成本均可）	建立在现行价格水平与购建成本费用核算的基础上	

3. 功能价值类比法。功能价值类比法是指利用某些资产的功能（生产能力）的变化与其价格或重置成本的变化呈某种指数关系或线性关系，通过参照物的价格或重置成本，以及功能价值关系估测评估对象价格或重置成本的技术方法（该方法亦有称之为类比估价法、功能系数法、指数估价法）。

当资产的功能变化与其价格或重置成本的变化呈线性关系时，人们习惯把线性关系下的功能价值类比法称为**生产能力比例法**，而把非线性关系条件下的功能价值法称为**规模经济效益指数法**。

(1) 生产能力比例法。生产能力比例法是寻找一个与被评估资产相同或相似的资产为参照物，根据参照资产的重置成本及参照物与被评估资产生产能力的比例，估算被评估资产重置成本的方法。其计算公式为：

$$被评估资产重置成本 = \frac{被评估资产年产量}{参照物年产量} \times 参照物重置成本$$

【例 3-14】重置全新的一台机器设备价格 5 万元，年产量为 8 000 件。现知被评估资产年产量为 7 000 件，由此可以确定其重置成本：

被评估资产重置成本 = 7 000 ÷ 8 000 × 50 000 = 43 750（元）

提示：
　　生产能力比例法运用的前提条件和假设是资产的成本与其生产能力成线性关系，生产能力越大，成本越高，而且是成正比例变化。应用这种方法估算重置成本时，首先应分析资产成本与生产能力之间是否存在这种线性关系，如果不存在这种关系，这种方法就不可以采用。

(2) 规模经济效益指数法。如果资产的生产能力与成本呈指数关系，即资产的生产能力和成本之间只成同方向变化，而不是等比例变化，随着资产生产能力的增大，资产成本的上升幅度会减缓，表现出规模经济效应，此时可采用规模经济效益指数法确定资产的重置成本。其计算公式为：

被评估资产的重置成本 = 参照物的重置成本 × $\left(\dfrac{被评估资产的产量}{参照物资产的产量}\right)^x$

公式中的 x 是一个经验数据，称为规模经济效益指数①。参照物一般可选同类资产中的标准资产。

4. 统计分析法。当对企业整体资产及某一相同类型资产进行评估时，为降低评估成本、节约评估时间，可以采用统计分析法确定某类资产重置成本。这种方法运用的步骤是：

（1）在核实资产数量的基础上，把全部资产按照适当标准划分为若干类别；

（2）在各类资产中抽样选择适量具有代表性的资产，应用功能价值法、价格指数法、重置核算法或规模经济效益指数法等方法估算其重置成本；

（3）依据分类抽样估算资产的重置成本与账面历史成本，计算出分类资产的调整系数。其计算公式为：

$$调整系数 = \dfrac{\sum 某类抽样资产重置成本}{\sum 某类抽样资产历史成本}$$

（4）根据调整系数估算被评估资产的重置成本，其计算公式为：

被评估资产重置成本 = $\sum$ 某类资产账面历史成本 × 调整系数

【例 3-15】评估某企业某类通用设备，经抽样选择具有代表性的通用设备 8 台，估算其重置成本之和为 600 万元，而该 8 台具有代表性通用设备历史成本之和为 400 万元，该类通用设备账面历史成本之和为 6 000 万元。

解： 调整系数 = 600 ÷ 400 = 1.5

该类通用设备重置成本 = 6 000 × 1.5 = 9 000（万元）

提示：

在运用成本法评估时，上述 4 种方法均可用于确定重置成本。至于选用哪种方法，应根据具体的评估对象和可以搜集到的资料确定。对某项资产可能这些方法同时都能用，有些则不然，应用时必须注意分析方法运用的前提条件，否则将得出错误的结论。

（二）资产实体性贬值的估算方法

实体性贬值的决定因素包括 4 项，见图 3-9。

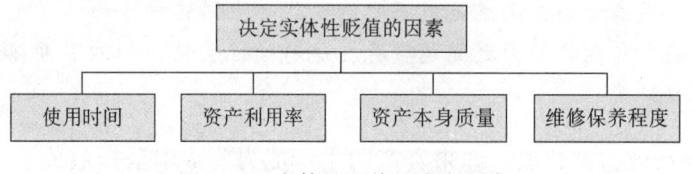

图 3-9 实体性贬值的决定因素

---

① 在美国，这个经验数据一般在 0.4~1.2 之间，如加工工业一般为 0.7，房地产行业一般为 0.9。

资产实体性贬值的估算方法主要有以下3种：

1. 观察法。观察法也称成新率法，指由评估人员按有关规定和标准进行现场察看资产，结合经验判断，从而确定被评估资产实体性贬值的评估方法。其计算公式为：

资产实体性贬值 = 重置成本 × (1 − 实体性成新率)

实体性成新率 = 1 − 实体性贬值率

观察时主要侧重于被评估资产的外表：光洁度、腐蚀程度、形体物理变化程度等（机器设备评估主要包括机器的长度、厚度、水平度、垂直度、强度、硬度、软度等是否发生变化，有无裂痕等。房屋建筑物评估主要包括：墙体表面的剥落程度、裂缝的长度和宽度、裂缝的性质、建筑物是否发生垂直或水平方向位移等）。

2. 使用年限法。使用年限法是利用被评估资产的实际已使用年限与其总使用年限的比值来判断其实体贬值率，进而估测资产的实体性贬值的方法。其计算公式为：

$$资产实体性贬值 = \frac{重置成本 - 预计残值}{总使用年限} \times 实际已使用年限$$

公式中：(1) 预计残值是从资产评估角度所认识的被评估资产在清理报废时净收回的金额，通常只考虑数额较大的残值，残值数额较小可以忽略不计。(2) 总使用年限指的是实际已使用年限与尚可使用年限之和。其计算公式为：

总使用年限 = 实际已使用年限 + 尚可使用年限

实际已使用年限 = 名义已使用年限 × 资产利用率

> **提示：**
> 名义已使用年限：是指资产从购进使用到评估时的年限。名义已使用年限可以通过会计记录、资产登记簿、登记卡片查询确定。
> 实际已使用年限：是指资产在使用中实际损耗的年限。实际已使用年限与名义已使用年限的差异，可以通过资产利用率来调整。
> 尚可使用年限：是根据资产的有形损耗因素，预计资产的继续使用年限。

由于资产在使用中负荷程度的影响，必须将资产的名义已使用年限调整为实际已使用年限。资产利用率计算公式为：

$$资产利用率 = \frac{截至评估日资产累计实际利用时间}{截至评估日资产累计法定利用时间} \times 100\%$$

当资产利用率 > 100% 时，表示资产超负荷运转，资产实际已使用年限比名义已使用年限要长；

当资产利用率 = 100% 时，表示资产满负荷运转，资产实际已使用年限等于名义已使用年限；

当资产利用率 < 100% 时，表示开工不足，资产实际已使用年限小于名义已使用年限。

【例3–16】 某资产2007年2月购进，2017年2月评估时，名义已使用年限是10年。根据该资产技术指标，正常使用情况下，每天应工作8小时，该资产实际每天工作7.5小时。

解： 资产利用率 = 10 × 360 × 7.5 ÷ (10 × 360 × 8) × 100% = 93.75%

资产实际已使用年限 = 10 × 93.75% = 9.4（年）

3. 修复费用法。修复费用法是利用恢复资产功能所支出的费用金额来直接估算资产实体性贬值的一种方法。修复费用包括资产主要零部件的更换或者修复、改造、停工损失等费用支出。如果资产可以通过修复恢复到其全新状态，可以认为资产的实体性损耗等于其修复费用。此方法主要用于具有特殊结构的可补偿性资产有形损耗率的估测。

【例 3 – 17】 一台数控折边机，重置成本为 150 万元，已使用 2 年，其经济使用寿命约 20 年，现该机器数控系统损坏，估计修复费用约 2 万美元（折人民币 16.5 万元），其他部分工作正常。

分析： 该设备存在可修复性损耗和不可修复性损耗，数控系统损坏是可修复性损耗，用修复费用法计算其贬值，贬值额等于机器的修复费用约 16.5 万元人民币；另外，该机器运行 2 年，我们用使用年限法来确定由此引起的实体性贬值，此项贬值率为 2/20。

解： 重置全价 = 150（万元）

可修复部分的实体性损耗 = 16.5（万元）

不可修复部分的实体性损耗 = (150 – 16.5) × 2/20 = 13.35（万元）

实体性贬值 = 29.85（万元）

贬值率 = 29.85 ÷ 150 = 19.9%

> **提示：**
> 使用修复费用法时，要尽可能把实体性贬值的可修复部分与不可修复部分区分开。其中可修复部分的实体性贬值是指可以修复且经济上合算，不可修复部分的实体性贬值是指不能修复或可以修复但经济上不合算。
> 对于可修复部分的实体性贬值以直接支出金额来估算，对于不可修复部分的实体性贬值可运用观察法和使用年限法来确定。可修复部分与不可修复部分的实体性贬值之和构成被评估资产的全部实体性贬值。

（三）资产功能性贬值的估算方法

功能性贬值（无形损耗）是由于技术相对落后造成的贬值。估算功能性贬值时，主要根据资产的效用、生产加工能力、工耗、物耗、能耗水平等功能方面的差异造成的成本增加或效益降低，相应确定功能性贬值额。同时，还要重视技术进步因素，注意替代设备、替代技术、替代产品的影响，以及行业技术装备水平现状和资产更新换代速度。

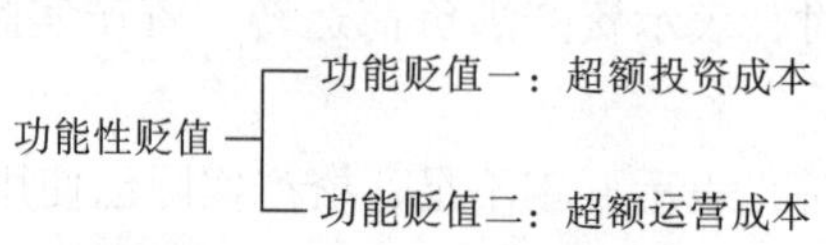

功能性贬值 ── 功能贬值一：超额投资成本
　　　　　　 └ 功能贬值二：超额运营成本

图 3 – 10　资产功能性贬值分类

超额投资成本：由于新技术、新材料、新工艺不断出现，使得相同功能的资产的建造成本比过去降低，原有资产中就有一部分超额投资得不到补偿。复原重置成本和更新重置成本两者的差额即为超额投资成本，它主要反映为更新重置成本低于复原重置成本。

$$超额投资成本（功能性贬值）＝复原重置成本－更新重置成本$$

超额运营成本[①]：由于技术进步出现了新的、性能更优的资产，致使原有资产的功能落后于新资产，新资产在运营费用上低于原有资产。

$$超额运营成本（功能性贬值）＝各年净超额运营成本×折现系数$$

超额运营成本的估算步骤：

第一步，年运营成本比较——将被评估资产的年运营成本与功能相同但性能更好的新资产的年运营成本比较。

第二步，计算净超额运营成本——净超额运营成本＝超额年运营成本×（1－所得税税率）。

第三步，估计被评估资产的剩余寿命。

第四步，以适当的折现率将被评估资产在剩余寿命内每年的超额运营成本折现——这些折现值之和就是被评估资产功能性损耗（贬值），公式为：

$$被评估资产功能性贬值额 = \sum （被评估资产年净超额运营成本 \times 折现系数）$$

【例3－18】 某被评估对象是一生产控制装置，其正常运行需6名操作人员。目前同类新式控制装置所需的操作人员定额为3名。假定被评估控制装置与参照物在运营成本的其他项目支出方面大致相同，操作人员平均年工资福利费约为6 000元，被评估控制装置尚可使用3年，所得税税率为25%，适用的折现率为10%。根据上述数据资料，估算被评估控制装置的功能性贬值。

解：①被评估生产控制装置的年超额运营成本＝(6－3)×6 000＝18 000（元）

②被评估生产控制装置的年超额运营成本净额＝18 000×(1－25%)＝13 500（元）

③将被评估生产控制装置在剩余使用年限内的每年超额运营成本净额折现：

功能性贬值额＝13 500×(P/A,10%,3)＝13 500×2.4869＝33 573.15（元）

注意：在实际评估工作中也有功能性溢价的情况，即当评估对象功能明显优于参照资产功能时，评估对象就可能存在功能性溢价。

（四）资产经济性贬值的估算方法

资产的经济性贬值是由于资产的外部环境变化所导致的资产贬值。主要表现为运营中的资产利用率下降（如设备利用率下降、房屋出租率下降等）甚至闲置以及资产年收益额的减少。当有确实证据表明资产已经存在经济性贬值，可参考下面的方法估测其经济性贬值率或经济性贬值额。

1. 间接计算法（因利用率下降所导致的经济性贬值的估算）。

$$经济性贬值率 = \left[1 - \left(\frac{资产预计可被利用的生产能力}{资产原设计生产能力}\right)^x\right] \times 100\%$$

[①] 资产的超额运营成本主要体现在材料消耗、能源消耗、工时消耗的增加，废品率上升，产品质量下降等方面。

式中，x 为功能价值指数，实践中多采用经验数据，数值一般在 0.6~0.7 之间。
经济性贬值额的计算应以评估对象的重置成本为基数，按确定的经济性贬值率估测。

【例 3-19】某被估生产线设计生产能力为年产 20 000 台产品，因市场需求结构变化，在未来可使用年限内，每年产量估计要减少 6 000 台左右，功能价值指数取 0.6。根据上述条件，确定该生产线的经济性贬值率。

解：经济性贬值率 = $[1-(14\ 000 \div 20\ 000)^{0.6}] \times 100\% = [1-0.81] \times 100\% = 19\%$

2. 直接计算法（因收益额减少所导致的经济性贬值的估算）。

经济性贬值额 = 资产年收益损失额 × (1 - 所得税率) × $(P/A, r, n)$①

【例 3-20】数据承上例，假定每年减少 6 000 台产品，每台产品损失净利润 100 元，该生产线尚可继续使用 3 年，企业所在行业的投资回报率为 10%，所得税率为 25%。确定该资产的经济性贬值额。

解：经济性贬值额 = $(6\ 000 \times 100) \times (1-25\%) \times (P/A, 10\%, 3) = 450\ 000 \times 2.4869$
= 1 119 105（元）

在实际评估工作中也有经济性溢价的情况，即当评估对象及其产品有良好的市场及市场前景，或有重大政策利好，评估对象评估就可能存在着经济性溢价。

提示：
并不是所有的被评估资产都需要计算经济性贬值，一般只有能够单独计算收益的资产，如一个企业、一个车间、一条生产线、一宗房地产等才需要考虑在评估基准日后、资产有效寿命期内是否存在利用率降低或收益额减少的问题。

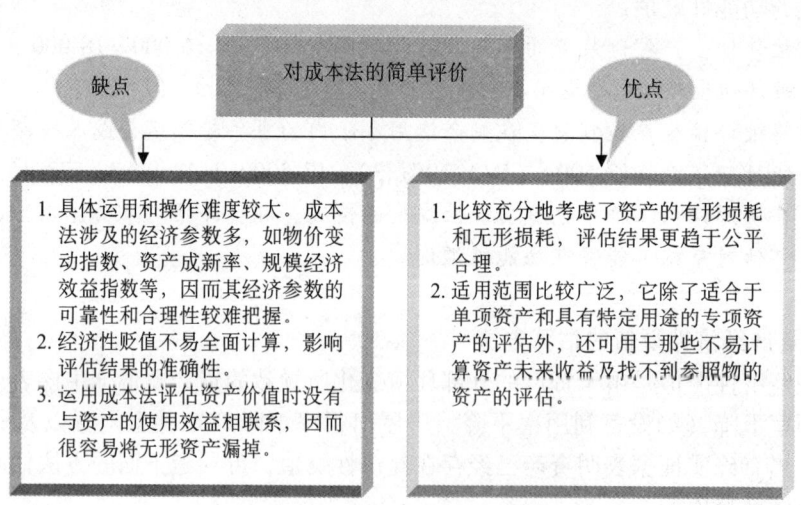

图 3-11 成本法的优缺点

---

① $(P/A, r, n)$ 为年金现值系数。

第四节 评估方法的比较与选择

一、评估方法之间的比较

资产评估的市场法、收益法和成本法，以及由以上三条基本评估思路衍生出来的其他评估思路共同构成了资产评估的方法体系。这些评估方法都有各自的特征、适用范围和操作规程，它们之间既相互联系又互为补充，对评估结果起着相互验证的作用。

（一）资产评估方法之间的联系

三大方法的评估目标是一致的，都是被估资产的价值。

评估方法是实现评估目的的手段。对于特定经济行为，在相同的市场条件下，对处在相同状态下的同一资产进行评估，采用不同评估方法其评估值应该是客观的。这个客观的评估值不会因评估人员所选用的评估方法的不同而出现截然不同的结果。可以认为正是评估基本目的决定了评估方法间的内在联系。而这种内在联系为评估人员运用多种评估方法评估同一条件下的同一资产，并相互验证提供了理论根据。但需要指出的是，运用不同的评估方法评估同一资产，必须保证评估目的、评估前提、被评估对象状态的一致，以及运用不同评估方法所选择的经济技术参数合理。

由于资产评估工作基本目标的一致性，在同一资产的评估中可以采用多种方法，如果使用这些方法的前提条件同时具备，而且评估师也具备相应的专业判断能力，那么，多种方法得出的结果应该趋同。如果采用多种方法得出的结果出现较大差异，可能的原因有：一是某些方法的应用前提不具备；二是分析过程有缺陷；三是结构分析有问题；四是某些支撑评估结果的信息依据失真；五是评估师的职业判断有误。建议评估师为不同评估方法建立逻辑分析框图，通过对比分析，有利于问题的发现。评估师在发现问题的基础上，除了对评估方法做出取舍外，还应该分析问题产生的原因，并据此研究解决问题的对策，以便最后确定评估价值。

（二）资产评估方法之间的区别

表3-5　　　　　　　　　　　　三种评估方法的比较

差异项目 \ 方法	市场法	收益法	成本法
评估原理	根据替代原则，采用比较和类比的思路，按所选参照物的现行市场价格通过与被评估资产比较差异并调整确定被评估资产的评估值	从资产获利角度，服从将利求本的思路，采用资本化和折现的方法将资产预期收益还原、折现	从资产供给角度，以重建或重置思路在估测被评估资产重置成本基础上扣减各种贬损因素，然后确定被评估资产价值

续表

方法 差异项目	市场法	收益法	成本法
资产计价尺度	现行市价（在评估基准日与被评估资产相同或相似的市场价格）	未来预期收益的现值	重置成本（评估基准日重新购建功能完全相同的全新被评估资产所需的全部成本）
前提条件	有一个活跃的公开市场；公开市场上有可比的资产及其交易活动	被评估资产的未来预期收益、所承担的风险、预期获利年限可以预测并可以用货币衡量	被评估资产与假设的重置全新资产有可比性、必须是可以再生或可以复制的、必须是随时间推移具有贬值的资产
适用范围	以市场价值为基础的评估业务（参股、投资、企业兼并、转让、保险、租赁等）	企业价值评估或能独立计算收益额的单项资产评估	范围广：一切以资产重置、补偿为目的的资产业务
优点	原理简单，容易理解和掌握；计算较简单	结果准确；易被接受	考虑因素全面，应用广泛
缺点	参照物难找，资料不易搜寻，运用受限；差异量化难度大，影响结果的准确性	适用范围较小；参数确定有难度	操作难度较大；经济性贬值不易全面计算；未与资产的使用效益相联系

二、资产评估方法的选择

为了简捷、高效、相对准确合理地评估资产的价值，在选择评估方法时，应注意以下问题：

1. 资产评估方法必须与资产评估价值类型相适应。评估方法的选择要与评估目的、评估时的市场条件、被评估对象在评估过程中所处的状态以及由此所决定的资产评估价值类型相适应。资产评估的价值类型说明"评什么"，是资产评估价值的质的规定性，具有排他性，对评估方法具有约束性；资产评估方法说明"如何评"，是资产评估价值量的规定，具有多样性和可替代性，并服务于价值类型。

2. 资产评估方法必须与评估对象相适应。评估方法的选择受评估对象的类型、理化状态等因素制约。例如，对于既无市场参照物，又无经营记录的资产，只能选择成本法进行评估；对于工艺比较特别且处在经营中的企业，可以优先考虑选择收益法；对于市场成交活跃的旧普通机器设备的评估，可以采用市场法评估。

3. 资产评估方法受可搜集数据和信息资料的制约。评估中各种方法的运用都要依据一定的数据、资料，资产评估过程实际上就是对资料的搜集、整理、分析和处理的过程。

4. 评估方法的选择要统筹考虑。各种资产评估方法各有其特点和付诸实现的条件，这种条件界定了它们各自的适用范围，而各自的特点又起到相互验证或分析、修正某些误差因素的作用，这样，不但可以拓展评估的可行性，还可以提高评估的准确性。

不论选择哪种评估方法进行评估，都应保证评估目的、评估时所依据的各种假设和条件与评估所使用的各种参数数据及其评估结果在性质和逻辑上的一致。

想一想：
如何理解资产评估目的、价值类型及评估方法三者之间的关系？

本章小结

● 资产评估方法是评定估算资产价值的技术手段。资产评估的基本方法及在各类资产评估中的运用，构成了对资产评估理论的应用，是对价值类型定位的具体延伸和操作，是制定资产评估准则的基础。

● 从国际看，资产评估主要有市场法、收益法和成本法三种基本方法。市场法是利用市场上同样或类似资产的近期交易价格，经过直接比较或类比分析据以估测资产价值的一种评估方法。收益法是通过估测被评估资产未来预期收益并折算成现值，借以确定被评估资产价值的方法。成本法是在被评估资产的现时重置成本的基础上，扣减其各项损耗价值，从而确定被评估资产价值的评估方法。

● 三大评估方法都是对评估对象在一定条件下的价值的描述，它们之间是有内在联系并可相互替代的。但是，每一种评估方法都有各自的特点、应用前提、评估思路以及其自成一体的运用过程，都要求具备相应的信息基础，评估结论也都是从某一角度反映资产的价值。在选择具体方法时，要注意前提和使用环境，要与资产评估价值类型及评估对象相适应，还要受到可搜集数据和信息资料的制约，因此选择评估方法时应该统筹兼顾、全面权衡。

思考题

1. 市场法的涵义、前提、基本程序是什么？
2. 市场法中的具体评估方法有哪些？
3. 采用市场法如何选择参照物？
4. 运用市场法的优缺点有哪些？
5. 收益法的涵义、前提、基本程序是什么？
6. 折现率与资本化率的关系如何？
7. 成本法的基本公式及其影响因素是什么？
8. 成本法中的具体评估方法有哪些？
9. 如何确定资产的实体性贬值、功能性贬值、经济性贬值？
10. 运用成本法进行评估的理论依据是什么？
11. 选择资产评估方法要考虑哪些因素？
12. 三种资产评估基本方法相互间的区别是什么？

阅读材料

1. （美）斯蒂芬·A. 罗斯等：《公司理财》（第六版），机械工业出版社2003年版。
2. 乔志敏、王小荣：《资产评估学教程》，中国人民大学出版社2017年版。
3. 俞明轩、王逸玮：《资产评估》，中国人民大学出版社2017年版。

第四章
流动资产评估

数学是一种纸上游戏,简单的规则充斥着毫无意义的符号。
——戴维·希尔伯特(David Hilbert)

投资的关键是判断出潜藏于资产公平交易价格背后的内在价值。
——沃伦·巴菲特(Warren Buffett)

预测是很难的,特别是要预测未来。
——尼尔斯·博尔(Neils Bobr)

重点提示

□ 流动资产评估的特点、原则、程序
□ 实物类流动资产的评估方法
□ 货币资产的评估方法
□ 应收账款的评估方法

流动资产是企业进行生产经营的重要物质手段,它包括实物类流动资产及非实物类的货币性资产、应收账款、预付账款、应收票据、待摊费用、预付费用。流动资产表现形态的多样性以及价值短期的变化性决定了流动资产评估具有自己独特的特点。

第四章 流动资产评估

第一节 流动资产评估概述

一、流动资产的概念及其特点

(一) 流动资产的概念

流动资产（Circulating Assets）是指企业在生产经营活动中，在 1 年或超过 1 年的一个经营周期内变现或耗用的资产。满足下列条件之一的，属于流动资产[①]：

1. 预计在 1 年或者超过 1 年的一个正常营业周期内变现或者耗用的资产。
2. 预计在资产负债表日起 1 年内（含 1 年）变现或者耗用。
3. 自资产负债表日起 1 年内，交换其他资产或者清偿负债的能力不受限制的现金或现金等价物。
4. 主要以交易为目的而持有。

流动资产通常包括货币资金、交易性金融资产、应收款项、预付款项、存货、1 年内到期的非流动资产以及其他流动资产等。

货币资金，是指企业生产经营活动中处于货币形态的那部分资金，具体包括现金、银行存款和其他货币资金。

交易性金融资产，是指企业购入的随时能变现并且持有时间不准备超过 1 年（含 1 年）的投资，一般包括企业近期内以套利目的而持有的各种股票、债券、基金等。

应收款项，是指企业因销售商品、提供劳务等应向购货单位或接受劳务单位收取的款项或由其他事项产生的应收款项，包括应收账款、应收票据、其他应收款。

预付款项，是指企业按照购货合同规定预付给供货单位的款项，主要包括预付账款。

存货，是指企业日常活动中持有以备出售的产品或商品、处在生产过程中的在产品、在生产过程中或提供劳务过程中耗用的材料和物料等，包括原材料、在产品、产成品、库存商品、包装物、低值易耗品、委托代销商品、委托加工物资等。

其他流动资产，指除以上资产以外的流动资产。

(二) 流动资产的特点

流动资产作为企业的一项资产，与非流动资产相比，具有如下特点：

1. 循环周转速度快。判断一项资产是否为流动资产，关键要看其周转情况。流动资产其实物形态只参加企业的一个生产经营周期，就改变其原有形态，其价值也转移到产品价值中并在产品销售后得到补偿。

[①] 中国资产评估协会编：《资产评估实务（一）》，中国财政经济出版社 2017 年版。

2. 变现能力强。变现能力强是流动资产区别于其他资产的重要标志。不同形态的流动资产其变现能力由强到弱的顺序为：货币形态的流动资产、短期内出售的存货和近期可变现的债权性资产、生产加工过程中的在产品及准备耗用的物资。

3. 形态多样性。企业的流动资产依次经过购买、生产、销售三个阶段，并分别采取货币资产、储备资产、生产资产和成品资产等形态，不断地循环流动。

4. 波动性较大。企业的流动资产受市场商品供求变化和生产、消费的季节性影响较大。同时还受到宏观经济环境、经济秩序等多种因素的制约，从而导致其占用总量以及流动资产的不同形态构成比例呈现出波动性。

提示：

由于流动资产的流动性及其他资产特性，国际评估界极少涉及流动资产评估领域（特别是非实物类流动资产），关于流动资产评估的理论与方法都较为缺乏。而中国评估师由于经常需要对资产负债表内的各项资产发表评估意见，因此要求对流动资产进行评估，并对其市场价值发表评估意见。

（三）流动资产评估的特点

流动资产的特点使流动资产的价值评估与其他资产的价值评估相比，具有如下特点：

1. 流动资产一般作为单独的评估对象，不需要以其综合获利能力进行综合性价值评估。

2. 合理确定流动资产评估基准日意义重大。流动资产的评估基准日应尽可能接近评估结论使用时点；同时应在规定时点进行资产清查、登记和确定流动资产数量和账面价值，避免重复和遗漏现象的发生。

3. 流动资产评估既要认真进行资产清查，又要分清主次，掌握重点。① 对流动资产的评估往往需要根据不同企业的生产经营特点和流动资产分布的情况，对流动资产分清主次、选择不同的方法进行清查和评估，做到突出重点，兼顾一般。

4. 流动资产的账面价值基本上可以反映其现值。由于流动资产周转快、变现能力强，在物价水平相对比较稳定的情况下，流动资产的账面价值基本上可以反映出流动资产的现值。因此在特定情况下，可以采用历史成本作为其评估值。

二、流动资产评估的程序

（一）确定评估对象、评估范围和评估时点

确定被评估资产的对象和范围，是保证流动资产评估质量的重要条件之一。因此在实施评估前应做好下列工作：

1. 鉴定流动资产的资产属性。进行流动资产评估，应明确被评估流动资产的范围，注意划清流动资产与非流动资产的界限。

---

① 流动资产中有相当一部分是以货币形态存在的，货币形态的流动资产不存在价值评估问题，需要评估师做的只是核实。

第四章

流动资产评估

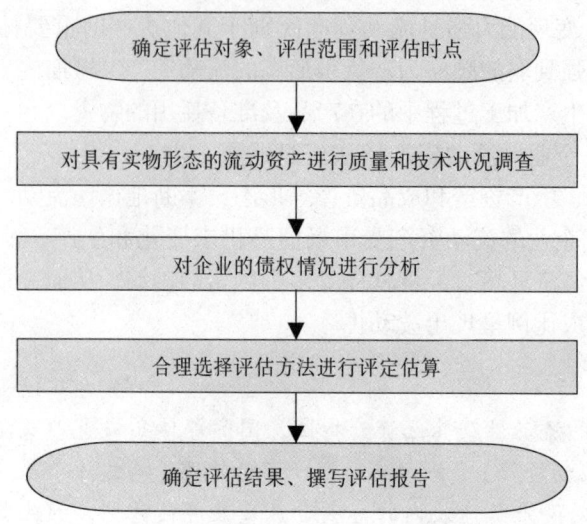

图 4-1 流动资产评估的程序

2. 核实被评估流动资产的产权。首先应核实流动资产的产权，如不得将存放在企业的外单位委托加工材料、代为保管的材料物资等列入流动资产的评估范围。

3. 对被评估流动资产进行抽查核实。准确验证评估资产清单是正确评估资产价值的基础，评估资产的清单应以实存数量为依据，而不能仅仅以账面记录为准。

（二）对具有实物形态的流动资产进行质量和技术状况调查

对企业需要评估的流动资产进行质量和技术状况调查，目的是了解这部分资产的质量状况，以便确定其是否还具有使用价值，并核对其技术情况和等级与评估资产清单的记录是否一致。如存货在存放期内质量发生变化，会直接影响其变现能力和市场价格。因此评估必须考虑各类存货的内在质量因素。

（三）对企业的债权情况进行分析

根据对被评估企业与债务人经济往来活动中的资信情况的调查了解，以及对每项债权资产的经济内容、发生时间的长短及未清理的原因等因素进行核查，综合分析确定各项债权回收的可能性、回收的时间、回收时将要发生的费用等。

（四）合理选择评估方法进行评定估算

需根据评估目的和不同种类流动资产的特点选择评估方法。对于实物类流动资产，可以采用市场法或成本法。对存货类流动资产的评估，如果其价格变动较大，则以市场价格为基础。对于货币类流动资产，其清查核实后的账面价值本身就是现值，毋需采用特殊方法进行评估，只是对外币存款应按评估基准日的汇率进行折算。对于债权类流动资产评估，宜采用可变现净值进行评估。对于其他流动资产，应分不同情况进行，其中有物质实体的流动资产，则应视其价值情形，采用与机器设备评估等相同或相似的方法进行评估。

（五）确定评估结果、撰写评估报告

评估师对流动资产进行具体的评定估算之后，与被评估企业的有关人员进行讨论分析，对评估初步意见进行必要的调整，并最终确定评估结果，编制评估结果汇总表，撰写评估报告。

第二节 实物类流动资产评估

实物类流动资产主要包括库存材料、在产品、产成品、低值易耗品、包装物等。实物类流动资产评估是流动资产评估的重要内容，是流动资产评估的重点和难点。

一、库存材料的评估

（一）库存材料评估的内容与步骤

企业中的材料，按其存放地点可分为库存材料和在用材料。在用材料在生产过程中已形成产成品或半成品，不再作为单独的材料存在，故企业中的材料评估主要是对库存材料进行评估。

库存材料包括原料、辅助材料、燃料、修理用备件、外购半成品等。库存材料具有品种多、金额大以及性质、计量单位、购进时间、自然损耗各不相同等特点。因此，评估时可按下列步骤进行：

第一步，进行实物清查盘点，使其账实相符。在进行材料的价值评估前，首先应进行材料清查，做到账实相符。与此同时，还应查明材料有无霉烂、变质、呆滞、毁损等情况。

第二步，根据不同评估目的和被评估资产的特点，选择相应的评估方法。在评估方法的选择上，更多的是采用成本法或市场法。

第三步，运用 ABC 分类法对库存材料进行分类管理。由于企业的材料品种、规格繁多，而且单位价值不等，在实际进行资产评估时，可按照一定的目的和要求，对材料按照 ABC 分类法进行排队，分清主次、突出重点，着重对重点材料进行评估。

> **小资料：ABC 分类法**
>
> 企业的实物类资产种类繁多，可采用 ABC 分类法进行财产盘点：把占用资产种类少、价值大的主要材料划分为 A 类，其余占用数量多而资产价值较小的材料分别划分为 B 类和 C 类。具体划分原则为：材料品种约占全部材料品种数的 10% 左右，其累计价值占材料总价值 60%～75% 的为 A 类；材料品种数占全部材料品种数 20%～30%，

其累计价值占材料总值的 15%～25% 的为 B 类；材料品种数量占全部材料品种数的 60%～75%，其累计价值占总价值 15% 以内的为 C 类。根据以上划分原则进行分类后，对属于 A 类的材料重点进行清查盘点，重点调查、分析现行价格资料，花大力气进行评估，以控制总体；对 B 类材料和 C 类材料进行一般性的核实。

（二）库存材料的评估方法

对库存材料评估时，可根据材料购进状况的不同，选择适应的评估方法。

1. 近期购进库存材料的评估。近期购进的材料库存时间较短，在市场价格变化不大的情况下，其账面值与现行市价基本接近。评估时，可采用成本法，也可以采用市场法。

【例 4-1】甲企业中 A 材料系两个月前从外地购进，材料明细账的记载为：数量 6 000 千克，单价 500 元/千克，运杂费为 800 元。根据材料消耗的原始记录和清查盘点，评估时库存尚有 3 500 千克。根据上述资料，确定该材料的评估值。

解：材料评估值 $= 3\,500 \times \left(500 + \dfrac{800}{6\,000}\right) = 1\,750\,467$（元）

注意：对于购进时发生运杂费的材料，如果是从外地购进的，因运杂费数额较大，评估时应将由被评估材料分担的运杂费计入评估值；如果是从本地购进的，运杂费数额较小，评估时则可以不考虑。

2. 购进批次间隔时间长、价格变化较大的库存材料的评估。对这类材料评估时，可以采用最接近市场价格的材料价格或直接以市场价格作为其评估值。

【例 4-2】乙企业要求对其库存的 B 材料进行价值评估。该材料分两批购进，第一批购进时间为 2016 年 10 月，购进 1 000 吨，单价 3 800 元/吨；第二批购进时间为 2017 年 4 月，数量 100 吨，单价 4 500 元/吨。2017 年 5 月 1 日进行价值评估。求 B 材料的评估值。

分析：经核实，2016 年购进的该材料尚存 500 吨，2017 年 4 月购进的尚未使用。因此，需评估 B 材料的数量是 600 吨，可直接采用市场价格 4 500 元计算其评估值。

解：B 材料评估值 $= 600 \times 4\,500 = 2\,700\,000$（元）

本例中，因评估基准日与购进时间较近，因而直接采用 4 月份购进材料价格作为评估值。如果近期内该材料价格变动很大，应采用评估基准日实际市场价格作为评估价格。同时，也可以采用物价指数法，即以统一的评估时点为基准日，利用物价指数对不同批次的材料账面价值进行调整。另外，由于材料为分期购进，且购进价格各不相同，企业采用的存货计价方法不同，如先进先出法、加权平均法等，其账面余额也就不一样。评估时关键是核查库存材料的实际数量，选择评估价格。

3. 缺乏准确现行市价库存材料的评估。企业库存的某些材料可能购进的时间早，市场已经脱销，目前无明确的市价可资参考或使用。对这类材料的评估，可采用以下方法：（1）通过寻找替代品的价格变动资料来修正材料价格；（2）在分析市场供需的基础上，确定该项材料的供需关系，并以此修正材料价格；（3）通过市场同类商品的平均物价指数进行评估。

4. 呆滞材料价值的评估。呆滞材料是指从企业库存材料中清理出来，需要进行处理的材料。由于这类材料长期积压，可能会因为自然力作用或保管不善等原因造成使用价值下降。对这类资产的评估，首先应对其数量和质量进行核实和鉴定，然后区别不同情况进行评估。对其中失效、变质、残损、报废、无用的，应通过分析计算，扣除相应的贬值数额后，确定其评估值。

在库存材料评估过程中，可能还存在盘盈、盘亏的情况，评估时应以有无实物存在为原则进行评估，并选用相适应的评估方法。

二、低值易耗品的评估

（一）低值易耗品评估的内容

一般而言，低值易耗品是指不构成固定资产的劳动工具，其单项价值在规定限额以下或使用期限不满1年，但能多次使用而基本保持实物形态的劳动资料。不同行业对固定资产和低值易耗品的划分标准是不完全相同的。比如，服装行业的缝纫机，虽然其单位价值较小，但它是该行业的主要劳动工具，应作为固定资产核算和管理。但在其他行业，一般情况下把缝纫机作为低值易耗品处理。因此在评估过程中判断劳动资料是否为低值易耗品，原则上视其在企业中的作用而定，一般可尊重企业原来的划分标准。[①]

低值易耗品种类较多，为了准确评估其价值，可以对其进行必要的分类。一般按照其用途和使用情况分类。

1. 按低值易耗品用途分为一般工具、专用工具、替换设备、管理用具、劳动保护用品、其他低值易耗品等类别。

2. 按低值易耗品使用情况分为在库低值易耗品和在用低值易耗品。

上述第一种分类的目的，在于可以按大类进行评估，以简化评估工作；第二种分类，则是考虑了低值易耗品使用的具体情况，直接影响评估方法的选用。

（二）低值易耗品的评估方法

1. 在库低值易耗品的评估。在库低值易耗品的评估可以根据具体情况，采用与库存材料评估相同的方法。

2. 在用低值易耗品的评估。在用低值易耗品的评估可以采用成本法进行。计算公式为：

$$在用低值易耗品评估值 = 全新低值易耗品的成本价值 \times 成新率$$

对于全新低值易耗品的评估价值，可以直接采用其账面价值（价格变动不大），也可以采用现行市场价格，还可以在账面价值基础上乘以其物价变动指数确定。

在对低值易耗品评估时，由于其使用期限短于固定资产，一般不考虑其功能性损耗和经济性损耗。在确定成新率时，应根据其实际损耗确定，其成新率计算公式为：

$$成新率 = \left(1 - \frac{低值易耗品的实际已使用月份}{低值易耗品的可使用月份}\right) \times 100\%$$

【例4-3】某企业某项低值易耗品原价750元，预计使用1年，现已使用9个月。该

[①] 由于低值易耗品和包装物在某种程度上与材料类似，故应采用与材料类似的评估方法。

低值易耗品现行市价为 1 200 元，确定其评估值。

解：在用低值易耗品评估值 = $1\,200 \times \left(1 - \dfrac{9}{12}\right) = 300$（元）

三、在产品的评估

在产品包括生产过程中尚未加工完毕的在制品、已加工完毕但不能单独对外销售的半成品。在对这部分资产进行评估时，一般可采用成本法或市场法进行评估。

（一）成本法在在产品评估中的应用

成本法只适用于生产周期较长的在产品的评估。对生产周期较短的在产品，主要以其实际发生的成本作为价值评估依据，在没有变现风险的情况下，可根据其账面值进行调整。可以选择使用的具体方法有以下几种：

1. 价格变动系数调整法。该方法主要适用于生产经营正常、会计核算水平较高的企业的在产品评估。可参照实际发生的原始成本，根据评估基准日的市场价格变动情况，调整成重置成本。具体评估方法和步骤是：

（1）对被评估在产品进行技术鉴定，将其中不合格在产品的成本从总成本中剔除。

（2）分析原成本构成，将其不合理的费用从总成本中剔除。

（3）分析在产品中材料从投入开始到评估基准日止市场价格变动情况，并测算出价格变动系数。

（4）分析原成本中的工资、燃料、动力费用、制造费用从开始生产到评估基准日有无大的变动，是否需要进行调整，如需调整，测算出调整系数。

（5）根据技术鉴定、原始成本构成的分析及价值变动系数的测算，调整成本，确定评估值，必要时，从变现的角度修正评估值。

基本计算公式为：

$$\text{在产品的评估值} = \text{原合理材料成本} \times (1 + \text{价格变动系数}) + \text{原合理工资、费用} \times (1 + \text{工资费用变动系数})$$

【例 4-4】 某企业准备继续生产已入库的某在产品，其累计账面总成本为 250 万元。在产品中有 150 件报废，账面成本为 100 元/件，估计可回收的废料价值为 1 500 元，该在产品的材料成本占总成本的 60%，该材料从其生产准备开始到评估基准日有 180 天，该种材料在半年内价格上涨 10%，另有前期漏转费用 6 万元计入本期成本。确定该在产品的评估值。

解：该在产品的评估值 = $250 - 0.01 \times 150 + 0.15 - 6 + (250 - 1.5) \times 60\% \times 10\%$
= 257.56（万元）

2. 社会平均消耗定额和现行市价法。社会平均消耗定额和现行市价法即按重置同类资产的社会平均成本确定被评估资产的价值。用这种方法对在产品进行评估需要掌握以下资料：

（1）被评估在产品的完工程度。

(2) 被评估在产品有关工序的工艺定额。①

(3) 被评估在产品耗用物料的近期市场价格。

(4) 被评估在产品的合理工时及单位工时的取费标准（合理工时及其取费标准应按正常生产经营情况进行测算）。

其基本计算公式为：

在产品的评估值＝在产品实有数量×（该工序单件材料工艺定额×单位材料现行市价）＋该工序单件工时定额×正常工资及其他费用）

【例4－5】 某企业有处于某一阶段的在产品300件，已知每件的铝材消耗50千克，每千克市场单价5元；在产品累计单位工时定额20小时，每定额小时的燃料和动力费用定额0.45元、工资及附加费定额10元、车间经费定额2元、企业管理费用定额4元，该在产品不存在变现风险。试测试其评估值。

解： 原材料成本＝300×50×5＝75 000（元）

工资成本＝300×20×10＝60 000（元）

燃料和动力成本＝300×20×0.45＝2 700（元）

其他费用成本＝300×20×(2＋4)＝36 000（元）

该在产品评估值＝75 000＋60 000＋2 700＋36 000＝173 700（元）

3. 约当产量法。约当产量法指将在产品按其完工程度折算为相当于完工产品的数量（即约当产量），然后根据产成品的重置成本和在产品约当产量计算在产品评估值的方法。计算公式为：

在产品的评估值＝产成品重置成本×在产品约当产量

在产品约当量＝产成品数量×在产品完工率

在产品约当量、完工率可以根据其完成工序与全部工序比例、生产完成时间与生产周期比例确定。当然，确定时应分析完成工序、完成时间与其成本耗费的关系。

【例4－6】 某工厂在评估时，有在产品20件，材料随生产过程陆续投入。已知这批在产品的材料投入量为75%，完工程度为60%，该产品的单位定额成本为：材料定额3 800元，工资定额为400元，费用定额为620元。确定该批在产品的评估值。

解： 在产品材料约当产量＝20×75%＝15（件）

在产品工资、费用约当产量＝20×60%＝12（件）

在产品评估值＝15×3 800＋12×(400＋620)＝69 240（元）

（二）市场法在在产品评估中的应用

采用市场法是按同类在产品和半成品的市价，扣除销售过程中预计发生的费用后计算评估值。一般来说，被评估资产通用性好，能够作为产成品的部件或用于维修等，其评估的价值就较高。其基本计算公式为：

在产品评估值＝该在产品的实有数量×市场可接受的不含税单价－预计销售过程

---

① 对于工艺定额的选取，如果有行业的平均物料消耗标准的，可按行业标准计算；没有行业统一标准的，按企业现行的工艺确定。

中发生的费用

对不能继续生产，又无法通过市场调剂出去的专用配件等只能按废料回收价格进行评估。其计算公式为：

报废在产品评估值 = 可回收废料数量 × 单位回收价格

如果在调剂过程中有一定的变现风险，还要考虑设立一个风险调整系数，计算可变现评估值。

【例4-7】 A公司因产品技术落后而全面停产，现准备与B公司合并，有关在产品的资料如下：

在产品原账面记录的成本为175万元。按其状态及通用性分为三类：第一类为已从仓库中领出，但尚未进行加工的原料；第二类为已加工成部件，可通过市场销售且流动性较好的在产品；第三类为加工成的部件无法销售，又不能继续加工，只能报废处理的在产品。

要求： 根据评估资料确定评估结果。[①]

分析： 第一类在产品可按实有数量、技术鉴定情况、现行市场价格计算评估值；第二类在产品可根据市场可接受的现行价格、调剂过程中的费用、调剂的风险确定评估值；第三类在产品只能按废料的回收价格计算评估值。

解： 根据评估资料可以确定评估结果如表4-1至表4-3所示。

表4-1　车间已领用尚未加工的原材料

材料名称	编号	计量单位	实有数量	现行单位市价（元/克）	按市价计算的资产价格（元）
黑色金属	B001	kg	150	1.6	240
有色金属	B002	kg	3 000	180	540 000
有色金属	B003	kg	7 000	12	84 000
合计					624 240

表4-2　车间已加工成部件并可直接销售的在产品

部件名称	编号	计量单位	实有数量	现行单位市价（元/单位）	按市价计算的资产价格（元）
A	B001	件	1 800	54	97 200
B	B002	件	600	100	60 000
C	B003	台	100	250	25 000
D	B004	台	130	165	21 450
合计					203 650

表4-3　报废在产品

在产品名称	计量单位	实有数量	单位在产品可回收废料	可回收废料数量	单件回收价格（元/单位）	评估值（元）
D001	件	5 000	35	175 000	0.4	70 000
D002	件	6 000	10	60 000	0.4	24 000

[①] 案例来自汪海粟：《资产评估》，高等教育出版社2004年第4版，第255页。

续表

在产品名称	计量单位	实有数量	单位在产品可回收废料	可回收废料数量	单件回收价格（元/单位）	评估值（元）
D003	件	4 500	2	9 000	6	54 000
D004	件	3 000	11	33 000	5	165 000
合计						313 000

四、产成品及库存商品的评估

产成品及库存商品是指已完工入库和已完工并经过质量检验但尚未办理入库手续的产成品以及商品流通企业的库存商品等。对此类存货应依据其变现能力和市场可接受的价格进行评估，适用的方法有成本法和市场法。

（一）成本法在产成品及库存商品评估中的应用

采用成本法对生产及加工企业的产成品进行评估，主要根据生产、制造该项产成品全过程发生的全部正常合理的成本费用及适当的利润确定评估值。具体应用过程中，可分以下两种情况进行。

1. 评估基准日与产成品完工时间接近。当评估基准日与产成品完工时间较接近，成本变化不大时，可以直接按产成品的账面成本确定其评估值。计算公式为：

产成品评估值 = 产成品数量 × 产成品单位成本 + 合理利润

产成品评估值 = 产成品数量 × 产成品单位成本 × (1 + 成本利润率)

2. 评估基准日与产成品完工时间间隔较长。当评估基准日与产成品完工时间相距较远时，产成品的成本费用变化较大时，产成品评估值可按下列两种计算方法计算。

方法一：

产成品评估值 = 产成品实有数量 × (合理材料工艺定额 × 材料单位现行价格 + 合理工时定额 × 单位小时合理工时工资、费用)

方法二：

产成品评估值 = 产成品实际成本 × (材料成本比例 × 材料综合调整系数 + 工资费用成本比例 × 工资、费用综合调整系数)

【例4-8】某资产评估事务所对K企业进行资产评估。经核查，该企业产成品实有数量为1 200件，根据该企业的成本资料，结合同行业成本耗用资料分析，合理材料工艺定额为500千克/件，合理工时定额为20小时/件。评估时生产该产成品的材料价格上涨，由原来的60元/千克涨到62元/千克，单位小时合理工时工资、费用不变，仍为15元/小时。根据上述分析和有关资料，确定该企业产成品评估值。

解：该企业产成品评估值 = 1 200 × (500 × 62 + 20 × 15) = 37 560 000 （元）

【例4-9】C企业的产成品实有数量为60台，每台实际成本58元，根据会计核算资料，生产该产品的材料费用与工资、其他费用的比例为60/40，根据目前价格变动情况和其他相关资料，确定材料综合调整系数为1.15，工资、费用综合调整系数为1.02。试确定该产成品的评估值。

解： 该产成品评估值 = 60 × 58 × (60% × 1.15 + 40% × 1.02) = 3 821.04（元）

（二）市场法在产成品及库存商品评估中的应用

应用市场法评估产成品的价值，在选择市场价格时应注意考虑以下几项因素：

1. 产成品的使用价值。根据对产品本身的技术水平和内在质量的技术鉴定，确定产品是否具有使用价值以及产品的实际等级，以便选择合理的市场价格。

2. 分析市场供求关系和被评估产成品的前景。

3. 所选择的价格应是在公开市场上所形成的近期交易价格，非正常交易价格不能作为评估的依据。

4. 对于产品技术水平先进，但产成品外表存有不同程度残缺的情况，可根据其损坏程度，通过调整系数予以调整。

> **提示：**
> 采用市场法评估产成品时，现行市价中包含了成本、税金和利润的因素，如何处理待实现的利润和税金，应视产成品评估的特定目的和评估的性质而定。
>
> 假如是以产成品出售价值咨询为目的的产成品评估，应直接以现行市场价格作为其评估值，而无须考虑扣除销售费用和税金。假如产成品的评估是为了投资等，这时税金要流出企业，销售费用也可得到补偿，应从市价中扣除各种税金作为产成品的评估值。

【例4-10】 某厂生产的产品，评估基准日的账面价值为398 400.54元，评估中根据厂方提供的年度会计报表及评估人员的清查得知，评估基准日该产品的库存数量为50 000件，单位成本50元/件，出厂价60元/件（含增值税），该产品的销售费用率为3%，销售税金及附加占销售收入的2%，利润率为15%，该企业的增值税税率为17%。试确定该产品的评估值。

解： 产成品评估值 = $50\,000 \times \left(\dfrac{60}{1+17\%}\right) \times (1 - 3\% - 2\% - 15\%) = 2\,051\,200$（元）

第三节 其他流动资产评估

其他流动资产主要包括货币性资产、应收账款、待摊及预付款项等。货币性资产包括现金、银行存款和短期内准备变现的短期投资。应收款项包括应收账款、预付账款、应收票据以及其他应收款等。

一、货币性资产的评估

（一）现金和各项银行存款的盘点与核对

资产评估主要是对非货币性资产而言，货币性资产不会因时间的变化而发生差异。因此，对于现金和各项银行存款的评估，实际上是对现金的盘点，实现账实相符。对各项银行存款进行清查确认，以核实后的实有额作为评估值。如有外币存款，应按评估基准日的汇率折算成等值人民币。

（二）短期投资的评估

短期投资的目的是企业利用正常营运中暂时闲置的资金，购入一些能随时变现的有价证券。这样做既能保证企业现金支付的需要，又可提高资金的使用效益。对于在证券市场公开交易的有价证券，可按评估基准日的相关有价证券的收盘价计算确定评估值；对于不能公开交易的有价证券，可按其本金加持有期利息计算评估值。

二、债权类流动资产的评估

债权类流动资产主要包括各种应收预付款、待摊费用、预付费用。

（一）应收账款的评估

企业的应收账款属于债权类资产。其特点是债权以明确的货币金额量化，这类款项到期偿还的数额是事先确定的，应收款项的收回时间与收回数量具有一定的不确定性。因此，在对这些资产估算时，一般应从两方面进行：一是清查核实应收账款数额，二是估计可能的坏账损失。

应收账款评估值 = 评估时应收账款额 - 已确认的坏账损失 - 预计坏账损失

应收账款的评估程序为：

第一步，确定应收账款。评估时，除了进行账证核对、账表核对外，应查明每项应收账款发生的时间、金额、债务人单位的基本情况，并进行详细记录，作为评估时预计坏账损失的重要依据。需要特别注意的是，对机构内部独立核算单位之间的往来必须进行双向核对，以避免重、漏计。

第二步，确认已发生的坏账损失。已发生的坏账损失是指评估时债务人已经死亡或破产，以及有明显证据证明实在无法收回的应收账款。对于已确认的坏账损失，在评估其价值时，必须从应收账款价值中扣除。

第三步，确定可能发生的坏账损失。应根据被评估企业应收账款收回的可能性进行判断。一般可以根据企业与债务人的业务往来和债务人的信用情况将应收账款分为几类，并按不同类别估计坏账损失发生的可能性及其数额（见图4-2）。

上述分类方法，既是对应收账款坏账损失可能性的判断过程，也是对预计坏账损失定量分析的准备过程。对预计坏账损失的估计方法主要有如下几种：

1. 应收账款余额百分比法。这种方法是按坏账占全部应收账款的比例来判断不可收回的应收账款，从而确定坏账损失的数额。坏账比例的确定，可以根据被评估企业前若干

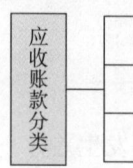

图4-2 应收账款的分类

年（一般为 3~5 年）的实际坏账损失额与其应收账款发生额的比例确定。计算公式为：

$$坏账比例 = \frac{评估前若干年发生的坏账数额}{评估前若干年应收账款余额} \times 100\%$$

当然，如果一个企业的应收账款多年未清理，账面找不到处理坏账的数额，也就无法推算出坏账损失率，在这种情况下就不能采用这种方法。

【例 4-11】对某企业进行整体资产评估，经核实，截至评估基准日，应收账款的账面余额为 520 万元，前 5 年的应收账款发生情况及坏账损失情况如表 4-4 所示。计算前 5 年坏账占应收账款的百分比。

表4-4

	应收账款余额（元）	处理坏账额（元）	备注
第一年	1 500 000	200 000	
第二年	2 450 000	72 000	
第三年	2 500 000	120 000	
第四年	3 050 000	83 500	
第五年	2 140 000	10 100	
合计	11 640 000	485 600	

解：坏账占应收账款的比例 $= \frac{485\ 600}{11\ 640\ 000} \times 100\% = 4.17\%$

预计坏账损失额 $= 520 \times 4.17\% = 21.69$（万元）

提示：

需要特别说明的是：确定坏账损失比率时，还应分析因特殊原因造成的坏账损失。在计算坏账损失比例时，应将因特殊原因造成的坏账从中剔除，不能直接作为预计未来坏账损失的依据。

2. 账龄分析法。账龄分析法是根据应收账款账龄的长短，分析应收账款预计可收回的金额及其产生坏账的可能性。一般来说，应收账款账龄越长，产生坏账损失的可能性就越大。因此，可将应收账款按账龄长短分成不同的组别，按不同组别估计坏账损失的可能性，进而估计坏账损失的金额。

【例 4-12】经核实某企业应收账款实有额为 55 000 元，具体发生情况如表 4-5 所示，试确定应收账款评估值。

表 4-5　　　　　　　　　　　　应收账款情况表

应收账款账龄	余额	估计坏账损失率（%）	坏账损失额	备注
未到期	22 000	1	220	
过期半年	14 000	3	420	
过期1年	8 350	10	835	
过期2年	5 000	20	1 000	
过期3年以上	5 650	50	2 825	
合计	55 000		5 300	

解： 应收账款评估值 = 55 000 - 5 300 = 47 700（元）

应收账款评估以后，"坏账准备"科目应按零值计算。对应收账款评估时，是按照实际可收回的可能性进行的，因此应收账款评估值就不必再考虑坏账准备数额。

（二）应收票据的评估

应收票据是由付款人或收款人签发、由付款人承兑、到期无条件付款的一种书面凭证。应收票据按承兑人不同可分为商业承兑汇票和银行承兑汇票；按其是否带息分为带息商业汇票和不带息商业汇票。商业汇票可依法背书转让，也可以向银行申请贴现。应收票据的评估可采用下列两种方法进行。

1. 按票据的本利和计算。由于商业汇票有带息和不带息之分，所以对不带息票据，其评估值即为票面金额。对于带息票据，应收票据的评估值除票面面值外，还包括票据利息。其计算公式为：

无息票据评估值 = 票面金额

有息票据评估值 = 本金 × (1 + 利息率 × 时间)

【例 4-13】 某企业拥有一张期限为6个月的商业汇票，本金75万元，月息为10‰，截至评估基准日离付款期尚差3.5个月的时间，试确定其评估值。

解： 应收票据的评估值 = 75 × (1 + 10‰ × 2.5) = 93.75（万元）

2. 按应收票据的贴现值计算。这种方法下应收票据的评估价值为按评估基准日到银行申请贴现的贴现值。其计算公式为：

应收票据评估值 = 票据到期价值 - 贴现息

其中，不带息票据的到期价值为票据的面值，带息票据的到期价值为票据到期时的本利和金额。

贴现息 = 票据到期价值 × 贴现率 × 贴现期

贴现期 = 到期天数 - 持票天数

【例 4-14】 乙企业向甲企业售出一批材料，价款500万元，商定6个月收款，采取商业汇票结算。乙企业于4月10日开出汇票，并经甲企业承兑。汇票到期日为10月10日。现对乙企业进行评估，基准日为6月10日。贴现率按月息6‰计算。

解： 由已知条件确定贴现日期为120天，则

$$贴现息 = \left(500 × \frac{6‰}{30}\right) × 120 = 120（万元）$$

流动资产评估

应收票据评估值 = 500 - 120 = 380（万元）

如果被评估的应收票据系在规定的时间尚未收回的票据，由于会计处理上将不能如期收回的应收票据转入应收账款账户，此时，按应收账款的评估方法进行价值评估。

（三）待摊费用和预付费用的评估

1. 待摊费用的评估。待摊费用是指企业已经支付或发生，但应由本期和以后各期负担的分摊期限在1年内（包括1年）的费用。对于待摊费用的评估，原则上应按其形成的具体资产价值来确定。例如，某企业待摊费用中，发生待摊修理费用1万元，而在机器设备评估时，由于发生大修理费用会延长机器设备寿命或增加其功能，因此待摊费用1万元已在机器设备价值中得以实现，就没有必要再反映在待摊费用的评估中，否则会导致重复评估。

2. 预付费用的评估。预付费用与待摊费用类似，只是这类费用在评估基准日之前企业已经支出，但在评估基准日之后才可能产生效益。如预付的报刊杂志费、预付保险金、预付租金等。因而，可将这类预付费用看作是未来取得服务的权利。如果预付费用的效益已在评估基准日前全部体现，只因发生的数额过大而采用分期摊销的办法，这种预付费用不应在评估中作价。只有那些在评估基准日之后仍将发挥作用的预付费用，才是评估的对象。

【例4-15】 某资产评估公司受托对某企业待摊费用和预付费用进行单项评估，评估基准日为2015年6月30日。有关资料如下：企业截止评估基准日待摊和预付费用账面余额为86.78万元，其中有预付1年的保险金7.56万元，已摊销1.89万元，余额为5.67万元；预付的房租租金25万元，已摊销5万元，余额为20万元。根据租约，起租时间为2014年6月30日，租约终止期为2017年6月30。根据上述资料确定评估值。

解：（1）预付保险金的评估：

$$保险金每月应分摊数额 = \frac{7.56}{12} = 0.63（万元）$$

$$应预留保险金（评估值）= 0.6300 \times 6 = 3.78（万元）$$

（2）租入固定资产租金的评估。租约规定的租期5年，每年的租金为5万元，租赁的房屋尚有2年使用权。

剩余2年使用权的评估值 = 5 × 2 = 10（万元）

（3）企业预付费用的评估值 = 3.78 + 10 = 13.78（万元）

本章小结

- 流动资产包括货币资金、交易性金融资产、应收及预付款项、存货、一年内到期的非流动资产以及其他流动资产。流动资产可分为实物类流动资产、货币类流动资产、债权类流动资产。

- 流动资产评估的特点体现在：流动资产一般作为单独的评估对象，不需要以其综合获利能力进行综合性价值评估。合理确定评估基准日对流动资产评估具有重要意义；评估时既要认真进行资产清查,同时又要分清主次,掌握重点;流动资产账面价值基本上可以反映其现值。评估人员应当根据评估目的,并结合流动资产性质及其评估的上述特点进行分类评估。

● 在进行流动资产评估时,对于非实物类流动资产要充分利用审计的技术,对于实物类流动资产要以客观存在为基础,以评估时点的市场价格为依据进行价值盘点,对于待摊费用要进行剩余权益和资产的判断。

思考题

1. 流动资产评估的特点表现在哪些方面?
2. 如何清查核实流动资产?
3. 对库存材料如何评估?
4. 采用市场法对产成品进行评估时,选择市场价格应考虑哪些因素?
5. 运用市场法、成本法评估在产品、产成品价值的技术思路、约束条件和具体方法是什么?
6. 应收账款中的坏账损失如何估测?
7. 待摊费用都是资产吗?

小测试

1. 与其他长期资产不同的是评估流动资产时无需考虑资产的( )因素。
   A. 功能性贬值   B. 经济性贬值
   C. 实体性贬值   D. 功能性贬值和实体性贬值
2. 在采用市场法评估产成品及库存商品时,其中工业企业的产成品评估一般以( )为依据。
   A. 卖出价   B. 买入价   C. 中间价   D. 成本价
3. 流动资产评估的特点有( )。
   A. 是以单项资产为主要评估对象
   B. 流动资产难以通过收益法进行评估
   C. 流动资产评估既要认真进行资产清查,又要分清主次,掌握重点
   D. 流动资产的账面价值基本上可以反映其现值
4. 被评估的低值易耗品数量为200件,其中尚未使用的占20%,已占用的为80%。在评估基准日,每件低值易耗品的全新重置成本为300元,已使用的低值易耗品的账面价值为24 000元,成新率为80%。如果不考虑其他因素,则被评估低值易耗品的评估价值为( )元。
   A. 50 400   B. 24 000   C. 48 000   D. 36 000
5. 已知某企业评估基准日的应收账款账面余额为800万元,坏账准备为80万元。经核实,该企业应收账款账面余额与实际相符,其中,账龄在1年以内的有500万元,1~3

年的有200万元，3年以上的有100万元，预计坏账损失率分别为2%、10%和25%。该企业应收账款评估值为（　　）万元。

A. 720　　　　　B. 665　　　　　C. 755　　　　　D. 745

阅读材料

1. 中国资产评估协会：《资产评估实务（一）》（2017年资产评估师资格全国统一考试辅导教材），中国财政经济出版社2017年版。

2. 《中华人民共和国资产评估法》（中华人民共和国主席令第四十六号，2016年7月2日）。

3. 贺邦靖、刘萍：《中国资产评估理论与实践》，中国财政经济出版社2013年版。

4. 杨志明：《资产评估实务与案例分析》，中国财政经济出版社2015年版。

5. 姜楠：《资产评估》，东北财经大学出版社2016年版。

6. 祝建文：《关于产成品等存货资产的评估及方法探讨》，《中国资产评估》，2011年第12期。

第五章
金融资产评估

投资的最大挑战是确定一项资产的内在价值,并以公平或者低廉的价格获得这项资产。

——沃伦·巴菲特(Warren Buffett)

我们只有依赖期权定价法才能对股票进行准确的数量化的定价。

——米勒(M. H. Miller)

金融市场也是实现平等世界的一种方式。只有消除了无风险套利机会,才能使各种资产得到一个公平、合理而均衡的定价。

——周洛华

重点提示

- 金融资产的概念及特点
- 上市债券和非上市交易债券的评估方法
- 上市普通股的评估方法
- 非上市普通股的评估方法
- 优先股的评估方法

21世纪金融业作为现代经济的核心具有举足轻重的地位。而作为金融业和资产评估行业中一个重要的分支,随着金融资产交易的日益频繁,金融资产评估也发挥着重要的作用。在《国际评估准则2017》中,《IVS500》就对金融工具的评估进行了较为详细的阐述。金融工具作为金融市场上交易的对象和手段,是其持有者的金融资产。

第一节 金融资产评估概述

一、金融资产的概念及分类

（一）金融资产的概念

金融资产（Financial Assets）是一切可以在有组织的金融市场上进行交易，具有现实价格和未来估价的金融工具的总称。金融资产包括一切提供到金融市场上的金融工具。但金融工具并不等于金融资产，只有对其持有者而言才构成金融资产，对其发行人来讲不能构成金融资产。

（二）金融资产的分类

金融资产涵盖种类多样，从不同角度有不同分类。

1. 会计学分类：根据我国的会计准则，金融资产主要包括库存现金、银行存款、应收账款、应收票据、其他应收款项、债券投资、股权投资和衍生金融工具形成的资产。

2. 评估学分类：根据金融资产交易场所的不同，金融资产可划分为货币市场金融工具（商业票据、银行承兑汇票等）、资本市场金融工具（债券、股票等）和衍生金融工具（共同基金、期货、期权）等类型。

本章仅以资本市场金融工具中的债券、股票、长期股权为例，对金融资产评估进行简要介绍。

二、金融资产评估的特点

1. 是对投资资本的评估。投资者在金融市场上购买股票、债券，大多数情况下投资目的是为了取得投资收益。如债权投资者关心的是利率的高低，股票投资者关心的是能否按期得到股利及以后股票价格上升的情况。因而，评估金融资产不是评估一般生产要素的价值，其实质上是对被投资单位资本的评估。

2. 是对被投资者的偿债能力和获利能力的评估。投资者购买股票和债券的根本目的是为了获取投资收益和实现投资增值。股票和债券的价值高低主要取决于该项投资所能带来的收益，与原投资资产本身的成本或作价无太大关系，收益的高低取决于被投资企业的获利能力。因此被投资企业的获利能力就成为投资评估的决定因素。

同时，股票和债券的投资者主要关注的是到期能否将投资收回，而被投资企业偿债能力的大小直接影响着投资企业债券投资到期收回本息的可能性。因此，被投资企业的偿债能力就成为金融资产投资评估的决定因素。

第二节 债券评估

一、债券概述

(一) 债券的概念

债券（Notes）是指政府、企业、银行等债务人为了筹集资金，按照法定程序发行的并向债权人承诺于指定日期还本付息的有价证券。其内涵如下：

1. 债券的发行人（政府、企业、金融机构等）是资金的借入者；
2. 购买债券的投资者是资金的借出者；
3. 发行人（借入者）需要在一定时期还本付息；
4. 债券是债的证明书，具有法律效力。债券购买者与发行者之间是一种债权债务关系，债券发行人即债务人，投资者（或债券持有人）即债权人。

(二) 债券投资的特点

债券投资和股票投资相比，具有以下几个特点：

1. **安全性**。和股票相比，债券投资的风险比较小，安全性较高。因为无论是政府、企业还是银行在发行债券时，国家都对其进行了严格的规定，如政府发行的债券由国家财政担保；银行发行债券要以其信誉及实力作保证；企业发行债券国家有严格的条件，只有当企业实力及发展前景都较好时，才有资格发行债券。而且即使债券发行者出现财务困难，或者出现企业破产，在破产清算和分配剩余财产时，债权人要优先于股东，所以说债券投资比股票投资的安全性高。

2. **收益的稳定性**。收益性是指金融资产能给持有人带来收益的特性。债券的收益主要是由债券的面值和债券的票面利率决定的，二者在发行时就进行了约定，以后不随市场的变化而变化。一般情况下为了吸引投资，债券的票面利率比同期的银行存款利率高。同时，债券投资人也可以通过在证券市场上交易债券获得收益。因此，只要债券发行主体不发生较大的变故，债券的收益是比较稳定的。

3. **流动性**。在我国目前发行的债券中，有相当部分是可流通债券，这种债券随时可以在证券市场上变现，变现能力较好，流动性较强。

二、上市债券的评估

上市交易的债券是指经政府管理部门批准，可以在证券交易所内买卖的证券，它可以在市场上自由交易、买卖。由于市场上有该种证券的市场价格，对投资者来说，在短期内又不准备将这些债券兑现，这样，债券的市场价格就成为该种债券价格的重要依据。因此，对上市债券一般用市场法进行评估，评估基准日的收盘价即为它的评估依据。采用市场法进行评估时，应该在评估报告书中说明所用评估方法和结论与评估基准日的关系，并声明该评估结果应随市场价格变化而调整。

如果在某些特殊情况下市场价格被严重扭曲，已不能反映债券的内在价值，就不能再用市场法进行评估，而应采用非上市交易债券的评估方法进行。

债券评估值的计算公式如下：

债券评估值＝债券数量×评估基准日债券的收盘价

【例5－1】 评估公司受托对某企业的长期债权投资进行评估，该企业持有5年期的国库券1 000张，每张面值100元，年利率为8%，该债券已上市交易，评估基准日的收盘价为120元/张。评估人员经分析调查认为该价格比较合理，则

评估值 = 1 000 × 120 = 120 000（元）

三、非上市债券评估

非上市交易债券不能在证券市场上进行交易，无法通过市场判断其市场价格，所以，不能用市场法进行评估，一般采用对应的评估方法进行评估。对于1年内到期的债券，可将本金及持有期间的利息和作为评估值；超过1年到期的债券，可采用收益法计算本利和的现值确定评估值。按照债券的付息形式不同，可分为到期一次还本付息债券和分次付息、到期还本债券，分别采用不同的评估方法。具体评估方法如表5－1所示。

表5－1　　　　　　　　　　非上市债券的评估方法

类别 \ 名称		非上市交易债券
到期一次还本付息债券	债券本利和以单利计息	$P = \dfrac{A(1 + m \cdot i)}{(1 + r)^n}$
	债券本利和以复利计息	$P = \dfrac{A(1 + i)^m}{(1 + r)^n}$
分次付息，到期还本债券		$P = \sum\limits_{i=1}^{n} \dfrac{R_i}{(1 + r)^i} + \dfrac{A}{(1 + r)^n}$

（一）到期一次还本付息的债券评估

对于到期一次还本付息债券的评估，其计算公式为：

$$P = \dfrac{F}{(1 + r)^n}$$

式中：P——债券的评估值

F——债券到期时的本利和

r——折现率

n——评估基准日到债券到期日的间隔（以年或月为单位）

债券本利和F的计算要区分单利和复利两种情况来计算。

1. 债券本利和 F 用单利计算，计算公式为：

$$P = \frac{A(1+m \cdot i)}{(1+r)^n}$$

式中：A——债券面值

m——计息期限

i——债券利息率

其余同上

【例 5-2】某企业发行五年期一次还本付息债券 10 万元，年利率 6%，单利计息，评估基准日至到期日还有 3 年，若以国库券利率 5% 作为无风险报酬率，风险报酬率取 3%，则该债券的评估价值最接近于多少？

解：债券评估值 $= \dfrac{10 \times (1+5 \times 6\%)}{(1+8\%)^3} = 10.32$（万元）

2. 债券本利和 F 用复利计算，计算公式为：

$$P = \frac{A(1+i)^m}{(1+r)^n}$$

【例 5-3】承例 5-2，如果以复利计息，则该债券的评估价值最接近于多少？

解：债券评估值 $= \dfrac{10 \times (1+6\%)^5}{(1+8\%)^3} = 10.62$（万元）

债券票面上明确记载着债券本金 A、债券利息率 i 以及债券的计息期限 n。折现率的确定是评估专业人员根据评估实际情况分析确定，通常由无风险报酬率和风险报酬率共同确定，其中无风险报酬率多以银行存款利率、国库券利率等为准，风险报酬率则根据债券发行主体的实际情况确定。

（二）分次付息，到期还本债券的评估

分次付息、到期还本债券的评估值计算公式为：

$$P = \sum_{i=1}^{n} \frac{R_i}{(1+r)^i} + \frac{A}{(1+r)^n}$$

式中：R_i——第 i 年的预期利息收入

i——评估基准日距收取利息日期限

n——评估基准日距到期还本日期限

其余同上

【例 5-4】某企业拥有另一企业发行的债券 10 000 元，5 年期，利息率为 17%，评估时债券购入已满 2 年，每年支付一次利息，到期还本。评估时的国库券利率为 8%，经评估人员调查分析，发行企业经营业绩较好，有还本付息的能力，故取 2% 的风险报酬率，折现率为 10%，求该债券的评估值。

解：评估值 $= \sum\limits_{i=1}^{3} \dfrac{10\,000 \times 17\%}{(1+10\%)^i} + \dfrac{10\,000}{(1+10\%)^3} = 11\,741$（元）

第三节 股票评估

一、股票概述

(一) 股票的概念

股票（Stock）是股份公司发行的，用来证明股东按其所持有股份享有权力和义务的书面凭证，是股东对公司的资本所有权的证明。投资者购买某一公司一定数量的股票后，便对该企业拥有相应比例的所有权，并可凭此取得股利和行使股东权利。股票本身没有价值，并不是真实的资本，而是独立于实际资本之外的虚拟资本。股票是资本市场上主要的长期信用工具，它和其他商品一样，可以在市场上买卖和抵押。

(二) 股票投资的特点

股票投资具有以下特点：

1. 风险性。股票投资相对其他投资方式而言，风险性较大。因为股票的收益取决于公司的经营情况和股票的市场行情，公司不保证支付固定的收益，股东自行承担投资风险。

2. 流通性。股票可依法定程序转让，具有高度的变现性。流通性是以可流通的股票数量、股票成交量以及估价对交易量的敏感来衡量。

3. 非返还性。股票是一种无偿还期的有价证券，股东在一般情况下不得要求公司退股以抽回投资，只能到二级市场卖给第三者。股票的转让只意味着公司股东的改变，并不意味着公司资本的减少。从期限上看，只要公司存在，它所发行的股票就存在，股票的期限等于公司存续的期限。

4. 收益性。股票是股东权利凭证，股东依其所持股份享有从公司领取股息和红利，获取投资收益的权利。股票的收益性还表现在股票投资者可以获得价差收入或实现资产保值增值。

二、股票的种类和价格

(一) 股票的种类

股票从不同角度有不同分类，见表 5-2。

表 5-2　　　　　　　　　股票的分类表

	分类依据	具体分类	
1	所得权益的不同	普通股	优先股

续表

	分类依据	具体分类	
2	是否记名	记名股票	非记名股票
3	有无票面金额	有面值股票	无面值股票
4	是否上市	上市股票	非上市股票

1. 按股东所得权益的不同，股票可分为普通股和优先股。

(1) 普通股：是较常见、重要的一种股票，也是风险最大的股票。普通股是股票的基本形式，是公司资本构成中最重要的部分，如果股份公司获得巨大利益，普通股股票的持有者是主要受益者；当公司受损时，他们又是主要受害者。普通股的特征具体包括以下几点：

- 普通股票是公司最基本、最重要的股票。
- 股息是不固定的。
- 股息分配和剩余资产的分配要后于公司债权人与优先股东。
- 普通股票是风险最大的股票。

其中，普通股票股东的权利：公司盈余和剩余资产分配权、优先认股权、股份转让权、公司经营决策的参与权。

(2) 优先股：在公司资产分割方面和利润分配方面较普通股有优先的股票。

其中，优先股股东持有权利：息率固定、股息分派优先、剩余资产分配优先、一般无表决权。

2. 按照股票是否记名分为：记名股票和不记名股票。

(1) 记名股票：在股票票面和股份公司的股东名册上记载股东姓名的股票。

(2) 不记名股票：指股票票面不记载股东姓名的股票。不记名股票只凭股票所附息票领取股息。

3. 按股票票面上是否标明金额数，可分为有面值股票与无面值股票。凡在票面上标有一定金额的股票称为有面值股票。无面值股票又称为比例股，即不注明金额，只在票面上表明每一股在公司资本中所占比例。

4. 按股票是否上市分为上市股票和非上市股票。

(二) 股票的价格

股票的价格有很多种表现形式，包括：

1. 票面价格是指股份有限公司在发行股票时标明的每股股票的票面金额。

2. 发行价格是指股份有限公司在发行股票时的出售价格，一般同一股票只能有一种发行价格。

3. 账面价格是指股东持有的每一股票在公司账面上所表现出来的净值。

4. 清算价格是指公司清算时，每股股票所代表的真实价格，它是公司净资产与公司股票总数的比值。

5. 内在价值是一种理论价值或模拟市场价值。它是根据评估人员对股票未来收益的预测经过折现后得到的股票价格。股票的内在价值主要取决于公司的经营状况和发展前景等因素。

6. 市场价格是在证券市场上买卖股票的价格。在市场比较完善的情况下,股票的市场价格基本上能反映其内在价值,但在市场发育不健全的情况下,股票的市场价格与其内在价值就会脱节。

在以上几种股票价格中,与股票的价值评估有密切联系的是股票的清算价格、内在价值、市场价格,而另外三种价格与评估的联系并不大。

三、上市股票的评估

上市交易股票是指企业公开发行的,可以在证券市场上自由交易的股票。由于市场情况的不同,评估方法也有所不同。

1. 正常市场条件下,可以采用市场法进行评估。所谓"正常市场条件"是指股票市场发育正常,股票可以自由交易,不存在各种非法歪曲股票市场价格的情况。这时股票的市场价格可以代表评估时点被评估股票的价值,所以可以采用市场法对上市股票评估。被评估股票评估值等于评估基准日该股票的收盘价。计算公式为:

$$股票评估值 = 股票的数量 \times 评估基准日股票的收盘价$$

【例5-5】 某企业拥有一上市公司股票30 000股,票面利率为10%,对企业评估时,该股票在证券交易所当日收盘价为每股12元,求上市股票的评估值。

解: 股票评估值 = 30 000 × 12 = 360 000(元)

2. 非正常市场条件下,应采用非上市交易股票的评估方法(非上市交易股票的评估方法下面将介绍)。非正常市场条件主要是指存在政治、公众心理、人为的市场炒作等非常因素而使市场价格不能反映股票价值的情况,这时就要以股票的内在价值作为评估股票价值的依据。

这里需要注意的是,依据股票市场价格进行评估时,在评估报告中应说明所用的评估方法和结论。而且由于上市股票的价格在证券市场经常处于变动之中,因此在评估报告书中还应说明评估结果应随市场价格变化而加以调整。另外,以控股为目的持有的股票在评估时一般用收益法来进行评估。

四、非上市股票的评估

非上市的股票是指不能在股票市场上进行交易的股票,因此,在市场上很难找到作为非上市股票评估依据的市场价格。所以,对于非上市交易股票的评估一般采用收益法。用收益法时评估人员要综合分析股票发行主体的经营状况及风险、历史利润水平、行业收益水平等因素,合理预测股票投资的未来收益,并选择适宜的折现率进行折现来确定评估值。

非上市交易股票的评估要区分普通股和优先股来进行。普通股是最常见的一种股票,它没有固定的股利,收益大小主要取决于被投资企业的经营业绩;优先股股利是固定的,在企业清算时的财产分配上优先于普通股。

（一）普通股的评估

对非上市普通股的评估，主要是预测普通股的预期收益并折算到评估基准日，所以最主要的是确定普通股的预期收益和折现率。为此，要对股票发行企业有一个客观、全面、准确的了解与分析，具体包括：

第一，股票发行企业的经营历史，包括盈利水平、收益分配情况等；

第二，股票发行企业的发展前景，包括资产负债结构状况、资产质量、盈利能力、市场竞争力、管理人员素质和创新能力等；

第三，股票发行企业所在行业和宏观经济的现状、前景、经营风险，这有助于折现率的确定；

第四，股票发行企业的股利分配政策。

股票发行企业的股利分配政策通常划分为固定红利型、红利增长型和分段型，股利分配政策直接影响着被评估股票的价值，不同类型的分配政策的评估具体方法也不相同。

1. 固定红利模型。固定红利型股利分配政策是假定股票发行企业每年分配的股利是固定的，并且在今后也能保持原有水平固定不变。计算公式为：

$$P = \frac{R}{r}$$

式中：P——股票评估值

R——股票未来收益额

r——折现率

【例5-6】A企业拥有B企业发行的非上市普通股股票1 000股，每股面值10元。评估人员经过分析调查了解到，B企业生产经营状况比较稳定，企业所处的行业也相对比较稳定，在今后若干年内，股利分配能保持稳定，预计今后收益率能维持在平均16%，当前国库券预计利率4%，考虑到通货膨胀等因素确定风险报酬率为4%，确定的折现率为8%，则

股票评估值为：

$$P = \frac{R}{r} = \frac{1\,000 \times 10 \times 16\%}{8\%} = 20\,000 \text{（元）}$$

2. 红利增长模型。红利增长型股利分配政策是指股票发行企业有很大的发展潜力，在今后若干年，股票的收益率会逐渐提高，红利呈增长趋势。这一政策的假设前提是股票发行企业并未将剩余收益分配给股东，而是用于追加投资。红利增长型适用于成长型的企业。股票评估值的计算公式为：

$$P = \frac{R}{r-g} \quad (r > g)$$

式中：g——股利增长率

其余同上

在实践中对股利增长率g的计算方法主要有两种：一种是统计分析法，即根据过去股利的数据，用统计学的方法进行计算；另一种是趋势分析法，即用企业剩余收益中用于投

资的比率与企业净资产利润率相乘来确定。

【例 5-7】某企业拥有 B 企业发行的非上市普通股股票 10 000 股,每股面值 100 元,发行企业前三年的股票年收益率分别为 15%、17%、18%。评估人员经过分析调查了解到,B 企业经过三年的发展目前生产经营状况比较稳定,企业所处的行业也相对比较稳定,预计今后能保持每年平均 16% 的收益率,且以后每年以 2% 的比率增长,当前国库券预计利率 10%,考虑到通货膨胀等因素确定风险报酬率为 4%,求股票的评估价值。

解:折现率 = 10% + 4% = 14%

股票评估值 = 10 000 × 100 × 16% / (14% - 2%) = 1 333 333(元)

3. 分段式模型。前两种模型,一种是股利固定,另一种是增长率固定,这两种模型在评估实践中很难适应所有的股票。根据实际情况,我们可以采用比较客观的分段式模型。它的计算方法是,第一段是以客观预测股票收益期间或股票发行企业某一经营周期为限;第二段是以不易预测收益的时间为起点。在评估实践中,第一阶段是将预测收益直接折现,第二阶段,是采用固定红利模型或红利增长模型,将两段收益现值相加,得出评估值。

【例 5-8】对某企业进行评估,它拥有某股份公司非上市股票 12 000 股,每股面值 1 元。在持有期间,每年股利收益率保持在 16% 左右。评估人员经过对该股份公司进行调查了解,认为前 3 年保持 16% 的收益率是可能的;第四年有一条大型生产线交付使用,可使收益率提高 4 个百分点,并保持下去。折现率为 12%,该股票的评估值是多少。

解:股票评估值 = $12\,000 \times 16\% \times (P/A, 12\%, 3) + \frac{12\,000 \times 20\%}{12\%} \times \frac{1}{(1+12\%)^3}$

= 18 847(元)

(二) 优先股的评估

在正常情况下,优先股在发行时就已规定了股息率。评估优先股主要是判断股票发行主体是否有足够税后利润用于优先股的股息分配,这种判断是建立在对股票发行企业的全面了解和分析的基础上,包括股票发行企业生产经营情况、利润实现情况、股本构成中优先股所占的比重、股息率的高低,以及股票发行企业负债状况等。如果股票发行企业资本构成合理,企业盈利能力强,具有很强的支付能力,评估人员可以根据事先确定的股息率,计算出优先股的年收益额,然后进行折现计算,即可得出评估值。计算公式如下:

$$P = \sum_{i=1}^{n} \frac{R_i}{(1+r)^i} = \frac{A}{i}$$

式中:R_i——第 i 年的优先股收益

A——优先股的年等额股息收益

其余同上

【例 5-9】某企业拥有另一企业 200 股积累股、非分享性优先股,每股面值 100 元,股息率为 16%,评估时国库券利率为 10%,该优先股股票的风险报酬率定为 5%,该优先股的评估值是多少?

解:优先股评估值 = $\frac{200 \times 100 \times 16\%}{10\% + 5\%}$ = 21 333(元)

附：股票评估公式总结

上市股票	股票评估值 = 股票的数量 × 评估基准日股票的收盘价		
非上市股票	普通股	1. 固定红利模型	$P = R/r$
		2. 红利增长模型	$P = R/(r-g)$
		3. 分段式模型	先折现再采用固定红利或红利增长模型
	优先股	$P = \sum_{i=1}^{n} \dfrac{R_i}{(1+r)^i} = \dfrac{A}{r}$	

第四节 长期股权投资评估

一、长期股权投资及评估的概念及特点

（一）长期股权投资的概念及特点

股权是指股东权益，是投资人的享有的权利。股权投资是指投资主体以现金资产、实物资产或者无形资产等作为投资直接投入到被投资企业，取得被投资企业的股权，以期获取利益。股权投资一般是长期持有，投资者期望通过股权投资的形式控制被投资单位，或对被投资单位产生重大影响等。长期股权投资通常具有投资金额大、投资期限长、投资风险大以及获取收益大等特点。

（二）长期股权投资评估的概念及特点

1. 长期股权投资评估概念。长期股权投资评估是指采用相应的评估方法对被投资企业在某一时点的股东权益的价值进行评定和估算。该评估是从价值形态上去测度长期股权投资公允价值的手段。企业发生经济行为需要确定其股东权益价值时要评估长期股权投资的价值。而且在新会计准则引入公允价值计量属性后，长期股权投资的初始确认和后续计量中的减值测试等，都需要给出评估意见，作为会计入账及调整依据。

2. 长期股权投资评估的特点：

（1）对资本或权益的评估。投资方一般是以现金资产、实物资产及无形资产等进行投资，这些资产自被投资企业接受日起便转换为资本或权益，不再受投资方的支配。

（2）对被投资企业获利能力或其战略投资价值的评估。股东进行长期股权投资时一般不准备随时变现，除了以获取投资收益为目标外，还可能为影响或控制被投资企业的经营方针和利润分配方案。

（3）建立在被投资企业持续经营的基础上。持续经营是长期股权投资评估的重要前

提假设。如果被投资企业资本结构不合理,依靠借款进行经营活动,那么被投资企业在评估基准日的净资产为负值。

(4) 基于被投资企业权益的可分性。被投资企业的权益可分为股东全部权益和股东部分权益。不同的权益份额在评估时,评估方法、模型以及影响因素均会不同。

二、长期股权投资的评估

长期股权投资的评估一般采用收益法进行评估。收益法已在前面详细阐述,这里不再赘述。

【例5-9】 某资产评估公司受托对A企业拥有的B企业股权投资进行评估。A企业两年前曾与B企业进行联营,协议约定联营期为10年,按比例分配利润。甲企业投资资本30万元,其中现金资产10万元,厂房作价20万元,占联营企业总资本的30%。合同约定,协议期满,以厂房返还投资。该厂房折旧率为5%,净残值率为5%。评估前两年的利润分配方案为:第一年实现净利润15万元,A企业分得4.5万元,第二年实现净利润20万元,A企业分得6万元。目前联营企业生产经营稳定,今后每年收益率预计稳定在20%左右,期满后厂房折余价值10.5万元,折现率为15%。

解:$P = 300\,000 \times 20\% \times (P/A, 15\%, 8) + 105\,000 \times (P/F, 15\%, 8) = 303\,562.5$(元)

三、长期股权投资评估应注意的问题

1. 评估时应将被投资单位作为一个有机整体,既要关注企业财务账内资产和负债,又要关注关键的可识别的账外资产和负债,例如无形资产、或有负债等。

2. 关注公司章程和投资协议。充分了解股东在利益分配、股权转让等方面的约定;考虑这些约定可能对评估产生的影响。

3. 关注公司最新的工商登记情况和近期董事会决议等资料;了解被评估企业的股权结构以及股东的权益。

4. 关注评估范围内的重要资产和负债。通过必要的程序了解被评估企业的经济、技术和法律权属状况及可能对评估产生的影响。

5. 关注可能影响评估结论的重要事项。要求委托人或被评估企业就该事项出具承诺等内部证明材料和律师函等第三方证明材料,作为评估依据。

6. 关注关联交易的影响。根据《企业会计准则第33号——合并财务报表》,当采用母公司报表口径对其长期股权投资单位评估时,应关注评估基准日母子公司间的产品(或服务)销售等关联交易及合并会计分录。

7. 关注亏损企业使用收益法评估的适用性。由于导致企业亏损的因素是多方面的,因此评估亏损企业时应关注收益法的适用性,剔除非正常的影响因素。

本章小结

- 金融资产是一切可以在有组织的金融市场上进行交易,具有现实价格和未来估价的金融工具的总称。金融资产包括一切提供到金融市场上的金融工具。但金融工具并不等于金融资产,只有对其持有者而言才构成金融资产,对其发行人来讲不能构成金融资产。

● 股票、债券是金融资产的内容。股票和债券投资时各自具有一些特点,二者相同之处是都具有流通性,不同之处是,与债券投资相比,股票投资的风险性高一些,而且,股票具有非返还性。股票和债券的评估实质是对被投资企业的获利能力和偿债能力的评估。

● 长期股权投资对资本或权益的评估,对被投资企业获利能力或其战略投资价值的评估。它建立在被投资企业持续经营的基础上,同时基于被投资企业权益的可分性。

● 本章分别讨论了作为金融资产重要内容的有价证券股票和债券的评估以及长期股权投资的评估。收益法在金融资产评估中的运用是本章的重点。

思考题

1. 金融资产评估的特点是什么?
2. 非上市债券评估方法有哪些?
3. 普通股评估有哪几种类型?
4. 非上市普通股评估方法有哪些?
5. 长期股权投资评估的特点有哪些?

小测试

1. 甲公司账面有多项控股和非控股的长期投资,评估师运用加和法评估甲公司时,其原始资料应以(　　)数据为基础。
   A. 甲公司报表及所有被投资的公司的报表
   B. 甲公司与控股公司的合并报表
   C. 甲公司与所有投资公司的合并报表
   D. 甲公司与非控股公司的合并报表

2. 普通股的价值评估宜采用(　　)。
   A. 固定红利模型　　　　　　　　B. 红利增长模型
   C. 分段模型　　　　　　　　　　D. 到期一次性还本付息模型

3. 评估对象为非上市普通股,每股面值1元,共计10万股。在评估基准日之前,每年的收益率一直保持在18%左右,预计在评估基准日以后该股票的各年收益率都保持在15%左右,假设银行贴现率为4%,无风险报酬率为3%,风险报酬率为7%,则该股票的评估值为(　　)万元。
   A. 150 000　　　B. 180 000　　　C. 163 636.36　　　D. 136 363.64

4. 被评估企业拥有甲企业发行的5年期债券100张,每张面值10 000元,债券利息率每年为9%,复利计息,到期一次还本付息。评估基准日至债券到期还有两年,若适用折现率为15%,则被评估企业拥有甲企业债券的评估值最接近于(　　)万元。
   A. 109　　　B. 116　　　C. 122　　　D. 154

5. 在对红利增长型股票的评估中，股利增长率的确定包括（　　）等几种方法。
A. 历史数据统计分析法　　　　　B. 合同约定法
C. 趋势分析法　　　　　　　　　D. 物价指数法

阅读材料

1. 中国资产评估协会：《资产评估实务（一）》（2017年资产评估师资格全国统一考试辅导教材），中国财政经济出版社2017年版。
2. 《中华人民共和国资产评估法》（中华人民共和国主席令第四十六号，2016年7月2日）。
3. 贺邦靖、刘萍：《中国资产评估理论与实践》，中国财政经济出版社2013年版。
4. 杨志明：《资产评估实务与案例分析》，中国财政经济出版社2015年版。
5. 姜楠：《资产评估》，东北财经大学出版社2016年版。
6. 杨大楷，杨晔，曹建元等：《金融资产评估》，上海财经大学出版社2008年版。
7. 杨子江：《金融资产评估》，中国人民大学出版社2003年版。
8. 俞明轩：《企业价值评估》，中国财政经济出版社2014年版。

第六章
机器设备评估

在某种程度上，任何东西都是模糊不清的，直到你试图准确地去认识它时，才会意识到这一点。

——尼尔斯·博尔（Neils Boar）

一件真正完美的艺术品，没有任何一部分是比整体更加重要的。

——罗丹（Augusta Rodin）

将神奇赋予到汽车中，就是将竞争优势从实物形态资产转移到无形资产上。

——杰奎斯·纳赛尔（Jiekuisi Nasser）

> **重点提示**
>
> □ 机器设备评估的特点及分类
> □ 机器设备评估的程序
> □ 成本法、市场法在机器设备评估中的应用
> □ 机器设备重置成本、实体性贬值、功能性贬值、经济性贬值的估算
> □ 估算实体性贬值常用的观察法、使用年限法、修复费用法的运用
> □ 超额投资成本形成的功能性贬值和超额运营成本形成的功能性贬值的估算方法

机器设备是企业生产能力的主要体现者，是资产评估的一个重要方面。机器设备评估涉及的设备种类繁多，技术性能和个性差异较大，机器设备的技术鉴定和检测是做好机器设备评估工作的基础，熟练掌握机器设备评估技术和方法也是做好机器设备评估工作的保证。

第一节 机器设备评估概述

一、机器设备

(一) 机器设备的概念及特点

机器设备属于传统资产评估的重要对象之一，它和房屋建筑物在价值量上占有企业固定资产的绝大部分。2017年9月颁布的《资产评估准则——机器设备》所称"机器设备"，是指人类利用机械原理以及其他科学原理制造的、特定主体拥有或者控制的有形资产，包括机器、仪器、器械、装置、附属的特殊建筑物等。

资产评估中所指的"机器设备"是广义的，泛指所有代替人类体力劳动和辅助人类智力劳动的人造物。机器设备是企业固定资产的重要组成部分，是企业生产能力的基本标志，也是决定企业素质和效益的基本因素。因此，机器设备评估在整个资产评估中占有重要地位。

机器设备的特点包括：(1) 是一类可以长期使用的劳动手段，具有单位价值大、使用年限长的特点；(2) 价值补偿和实物更新不一致；(3) 涉及专业门类多，工程技术性强；(4) 属于有形资产，但常常兼含无形资产的价值。

(二) 机器设备的分类

机器设备种类繁多，分类方法十分复杂。按不同的分类方式，机器设备可以被分成不同的类别。如：按工作原理可以分为热力机械、流体机械、蒸汽动力机械、往复机械等等；按服务的行业可以分为冶金机械、矿山机械、纺织机械、化工机械、农业机械、发电设备等等；按功能又可分为起重机械、运输机械、动力机械、粉碎机械等等。这些分类相互交叉、相互重叠，例如电站锅炉，按服务行业分类属于发电设备，按工作原理属于蒸汽动力机械，按功能又属于动力机械。从机器设备评估的需要考虑，评估人员需要了解以下分类方法：

1. 按国家固定资产分类标准分为：(1) 土地、房屋及构筑物；(2) 通用设备；(3) 专用设备；(4) 文物及陈列品；(5) 图书、档案；(6) 家具、用具、装具及动植物。

目前，我国固定资产管理使用的是国家标准化委员会2011年1月10日批准发布的《固定资产分类与代码》国家标准（GB/T14885-2010）。该标准是出于清产核资以及资产管理的标准化、科学化、计算机化的需要，由国务院清产核资办公室和国家技术监督局联合编制的。该标准是按资产的属性分类，并兼顾了行业管理的需要。在我国，目前国内大部分企业的固定资产管理已采用上述分类方法，由于被评估企业建账和资产管理的需要，评估机构提供机器设备明细清单也必须符合上述分类要求，因此，这种分类方法是资产评估中使用的最基本的分类方法。

2. 按现行会计制度规定分类分为：（1）生产经营用机器设备；（2）非生产经营用机器设备；（3）租出机器设备；（4）未使用机器设备；（5）不需用机器设备；（6）融资租入机器设备。

生产经营用机器设备，指直接为生产经营服务的机器设备，包括生产工艺设备、辅助生产设备、动力能源设备等；非生产经营用机器设备，指在企业所属的福利部门、教育部门等非生产部门使用的设备；租出机器设备，指企业出租给其他单位使用的机器设备；未使用机器设备，指企业尚未投入使用的新设备、库存的正常周转用设备、正在修理改造尚未投入使用的机器设备等；不需用机器设备，指已不适合本单位使用，待处理的机器设备；融资租入机器设备，指企业以融资租赁方式租入使用的机器设备。此分类有利于根据机器设备实际用途确定需要考虑的因素来评估价格。

3. 按机器设备的来源分类分为：（1）自制；（2）外购；（3）外购又分为国产和进口。

4. 按机器设备的组合程度分为：（1）单台设备；（2）成套设备；（3）机组设备；（4）生产线。

二、机器设备评估的特点及要素

（一）机器设备评估的特点

《资产评估准则——机器设备》所称"机器设备评估"，是指资产评估机构及其资产评估专业人员遵守法律、行政法规和资产评估准则，根据委托对评估基准日特定目的下单独的机器设备、资产组合或者作为企业资产组成部分的机器设备价值进行评定和估算，并出具资产评估报告的专业服务行为。

机器设备分类目的

作为一类独立的资产，机器设备自身所具有的特点形成和影响了机器设备评估的特点：

1. 评估时以单个设备为评估对象。机器设备属于固定资产，具有固定资产单价高、使用时间长；大部分属于动产，可移动，分布广；个体情况复杂等特点。基于此，评估机器设备往往以单台、单件为评估对象，以保证评估的真实性和准确性。

2. 机器设备评估要以现场技术检测为基础。一方面，机器设备是一类技术含量很高的资产，其评估价值高低在很大程度上取决于自身所含的技术含量，而技术检测正是确定机器设备技术含量的重要手段。另一方面，机器设备分布在各行各业，情况千差万别，其使用必将产生损耗，损耗程度的大小又因机器设备使用、维修、保养等状况不同而有所区别，通过现场技术检测来确定机器设备的损耗状况，是评估机器设备价值的重要步骤。

3. 不同机器设备的价值构成要素不同。机器设备价值包括设备本身的制造成本，有时还需加上设备运杂费、安装调试费及进口设备的关税、增值税等，有的还包括技术性或无形资产的价值因素。如：化工设备装置和锅炉的安装费在其价值中占有较大比重，一般能达到30%以上，而进口设备的关税、增值税费也是其价值的重要组成部分，所以在评估中一般不能忽略税费等因素。另外在二手车评估中，排除汽车性能等有形因素外，品牌效应在其估价中影响一般也很大。

4. 单台设备很难用收益法评估。机器设备通常不具有单台收益能力，单台设备很难单独生产出完整的产品，通常单台设备很难满足收益法所要求的基本条件，所以不宜采用收益法评估。

5. 评估时受到评估时点环保经济政策影响较大。随着节能环保压力的加大，国家有关部门对于部分设备类资产实行强制有序淘汰和实行征收惩罚税收，这些措施的出台使部分实体性贬值较小的设备类资产（从外观和简单技术检测的角度成新率较高）的评估值发生不可逆转的缩减甚至缩减为零。

6. 与土地及其建筑物不可分离的机器设备（分离会严重影响土地及建筑物使用价值），可将机器设备与土地、建筑物一起评估，如建筑物中的电梯、水、电、通信等设施设备。

（二）机器设备的评估对象

机器设备的评估对象分为单台机器设备和机器设备组合。单台机器设备是指以独立形态存在、可以单独发挥作用或者以单台的形式进行销售的机器设备。机器设备组合是指为了实现特定功能，由若干机器设备组成的有机整体。机器设备组合的价值不必然等于单台机器设备价值的简单相加。[1]

（三）机器设备的评估假设

执行机器设备评估业务，应当了解评估结论的用途，明确评估目的。机器设备评估假设：继续使用或者变现；原地使用或者移地使用；现行用途使用或者改变用途使用。对需要改变使用地点，按原来的用途继续使用，或者改变用途继续使用的机器设备进行评估时，应当考虑机器设备移位或者改变用途对其价值产生的影响。[2]

（四）机器设备的评估方法

执行机器设备评估业务，应当根据评估目的、评估对象、价值类型、资料搜集等情况，分析成本法、市场法和收益法三种资产评估基本方法的适用性，选择适当的评估方法。[3]

（五）机器设备评估报告的披露要求

评估机器设备无论单独出具机器设备评估报告，还是将机器设备评估作为评估报告的组成部分，资产评估师都应当在评估报告中披露必要信息，使评估报告使用者能够合理理解评估结论。资产评估师在编制机器设备评估报告时，应当反映机器设备的相关特点。

---

[1] 《资产评估准则——机器设备》第八条。
[2] 《资产评估准则——机器设备》第十一条、第十二条。
[3] 《资产评估准则——机器设备》第十九条。

①评估报告中应披露的信息包括：

1. 对机器设备的描述一般包括物理特征、技术特征和经济特征，应当根据具体情况确定需要描述的内容。

2. 除了机器设备评估明细表，在机器设备评估报告中应当对评估对象的概况进行描述。

3. 对机器设备评估程序实施过程的描述，应当反映对设备的现场及市场调查、评定估算过程；说明设备的使用情况、维护保养情况、贬值情况等。

4. 在评估假设中明确机器设备是否改变用途、改变使用地点等。

5. 机器设备抵（质）押及其他限制情况。

三、机器设备评估的基本程序

机器设备评估的过程大致可分为以下六个阶段，如图6-1所示。

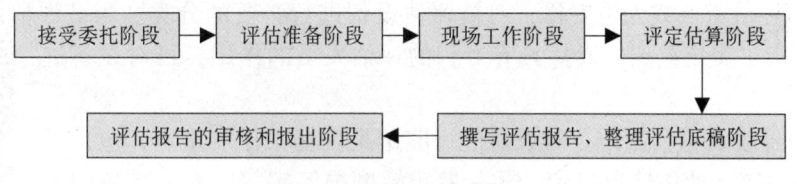

图6-1 机器设备评估过程

（一）接受委托阶段

当评估人员及评估机构接受评估委托时，评估人员要向客户了解被评估资产的有关情况，与委托方签订资产评估委托协议或业务约定书，明确本次评估业务的基本情况，如评估目的、评估对象、评估范围、评估报告用途等。这些都会影响整个评估过程和结果，进而影响评估服务的质量。

（二）评估准备阶段

评估人员及评估机构在签订资产评估委托协议，明确评估目的、评估对象和评估范围后，就应着手做好评估准备工作：

1. 要求委托方提供资产评估的基础资料。委托方要做的准备工作包括资产的清查、相关表格的填写、相关资料数据的准备等，如填写待评估机器设备清册及分类明细表、自查被评机器设备和调整盘亏事项、准备机器设备产权资料及有关经济技术资料等。

2. 搜集资料。包括设备使用的有关资料（设备的已使用年限、利用率、大修、技术改造情况等）、产权资料（关注有无抵押、担保、租赁等情况）、价格资料（待评估机器设备现行市场价格、可比资产或类似资产现行价格、国家公布的有关物价指数、评估人员自行搜集整理的物价指数等）。

3. 整理有关资料和数据。搜集的资料和数据是否真实可靠直接影响到评估结果的真

---

① 《资产评估准则——机器设备》第二十三、第二十四条。

实性，因此必须对所获得资料进行科学处理，以提高资料的可靠性和可用性，并利用计算机整理、存储，以使资料管理科学化。

4. 制订评估方案，落实人员安排。分析研究委托方提供的被评估资产清册及相关表格，制订评估方案，设计评估技术路线，明确评估重点和清查重点，落实人员安排。

（三）现场工作阶段

现场调查是机器设备评估的一个非常重要的工作步骤。在机器设备评估现场调查中，要了解工艺过程，核实设备数量，明确设备权属，观察询问设备状况。

1. 清查核实待评估的全部设备。一般应逐台（件）核实评估对象，以确保评估对象的真实可靠。要求委托方根据现场清查核实结果，调整或确定其填报的被评估机器设备清册及相关表格，并以清查核实后的机器设备作为评估对象，同时注意被评估设备的权属问题。

2. 按照评估重点或人员安排，对被评估设备进行必要的分类。当被评估设备种类数量较多时，为了突出重点，发挥具有专长的评估人员的作用，可对设备进行必要分类。

3. 对机器设备进行鉴定。对设备进行鉴定是现场工作的重点，包括对设备的技术鉴定、使用情况鉴定、质量鉴定及磨损鉴定等。有关设备的生产厂家、出厂日期、设备负荷和维修情况等是进行鉴定的基本资料。在评估人员对机器设备进行总体鉴定和个体鉴定后，做出成新率判断，这是现场工作完成的一个重要标志。

机器设备评估的鉴定

现场工作要有完整的工作记录，特别是设备鉴定工作更要有详细的鉴定内容。这些记录将是评估机器设备价值的重要依据，也是工作底稿的重要组成内容。

（四）评定估算阶段

在做好上述各项工作的基础上，资产评估人员应选择适宜的评估途径及方法，运用恰当的经济技术参数对被评估设备的价值进行评定估算。

1. 根据评估目的、评估价值类型要求及评估时的各种条件，选择适宜的评估方法。如果可能，可选择复核评估方法进行对比分析。

机器设备评估所需资料清单

2. 阅读有关的可行性分析报告、设计报告、概预算报告、竣工报告、技术改造报告、重大设备运行和检验记录等，以扩大和深化对被评估设备的了解。估算中遇到问题和困难应继续与委托方、专业人士（技术专家）及有关人员沟通，搜集资料和调查分析要贯穿于整个评估过程。

3. 查阅有关法律法规，如税法、环境保护政策、车辆报废标准等，以便在评估涉及这些规定时考虑法律法规的影响。

4. 对产权受到某种限制的设备，包括已抵押或作为担保品的设备、租入租出的设备，要单独处理。

5. 如果与房屋建筑物、无形资产等的界限难以分清，应及时和其他资产评估人员进行交流，防止重评和漏评。

6. 选择合适的方法估算评估值。
7. 调整评估结果。注意评估结果应与评估目的和用途相适应。

(五) 撰写评估报告，整理评估工作底稿阶段

在评定估算过程结束后，将评估结果填入机器设备评估明细表，编制机器设备评估汇总表，最后编写机器设备评估报告及评估说明。机器设备评估结果汇总表的样式如表6-1所示。

表 6-1　　　　　　　　　　机器设备评估结果汇总表

评估基准日　　　　　　　　　　　　　　　　　　　　　　　　　　　　单位：万元

资产类别	型号	账面原值	账面净值	调整后净值	重置价值	评估值	增加值	增加率
专用机器								
普通机器								
运输设备								
⋮								

(六) 评估报告的审核和报出阶段

评估报告完成后，要有必要的审核，包括复核人的审核、项目负责人的审核、评估机构负责人的审核。在三级审核确认评估报告无重大纰漏后，再将评估报告送达委托方和有关部门。

第二节　成本法在机器设备评估中的运用

成本法是机器设备评估中最常用的方法之一。成本法评估的理论表达式为：

机器设备评估值 = 重置成本 − 实体性贬值 − 功能性贬值 − 经济性贬值

提示：
　　对具有独立运营能力或者独立获利能力的机器设备组合进行评估时，成本法一般不应当作为唯一使用的评估方法。

一、机器设备重置成本的构成及其估算

机器设备的重置成本包括购置或购建设备所发生的必要的、合理的直接成本费用、间接成本费用和因资金占用所发生的资金成本。

机器设备的重置成本 = 必要的、合理的直接成本 + 间接成本 + 资金成本

注意：

直接成本与每一台设备有直接对应关系，间接成本和资金成本有时不能对应到每一台设备上，它们是为整个项目发生的，在计算每一台设备的重置成本时一般按比例摊入。

机器设备重置成本的构成因素如图6-2所示。

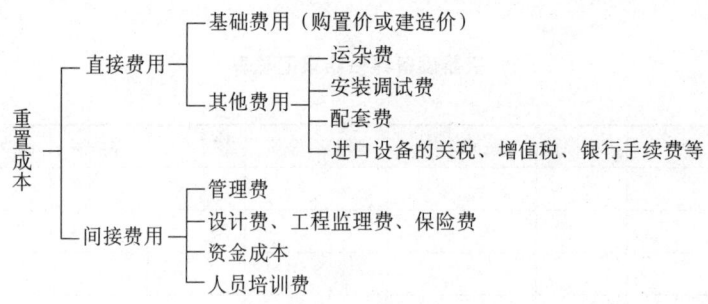

图6-2 机器设备重置成本的构成

在机器设备评估中，设备重置成本的构成和数额需要根据评估目的所要求状态下机器设备的全部取得费用来决定。如在企业持续经营前提下，机器设备的重置成本包括上述各项费用，而在需要拆除后异地使用的情况下，就只能包括购置成本费用。

机器设备的来源或者机器设备的取得方式不同，成本支出也有差别，如：

$$进口设备的重置成本 = \begin{pmatrix}设备的\\离岸\\价格\end{pmatrix} + \begin{pmatrix}境\ 外\\途\ 中\\保险费\end{pmatrix} + \begin{pmatrix}境\ 外\\运杂费\end{pmatrix} + \begin{pmatrix}进口\\关税\end{pmatrix} + \begin{pmatrix}增\\值\\税\end{pmatrix} + \begin{pmatrix}消\\费\\税\end{pmatrix}$$

$$+ \begin{pmatrix}银\ 行\\及其他\\手续费\end{pmatrix} + \begin{pmatrix}国内运杂费\\和安装调试费\end{pmatrix}$$

外购国产设备的重置成本 = 设备买价 + 设备运杂费 + 设备安装调试费 + 资金成本 + 其他费用

车辆重置成本（国内购置） = 车辆价格 + 车辆购置税 + 国内运杂费 + 证照费

车辆重置成本（国外购置） = 车辆价格（CIF） + 进口关税、消费税、增值税 + 国内运杂费 + 证照费

重置成本的测算可根据被评估机器设备的具体情况，选用重置核算法、物价指数法、功能价值法及规模经济效益指数法等具体方法。

（一）重置核算法

重置核算法是通过分别测算机器设备的各项成本费用来确定设备重置成本的方法。

在采用重置核算法测算设备重置成本如无法取得机器设备安装调试费、运输费和设备基础费时，可按照设备类型基础价参考表6-2至表6-4中对应费率测算相应设备安装调试费、运输费和设备基础费。

表 6-2 机器设备安装调试费率指标参考表

序号	设备类型	费率（%）
1	轻型通用设备	0.50~1.00
2	一般机加工设备	0.50~2.00
3	大型机加工设备	1.00~4.00
4	数控机床和精密加工机床	2.00~4.00
5	铸造设备	3.00~6.00
6	锻造、冲压设备	4.00~8.00
7	起重设备	4.00~10.00
8	焊接、切割设备	0.50~2.00
9	泵站设备	8.00~15.00
10	制冷、通风设备	8.00~12.00
11	集中空调设备	500~8.00
12	冷却塔	8.00~12.00
13	工业炉窑及冶炼设备	10.00~20.00
14	电梯	10.00~16.00
15	变、配电设备	8.00~15.00
16	电气设备	6.00~12.00
17	气体压缩机	8.00~14.00
18	电话总机	10.00~15.00
19	检测、试验设备	1.00~4.00
20	快装锅炉（以锅炉主机价核算）	15.00~20.00
21	蒸汽锅炉（10t/h 及以下）（以锅炉主机价核算）	35.00~45.00
22	蒸汽锅炉（20t/h 及以下）（以锅炉主机价核算）	30.00~40.00
23	热水锅炉	25.00~30.00
24	电镀设备	5.00~12.00
25	热处理设备	2.00~5.00
26	化工工业专用设备	6.00~15.00

注：
1. 专用生产线或成套设备试生产过程费用未包括在内；
2. 设备基础费用另加；
3. 锅炉安装包括砌炉、炉体保温等工程。

表 6-3 一般机器设备运输费率参考表

序号	运输距离（km）	费率（%）
1	当地生产	1.00~2.50
2	100~1 000	1.50~3.50
3	1 000~2 000	2.00~5.50

续表

序号	运输距离（km）	费率（%）
4	2 000 ~ 2 800	2.50 ~ 6.50
5	2 800 以上	3.00 ~ 7.00

表 6 - 4　　　　　　国内机器设备基础费率参考表

序号	车间或项目名称	设备基础费率（%）	备注
1	机械加工车间	1.4 ~ 3.4	重、大型设备较多的取上限
2	装配车间（固定式装配）	0.8 ~ 1.4	
3	装配车间（流水线装配）	3.0 ~ 5.0	
4	焊接、冷作车间（金属结构车间）	1.5 ~ 2.8	重、大型设备较多的取上限
5	冲压车间（小型设备为主）	0.8 ~ 1.3	
6	冲压车间（大型设备为主）	1.3 ~ 3.0	带形基础的取上限
7	油漆车间（大型车间）	8.0 ~ 12.0	产品等级高，有喷抛丸设备的车间取上限
8	油漆车间（小型车间）	2.0 ~ 4.0	产品等级高车间规模大的车间取上限
9	热处理车间	0.7 ~ 1.1	
10	电镀车间	0.8 ~ 1.2	
11	锻造车间（以热模锻为主）	4.0 ~ 6.0	
12	锻造车间（以锻锤为主）	12.0 ~ 17.0	
13	铸钢车间	2.8 ~ 4.3	
14	铸铁车间	2.0 ~ 3.5	
15	精密铸造车间	2.5 ~ 3.5	车间规模较大的，有一定机械化程度的取上限
16	有色铸造车间	1.5 ~ 2.5	
17	机修车间	1.5 ~ 2.0	
18	工模具车间	0.8 ~ 1.4	模具车间取上限
19	中央试验室	0.4 ~ 0.6	
20	中央计量室	0.1 ~ 0.3	

【例 6 - 1】某台机床需重估。企业提供的购建成本资料如下：该设备采购价 5 万元，运输费 0.1 万元，安装费 0.3 万元，调试费 0.1 万元，已服役 2 年。经市场调查得知，该机床在市场上仍很流行，且价格上升了 20%；铁路运价近两年提高了 1 倍，安装的材料和工费上涨幅度加权计算为 40%，调试费用上涨了 15%。试评估该机床原地续用的重置全价。

分析：该机床服役期限仅 2 年，且在市场上仍很流行，可以认为技术条件变化不大，故用复原重置成本评估较现实。

解：机床采购重置全价 = 5 × (1 + 20%) = 6（万元）

运杂费重估价 = 0.1 × 2 = 0.2（万元）

安装费重估价 = 0.3 × (1 + 40%) = 0.42（万元）

调试费重估价 = 0.1 × (1 + 15%) = 0.115（万元）

该机床原地续用的重置全价 = 6 + (0.2 + 0.42 + 0.115) = 6.735（万元）

【例6-2】 某企业2001年自制一台专用机床，成本为90万元，其中钢材占40%，铸铁占20%，人工费占30%，间接费占10%。2015年，按现行技术条件更新这台机床，由于采用新的生产工艺，钢材和铸铁可节约20%，劳动生产率的提高可使人工费节约10%。通过市场调查得知，2015年与2001年相比，钢材价格上涨了80%，铸铁价格上涨了50%，工资成本上涨了100%，间接费按工时分摊的额度上升了40%。试估算2015年该专用机床的重置成本。

分析：根据所给资料应按更新重置成本计算。

解：钢材成本 = 90 × 40% × (1 - 20%) × (1 + 80%) = 51.84（万元）

铸铁成本 = 90 × 20% × (1 - 20%) × (1 + 50%) = 21.6（万元）

人工成本 = 90 × 30% × (1 - 10%) × (1 + 100%) = 48.6（万元）

间接费用 = 90 × 10% × (1 - 10%) × (1 + 40%) = 11.34（万元）

该自制机床的重置成本 = 51.84 + 21.6 + 48.6 + 11.34 = 133.38（万元）

【例6-3】 被评估设备为2005年10月从英国引进，进口合同中的FOB价是20万英镑。2015年10月进行评估时，英国厂家已不再生产这种型号的设备，其替代产品的FOB报价为35万英镑。试估算其重置成本。

分析：针对上述情况，评估人员经与有关专家共同分析研究被评估设备和替代产品在技术性能上的差别及其对价格的影响，最后认为，按照通常情况，实际成交价为报价的70%～90%，故按英国厂商FOB报价的80%作为FOB成交价。针对替代设备在技术性能上优于被评估设备，估测被评估设备的现行FOB价格约为替代设备FOB价格的70%，30%的折扣主要是功能落后造成的。评估基准日人民币对英镑的汇率为8.9:1。境外运杂费按FOB价格的5%计，保险费按FOB价格的0.5%计，关税与增值税予以免征。银行手续费按CIF价格的0.8%计算，国内运杂费按（CIF价格+银行手续费）的3%计算，安装调试费用包括在设备价格中，由英方派人安装调试，不必另付费用。由于该设备安装周期较短，故没有考虑利息因素。

解：FOB价格 = 35 × 80% × 70% = 19.6（万英镑）

FOB价格 = 19.6 × 11.93 = 233.83（万元）

境外运杂费 = 233.83 × 5% = 11.69（万元）

保险费 = 233.83 × 0.5% = 1.17（万元）

CIF价格 = 233.83 + 11.69 + 1.17 = 246.69（万元）

银行手续费 = 246.69 × 0.8% = 1.97（万元）

国内运杂费 = (246.69 + 1.97) × 3% = 7.46（万元）

被评估设备重置成本 = 233.83 + 11.69 + 1.17 + 1.97 + 7.46 = 256.12（万元）

第六章 机器设备评估

（二）物价指数法

物价指数法是以设备的原始购买价格为基础，根据同类设备的价格上涨指数来确定机器的重置成本的方法。① 计算公式为：

定基指数：设备重置成本 = 历史成本 × $\dfrac{\text{评估基准日物价指数}}{\text{设备购建时物价指数}}$

环比指数：设备重置成本 = 历史成本 × 历年环比物价指数的乘积②

想一想：
使用物价指数时应注意哪些问题？

【例 6-4】 某设备 2010 年历史成本为 60 万元，物价指数 2011 年是 2010 年的 101.9%，2012 年是 2001 年的 101.8%，2013 年是 2012 年的 102.7%，则：

2003 年该设备重置成本 = 600 000 × 101.9% × 101.8% × 102.7% = 63.92（万元）

（三）功能价值法

功能价值法运用的前提条件是资产生产能力和成本之间成同方向同比例变化（线性关系）。当无法取得与被评估设备完全相同的设备时，可以寻找类似设备，采用功能价值法确定其重置成本。

当成本与生产能力之间呈线性关系时，$x = 1$（生产能力比例法），即：

使用物价指数时应注意的问题

被评估资产的重置成本 = 参照物资产的重置成本 × $\dfrac{\text{被评估资产的生产能力}}{\text{参照物资产的生产能力}}$

【例 6-5】 现对某企业的 A 设备进行评估，其年生产能力为 90 吨，由于市场上没有与 A 完全相同的设备，所以选择了与 A 设备具有相同性质和用途的全新 B 设备作为参照物，其年生产能力为 120 吨，参照物 B 设备的现行成本（包括设备价格、运杂费、安装调试费）为 20 000 元。

分析： 评估人员认为该设备的功能与成本之间呈线性关系。

解： A 设备的重置成本 = 20 000 × (90 ÷ 120) = 15 000（元）

（四）规模经济效益指数法

规模效益指数法运用的前提条件是资产生产能力和成本之间只成同方向变化，而不是等比例变化。这时，不能直接运用功能价值法进行计算，而必须运用规模效益指数进行调整。

被评估资产的重置成本 = 参照物的重置成本 × $\left(\dfrac{\text{被评估资产的生产能力}}{\text{参照物资产的生产能力}}\right)^x$

公式中的 x 是一个经验数据，称为规模经济效益指数，是功能比较法的一个重要

---

① 在机器设备评估中，对于一些难以获得市场价格的机器设备，经常采用物价指数法评估。
② 公式中的物价指数应该选择同类设备，首先是同一厂家产品的物价指数，其次是同一大类资产的物价指数，再次是整个工业产品的物价指数。

参数。

【例6-6】 对某企业一套年产60万吨某产品的生产线进行评估,其中账面原值为1 500万元,评估时选择了一套与被评估对象相似的新建生产线作为参照物,该生产线年产同类产品80万吨,现行成本为3 000万元。根据被评估资产所在行业的经验数据,评估人员认为生产线的功能价值指数为0.7。

解:被评估生产线重置成本 = $3\,000 \times (60 \div 80)^{0.7}$ = 2 453(万元)

规模经济效益指数

> 提示:
> 重置成本测算方法的选择一般应遵循的规律:
> (1) 对于目前仍在生产和销售的设备,采用核算法;
> (2) 对于无法取得现行价格的被评估设备,如果能找到参照物,则可采用功能成本法(更新重置成本);
> (3) 若设备的现行价与参照物均无法获得,就只能采用物价指数法(复原重置成本)。

二、机器设备实体性贬值(有形损耗)的估算

机器设备的实体性贬值,是由于设备运行中的磨损和暴露在自然环境中腐蚀所造成的设备实体形态的损耗而引起的贬值(指机器设备因使用磨损和自然损耗造成的贬值)。具体来说在使用过程中,设备的零件由于发生摩擦、震动、腐蚀和疲劳等现象产生的磨损。这种磨损称为第Ⅰ种有形磨损。通常认为机器设备零部件的原始尺寸、形状发生变化,公差配合性质改变,精度降低,以及零部件损坏等。此外设备在闲置过程中,由于自然力的作用而腐蚀,或由于管理不善和缺乏必要的维护而自然丧失精度和工作能力,使设备遭受有形磨损,这种有形磨损称为第Ⅱ种有形磨损。

第Ⅰ种有形磨损与使用时间和使用强度有关,而Ⅱ种有形磨损在一定程度上与闲置时间和保管条件有关。

反映实体性贬值的相对数是实体性贬值率,全新设备的实体性贬值率为零,完全报废设备的实体性贬值率为100%。用公式表示为:

$$实体性贬值率 = \frac{被评估设备实体性贬值额}{被评估设备的重置成本}$$

$$实体性贬值额 = 资产重置成本 \times 实体性贬值率$$

评估中常称"1-实体性贬值率"为成新率,成新率与实体性贬值率之和为1(在不考虑设备残值的假设条件下)。即:

$$成新率 = \frac{被评估资产的重置成本 - 实体性贬值额}{被评估资产重置成本}$$

成新率是反映机器设备新旧程度的指标,或理解为机器设备现实状态与设备全新状态的比率。成新率与实体性贬值率是同一事物的两个方面。

(一) 观察法

观察法又叫观察分析法或专家鉴定法,指评估人员根据对设备的现场观察和技术检测,在综合分析机器设备的使用时间、使用状况、技术状态、维修保养状况、工作环境和条件等的基础上,测定机器设备的贬值率或成新率的方法。

在实际评估工作中,通常采用打分法测定被评估设备的成新率。其做法是:先确定反映设备性能的主要技术指标,然后给出设备每种技术指标的标准分数,分别按不同技术指标给被评估设备打分,最后求出总体技术指标的加权值,成新率即为总体加权值与总标准分的比值。表6-5为常用不同种类车辆权重表。

观察法注意事项

表6-5　　　　　常见车辆总成、部件价值权重表　　　　　(单位:%)

序号	车辆类别/总成部件	轿车	客车	货车
1	发动机及离合器总成	26	27	25
2	变速器及传动轴总成	11	10	15
3	前桥及转向器前悬总成	10	10	15
4	后桥及后悬架总成	8	11	15
5	制动系统	6	6	5
6	车架总成	2	6	6
7	车身总成	26	20	9
8	电器仪表系统	7	6	5
9	轮胎	4	4	5
10	合计	100	100	100

(二) 使用年限法

使用年限法是从使用寿命角度来估算贬值,也称为寿命比率法。这种方法假设机器设备有一定的使用寿命,在使用过程中,设备的价值随着设备使用寿命消耗而同比例损耗。因此,设备的实体性贬值率也可以用使用寿命消耗量与总使用寿命之比来表示。公式为:

总使用年限 = 实际已使用年限 + 尚可使用年限

$$实体性贬值率 = \frac{已使用年限}{总使用年限} \times 100\%$$

$$= \frac{已使用年限}{已使用年限 + 尚可使用年限} \times 100\%①$$

$$成新率 = \frac{尚可使用年限}{已使用年限 + 尚可使用年限} \times 100\%$$

---

① 并不是所有的设备都以"年"为单位,设备使用寿命还可以用时间单位表示,如汽油机、柴油机、机床、电子设备等,一般都用工作小时或年限来表示;有些设备的使用寿命是用使用次数来表示,如模具一般按使用模具的次数来表示;汽车的使用寿命可以用行驶里程表示。

$$实际已使用年限 = 名义已使用年限 \times 设备利用率$$

$$资产利用率 = \frac{截至评估日资产累计实际利用时间}{截至评估日资产累计法定利用时间} \times 100\%$$

使用年限法估测机器设备的实体性贬值率涉及三个参数：(1) 总使用年限；(2) 已使用年限；(3) 尚可使用年限。

由于机器设备的具体情况不同，有的投资是一次完成的，有的是分次完成的，因此应采用不同的方法测算已使用年限和尚可使用年限。

年限法注意事项

1. 简单年限法。简单年限法是假定机器设备的投资是一次完成的，没有进行更新改造和追加投资等情况的发生。

$$实际已使用年限 = 名义已使用年限 \times 设备利用率$$

【例 6-7】被评估资产为企业的一台设备，评估人员搜集到的有关资料有：该设备 2001 年购进，2006 年 1 月评估；该设备的重置成本为 50 万元，其残值为 0.2 万元，尚可使用 5 年；根据该设备技术指标，正常使用情况下，每天应工作 8 小时，该设备实际每天工作 5 小时。试确定该设备的实体性贬值额（该类设备的年运行工作日为 330 天）。

解：设备利用率 $= \dfrac{5 \times 330 \times 5}{8 \times 330 \times 5} = 62.5\%$

实际已使用年限 $= 5 \times 62.5\% = 3.125$（年）

总使用年限 $= 5 + 3.125 = 8.125$（年）

设备的实体性贬值 $= (50 - 0.2) \times \dfrac{3.125}{8.125} = 19.15$（万元）

【例 6-8】被评估设备已投入使用 5 年，在正常情况下该设备按一班制生产，每天 8 小时。经了解，设备在 5 年中每天平均工作只有 4 小时，经鉴定，若该设备保持每天 8 小时的工作量尚可使用 8 年。试估算其成新率。

解：已使用年限 $= 5 \times \dfrac{4}{8} = 2.5$（年）

设备实体性贬值率 $= \dfrac{2.5}{2.5 + 8} \times 100\% = 23.81\%$

成新率 $= 1 - 23.81\% = 76.19\%$

2. 加权投资年限法（综合年限法）。综合年限法考虑了设备投资可能是分次完成的，适用于经过了大修理或经过技术改造的设备。对于经过大修或技改的设备，由于通过中间投资改造改变了设备的状况，采用简单年限法计算已使用年限不能反映设备的实际状况，这时可用加权投资年限法计算。①

$$加权投资年限 = \frac{\sum 加权重置成本}{\sum 重置成本}$$

$$加权重置成本 = 重置成本 \times 投资年限$$

---

① 确定整个设备的已使用年限，应按各部件重置成本的构成作权重，对各部件参差不齐的已使用年限进行加权平均。

机器设备评估

$$实体性贬值率 = \frac{加权投资年限}{加权投资年限 + 尚可使用年限} \times 100\%$$

$$成新率 = \frac{尚可使用年限}{加权投资年限 + 尚可使用年限}$$

【例 6-9】某企业 2006 年购入一台设备，账面原值为 30 000 元，2011 年和 2013 年进行两次更新改造，当年投资分别为 3 000 元和 2 000 元，2016 年对该设备进行评估。假定：从 2006 年至 2016 年通货膨胀率为 10%，该设备的尚可使用年限经检测和鉴定为 7 年，试估算设备的成新率。

解：第一步，调整计算现行成本（见表 6-6）。

表 6-6　　　　　　　　　　现行成本调整表

投资日期（年）	原始投资额（元）	价格变动系数	复原重置成本（元）
2006	30 000	2.60 [(1+10%)^{10}]	78 000
2011	3 000	1.61 [(1+10%)^{5}]	4 830
2013	2 000	1.33 [(1+10%)^{3}]	2 660
合计	35 000		85 490

第二步，计算加权更新成本（见表 6-7）。

表 6-7　　　　　　　　　　加权更新成本计算表

投资日期（年）	现行成本（元）	投资年限	加权更新成本（元）＝复原重置成本×投资年限
2006	78 000	10	780 000
2011	4 830	5	24 150
2013	2 660	3	7 980
合计	85 490		812 130

第三步，计算加权投资年限。

$$加权投资年限 = \frac{812\ 130}{85\ 490} \approx 9.5 （年）$$

第四步，计算成新率。

$$成新率 = \frac{7}{9.5 + 7} \times 100\% = 42\%$$

（三）工作量法

工作量法是根据设备已完成的工作量和尚可完成的工作量，通过计算比率，确定实体性贬值率的一种方法。

$$实体性贬值率 = \frac{已完成工作量}{可完成工作量} \times 100\%$$

$$= \frac{已完成工作量}{已完成工作量 + 尚可完成工作量} \times 100\%$$

【例 6-10】某设备已生产完成某种产品 30 000 件，预计还能生产这种产品 90 000

件。试估算其实体性贬值率和成新率。

解： 实体性贬值率 $= \dfrac{30\,000}{30\,000 + 90\,000} \times 100\% = 25\%$

成新率 $= \dfrac{90\,000}{30\,000 + 90\,000} \times 100\% = 75\%$

（四）修复费用法

修复费用法是指按修复磨损部件所需要的支出来确定机器设备实体性贬值及成新率的方法。这种方法是假设设备所发生的实体性损耗是可以补偿的，采取的手段是通过修理或更换损坏部分。例如，某机床电机损坏，如果这台机床不存在其他贬值，则更换电机的费用即为机床的实体性贬值。

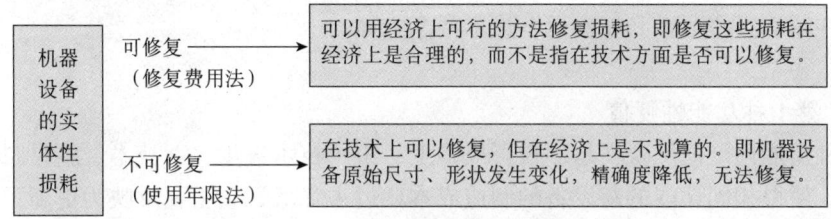

图 6-3 机器设备的实体性损耗分类

不可修复性损耗不能用修复费用法计算贬值。对于大多数情况，设备的可修复性损耗和不可修复性损耗是并存的，评估人员应分别计算它们的贬值。可修复性损耗用修复费用法进行评估，不可修复性损耗用观察法或使用年限法进行评估。

$$\text{实体性贬值率} = \dfrac{\text{可修复部分实体贬值} + \text{不可修复部分实体贬值}}{\text{设备复原重置成本}}$$

【例 6-11】 一台数控折边机，重置成本为 150 万元，已使用 2 年，其经济使用寿命约 20 年，现该机器数控系统损坏，估计修复费用约 2 万美元（折人民币 16.5 万元），其他部分工作正常。试估算其实体性贬值率。

分析： 该设备存在可修复性损耗和不可修复性损耗，数控系统损坏是可修复性损耗，我们用修复费用法计算其贬值，贬值额等于机器的修复费用约 16.5 万元人民币；另外，该机器运行 2 年，我们用年限法来确定由此引起的实体性贬值。

解： 可修复性损耗引起的贬值 $= 16.5$（万元）

不可修复性损耗引起的贬值 $= \dfrac{(150 - 16.5) \times 2}{20} \times 100\% = 13.35$（万元）

实体性贬值 $= 13.35 + 16.5 = 29.85$（万元）

实体性贬值率 $= \dfrac{29.85}{150} \times 100\% = 19.9\%$

小测试：

被评估设备为一储油罐，已经建成并使用了 10 年，预计将来还能再使用 20 年。评估人员了解到，该油罐目前正在维修，其原因是原储油罐因受到腐蚀，底部已出现裂纹，发生渗漏，必须更换才能使用。整个维修计划大约需要花费 35 万元，其中包括油罐停止使用造成的经济损失、清理布置安全工作环境、拆卸并更换被腐蚀底部的全部费用。评估人员已经估算出该油罐的复原重置成本为 200 万元，用修复费用法估测油罐的实体性损耗率。

三、机器设备功能性贬值的估算

机器设备的功能性贬值是指由于无形磨损而引起的设备价值的损失。设备的功能贬值主要体现在超额投资成本和超额运营成本两个方面。

（一）第Ⅰ种功能性贬值

第Ⅰ种功能性贬值反映在超额投资成本上，由于技术进步，新技术、新材料、新工艺不断出现，使得相同功能的新设备的制造成本比过去降低，它主要反映为更新重置成本低于复原重置成本。复原重置成本与更新重置成本之差即为第Ⅰ种功能性贬值，也称为超额投资成本。

【例 6-12】 某化工设备，2000 年建造，建造成本项目及原始造价成本如表 6-8 所示。

表 6-8　　　　　　　　　　原始成本表

序号	成本项目	原始成本（元）	备注
1	主材	50 160	钢材 22.8 吨
2	辅材	11 200	铝、橡胶、聚乙烯、铜等
3	外构件	13 800	电机、阀
4	人工费	29 900	598 工时 ×50 元
5	机械费	13 650	136.5 小时 ×100 元
	成本小计	118 710	
6	利润	17 807	15%
7	税金	25 529	18.7%
	含税完全成本价	162 046	

在评估基准日：（1）钢材价格上涨了 23%，人工费上涨了 39%，机械费上涨了 17%，辅材现行市场价合计为 13 328 元，电机、阀等外购件现行市场价为 16 698 元，假设利润、税金水平不变。（2）由于制造工艺的进步，导致主材利用率提高，钢材的用量比过去节约了 20%，人工工时和机械工时也分别节约 15% 和 8%。试计算该设备超额投资成本引起的功能性贬值。

解：(1) 该化工设备的完全复原重置成本计算如表 6-9 所示。

表 6-9 完全复原重置成本计算表

序号	成本项目	原始成本（元）	复原重置成本
1	主材	50 160	61 697
2	辅材	11 200	13 328
3	外构件	13 800	16 698
4	人工费	29 900	41 561
5	机械费	13 650	15 971
	成本小计	118 710	149 255
6	利润	17 807	22 388
7	税金	25 529	32 097
	含税完全成本价	162 046	203 740

(2) 该设备的更新重置成本计算如表 6-10 所示。

表 6-10 更新重置成本计算表

序号	成本项目	计算过程	更新重置成本（元）
1	主材	22.8 × 2 200 × 0.8 × 1.23	49 357
2	辅材		13 328
3	外构件	13 800	16 698
4	人工费	598 × 50 × 0.85 × 1.39	35 327
5	机械费	136.5 × 100 × 0.92 × 1.17	14 693
	成本小计	118 710	129 403
6	利润	17 807	19 410
7	税金	25 529	27 828
	含税完全成本价	162 046	176 641

(3) 超额投资成本引起的功能性贬值 = 复原重置成本 – 更新重置成本
   = 203 740 – 176 641 = 27 099（元）

（二）第Ⅱ种功能性贬值

超额运营成本的产生是由于新技术的发展使得新设备在运营费用上低于老设备。超额运营成本引起的功能性贬值也就是设备未来超额运营成本的折现值，称为第Ⅱ种功能性贬值。

分析研究设备的超额运营成本，应考虑下列因素：新设备与老设备相比，生产效率是否提高；维修保养费用是否降低；材料消耗是否降低；能源消耗是否降低；操作工人数量是否降低等等。

计算超额运营成本引起的功能性贬值的步骤如下：

第Ⅰ种功能性贬值中的更新重置成本与复原重置成本

第一步,分析比较被评估机器设备的超额运营成本因素;

第二步,确定被评估设备的尚可使用寿命,计算每年的超额运营成本;

第三步,计算净超额运营成本;

第四步,确定折现率,计算超额运营成本的折现值。

【例6-13】计算某电焊机超额运营成本引起的功能性贬值。

解:

(1) 分析比较被评估机器设备的超额运营成本因素。经分析比较,被评估的电焊机与新型电焊机相比,引起超额运营成本的因素主要为老产品的能耗比新产品高。通过统计分析,按每天8小时工作,每年300个工作日计算,每台老电焊机比新电焊机多耗电6 000度。

(2) 确定被评估设备的尚可使用寿命,计算每年的超额运营成本。根据设备的现状,评估人员预计该电焊机尚可使用10年。如每度电按0.5元计算,则

每年的超额运营成本 = 6 000度 × 0.5元/度 = 3 000(元)

(3) 计算净超额运营成本:所得税按25%计算,则

税后每年净超额运营成本 = 税前超额运营成本 × (1 - 所得税税率) = 3 000 × (1 - 25%) = 2 250(元)

(4) 确定折现率,计算超额运营成本的折现值。折现率为10%,10年的年金现值系数为6.145,则:

净超额运营成本的折现值 = 净超额运营成本 × 折现系数
= 2 250 × 6.145 = 13 826.25(元)

该电焊机由于超额运营成本引起的功能性贬值为13 826.25元。

四、机器设备经济性贬值的估测

机器设备的经济性贬值是由于外部因素引起的贬值。这些因素包括:由于市场竞争的加剧,产品需求减少,导致设备开工不足,生产能力相对过剩;原材料、能源等提价,工资、管理费用增加,造成生产成本增加,而产品售价没有相应提高;国家有关能源、环境保护等限制或削弱产权的法律、法规,使产品生产成本提高或者使设备强制报废,缩短了设备的正常使用寿命等等。

(一) 因设备利用率下降导致的经济性贬值

当机器设备因外部因素影响出现开工不足,致使设备的实际生产能力显著低于其额定或设计能力时,它的价值也就低于其充分利用时的价值。这种差异的经济性贬值率为:

$$经济性贬值率 = \left[1 - \left(\frac{设备的实际生产能力}{设备的设计生产能力}\right)^x\right] \times 100\%$$

经济性贬值额 = 重置成本 × 经济性贬值率

【例6-14】某产品生产线,根据购建时市场需求,设计生产能力为年产1 000万件,建成后由于市场发生不可逆转的变化,每年的产量只有400万件,60%的生产能力闲置。经过评估,该生产线重置成本为1 500万元,规模经济效益指数为0.7,试求该生产线的

经济性贬值额。

解：经济性贬值率 $= \left[1 - \left(\dfrac{400}{1\ 000}\right)^{0.7}\right] \times 100\% = 47.34\%$

经济性贬值额 $= 1\ 500 \times 47.34\% = 710.1$（万元）

（二）因收益减少导致的经济性贬值

由于企业外部原因，虽然设备生产负荷并未降低，但出现如原材料价格上涨、劳动力费用上升等情况导致生产成本提高或迫使产品降价出售等情况，均可能使设备创造的收益减少，使用价值降低，进而产生经济性贬值。这种差异的经济性贬值额计算公式为：

经济性贬值额 = 资产年收益损失额 × (1 − 所得税税率) × $(P/A, r, n)$

【例 6-15】 被评估生产线年设计生产能力为 1 500 吨，2016 年 3 月评估时由于受政策调整影响，产品销售市场不景气，企业必须每吨降价 300 元以保持设备生产能力的正常发挥。政策调整预计会持续 3 年，该企业正常投资报酬率为 10%。试根据所给条件，估算该生产线的经济性贬值额。

解：该生产线的经济性贬值额 $= (300 \times 1\ 500) \times (1 - 25\%) \times (P/A, 10\%, 3)$
$= 450\ 000 \times 0.75 \times 2.487 = 839\ 362.5$（元）

五、机器设备评估成本法应用综合案例

【例 6-16】 被评估设备建于 2006 年，账面价值 100 000 元，2011 年对设备进行了技术改造，追加技改投资 50 000 元，2016 年对该设备进行评估，根据评估人员的调查、检查、对比分析得到以下数据：

（1）从 2006 年至 2016 年每年的设备价格上升率为 10%；

（2）该设备的月人工成本比替代设备超支 1 000 元；

（3）被评估设备所在企业的正常投资报酬率为 10%，规模效益指数为 0.7，所得税税率为 25%；

（4）该设备在评估前使用期间的实际利用率仅为正常利用率的 50%，经技术检测该设备尚可使用 5 年，在未来 5 年中设备利用率能达到设计要求。

要求：估算被评估设备的重置成本、实体性贬值、功能性贬值、经济性贬值及被评估设备的评估值。

解：（1）计算重置成本，如表 6-11 所示。

表 6-11　　　　　　　　　　重置成本计算表

投资日期（年）	原始投资额（元）	价格变动系数	复原重置成本（元）
2006	100 000	2.60 [$(1+10\%)^{10}$]	260 000
2011	50 000	1.61 [$(1+10\%)^{5}$]	80 500
合计	150 000		340 500

重置成本 $= 100\ 000 \times (1 + 10\%)^{10} + 50\ 000 \times (1 + 10\%)^{5} = 340\ 500$（元）

（2）计算加权更新成本，如表 6-12 所示。

表 6-12　　　　　　　　加权更新成本计算表

投资日期（年）	现行成本（元）	投资年限	加权更新成本（元） =复原重置成本×投资年限
2006	260 000	10	2 600 000
2011	80 500	5	422 500
合计	340 500		3 022 500

　　加权更新成本 = 260 000 × 10 + 80 500 × 5 = 2 600 000 + 422 500 = 3 022 500（元）

（3）计算加权投资年限：

$$加权投资年限 = \frac{3\,022\,500}{340\,500} \times 50\% = 4.438（年）$$

（4）计算实体性贬值：

$$实体性贬值率 = \frac{4.438}{4.438 + 5} = 47.02\%$$

实体性贬值 = 340 500 × 47.02% = 159 962.04（元）

（5）计算功能性贬值：

年超额运营成本 = 12 × 1 000 = 12 000（元）

年超额运营成本净额 = 12 000 × (1 - 25%) = 9 000（元）

功能性贬值 = 9 000 × (P/A,10%,5) = 9 000 × 3.7908 = 34 117.2（元）

（6）计算经济性贬值：

经济性贬值 = 0

（7）计算被评估设备评估值：

被评估设备的评估值 = 340 500 - 159 962.04 - 34 117.2 = 146 420.76（元）

第三节　其他方法在机器设备评估中的运用

一、市场法在机器设备评估中的应用

市场法是通过分析最近市场上和被评估设备类似设备的成交价格，并对被评估对象和参照物之间的差异进行调整，由此确定被评估设备价值的方法。

（一）市场法评估机器设备的基本步骤

市场法评估机器设备的基本步骤如图 6-4 所示。

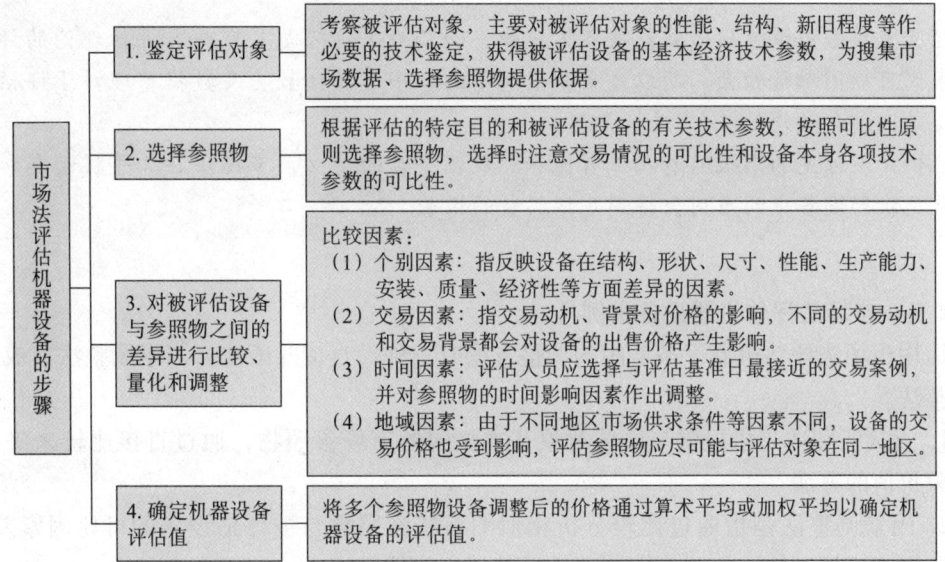

图 6-4　市场法评估机器设备的步骤

交易活跃的市场是运用市场法评估机器设备的前提条件，资产评估师应当考虑市场是否能够提供足够数量的可比资产的销售数据以及数据的可靠性，明确参照物与评估对象具有相似性和可比性是运用市场法的基础，应当使用合理的方法对参照物与评估对象的差异进行调整。

参照物与评估对象的差异调整

（二）市场法评估机器设备的前提条件

市场法评估机器设备的前提条件有两个，如图 6-5 所示。

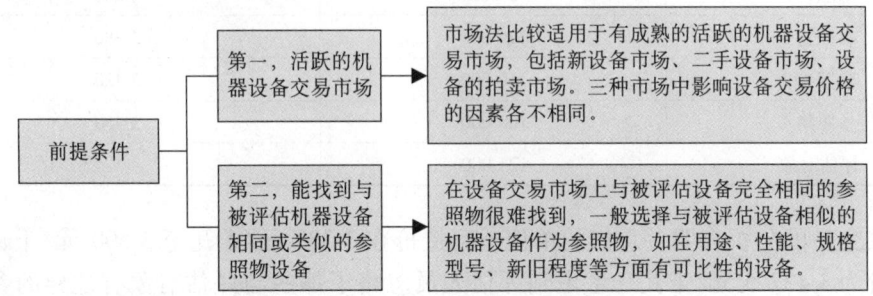

图 6-5　市场法评估机器设备的前提条件

提示：

市场法在机器设备类评估中目前一个最大的应用种类是机动车，特别是二手机动车中轿车类的评估，二手车的市场在各个国家相对其他市场来说都发展的比较成熟，主要体现在一是交易案例相对较多，二是市场信息相对比较透明，而且技术相对比较成熟。

但是，二手车的技术鉴定是一个重要的环节，具有丰富经验的评估师可能根据自身经验直接给出评估估值便能被各方接受,而相对来说只是具有基本评估理论的评估师来说可能困难就较大。所以日常积累大量的二手车评估数据及数据整理对于评估师来说是必要和必须的。

但是在可见的未来随着人工智能和大数据平台的建立,市场法在二手机动车和其他常见机器设备中的应用会得到几何级数的增长。

(三)市场法评估机器设备举例

运用市场法评估机器设备常用的调整方法有三种:直接匹配法、因素调整法、成本比率调整法。

1. 直接匹配法是指根据与评估对象基本相同的市场参照物,通过直接比较来确定评估对象价值的方法。

2. 因素调整法是指通过比较分析相似的市场参照物与被评估设备的可比因素差异,对这些因素逐项调整,由此确定被评估设备的价值的方法。

3. 成本比率调整法是指通过大量市场交易数据的统计分析,掌握相似市场参照物的成本售价比例,调整确定评估对象价值的方法。

【例6-17】 评估一套125 000千瓦燃煤电站整体设备,不考虑淘汰落后产能等其他问题。经过市场调查,选择了5个建造年代相同、可比性较强,但生产能力不同的燃煤电站作为参照物。相关信息如表6-13所示。

表6-13　　　　　　　　　燃煤电站整体设备有关资料

	生产能力(千瓦)	单位千瓦造价(元/千瓦)
参照物1	100 000	3 500
参照物2	125 000	3 380
参照物3	150 000	3 420
参照物4	100 000	3 450
评估对象	125 000	

这些交易的分析表明,它们的单位千瓦造价在3 380元/千瓦至3 500元/千瓦之间,平均售价为3 437.5元/千瓦。考虑到评估人员忽略了那些与评估对象有差异的参照物,而保留了在所有重要影响的方面均一致的参照物,所以可去调整其他差异。

$$评估对象的价值 = 125\ 000\ 千瓦 \times 3\ 437.5\ 元/千瓦$$
$$= 429\ 687\ 500\ (元)$$

二、收益法在机器设备评估中的应用

收益法评估机器设备是通过预测设备的获利能力,对未来资产带来的净利润或净现金流按一定的折现率折为现值,作为被评估机器设备的价值。

收益法一般适用于具有独立获利能力或者获利能力可以量化的机器设备评估。收益法

要求被评估对象具有独立的、连续可计量的、可预期收益的能力。

使用收益法的前提条件为：一是要能够确定被评估机器设备的获利能力，净利润或净现金流量；二是能够确定资产合理的折现率。机器设备评估中，就评估对象而言，通常以单台、单件设备为评估对象。而单台、单件设备的未来预期收益是很难预测的，单项设备通常不采用收益法评估。对于营运车辆、生产线、成套化工设备等具有独立获利能力的机器设备可以使用收益法评估。另外，在使用成本法评估整体企业价值时，收益法也经常作为一种补充方法，用来判断机器设备是否存在功能性贬值和经济性贬值。

【例6-18】 某中档出租车，已经使用1年剩余使用年限为7年（不考虑出租车报废后营运权价值），试评估该出租车价值。

分析：出租车属于典型的营运车辆，可以采用收益法。

首先估算有效租金收益，调查一般城区出租车市场、维修、保养等情况，确定当地同类出租车实际出勤率等情况。考虑到评估对象的实际情况及本次评估目的，我们通过分析认为：租金收益每天取平均值为400元。

由于日常保养、二级维护以及一般事故（由于出租车行业的特殊情况，出租车出一般事故的机率较高）等，全年非出勤时间需要花费30～60天，实际全年经营时间为300～340天，考虑到评估对象的实际情况及本次评估目的，我们通过分析认为：全年经营时间取320天。

$$有效租金收益 = 潜在租金收益 \times 出租天数$$
$$= 400 \times 320$$
$$= 128\ 000（元/年）$$

估算各类营运费用，包括交强险、出租车管理费、运管费、车船使用税、车辆保养维修费和其他费用，合计61 868.50（元/年）。则

净收益 = 有效租金收益 − 总营运费用 = 128 000 − 61 868.50 = 66 131.5（元/年）

综合考虑资本化率 r（即折现率）= 9%

出租车评估价值 = 66 131.51 × (P/A, 10%, 7) = 66 131.5 × 5.033 = 33.28（万元）

本章小结

- 机器设备是企业生产能力的主要体现者，是资产评估的一个重要方面。机器设备评估涉及的设备种类繁多，技术性能和个性差异较大，做好机器设备的技术鉴定和检测是做好机器设备评估工作的基础，熟练掌握机器设备评估技术和方法也是做好机器设备评估工作的保证。

- 机器设备主要采用成本法评估，此外还可采用市场法、收益法等。在评估实践中，要根据设备的使用状态、可获得的资料以及设备本身的特点选择最适合的评估方法。

- 学完本章，应了解机器设备评估的特点及分类，熟悉机器设备评估的程序，掌握成本法、市场法在机器设备评估中的应用，掌握机器设备重置成本、实体性贬值、功能性贬值、经济性贬值的估算（掌握估算实体性贬值常用的观察法、使用年限法、修复费用法；掌握超额投资成本形成的功能性贬值和超额运营成本形成的功能性贬值的估算方法；

掌握经济性贬值的估算方法）。通过机器设备评估基本原理与方法的学习，提高实践中分析和解决机器设备评估问题的能力。

思考题

1. 机器设备的定义、分类、特点是什么？
2. 机器设备评估的基本程序有哪些？
3. 机器设备的重置成本及其构成内容是什么？如何进行实体性贬值、功能性贬值及经济性贬值的估算？
4. 如何运用成本法求取机器设备的价值？
5. 机器设备评估中应用成本法时，其基本思路是什么？
6. 估算机器设备的实体性贬值主要有哪些方法？
7. 如何理解和测算机器设备的功能性贬值？
8. 经济性贬值的基本概念、常见的产生原因是什么？
9. 在什么条件下需要考虑机器设备的经济性贬值？
10. 运用市场法评估机器设备的具体方法有哪些，在哪些情况下可以采用？

阅读材料

1. 中国资产评估协会：《资产评估准则——机器设备》。
2. 姜楠、王景升：《资产评估》（第四版），东北财经大学出版社2016年版。
3. 李谦、潘华：《资产评估》，立信会计出版社2015年版。
4. 乔志敏、宋斌：《资产评估学教程》（第四版），人民大学出版社2013年版。
5. 刘玉平、郭春娥：《不动产、机器设备珠宝首饰、资源资产评估实务》，中国财政经济出版社2002年版。

第七章
不动产评估

一项评估只是某人根据其所拥有的技巧、训练、数据、专业知识、客观性对价值所做的一种个人判断。

——理查德·M. 贝兹（Richard M. Betts）

不动产是一个市场博弈——从某种角度看，不动产行业有其参加者、博弈规则和确定获胜者的方法。

——查尔斯·H. 温茨巴奇等（Charles H. Wurtzebach）

> **重点提示**
>
> □ 不动产的特征及分类
> □ 影响不动产价格的因素
> □ 收益法、成本法、市场法、剩余法在不动产评估中各项指标的测算及应用
> □ 基准地价的作用
> □ 路线价估价法的适用范围
> □ 运用各种主要方法测算不动产价格的基本程序

不动产是房屋建筑物与土地的总称，包括房产和地产。房地产与企业的经营以及人们的生活息息相关，房地产在现实经济生活中发挥着极其重要的作用。不动产的范畴大于房地产的范畴，但本章中不动产与房地产的词条并用，不作特别区分。

第七章 不动产评估

第一节 不动产评估概述

一、不动产的概念及其特征

(一) 不动产的概念[①]

不动产（Real Property）[②]指土地、建筑物及其他附着于土地上的定着物，包括物质实体及其相关权益，即不动产是地产（土地使用权）、建筑物以及地产与建筑物的结合及其权属的统称，通常亦称房地产。

综上所述，不动产的存在形态有三种：土地、建筑物、房地合一。不动产可以作为合并概念，也可以作为各自单一的概念。

房产、地产、房地产、不动产之间的关系如图 7-1 所示。[③]

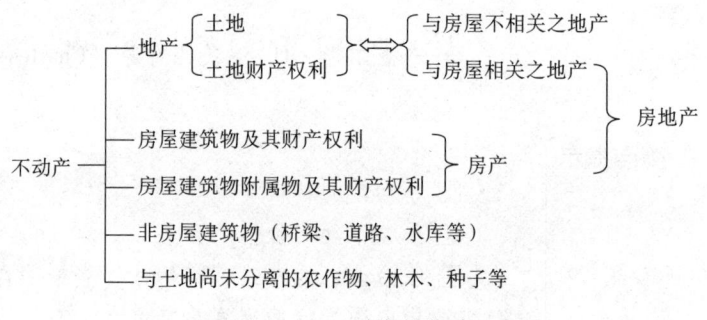

图 7-1 不动产的范畴

想一想：房产和地产的关系？

(二) 不动产的特征

不动产兼有地产与建筑物的特征，而它们的结合又形成了一些新的特征，不动产一般具有如下特征：

1. 位置固定性，又称不可移动性。土地具有固定性，由于房屋建筑物定着在土地上，

[①] 对不动产的概念有不同的表述：在日本，不动产是指土地及其定着物；在香港，通常使用"物业"这一词，物业实质上是不动产；欧美国家没有房地产的概念，将房产和地产统称为不动产。

[②] 不动产的英文名称为 real estate 或 real property。"real estate"一词具体是指土地及附着在土地上的人工构筑物和房屋。"real property"一词具体是指 real estate 及其附带的各种权益包括所有权，以及与此相关的保有权、享用权、管理权、处分权等。

[③] 乔志敏、王小荣主编：《资产评估学教程（第六版）》，中国人民大学出版社 2017 年版。

因此，不动产的相对位置是固定的。不动产的这个特征，导致没有两宗不动产是完全相同的，即使有两宗一模一样的房屋建筑物，由于其坐落位置不同，周围环境不同，导致这两宗不动产实质上是不相同的。

2. 供求区域性。由于土地位置的固定性，导致不同区域不动产供求表现的特征是不同的，因此，不动产具有区域性的特征。

3. 长期使用性。土地是可以永续利用的，建筑物也是耐用品。房地产使用的长期性也为房地产的过滤消费提供了基础。

4. 投资大量性。无论是不动产中的土地还是建筑物，其投资数额都是可观的，不仅单价高，而且总价大。这也是房地产业与金融行业密不可分的重要原因。

5. 保值增值性。随着生产力的发展和人口数量的增加以及消费主体消费欲望的提升，对土地的需求是不断增加的。从长远来看，土地的供给滞后于土地的需求，从而出现不动产价格上升的趋势。另外，随着城市基础设施的不断完善、经济发展等因素，不动产的价值也会随着时间的推移而增加。

6. 投资风险性。不动产使用的长期性和保值增值性使之成为投资回报率较高的行业。同时，不动产投资风险也比较大。不动产的投资风险主要来自三个方面[①]：首先，不动产的投资数额较大，而且不动产生产周期较长，在此期间，影响不动产价格的各种因素都有可能发生变化，都会对不动产的投资效果产生影响；其次，不动产无法移动，如果所在地区的市场销售不好，很容易造成不动产的空置和积压；最后，自然灾害、战争、社会动荡等都会对不动产投资产生无法预见的影响。

7. 难以变现性。由于不动产价值大，加上具有固定性和独一无二性以及易受限制等特征，使得不动产的变现性较差。

8. 政策限制性。不动产市场受国家和地区的限制。城市规划、土地利用规划、住房政策、不动产税收等都会对不动产的价格产生直接或间接的影响。有的政策限制是永久性的，有的政策限制是临时性的。

> **想一想**：房地产为什么是很好的投资品？

二、土地与土地权利

（一）土地的概念

土地一般是指陆地及其空间的全部环境因素，即由土壤、气候、地质、地貌、生物和水文等因素构成的自然综合体。土地具有两重性，它不仅是资源，也是资产。

（二）土地的分类

土地可以从不同的角度进行分类，如图 7-2 所示。

---

① 姜楠、王景升主编：《资产评估》，东北财经大学出版社 2016 年版。

第七章

不动产评估

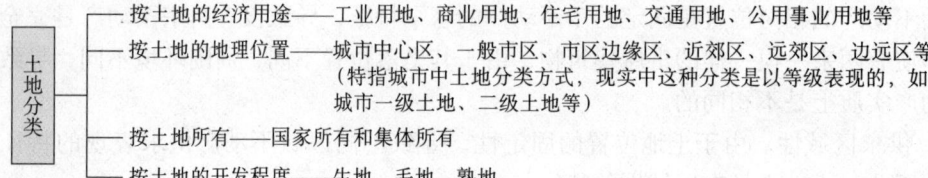

图 7-2　土地的分类

（三）土地的特征

土地的特征可以分为土地的自然特征和经济特征两个方面，土地的自然特征是指作为自然物体的土地，其本身所具有的性质；土地的经济特征是指土地与人类发生某种关系时（也就是土地在利用的过程中）才会表现出来的性质（见表 7-1）。

表 7-1　　　　　　　　　　土地的特征

土地特征	自然特征	1. 位置的固定性	土地在空间上的位置是固定的
		2. 质量的差异性	由于土地位置不同，造成土地之间存在自然差异，这也是级差地租产生的原因
		3. 不可再生性	土地是不可再生的自然资源
		4. 效用永续性	只要合理利用土地，它可生生不息充当人类衣食住行的源泉
	经济特征	1. 供给的稀缺性	由于土地的总量有限、位置固定，所以土地是一种稀缺性资源
		2. 可垄断性	通过法律关系，土地的所有权和使用权都可以被特定的主体所垄断
		3. 利用多方向性	同样一块土地，可以作不同的用途使用
		4. 效益级差性	土地质量的差异性，使得利用不同质量的土地会产生不同的经济效益，也是产生级差地租的根源
		5. 政策敏感性	任何国家对土地的使用和支配都有某些限制
		6. 保值增值性	随着经济的发展，对土地的需求是日益增加的，但是土地的面积固定不变，土地的价格从长期来看是不断上升的

（四）土地权利

在我国，城镇土地的所有权属于国家，农村和城市郊区的土地，除法律规定属于国家所有的以外，属于农民集体所有。

我国实行国有土地所有权与使用权相分离的制度，土地使用者可以拥有和转让土地使用权，因此，地价一般是土地使用权的价格。土地使用权年限因土地用途不同而不同，因此，出现各种不同使用年限的土地使用权价格。

土地使用权的运用形式如图 7-4 所示。

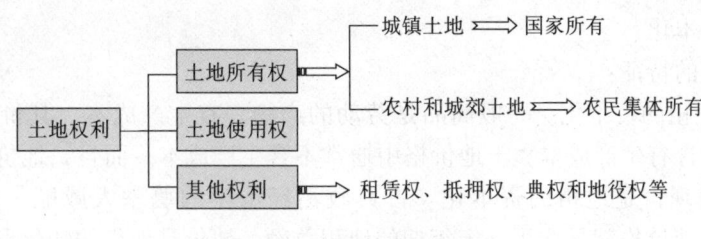

图 7-3　土地权利的分类

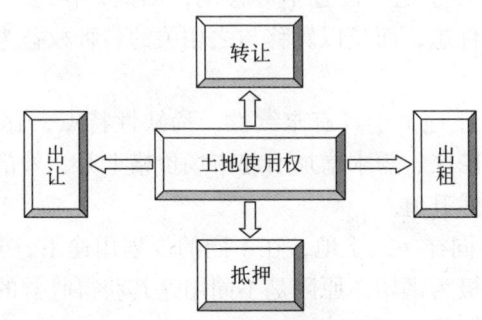

图 7-4　土地使用权的运用形式

1. **土地使用权出让。**指国家以土地所有者的身份将土地使用权在一定年限内让与土地使用者，并由土地使用者向国家支付土地使用权出让金的行为。土地使用权出让的最高年限分别为：(1) 居住用地 70 年；(2) 工业用地 50 年；(3) 教育、科技、文化、卫生、体育用地 50 年；(4) 商业、旅游、娱乐用地 40 年；(5) 综合或者其他用地 50 年。国家在出让土地使用权时限定使用年限，便是土地所有权垄断的体现。

2. **土地使用权转让。**指使用者将土地使用权再转让的行为。

3. **土地使用权出租。**指土地使用者作为出租人将土地使用权随同地上建筑物、其他附着物租赁给承租人使用，由承租人向出租人支付租金的行为。

4. **土地使用权抵押。**是指土地使用权的权利人将土地使用权随同地上建筑物、其他附着物抵押给抵押权人的行为。土地使用权抵押时，其地上建筑物、其他附着物随之抵押。地上建筑物、其他附着物抵押时，其使用范围内的土地使用权随之抵押。

小测试：

1. 根据《城市房地产管理法》的规定，我国实行房地产交易价格（　　）制度。

　　A. 评估　　　B. 申报　　　C. 公示　　　D. 登记

2. 土地的自然特性包括（　　）等。

　　A. 稀缺性　　　　　　　　B. 位置的固定性
　　C. 质量的差异性　　　　　D. 利用的多方向性
　　E. 可垄断性

（五）地价理论与地价特征

马克思指出，地价不是土地的购买价格，而是土地所提供的地租的购买价格，因此，地价是地租的资本化。

地价有如下的特征：

1. 地价是地租的资本化。一般商品是劳动的产物，有生产成本，其价格围绕价值上下波动，价格中含有生产成本。土地价格中通常不含生产成本，而且，地价本质上不是劳动价值的货币表现，是地租的资本化。古典政治经济学的奠基人威廉·配第（1623—1678）提出，土地价格就是购买一定年期的地租总额，地价是地租的转化形式。

2. 地价是权益价格。由于地产位置不可移动，因此，在地产的交换和流通中，并不以转移地产的物质实体为标志，而是以转移与之相关的各种权益为标志。因此，不动产的买卖以权益变更为依据。

3. 土地具有增值性。土地由于具有永续性、稀缺性特点，其价格随着时间的流逝而有自然升高的趋势。通货膨胀、需求增加引起市场价格上升，外部经济、土地使用管制的改变都会导致土地价格自然升值。

4. 地价与用途有关。同样一宗土地，在不同的规划用途下，其使用价值是不一样的，土地价格与其用途的关系极为密切。原因是不同用途其获得收益的能力不同，其支付地租的能力不同，其价格也不同。

5. 地价具有个别性。一般商品可以标准化，其价格较一致。但土地却不同，没有两块土地是完全相同的，且差异较大，因此，地价也具有个别性。

6. 地价具有可比性。虽然土地具有个别性，但影响土地价格的因素也有共性，尤其用途相同的土地其影响价格的因素基本相同，对影响地价的因素进行比较，得出结论，因此，地价也具有可比性。

> 提示：
>
> 在我国，土地使用权属于无形资产。但是，由于在评估土地使用权时，往往要同时评估包括房屋建筑物在内的土地之上的有关资产，而在评估房屋建筑物价格时，又离不开其占用的土地，导致房、地不可分，因此，把土地使用权价格放在本章讨论。

三、不动产评估的原则

不动产评估是指资产评估机构及其资产评估专业人员遵守法律、行政法规和资产评估准则，根据委托对评估基准日特定目的下的不动产价值进行评定和估算，并出具资产评估报告的专业服务行为。不动产评估包括单独的不动产评估和企业价值评估中的不动产评估[①]。

不动产评估遵循以下原则：

1. 供需原则。不动产的价格由不动产市场的供求状况决定。由于不动产市场是地区性市场，因此，其供求有地区性特点，在评估时需要具体把握评估项目所在地区房地产市场的供需特点。

2. 替代原则。在同一市场上效用相同或相似的不动产，价格趋于一致。替代原则要

---

① 《资产评估执业准则——不动产》第三条。

求不动产估价结果不得明显偏离类似不动产在同等条件下的正常价格。

3. 最有效使用原则。也称为最高最佳使用原则，是指法律上允许、技术上可能、经济上可行，经过充分合理的论证，能使估价对象价值达到最大的一种最可能的使用。

4. 贡献原则。在经济学中，衡量各生产要素价值的大小，可依据其对总收益的贡献大小来确定。房地产的总收益是由土地和建筑物共同作用的结果。

5. 合法原则。不动产评估要在符合法律规定的条件下进行。不动产评估的合法原则主要包括：一是产权合法，以房地产权属证书和有关证件为依据；二是使用合法，以城市规划、土地用途管制等为依据；三是处置合法，应以法律、法规或合同等允许的处分方式为依据。《资产评估执业准则——不动产》第七条规定：不动产评估应当在评估对象符合用途管制要求的情况下进行。对于不动产使用的限制条件，应当以有关部门依法规定的用途、面积、高度、建筑密度、容积率、年限等技术指标为依据。

6. 协调原则。协调原则包含两层意义：一是房地产总是处于一定的自然与社会环境之中，必须与周围环境相协调；二是房地是不可分的，房与地之间也应协调。

四、不动产评估程序

不动产评估程序如图 7-5 所示。

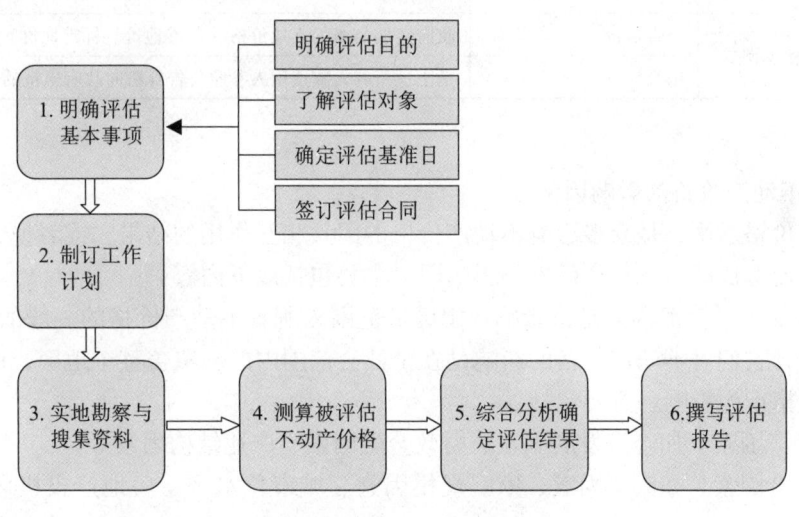

图 7-5 不动产评估程序

五、不动产价格种类及其影响因素

（一）不动产价格种类

由于不动产的存在形态、交易方式具有多样性，导致不动产的价格类型也具有多样性。

表 7-2　　　　　　　　　　　不动产价格的种类

分类依据	种类	定义
1. 按权益	所有权价格	交易不动产所有权的价格
	使用权价格	交易不动产使用权的价格
	其他权利价格	包括抵押权、租赁权、地役权和典当权等价格
2. 按价格形成方式	市场交易价格	不动产在市场交易中实际成交的价格
	评估价格	运用某种估价方法对不动产市场价格所做出的一种估算
3. 按不动产的实物形态①	土地价格（单纯的土地及附有建筑物的不动产中所占用的土地价格）	土地使用权出让价格
		土地使用权转让价格
		土地使用权抵押价格
	建筑物价格	指纯建筑物的价格，不包含占用土地的价格
	不动产价格	指建筑物连同占用土地的价格（房地合一）
4. 按不动产价格表示单位②	总价格	指一宗不动产的整体价格
	单位价格	指单位土地面积或单位建筑物面积的价格
	楼面地价	指单位建筑面积地价，是平均到每单位建筑面积上的土地价格（比较土地价格的高低，主要以楼面地价进行比较）
5. 其他价格类型	公告地价	政府定期公布的土地价格（基准地价、标定地价）
	申报地价	是土地所有人或使用人参照公告价格向政府申报的土地价格

（二）不动产价格的影响因素

不动产价格水平，是众多影响不动产价格的因素相互作用的结果，或者说，是这些因素交互影响而形成的。不动产价格的影响因素主要包括以下内容：

1. 一般因素。一般因素是指影响一定区域范围内所有不动产价格的一般的、普遍的、共同的因素，它们对不动产价格的影响是在全社会范围内的，覆盖整个地区，而不是对个别不动产价格产生影响。主要包括：

（1）经济因素。如经济发展因素、财政金融因素、产业结构因素等。

（2）社会因素。如人口因素、家庭规模因素、城市化水平、房地产投机因素和社会稳定状况因素等。

（3）行政因素。如：①土地制度与政策、住房制度与政策；②城市规划、土地利用规划、城市发展战略；③税收制度、投资倾斜；④行政隶属关系变更；⑤交通管制等。

（4）心理因素。如购买或出售心态、对居住环境的认同度、欣赏趣味、时尚风气、接近名家住宅心理、讲究门牌号码或土地号码、讲究风水等等。

---

① 土地价格因价格形成机制的不同化分为一级市场地价和二级市场地价。一级市场地价是由政府制定的价格，如基准地价和标定地价等；二级市场地价是由市场形成的，如拍卖地价等。

② 总价格、单位地价和楼面价格之间的关系为：楼面地价 = 土地总价格 ÷ 建筑总面积，因为容积率 = 建筑总面积 ÷ 土地总面积，所以楼面地价 = 土地单价 ÷ 容积率。

2. 区域因素。区域因素是指某一特定的区域内的自然条件与社会、经济、行政、技术等因素相结合所产生的区域特性，它对该区域内的各不动产的价格水平产生影响。如商服繁华因素、交通状况、城市基础设施状况（包括基础设施、生活设施、文体娱乐设施）、环境状况因素等。相对于一般因素而言，区域因素的影响范围要小。区域因素是房地产市场的直接影响因素，在房地产价格评估中，区域因素的分析和把握是估价的关键。

3. 个别因素。个别因素是指具体影响某宗房地产价格的因素。

土地的个别因素包括：（1）区位因素；（2）面积因素、宽度因素、深度因素；（3）形状因素；（4）地力因素、地质因素、地势因素、地形因素；（5）容积率因素；（6）用途因素；（7）土地使用年期因素。

建筑物的个别因素包括：（1）面积、结构、材料等；（2）设计、设备等是否良好；（3）施工质量；（4）法律限制；（5）楼层、朝向；（6）建筑物与周围环境是否协调。

第二节 不动产评估的市场法

相关链接：

资产评估执业准则——不动产

第十七条 采用市场法评估不动产时，应当收集足够的交易实例。收集交易实例的信息包括：

（一）交易实例的基本状况，主要包括：名称、坐落、四至、面积、用途、产权状况、土地形状、土地使用期限、建筑物建成日期、建筑结构、周围环境等；

（二）成交日期；

（三）成交价格，包括总价、单价及计价方式；

（四）付款方式；

（五）交易情况，主要有交易目的、交易方式、交易税费负担方式、交易人之间的特殊利害关系、特殊交易动机等。

第十八条 用作参照物的交易实例应当具备下列条件：

（一）在区位、用途、规模、建筑结构、档次、权利性质等方面与评估对象类似；

（二）成交日期与评估基准日接近；

（三）交易类型与评估目的相适合；

（四）成交价格为正常价格或者可以修正为正常价格。

第十九条 采用市场法评估不动产时，应当进行交易情况修正、交易日期修正和不动产状况修正。

> 交易情况修正是将参照物实际交易情况下的价格修正为正常交易情况下的价值。交易日期修正是将参照物成交日期的价格修正为评估基准日的价值。不动产状况修正是将参照物状况下的价格修正为评估对象状况下的价值，可以分为区位状况修正、权益状况修正和实物状况修正。

一、市场法的概念及适用范围

依据替代原则，通过对已经成交的与评估对象类似的不动产的交易价格进行修正，得出评估对象的价格。

在不动产市场比较发达的情况下，市场法得到广泛应用。市场法适用于居住、商业、工业、综合等各类不动产价格的评估。在同一地区或同一供求范围内的类似地区中，与被评估不动产相类似的不动产交易越多，市场法应用越有效。

市场法难以适用于下列不动产的评估：
1. 没有发生不动产交易或在不动产交易发生较少地区的不动产；
2. 某些类型很少见的不动产或交易实例很少的不动产，如古建筑；
3. 很难成为交易对象的不动产，如教堂、寺庙等；
4. 风景名胜区土地；
5. 图书馆、体育馆、学校用地等。

> **小测试：**
> 在运用市场法评估房地产价值时，通过交易日期修正，将可比交易实例价格修正为（ ）的价格。
> A. 评估时间　　B. 评估基准日　　C. 过去时点　　D. 未来时点

二、市场法评估的公式

市场法评估的基本计算公式为：

不动产价格 = 可比交易实例价格 × 交易情况修正系数 × 交易日期修正系数 × 区域因素修正系数 × 个别因素修正系数 × 权益状况因素修正系数

此公式经常表示为：$P = P' \cdot A \cdot B \cdot C \cdot D \cdot E$

式中：P——为被评估不动产价格

P'——可比交易实例价格

A——交易情况修正系数

B——交易日期修正系数

C——区域因素修正系数

D——个别因素修正系数

E——权益状况因素修正系数

在实际评估工作中，经常采用下列计算公式：

$$P = P' \cdot A \cdot B \cdot C \cdot D \cdot E = P' \frac{100}{(\ )} \times \frac{(\ )}{100} \times \frac{100}{(\ )} \times \frac{100}{(\ )} \times \frac{100}{(\ )}$$

式中字符含义同前，具体内容为：

$$A = \frac{100}{(\ )} = \frac{\text{正常交易情况系数}}{\text{可比实例交易情况系数}}$$

$$B = \frac{(\ )}{100} = \frac{\text{评估基准日价格指数}}{\text{可比实例交易时价格指数}}$$

$$C = \frac{100}{(\ )} = \frac{\text{评估对象区域因素系数}}{\text{可比实例区域因素系数}}$$

$$D = \frac{100}{(\ )} = \frac{\text{评估对象个别因素系数}}{\text{可比实例个别因素系数}}$$

$$E = \frac{100}{(\ )} = \frac{\text{评估对象权益状况因素系数}}{\text{可比实例权益状况因素系数}}$$

在上式中，交易情况修正系数 A 中的分子 100 表示，以正常交易情况下的价格为基准，来确定可比实例交易情况的价格修正系数；交易日期修正系数 B 中的分母 100 表示，以可比实例交易时的价格指数为基准，来确定评估基准日的价格指数；区域因素、个别因素、权益状况因素修正系数 C、D、E 中的 100 表示以待估不动产的区域因素、个别因素、权益状况因素为基准，来确定可比实例不动产各项因素的修正系数。

组成不动产修正因素的各个因子都可以独立扩展出来单独修正。例如：土地容积率、土地使用年期单独修正，则计算公式为：

$$P = P' \cdot A \cdot B \cdot C \cdot D \cdot E \times \text{容积率修正系数} \times \text{土地使用年期修正系数}$$

三、市场法评估的操作步骤

市场法评估不动产的操作步骤如图 7-6 所示。

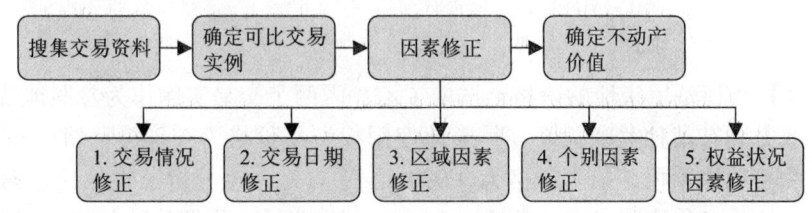

图 7-6 市场法评估不动产的操作步骤

（一）搜集交易资料

运用市场法评估不动产价值，必须有充足的交易资料，这是市场法运用的基础和前提条件。搜集资料的内容包括不动产的位置、用途、性质、结构、装修、使用情况等，此外，还包括不动产所处的环境、交通状况、权利状况等。

（二）确定可比交易实例

所选取的交易案例应符合以下条件：与被评估不动产的用途相同；与被评估不动产所

处的地区相同;与被评估不动产的评估目的及其对应的价值类型相同;与被评估不动产的建筑结构相同或相似;成交日期与估价时点相近,不宜超过一年;交易实例必须是正常交易或可以修正为正常交易的案例。

(三) 因素修正

不动产市场是一个不完全竞争市场,不动产价格形成具有个别性,因此需要修正。需要修正的因素包括:交易情况、交易日期、区域因素、个别因素、容积率、土地使用年期等。

1. 交易情况修正。交易情况的修正是指将交易中由于非正常交易行为所产生的交易价格偏差予以剔除,使其为正常价格。不动产交易中的特殊情况较为复杂,主要有以下几种:

(1) 有特殊利害关系的相互间的交易,如亲友之间、有利害关系的公司之间或公司与单位职工之间,其交易价格通常会偏离正常交易价格。

(2) 交易时有特别的动机,以急于出售或急于购买最为典型。如有人为了扩大营业面积,收买邻近的建筑用地,往往会使交易价格抬高。

(3) 买方或卖方不了解市场行情,往往使房地产交易价格偏高或偏低。

(4) 其他特殊交易的情形。如有些税费本应由卖主负担,却转嫁给了买主。

(5) 特殊的交易方式等。

通过交易情况修正,即将可比实例价格修正为正常交易情况下的价格。交易情况修正的公式为:

$$正常价格 = 交易实例价格 \times 交易情况修正系数$$

如果以指数来表示,正常情况对价格的影响程度为100,非正常情况对价格的影响程度可能大于100或小于100,则:

$$正常价格 = P' \cdot \frac{100}{(\quad)}$$

【例7-1】为评估甲宗地的价格,选取了乙、丙两个交易实例作为参照地块。已知乙地块的交易双方具有某种关联关系,其土地使用权交易价格为6 800元/平方米,丙地块系拍卖出让的土地使用权,拍卖价格为9 000元/平方米。经分析乙地块比正常情况低了10%,而丙地块拍卖价格则高出正常情况16%。试修正乙、丙两块地的价格。

解:乙地块交易情况修正后的价格 = $6\ 800 \times \frac{100}{(100-10)} = 7\ 554.8$(元/平方米)

丙地块交易情况修正后的价格 = $9\ 000 \times \frac{100}{(100+16)} = 7\ 758$(元/平方米)

2. 交易日期修正。交易实例的交易日期与被评估不动产的评估基准日往往有一定的时间差。在这段时间内,不动产市场价格可能上涨或者下跌。因此,根据不动产价格的变动率,将交易实例成交日不动产价格修正为评估基准日的不动产价格就是交易日期修正。

不动产价格的变动率一般用不动产价格指数来表示。用公式表示为:

$$评估基准日交易实例价格 = 交易实例价格 \times \frac{评估基准日价格指数}{可比实例交易时价格指数} = \frac{(\quad)}{100}$$

3. 区域因素修正。是将交易实例区域环境状况下的价格调整为评估对象区域环境状况下的价格。区域因素修正的主要因素有商服繁华程度、交通条件因素、基础设施及公用设施、区域环境因素、产业集聚程度等。不同用途的不动产，影响其价格的区域因素是不同的。在评估实践中，往往采用对评估对象及交易实例分别打分的方法来确定修正系数。用公式表示为：

$$区域因素修正后的交易实例价格 = 交易实例价格 \times \frac{评估对象区域因素分值}{交易实例区域因素分值} = \frac{100}{(\ )}$$

4. 个别因素修正。是将交易实例相对于评估对象因个别因素条件差别所造成的交易价格的差异部分剔除掉，得到评估对象所具有的个别因素条件下的价格。个别因素的修正方法与区域因素的修正方法一样，也采用打分法。

5. 权益状况因素修正。包括土地使用权性质、土地使用权年限、城市规划限制条件、土地使用管制、其他权利设立情况及其他特殊情况等。

（1）容积率修正。容积率与地价并非呈线性关系，需要根据具体区域的情况具体分析。容积率修正的公式为：

$$经容积率修正后可比实例价格 = 可比实例价格 \times \frac{待估宗地容积率修正系数}{可比实例容积率修正系数}$$

【例7-2】某城市土地容积率修正系数如表7-3所示。

表7-3

容积率	0.1	0.4	0.7	1.0	1.1	1.3	1.7	2.0	2.1	2.5
修正系数	0.5	0.6	0.8	1.0	1.1	1.2	1.6	1.8	1.9	2.1

如果确定比较案例宗地地价每平方米为8 000元，容积率为2.1，待估宗地规划容积率为1.7，试修正可比实例价格。

解：经容积率修正后可比实例价格 $= 8\ 000 \times \frac{1.6}{1.9} = 6\ 736.84.$（元/米^2）

（2）土地使用年期修正。我国实行有限年期的土地使用权有偿使用制度，土地使用年期的长短，直接影响到土地收益的多少。土地的年收益确定以后，土地的使用期限越长，土地的总收益就越多，土地的价格也会因此提高。

土地使用年期的公式为：

$$K = \frac{1 - \frac{1}{(1+r)^m}}{1 - \frac{1}{(1+r)^n}}$$

式中：

K——年限修正系数

r——还原利率

m——被评估对象的剩余使用年期

n——可比实例的剩余使用年期

(四) 确定不动产价值

经过上述因素修正，就可得到在评估基准日的被评估不动产的若干个价格，通过计算公式求取的若干个价格可能不完全一致，采取统计方法（简单算术平均、加权平均等）求取最终不动产价值。

评估实践中，在进行因素修正时，单项修正幅度一般不超过20%，综合修正幅度一般不超过30%；修正后的交易实例价格最高价与最低价不应大于1.2[①]。

四、应用举例

【例7-3】 有一待估宗地甲需要评估，现搜集到与待估宗地条件类似的4宗地A、B、C、D，具体情况如表7-4所示。表中的交易情况、区域因素及个别因素值，都是参照物宗地与待估宗地比较后的结果，正号表示参照物宗地条件比待估宗地条件优，数值大小代表对宗地地价的修正幅度。

表7-4　　　　　　　　　　各宗地的具体情况表　　　　　　　　　　单位：元/平方米

宗地	成交价	交易时间	交易情况	容积率	区域因素	个别因素
甲		2015.1	0	1.2	0	0
A	8 000	2014.1	+2%	1.3	+1%	0
B	8 500	2015.1	+1%	1.4	+1%	+1%
C	7 600	2014.1	0	1.1	0	-2%
D	7 800	2014.1	0	1.0	-1%	-1%

该城市此类用地容积率与地价的关系为：当容积率在1~1.5之间时，容积率每增加0.1，宗地单位地价比容积率为1时的地价增加3%。另外，该城市地价指数情况见表7-5。

表7-5　　　　　　　　　　该城市地价指数表

年份	2011	2012	2013	2014	2015
指数	100	105	108	110	111

试根据以上条件，评估待估宗地2015年1月份的价值（最终结果采用简单算术平均求取）。

解：（1）容积率与地价相关系数如表7-6所示。

表7-6

1	1.1	1.2	1.3	1.4	1.5
100	103	106	109	112	115

---

① 中国资产评估协会编：《资产评估实务（一）》，中国财政经济出版社2017年版，第124页。

(2) A：$8\,000 \times \dfrac{111}{110} \times \dfrac{100}{102} \times \dfrac{106}{109} \times \dfrac{100}{101} \times \dfrac{100}{100} = 7\,620.41$（元/平方米）

B：$8\,500 \times \dfrac{111}{111} \times \dfrac{100}{101} \times \dfrac{106}{112} \times \dfrac{100}{101} \times \dfrac{100}{101} = 7\,808.05$（元/平方米）

C：$7\,600 \times \dfrac{111}{110} \times \dfrac{100}{100} \times \dfrac{106}{103} \times \dfrac{100}{100} \times \dfrac{100}{98} = 8\,053.53$（元/平方米）

D：$7\,800 \times \dfrac{111}{110} \times \dfrac{100}{100} \times \dfrac{106}{100} \times \dfrac{100}{99} \times \dfrac{100}{99} = 8\,512.56$（元/平方米）

(3) $P = \dfrac{7\,620.41 + 7\,808.05 + 8\,053.53 + 8\,512.56}{4} = 7\,998.64$（元/平方米）

提示：

在评估实务中，采用市场法评估不动产时，可比实例的数量至少需要三个以上，而且比较因素考虑要全面。

第三节 不动产评估的收益法

相关链接：

资产评估执业准则——不动产

第二十一条　采用收益法评估不动产时，应当合理确定收益期限、净收益与折现率：

（一）收益期限应当根据建筑物剩余经济寿命年限与土地使用权剩余使用年限等参数，并根据法律、行政法规的规定确定；

（二）确定净收益时应当考虑未来收益和风险的合理预期；

（三）折现率与不动产的收益方式、收益预测方法、风险状况有关，也因不动产的组成部分不同而存在差异。折现率的口径应当与预期收益口径保持一致。

第二十二条　采用收益法评估不动产时，有租约限制的，租约期内的租金宜采用租约所确定的租金，租约期外的租金应当采用正常客观的租金，并在资产评估报告中披露租约情况。

一、收益法的基本思路及基本公式

（一）基本思路

收益法在国外被广泛运用于收益性不动产价值的评估，在我国也是最常用的方法之

不动产评估

一。预期收益原理是收益法的基础。具体地说,不动产的价值通常不是基于其历史价格、生产它所投入的成本或过去的市场状况,而是基于市场参与者对其未来所能获取的收益或得到的满足、乐趣等的预期。

(二) 基本公式

运用收益法评估不动产价值,首先要确定纯收益(总收益减总费用),然后确定资本化率,最后选用适当的计算公式求取被评估不动产的价值。

收益为有限年期的不动产价值计算公式为:

$$P = \frac{A}{r}\left[1 - \frac{1}{(1+r)^n}\right]$$

这是一个在估价实务中经常运用的公式。A 为年纯收益,r 为资本化率。成立条件是:(1) 纯收益每年不变;(2) 资本化率固定且大于零;(3) 收益年期有限为 n。

> **提示:**
> 　　本教材收益法中涉及的各种类型的公式,均可以在不动产评估中使用,这里仅介绍最常用的一种。

二、收益法适用范围及前提条件

收益法适用于经营性且有稳定收益的不动产价值评估,如商场、写字楼、旅馆、公寓等收益性不动产。而对于政府机关办公楼、学校、公园、图书馆等非经营性不动产价值评估,收益法不适用。

运用收益法进行不动产价值评估,需要满足下列前提条件:

1. 不动产的未来收益是可以预测并能够用货币衡量;
2. 在收益期内,不动产未来获得预期收益所承担的风险可以预测并可用货币衡量;
3. 不动产的预期收益期限可以预测。

三、收益法的计算公式

(一) 评估房地合一的不动产价格

$$\text{不动产价格} = \frac{\text{不动产纯收益}}{\text{综合资本化率}}$$

不动产纯收益 = 不动产总收益 − 不动产总费用

不动产总费用 = 管理费 + 维修费 + 保险费 + 税金

(二) 单独评估土地的价格

1. 由土地收益评估土地价格:

$$\text{土地价格} = \frac{\text{土地纯收益}}{\text{土地资本化率}}$$

土地纯收益 = 土地总收益 − 土地总费用

土地总费用 = 管理费 + 维护费 + 税金

2. 由不动产收益评估土地价格：

(1) 土地价格 = 不动产价值 − 建筑物现值

$$不动产价格 = \frac{不动产纯收益}{不动产资本化率}$$

建筑物现值 = 建筑物重置价 − 年贬值额 × 已使用年限

$$年贬值额 = \frac{(建筑物重置价 − 残值)}{耐用年限}$$

(2) $$土地价格 = \frac{不动产纯收益 − 建筑物纯收益}{土地资本化率}$$

建筑物纯收益 = 建筑物现值 × 建筑物资本化率

(三) 单独评估建筑物价格

(1) 建筑物价格 = 不动产价值 − 土地价值

(2) $$建筑物价格 = \frac{不动产纯收益 − 土地纯收益}{建筑物资本化率}$$

四、纯收益的确定

1. 纯收益的含义。纯收益是指归属于不动产的除去各种费用后的收益，一般以年为单位。现实中有实际纯收益和客观纯收益之分，如图7-7所示。

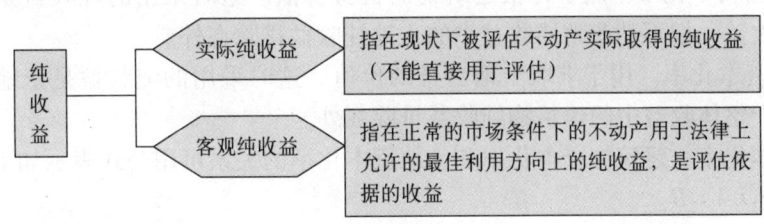

图7-7 纯收益的含义

纯收益 = 总收益 − 总费用

2. 客观总收益。是指以收益为目的的不动产和与之有关的各种设施、劳动力及经营管理者要素相结合所产生的收益。客观总收益必须是不动产处于最佳利用方向和最佳利用程度下的总收益。

在确定收益时，注意以下几点：一是需要以类似不动产的收益作比较；二是需要对不动产市场趋势作准确的判断和预测；三是必须充分考虑收益的风险性及可实现性。

采用收益法评估不动产价值时，如果该不动产有租约，则在租约期内的收益宜采用租约所确定的租金；租约期之外的收益，宜采用正常客观的租金确定，并在评估报告中恰当地披露租约情况。

3. 客观总费用。是指取得客观收益所必需的各项支出，总费用必须是客观总费用。客观总费用是指取得该收益所必须发生的各项支出，如维修费、管理费等。总费用所包含的内容，因被评估不动产的状态不同而有所不同。

五、收益期限的确定

不动产收益期限应根据具体的评估对象的寿命及评估时采用的假设条件等因素来确定。

如果评估对象是单独的土地和单纯的建筑物，应分别根据土地使用权年限和建筑物的经济寿命，扣减房地产开发建设及装修等期限，来确定未来可获得收益的期限。

如果评估对象是房地合一状态，如果建筑物的经济寿命长于土地使用权年限或与之相同，则依据土地使用权年限来确定未来的收益期限；如果建筑物的经济寿命短于土地使用权年限，则先根据建筑物的经济寿命，扣减房地产开发建设及装修等期限，确定未来收益期限，之后再加上土地使用权年限超出建筑物经济寿命的土地剩余使用年限价值的折现值。

六、资本化率的确定

资本化率又称还原利率，它是决定评估值高低的非常敏感的因素。

（一）资本化率的种类

1. 综合资本化率。这是将土地和附着于其上的建筑物看作一个整体评估所采用的资本化率。此时评估的是不动产整体的价值，采用的纯收益也是房地合一的纯收益。

2. 建筑物资本化率。用于评估建筑物的自身价值。这时采用的纯收益是建筑物自身所产生的纯收益，把不动产整体收益中的土地纯收益排除在外。

3. 土地资本化率。用于求取土地自身的价值。这时采用的纯收益是土地自身的纯收益，把不动产整体收益中的建筑物纯收益排除在外。

综合资本化率、建筑物资本化率和土地资本化率的关系可用公式表示如下：

$$r = \frac{r_1 L + r_2 B}{L + B}$$

$$或 = r_1 x + r_2 y$$

$$r_1 = \frac{r(L+B) - r_2 B}{L}$$

式中：r——综合资本化率

r_1——土地资本化率

r_2——建筑物资本化率

x——土地价格占不动产价格的比例

y——建筑物价格占不动产价格的比例

L——土地价格

B——建筑物价格

（二）资本化率的求法

1. 纯收益与售价比率法。评估人员搜集市场上已经成交的与被估不动产相同或相近似的不动产的纯收益、价格等资料，推算出它们各自的资本化率。这种方法运用的是不动产商品的替代性，它要求不动产市场发育比较充分，交易案例比较多。

【例 7-4】 在不动产市场中搜集到 5 个与被评估不动产类似的交易实例，见表 7-7。试求其资本化率。

表 7-7　　　　　　　　　　纯收益与售价交易实例

可比实例	纯收益（元/年·m²）	价格（元/年·m²）	资本化率（%）
1	418.9	5 900	7.1
2	450.0	6 000	7.5
3	393.3	5 700	6.9
4	459.9	6 300	7.3
5	507.0	6 500	7.8

解： 对以上 5 个可比实例的资本化率进行简单算术平均就可以得到资本化率：

$$r = \frac{7.1\% + 7.5\% + 6.9\% + 7.3\% + 7.8\%}{5} = 7.32\%$$

2. 安全利率加上风险调整值法。首先选择市场上无风险的资本投资的收益率作为安全利率，通常选择银行中长期利率作为安全利率，然后根据影响被评估不动产的社会经济环境，估计投资风险程度，确定一个调整值，把它与安全利率相加或在安全利率上加风险调整值。这种方法简单易行，对市场要求不高，应用广泛，但风险调整值的确定主观性强，不容易准确把握。

3. 各种投资收益率排序插入法。评估人员搜集市场上各种投资的收益率资料，然后把各项投资按收益率的大小排队。评估人员估计被评估不动产投资风险在哪个范围内，并将它插入其中，然后确定资本化率的大小。

> **提示：**
> 用来求取不动产纯收益的不动产总费用不包括不动产折旧费。上述公式均假设土地使用年限为无限年期，但在评估实务中应注意预定使用的有限年期。

> **小测试：**
> 已知某家房地产土地资本化率为 7%，建筑物资本化率为 9%，土地价值为房地产价值的 30%，建筑物价值为房地产价值的 70%，则该房地产的综合资本化率最接近于 (　　)%。
> A. 7　　　B. 7.6　　　C. 8.4　　　D. 9

七、应用举例

【例 7-5】 某房地产公司于 2010 年 5 月以出让方式取得一块土地 50 年使用权，并于 2012 年 5 月在此地块上建成一座钢混结构的写字楼，当时造价为每平方米 3 800 元，经济耐用年限为 60 年。目前，该类型建筑的重置价格为每平方米 4 800 元。该大楼总建筑面积为 12 000 平方米，全部用于出租。据调查，当地同类型写字楼的租金一般为每天每平方米 2.5 元，空置率在 10% 左右，每年需支付的管理费用一般为年租金的 3.5%，维修费为建筑物重置价的 1.5%，房产税为租金收入的 12%，其他税为租金收入的 6%，保险费为建筑物重置价的 0.2%，资本化率确定为 6%。试根据以上资料评估该写字楼在 2015 年 5 月的价格。

解： 1. 估算不动产总收益：

年总收益 = 2.5 × 365 × 12 000 × (1 − 10%) = 9 855 000（元）

2. 估算不动产年营运总费用：

(1) 年管理费 = 9 855 000 × 3.5% = 344 925（元）

(2) 年维修费 = 4 800 × 12 000 × 1.5% = 864 000（元）

(3) 年保险费 = 4 800 × 12 000 × 0.2% = 115 200（元）

(4) 年税金 = 9 855 000 × (12% + 6%) = 1 773 900（元）

(5) 年营运总费用 = 344 925 + 864 000 + 115 200 + 1 773 900 = 3 098 025（元）

3. 估算不动产纯收益：

不动产年纯收益 = 年总收益 − 年营运费用 = 9 855 000 − 3 098 025 = 6 756 975（元）

4. 计算不动产价格。不动产的剩余收益期为 45 年，则

$$不动产价格 = \frac{6\,756\,975}{6\%} \times \left[1 - \frac{1}{(1+6\%)^{45}}\right] = 104\,434\,671（元）$$

$$不动产单价 = \frac{104\,434\,671}{12\,000} = 8\,703（元）$$

5. 评估结果。经评估，该写字楼房地产在 2015 年 5 月的价格为 104 434 671 元，单价为每平方米 8 703 元。

【例 7 − 6】 某房地产公司于 2010 年 3 月以有偿出让方式取得一块土地 50 年使用权，并于 2012 年 3 月在此地块上建成一座砖混结构的写字楼，当时造价为每平方米 2 000 元，经济耐用年限为 55 年，残值率为 2%。目前，该类建筑重置价格为每平方米 2 500 元。该建筑物占地面积 500 平方米，建筑面积为 900 平方米，现用于出租，每月平均实收租金为 3 万元。另据调查，当地同类写字楼出租租金一般为每月每建筑平方米 50 元，空置率为 10%，每年需支付的管理费为年租金的 3.5%，维修费为重置价的 1.5%，土地使用税及房产税为每建筑平方米 20 元，保险费为重置价的 0.2%，土地资本化率 7%，建筑物资本化率 8%。试根据以上资料评估该宗地 2016 年 3 月的土地使用权价格。

解： 1. 选定评估方法。该宗房地产有经济收益，适宜采用收益法。

2. 计算总收益（总收益应该为客观收益而不是实际收益）。

年总收益 = 50 × 12 × 900 × (1 − 10%) = 486 000（元）

3. 计算总费用。

(1) 年管理费 = 486 000 × 3.5% = 17 010（元）

(2) 年维修费 = 2 500 × 900 × 1.5% = 33 750（元）

(3) 年税金 = 20 × 900 = 18 000（元）

(4) 年保险费 = 2 500 × 900 × 0.2% = 4 500（元）

年总费用 = 17 010 + 33 750 + 18 000 + 4 500 = 73 260（元）

4. 计算房地产纯收益：

房地产年纯收益 = 年总收益 − 年总费用 = 486 000 − 73 260 = 412 740（元）

5. 房屋纯收益：

（1）计算年折旧费：

$$年折旧费 = \frac{建筑物重置价}{使用年限} = \frac{2\,500 \times 900}{48} = 46\,875（元）$$

（2）计算房屋现值（假设房屋收益年期为无限年期）：

$$房屋现值 = 房屋重置价 − 年折旧费 \times 已使用年数$$
$$= 2\,500 \times 900 − 46\,875 \times 4 = 2\,062\,500（元）$$

（3）计算房屋纯收益：

房屋年纯收益 = 房屋现值 × 房屋资本化率 = 2 062 500 × 8% = 165 000（元）

6. 计算土地纯收益：

土地年纯收益 = 房地产年纯收益 − 房屋年纯收益 = 412 740 − 165 000 = 247 740（元）

7. 计算土地使用权价格：

土地使用权在 2016 年 3 月的剩余使用年期为 50 − 6 = 44（年），则

$$V = \frac{247\,740}{7\%} \times \left[1 - \frac{1}{(1+7\%)^{44}}\right] = 3\,358\,836.15（元）$$

$$单价 = \frac{3\,358\,836.15}{500} = 6\,717.67（元）$$

8. 评估结果。本宗土地在 2016 年 3 月的土地使用权价格为 3 358 836.15 元，单价为每平方米 6 717.67 元。

第四节

不动产评估的成本法

相关链接：

资产评估执业准则——不动产

第二十三条 采用成本法评估不动产，估算重置成本时，应当了解：

（一）重置成本采用客观成本；

（二）不动产重置成本采取土地使用权与建筑物分别估算、然后加总的评估方式时，重置成本的相关成本构成应当在两者之间合理划分或者分摊，避免重复计算或者漏算；

（三）不动产的重置成本通常采用更新重置成本。当评估对象为具有特定历史文化价值的不动产时，应当尽量采用复原重置成本。

第二十四条 资产评估专业人员应当对不动产所涉及的土地使用权剩余年限、建筑物经济寿命年限及设施设备的经济寿命年限进行分析判断，确定不动产的经济寿命年限。

第二十五条 资产评估专业人员应当综合考虑可能引起不动产贬值的主要因素，估算各种贬值。建筑物的贬值包括实体性贬值、功能性贬值和经济性贬值。确定建筑物的实体性贬值时，通常综合考虑建筑物已使用年限、经济寿命年限和土地使用权剩余年限的影响。确定住宅用途建筑物实体性贬值时，需要考虑土地使用权自动续期的影响。当土地使用权自动续期时，可以根据建筑物的经济寿命年限确定其贬值额。

一、成本法评估不动产的基本思路

成本法是以开发不动产所耗费的各项费用之和为基础，加上一定的开发商利润和应缴纳的税金来确定不动产价格的一种估价方法。

二、成本法的适用范围

成本法一般适用于不动产市场发育不成熟、成交实例不多以及无需计算损耗的新建不动产，或者无法利用市场法、收益法等方法进行评估的情况。对于既无收益又很少有交易情况的政府办公楼、学校、医院、图书馆、军队营房、机场、博物馆、纪念馆、公园、新开发地等特殊性的不动产评估比较适用。

三、成本法在土地使用权评估中的计算公式及操作步骤

（一）计算公式

土地使用权价格＝土地取得费用＋土地开发费用＋利息＋利润＋税费＋土地增值收益

（二）操作步骤

用成本法评估土地使用权的操作步骤为：

第一步，计算土地取得费用。包括（1）国家征用集体土地而支付给农村集体经济组织的费用，包括土地补偿费、安置补助费、地上附着物和青苗补偿费等。（2）为取得已利用城市土地而向原土地使用者支付的拆迁补偿费用，这是对原城市土地使用者的补偿。

第二步，计算土地开发费用。包括（1）基础设施配套费；（2）公共事业建设配套费用；（3）小区开发配套费。

第三步，计算投资利息。在用成本法评估土地价格时，投资包括土地取得费用和土地开发费用。计算利息时要考虑利息的计算基数及计息期等问题。

第四步，计算投资利润和税费。利润计算的关键是确定利润率或投资回报率，利润率计算的基数可以是土地取得费和土地开发费之和，也可以是开发后的地价。税费是指土地取得和开发过程中所必须支付的各项税费。

第五步,确定土地增值收益。土地增值收益是指由于土地用途改变或土地性能变化所产生的。土地增值收益一般以土地的取得费、土地开发费、利息、利润之和为基数,乘以土地增值收益率(通常10%~25%)即可得到。

四、成本法在新建不动产评估中的计算公式及操作步骤

(一)计算公式

对于新建不动产项目,如果估价日期为不动产开发建成日,在正常情况下无须考虑不动产的有形损耗、功能性贬值和经济性贬值,可直接用不动产重置成本计算其评估值。其公式为:

$$不动产价值 = 土地取得费用 + 开发费用 + 管理费用 + 销售费用 + 投资利息 + 销售税费 + 利润$$

(二)操作步骤

使用成本法评估新建不动产的操作步骤为:

第一步,测算土地取得费用。根据取得土地的不同途径,分别测算取得土地的费用,包括有关土地取得的手续费及税金。

第二步,确定开发成本。包括:

(1)勘察设计和前期工程费。包括临时用地、水、电、路、场地平整费;工程勘察测量及工程设计费;城市规划设计、咨询、可行性研究费、建设工程许可证执照费等。

(2)基础设施建设费。包括由开发商承担的红线内外的自来水、雨水、污水、煤气、热力、供电、电信、道路、绿化、环境、卫生、照明等建设费用。

(3)房屋建筑安装工程费。其可假设为开发商取得土地后将建筑工程全部委托给建筑商施工,开发商应当付给建筑商的全部费用。包括建筑安装工程费、招投标费、预算审查费、质量监督费、竣工图费等。

(4)公共配套设施建设费。包括由开发商支付的非经营性用房如居委会、派出所、托幼所、自行车棚、信报箱、公厕等;附属工程如锅炉房、热力点、变电所、开闭所、煤气调压站的费用和电贴费等;文教卫生如中小学、文化站、门诊部、卫生所用房的建设费用。而商业网点如粮店、副食店、菜店、小百货店等经营性建设费用应由经营者负担,按规定不计入商品房价格。

(5)开发过程中的税费及其他间接费用。包括工程招标管理费、城市道路占用费、建筑工程规划许可证费等。

第三步,计算管理费用。管理费用主要是指开办费和开发过程中管理人员的工资等。可按土地取得成本与建筑物开发成本之和的一定比例计算。

第四步,计算销售费用。销售费用指销售房地产所发生的广告宣传费用、人员工资、委托销售代理费等。一般按房地产市场价值的一定比例计算。

第五步,计算投资利息。利息是指房地产开发完成或实现销售之前所有必要支出产生的利息。利息以土地取得费用、开发成本、管理费用和销售费用之和为基数计算。

第六步,计算销售税费。包括:

（1）销售费用。包括销售广告宣传费、委托销售代理费等。

（2）销售税金及附加（两税一费）。包括增值税、城市维护建设税、教育费附加。

（3）其他销售税费。包括由卖方负担的印花税、交易手续费、土地增值税等。

第七步，计算投资利润。以土地取得费用、开发成本、管理费用和销售费用之和为基数计算。利润率应根据类似房地产开发项目的平均投资利润率来计算。

五、成本法在旧建筑物评估中的计算公式及操作步骤

（一）计算公式

与新建建筑物不同，旧建筑物评估首先需估算在评估基准日重新购建与被评估建筑功能相同的、处于全新状态下的建筑物的全部合理成本，即重置成本，然后估算旧建筑物的损耗。其公式为：

建筑物价格 = 建筑物重置成本 - 实体性贬值 - 功能性贬值 - 经济性贬值

或　　　　＝ 单位面积重置成本 × 建筑面积 × 成新率

　　　　　＝ 重置成本 × 成新率

（二）操作步骤

第一步，估算重置成本。

重置成本 = 建安综合造价 + 前期费用及其他费用 + 利息 + 利润

（1）建安综合造价包括土建工程造价和安装工程造价。

（2）前期费用及其他费用主要包括前期费用和期间费用。

（3）利息。根据建设项目的合理建设工期，以建安综合造价和前期费用及其他费用之和为基数确定。

（4）利润。一般情况下，自用的生产型建（构）筑物不计算利润，而房地产开发和商业经营型房地产则应当计算其合理利润。

第二步，确定成新率。成新率与贬值是对应的概念，从理论上讲，1 - 贬值率 = 成新率。因此，求取贬值率与求取成新率是一个问题。贬值是指建筑物的价值减损。这里所指的贬值与会计上的折旧的内涵是不一样的。建筑物的价值减损，一般由两方面因素引起：一是物理因素，即因建筑物使用而使建筑物磨损、建筑物自然老化、自然灾害引起的建筑物结构缺损和功能减弱，所有这些因素均导致建筑物价值减损，这种减损又被称为自然折旧或有形损耗；二是社会经济技术因素，即由于技术革新、建筑工艺改进或人们观念的变化，引起建筑物价值降低，这种减损称为无形损耗。所以从建筑物重置成本扣除建筑物的损耗，即为建筑物的现值，因此确定建筑物贬值额就成为不动产评估中关键一环。

建筑物的成新率可以根据建筑物的建成年代、新旧程度、功能损耗等指标确定。可以采用年限法、打分法确定成新率，再通过加权平均确定综合成新率。

1. 年限法确定成新率。评估实务中，一般对于单价价值较小、结构简单的建（构）筑物，采用年限法确定成新率。

成新率 = 尚可使用年限 ÷（尚可使用年限 + 已使用年限）× 100%

已使用年限：根据建（构）筑物建造年、月、日，计算得出已使用年限。

尚可使用年限：根据有关部门关于建（构）筑物耐用年限标准，确定尚可使用年限。

相关链接：

各种结构非生产用房的耐用（使用）年限和残值率：

钢筋混凝土结构：60年，0%

砖混结构一等：50年，2%

砖混结构二等：50年，2%

砖木结构一等：40年，6%

砖木结构二等：40年，4%

砖木结构三等：40年，3%

简易结构：10年，0%

耐用（使用）年限=建筑物已使用年限+尚可使用年限

2. 打分法确定成新率：

成新率=(结构打分×评分修正系数+装修打分×评分修正系数+设备打分×评分修正系数)÷100×100%

评估人员依据住建部有关鉴定房屋新旧程度的参考依据、评分标准，根据现场勘察技术测定，结合项目工程资料并现场勘察结构部分、装修部分、设备部分，根据现场勘察状况来确定各部分的分值，并赋予权重，最终确定建筑物的成新率。

3. 综合成新率的确定。采用加权平均法来确定综合成新率。结合年限法确定的成新率和打分法确定的成新率来综合确定。

综合成新率=(年限法成新率×权数+打分法成新率×权数)÷总权数

一般情况下，年限法权数取0.4，打分法权数取0.6。

六、成本法应用举例

【例7-7】被评估地块为征用农地，面积为500平方米。土地取得费为230元/平方米，土地开发费为246元/平方米。土地开发周期为2年，第一年投资占总投资的3/4，第二年投资占总投资的1/4。银行贷款年利率为8%，土地开发投资的平均利润率为10%，土地增值收益率为20%。试根据以上资料计算被评估土地开发后的评估价值。

解：(1) 计算土地取得费：

土地取得费=500×230=115 000（元）

(2) 计算土地开发费：

土地开发费=500×246=123 000（元）

(3) 计算投资利息：

土地取得费的计息期为2年，土地开发费为分段均匀投入，则：

土地取得费利息=115 000×$[(1+8\%)^2-1]$=19 136（元）

土地开发费利息=123 000×3/4×$[(1+8\%)^{1.5}-1]$+123 000×1/4$[(1+8\%)^{0.5}-1]$

=11 289+1 206=12 495(元)

利息合计=19 136+12 495=31 631（元）

（4）计算开发利润：

开发利润 = （115 000 + 123 000）×10% = 23 800（元）

（5）计算土地增值收益：

土地增值收益 = （115 000 + 123 000 + 31 631 + 23 800）×20% = 58 686（元）

（6）计算土地评估价值：

土地评估价值 = 115 000 + 123 000 + 31 631 + 23 800 + 58 686 = 352 117（元）

土地单价 = 352 117 ÷ 500 = 704（元）

第五节 不动产评估的其他方法

一、剩余法

相关链接：

《资产评估执业准则——不动产》

第二十六条 采用假设开发法评估不动产时，应当了解：

（一）假设开发法适用于具有开发和再开发潜力，并且其开发完成后的价值可以确定的不动产；

（二）开发完成后的不动产价值是开发完成后不动产状况所对应的价值；

（三）后续开发建设的必要支出和应得利润包括：后续开发成本、管理费用、销售费用、投资利息、销售税费、开发利润和取得待开发不动产的税费等；

（四）假设开发方式通常是满足规划条件下的最佳开发利用方式。

（一）剩余法的基本思路

剩余法，又称为假设开发法（Residual Method）、预期开发法、倒算法，是将被评估地产的预期开发价值扣除正常投入费用、正常税金及合理利润后，依据该剩余值测算被评估房地产价格的方法。剩余法在评估待开发土地价值时运用得较为广泛。其理论依据与收益法相同，是预期收益的原理。

剩余法的基本思路是，开发商欲投资开发一宗土地，由于存在竞争，其投资目的是希望获取社会正常利润。假设开发法是不动产评估实践中一种科学而实用的评估方法，从该方法的名称就可以看出，利用该方法评估的对象是没有开发的、预期需要开发的不动产。

（二）剩余法的适用范围

剩余法评估不动产具有一定的适用范围。剩余法主要适用于下列不动产的评估：

1. 待开发土地的估价。用开发完成后的不动产价值减去建造费、专业费等。
2. 将土地开发成熟地的土地估价。用开发完成后的熟地价减去土地开发费用，就得到生地地价。
3. 待拆迁改造的再开发不动产的估价。这时的建筑费还应包括拆迁费用。

（三）前提条件

运用剩余法评估不动产价格，必须遵循以下前提条件：

1. 不动产开发必须有明确的规划，并且规划得到相关部门的批准且在有效期内。
2. 假设不动产的利用方式为最佳开发利用方式，包括用途、使用强度、建筑设计等等。
3. 成本和售价的预测必须符合实际状况。

剩余法的准确程度取决于最佳开发利用方式的选择和未来不动产的售价及成本的可靠预测。

（四）剩余法的计算公式

1. 剩余法的基本公式是：

$$V = A - (B + C + D + E)$$

式中：V——购置土地的价格

A——开发完成后的不动产价值

B——整个开发项目的开发成本

C——投资利息

D——开发商合理利润

E——正常税费

2. 实际估价工作中，常用的一个具体计算公式为：

土地价格 = 房屋的预期售价 - 开发建设成本 - 利息 - 利润 - 税费

3. 目前，现实估价中剩余法的一个较具体的计算公式为：

土地价格 = 房屋的预期售价 - 建筑费 - 专业费用 - 销售费用 - 利息 - 税费 - 利润

（五）操作步骤

第一步，调查被评估不动产的基本情况。

第二步，确定被评估不动产最佳的开发利用方式。

第三步，预测被评估不动产售价或开发完成后的收益。

第四步，估算投资额、利润及各项成本费用。

第五步，估算被评估不动产价格。

> **提示：**
> 假设开发法还可以用于不动产开发项目可行性的评估，可以为不动产开发商提供以下信息：开发商拟开发场地的最高价格为多少？开发商可以获得的利润为多少？开发过程中的最高费用是多少？

（六）应用举例

【例7-8】 估价对象概况：被评估地块为七通一平的空地，面积为1 000平方米，且土地形状规则，允许用途为商住混合，允许建筑容积率为7，覆盖率≤50%，土地使用年限为50年。出售时间为2016年10月8日。试评估出该地块2016年10月8日出售时的市场价值。

解：

（1）确定评估方法。该地块为待开发的土地，可采用剩余法评估。

（2）选取最佳开发方式。根据规划的要求和市场调查，该地块最佳开发方式为建造商业居住混合楼。该建筑为框架结构，共14层，总建筑面积为7 000平方米，单层建筑面积均为500平方米，其中1~2层为商业用房，共1 000平方米，3~14层为住宅，共6 000平方米。

（3）预计建设期。预计共2年完成。

（4）预计售楼价。预计建造完成后，其中的商业楼即可全部售出，住宅楼的80%在建造完成后可售出，20%半年后才能售出。预计当时售价，商业楼为4 000元/平方米，住宅楼为2 500元/平方米。折现率为10%。评估过程如下：

$$楼价 = \frac{4\,000 \times 1\,000}{(1+10\%)^2} + \frac{2\,500 \times 6\,000}{(1+10\%)^2} \times \left[\frac{80\%}{(1+10\%)^0} + \frac{20\%}{(1+10\%)^{0.5}}\right]$$

$$= 3\,305\,785 + 12\,281\,312$$

$$= 15\,587\,097 （元）$$

（5）估计开发费用及应获得的利润。总建筑费为600万元，专业费用为建筑费的6%，利息率为8%，利润率为20%，税费估计为楼价的4%。

在未来2年的建设期内，开发费用的投入情况为：第一年投入60%的建筑费及相应的专业费，第二年投入40%的建筑费及相应的专业费。则：

$$建筑费 = \frac{6\,000\,000 \times 60\%}{(1+10\%)^{0.5}} + \frac{6\,000\,000 \times 40\%}{(1+10\%)^{1.5}} = 5\,512\,747 （元）$$

$$专业费用 = 5\,512\,747 \times 6\% = 330\,765 （元）$$

$$税费 = 15\,587\,097 \times 4\% = 623\,484 （元）$$

$$利润 = (地价 + 建筑费用 + 专业费用) \times 20\%$$

$$= (地价 \times 20\%) + (5\,512\,747 + 330\,765) \times 20\%$$

$$= (地价 \times 20\%) + 1\,168\,702$$

由于在估算建筑费、专业费用以及售楼价时均考虑了货币的时间价值，上述各种费用都表现为现值，这其中已经包含了投资利息的因素，因此，不必再单独计算投资利息。

(6) 求取地价。

地价 = 15 587 097 − 5 512 747 − 330 765 − 623 484 − （地价×20%）− 1 168 702

故：

地价 = 7 951 399 ÷ 1.2 = 6 626 166（元）

单位地价 = 6 626 166 ÷ 1 000 = 6 626（元）

二、路线价估价法

（一）路线价估价法的含义及理论依据

1. 路线价估价法的含义。本方法是根据土地价值高低随距街道距离增大而递减的原理，在特定街道上设定单价，并依此单价配合深度百分率表及其他修正率表，用数学方法来计算面临同一街道的其他宗地地价的一种估价方法。路线价估价法主要用于城镇临街商业用地估价。如果要快速且相对科学准确、客观公平地评估出某个城镇的全部街道或某几条街道或某一条街道所有临街土地的价值或价格，可以采用路线价估价法[①]。

所谓**路线价**，是指对面临特定街道而接近距离相等的市街土地，设定标准深度，求取在该标准深度上若干宗地的平均单价。

2. 路线价估价法的理论依据。路线价估价法认为，市区内各宗土地的价值与其临街深度大小关系很大，土地价值随临街深度而递减，一宗土地越接近道路部分价值越高，离开街道愈远价值愈低。临接同一街道的宗地根据其地价的相似性，可划分为不同的地价区段。在同一路线价区段内的宗地，虽然地价基本接近，但由于宗地的深度、宽度、形状、面积、位置等仍有差异，地价也会出现差异，所以需制订各种修正率，对路线价进行调整。因此路线价的理论基础也是替代原理。路线价是标准宗地的单位地价，可看作比较实例，对路线价进行的各种修正可视为因素修正。

（二）路线价估价法的适用范围

路线价估价法适用于同时对大量宗地进行估价，运用路线价法估价可以迅速、公平合理地得出结论，可以节省人力、物力，但评估的土地价格粗糙。特别适用于土地课税、土地重划、征地拆迁等需要在大范围内对大量土地进行估价的场合。

（三）路线价估价法的基本计算公式

路线价估价法的计算公式有不同的表现形式，下面是常用的一种表达方式：

宗地地价 = 路线价 × 深度百分率 × 临街宽度

如果宗地条件特殊，如宗地属街角地、两面临街地、三角形地、梯形地、不规则形地、袋地等，则需依下列公式计算：

宗地地价 = 路线价 × 深度百分率 × 临街宽度 × 其他条件修正率

或 = 路线价 × 深度百分率 × 临街宽度 ± 其他条件修正额

---

① 柴强主编：《房地产估价理论与方法》，中国建筑工业出版社，2017年版，第363页。

(四) 路线价估价法的操作程序

第一步，划分路线价区段。地价相等、地段相连的地段一般划分为同一路线价区段，路线价区段为带状地段。

第二步，确定标准宗地。标准宗地，是指从城市一定区域中沿主要街道的宗地中选定的深度、宽度和形状标准的宗地。

第三步，评估路线价。路线价的决定，主要采取两种方法：第一种是由熟练的估价人员依买卖实例用市场法等基本估价方法确定；第二种是采用评分方式，将形成土地价格的各种因素分成几项加以评分，然后合计，换算成附设于路线价上的点数。

第四步，制作深度百分率表。深度百分率又称深度指数，是地价随临街深度长短变化的比率。深度百分率表又称深度指数表，深度百分率表的制作是路线价估价法的难点和关键所在。

第五步，计算宗地价值。

(五) 典型临街深度价格法则介绍

欧美国家很早就将路线价估价法应用于课税上，下面主要介绍欧美国家几种著名的路线价法则。

1. **四三二一法则**：将标准深度100英尺（30.48米）的普通临街地，与街道平行区分为四等分。即由街面算起，第一个25英尺（7.62米）占路线价的40%，第二个25英尺占路线价的30%，第三个25英尺占路线价的20%，第四个25英尺占路线价的10%。

2. **苏慕斯法则**：该法则由苏慕斯根据多年的经验创立。苏慕斯经过调查证明，100英尺（30.48米）深的土地价值，前半临街50英尺（15.24米）部分占全宗地总价72.5%，后半临街50英尺部分占27.5%，若再深50英尺，则该宗地所增的价值仅为15%。

3. **霍夫曼法则**：霍夫曼法则是最先被承认对于各种深度的宗地评估的法则。该法则认为：深度100英尺（30.48米）的宗地，在最初50英尺的价值应占全宗地价值的2/3。在此基础上，则深度100英尺的宗地，最初的25英尺等于37.5%，最初的一半，即50英尺等于67%，75英尺（22.86米）等于87.7%，全体的100英尺等于100%。

(六) 应用举例

【例7-9】现有临街宗地A、B、C、D、E、F如图7-8所示，深度分别为25英尺、50英尺、75英尺、100英尺、125英尺和150英尺，宽度分别为10英尺、10英尺、20英尺、20英尺、30英尺和30英尺。路线价为2 000元/英尺，标准深度为100英尺。试运用"四三二一"法则，计算各宗土地的价格。

解：

$A = 2\,000 \times 0.4 \times 10 = 8\,000$（元）

$B = 2\,000 \times 0.7 \times 10 = 14\,000$（元）

$C = 2\,000 \times 0.9 \times 20 = 36\,000$（元）

$D = 2\,000 \times 1.0 \times 20 = 40\,000$（元）

$E = 2\,000 \times (1.0 + 0.09) \times 30 = 65\,400$（元）

$F = 2\,000 \times (1.0 + 0.09 + 0.08) \times 30 = 70\,200$（元）

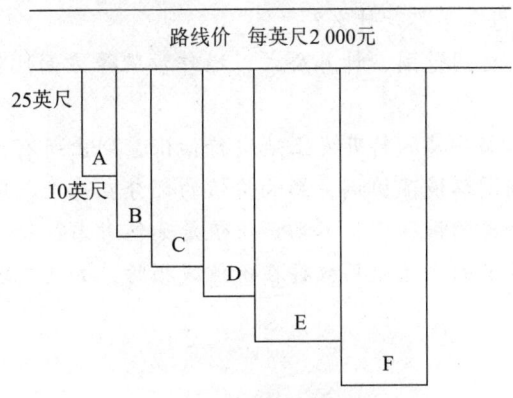

图 7-8　各宗地基本情况

本章小结

- 不动产在现实经济生活中发挥着重要的作用。不动产评估是不动产管理、投资、抵押贷款、交易、征用补偿、课税等的一项基础性工作。不动产评估是资产评估中比较重要的一类资产评估。

- 不动产指土地、建筑物及其他附着于土地上的定着物，包括物质实体及其相关权益。不动产可以作为合并概念，也可以作为各自单一的概念。不动产是地产和房产的结合，而它们的结合形成了不动产一些新的特征。

- 土地既是一种重要的自然资源，也是一种资产。地产是不动产的主要组成部分之一，土地具有独特的自然特征和社会特征，土地权力是包括所有权、使用权在内的权利束。在我国，地价指的是土地使用权的价格，评估的也是土地使用权的价格。

- 不动产的评估方法相对其他单项资产而言比较多，其评估方法包括市场法、收益法、成本法、剩余法和路线价法。其中，市场法、收益法、成本法、剩余法是评估单个不动产所采用的方法，而路线价法是对整个城市或城市内大范围地产评估时采用的方法。

思考题

1. 土地使用权评估有哪些方法？其评估思路是什么？
2. 地价的特征有哪些？
3. 影响不动产价值的区位因素包括哪些内容？
4. 不动产投资的风险性表现在哪些方面？
5. 不动产评估原则有哪些？
6. 在哪些情况下不适合运用市场法评估不动产价值？

7. 不动产的资本化率有哪几种？它们之间的关系如何？
8. 简述剩余法的评估思路及适用范围。
9. 路线价估价法的基本思路是什么？
10. 试从评估原理、适用范围、计算公式、操作步骤等方面比较收益法、成本法、市场法、剩余法的区别。
11. 拟对用途为出租写字楼的待开发土地进行估价，列出所有可能的评估思路。
12. 如果房地产与周围环境不协调，影响价值的部分在房产与地产之间怎样处理？
13. 与不动产不可分离的设备评估不动产价值是如何考虑？
14. 建筑物对其所占有的土地使用权存在价值减损时，如何处理？

参考材料

1. 柴强主编，《房地产估价理论与方法》，中国建筑工业出版社2017年版。
2. （美）理查德·M. 贝兹著，董俊英译：《不动产评估基础》，经济科学出版社2002年版。
3. 美国估价学会著，不动产估价翻译委员会译：《不动产估价》，地质出版社2001年版。
4. 中国资产评估协会编：《资产评估实务（一）》，中国财政经济出版社2017年版。
5. 中华人民共和国住房和城乡建设部：《房地产估价规范：GB/T 50291-2015》，中国建筑工业出版社2015年版。
6. 艾建国主编，《房地产估价相关知识》，中国建筑工业出版社2017年版。
7. 中国资产评估协会：《资产评估执业准则——不动产》，中国财政经济出版社2017年版。
8. 吕萍主编，《房地产基本制度与政策》，中国建筑工业出版社2017年版。
9. 畅泽宇、左庆乐：《不动产统一登记对房地产评估的影响分析》，《中国资产评估》，2017年第9期。
10. 姜楠、王景升主编，《资产评估》，东北财经大学出版社2016年版。
11. 董藩、丁宏、陶斐斐编著：《房地产经济学》，清华大学出版社2012年版。
12. 张红日编著：《房地产估价》，清华大学出版社2014年版。
13. 乔志敏、王小荣主编：《资产评估学教程（第六版）》，中国人民大学出版社2017年版。

第八章
资源资产评估

因为市场是不完善的，所以我们能从中赚到钱。

——乔治·索罗斯（George Soros）

价格是你付出的，价值是你得到的。

"内在价值"是一个非常重要的概念，它为评估投资和企业的相对吸引力提供了唯一的逻辑手段。

——沃伦·巴菲特（Warren Buffett）

重点提示

- 资源性资产评估的特点
- 森林资源资产价格的构成及评估方法
- 影响矿产资源资产价值的因素及其评估方法

资源是人类赖以生存和发展的基础，是可供人类利用的宝贵财富。资源性资产是在现有认识和科学技术水平条件下，通过开发利用，能够为产权主体带来一定经济利益的自然资源。社会越进步，对于资源的节约、合理利用和持续发展的愿望就越高。对资源的价值体现、价值计量和价值评估是人类认识和利用资源的必要手段。广义的资源包括自然资源、经济资源和人文社会资源，狭义的资源是指自然资源，包括矿产资源、森林资源、土地资源、水资源等。本章讨论的资源性资产是指由狭义的自然资源转化而成的资产。

第一节
资源性资产概述

一、自然资源及其分类

自然资源[①]（Natural Resource）是指自然界中人类可以直接获得的用于生产和生活的物质要素。未被发现或发现了但不知其用途的物质不是资源，因而也没有价值。自然资源是一个动态的概念，信息、技术和相对稀缺性的变化都能把以前没有价值的物质变成宝贵的资源。按照研究的角度和目的不同，根据自然资源的自然属性、经济属性和生态属性，可以对自然资源进行多种分类。

根据自然资源在开发过程中能否再生，可划分为耗竭性资源和非耗竭性资源，如图8－1所示。

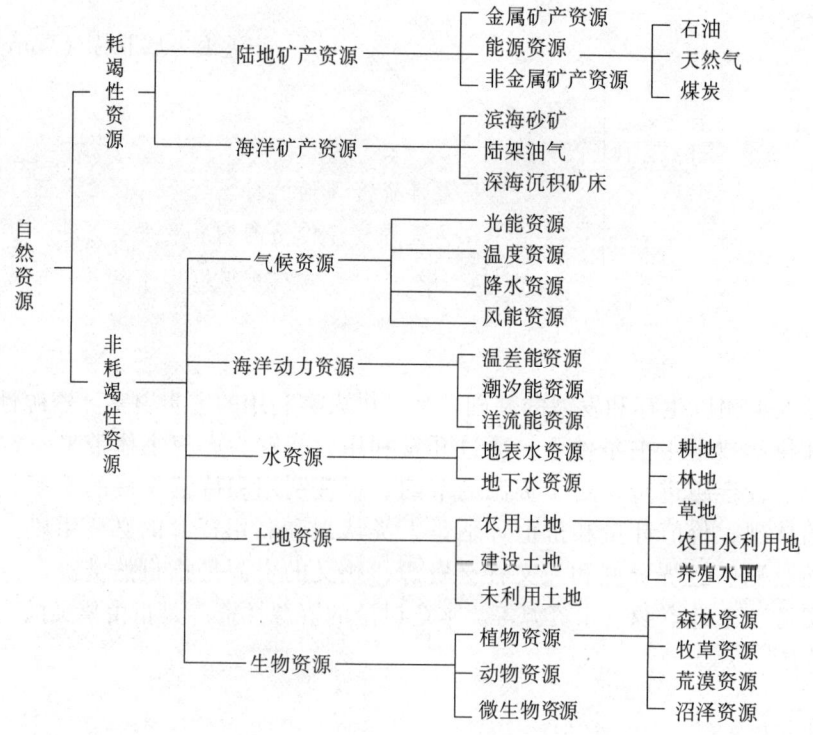

图8－1 自然资源的分类

---

① 联合国环境规划署的定义为：在一定的时间和技术条件下，能够产生经济价值，提高人类当前和未来福利的自然环境因素的总称。《大英百科全书》的定义为：人类可以利用的自然生成物，以及形成这些成分源泉的环境功能。

耗竭性资源的主体是矿产资源，是经过漫长的地质过程形成的，随着人类的开发利用，其绝对数量和质量有明显的减少和下降的现象，是不可再生资源。

非耗竭性资源基本上是由环境要素构成，在合理开发利用的限度内，人类可以永续利用。非耗竭性资源又分为三种：

（1）恒定的非耗竭性资源。不受或基本不受人为因素的影响，具有恒定特性，如气候资源和海洋动力资源。

（2）可再生非耗竭性资源。在人为因素的干预下可以发生增减变化，虽然数量减少，但可以恢复，如生物资源。森林资源只要适度采伐，就可不断更新，不会导致资源枯竭。

（3）不可再生的非耗竭性资源。土地资源只要合理利用，就可永续使用，如果不合理开发，就会造成沙化、盐碱化、荒漠化。

想一想：
常见的耗竭性资源有哪些，影响耗竭性资源的价格因素有哪些？

按照资源的性质，从自然资源与人类的经济关系，可将资源性资产划分为环境资源、生物资源、土地资源、矿产资源和景观资源等，如图 8-2 所示。

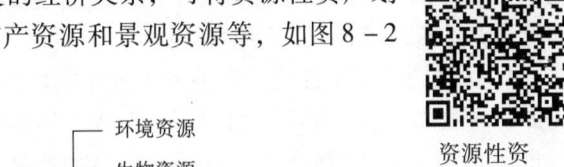

资源性资产的分类

图 8-2 资源性资产的分类

二、资源性资产的特性

资源性资产（Resources Asset）是一部分自然资源资产化的表现形式。资源性资产与自然资源相比，其物质内涵是一致的，除了具有自然资源的基本特性外，根据资产的含义，还具有经济属性和法律属性，如图 8-3 所示。

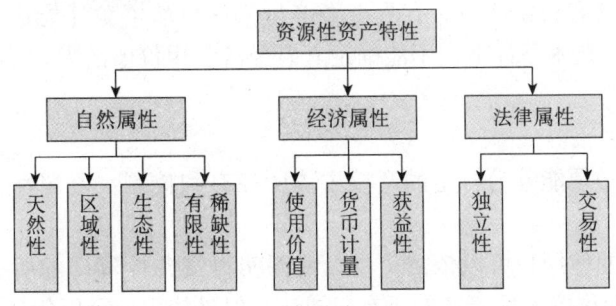

图 8-3 资源性资产的特性

(一) 自然属性

1. 天然性。自然资源是天然形成的，由自然物质组成，最初完全是由自然因素形成的，处于自然状态。随着人类对自然干预能力的加强，部分资源性资产表现为人工投入与天然生长的共生性。

2. 有限性和稀缺性。资源性资产的有限性和稀缺性主要表现在三个方面：一是资源性资产的数量是有限的，人类活动使某些自然资源数量减少、枯竭或耗尽；二是自然资源和自然条件的贫化、退化和质变；三是自然资源的生态结构、生态平衡被破坏。如矿产资源随着开发利用，消耗一点少一点。再如土地资源，其自然总量是一定的，不会有所增加。

3. 生态性。各种资源如太阳、大气、地质、水文、生物等构成了一个复杂的体系，形成特定的生态结构，构成不同的生态系统。不同的资源间互相依存，具有一定的生态平衡规律。如果毫无顾忌地开采资源，使消耗超过补偿的速度，会导致这些资源毁灭；向陆地圈、水圈、大气圈以超过自然净化能力的速度排放废物，就会破坏生态系统的平衡，从而导致某些自然资源难以持续利用。

4. 区域性。资源性资产在地域上分布不均衡，存在显著的数量或质量上的地域差异。比如，在我国，金属矿产资源基本上分布在西部高原到东部山地丘陵的过渡地带，森林资源也呈集中分布的状态，长白山林地面积和木材蓄积量就分别占全国总量的11%和13.8%。

(二) 经济属性

1. 自然资源具有使用价值，是经济发展的基础。自然资源具有使用价值与效用，能够转化为经济资源，成为人类的生活资料和生产资料。经济增长与经济发展必然要耗费一定的资源，所以自然资源是人类发展的物质基础，全部物质财富必须以自然资源为物资基础，其相对丰度影响着经济发展速度。

2. 资源性资产能够以货币计量。资源性资产除了能够用实物单位计量以外，还可以用价值量表示，这是资源性资产评估的基础。对于无法用货币计量的自然资源，如空气、太阳光等就不能成为资产。

3. 资源性资产具有获益性。只有具有经济价值的自然资源才能成为资产。没有经济价值或在当今知识与技术条件下尚不能确定其有经济利用价值的因素不能成为资产。

(三) 法律属性

1. 资源性资产必须能够为特定的产权主体所拥有和控制。资源性资产产权在法律上具有独立性。

2. 资源性资产的使用权可以依法交易。我国实行资源性资产的所有权和使用权相分离的制度，法律不允许资源性资产的所有权转让，但是使用权可以依法交易。

> **想一想：**
> 1. 按照自然资源在开发过程中的能否再生性，资源性资产可划分为几类，分别是什么？
> 2. 资源性资产的三大属性是什么？

三、资源性资产评估及其特点

资源性资产评估是对资源性资产价值的估算。资源性资产评估，不仅为国民经济资源价值核算服务，还可以在资源性资产产权的出让、转让、资产经营、抵押、环保等经济活动中，为有关权益各方包括国家和企业等提供专业服务。资源性资产评估的基本方法有三种：收益法、成本法、市场法，但在具体方法运用以及参数确定上，评估人员应针对不同类型资源性资产的特点选择特定的资产评估方法。目前在资源性资产评估的理论研究中，对土地资源资产、矿产资源资产、森林资源资产和水资源资产的评估较为深入。资源性资产由于具有独特的自然、经济和法律属性，因而与其他资产相比，其评估具有一定的特点。

（一）资源性资产价格是自然资源的使用权价格

我国自然资源大部分属于国家所有，只有一部分属于集体所有，如矿产资源属于国家所有，大部分森林资源属于国家所有，并实行所有权和使用权相分离的制度。由于法律不允许资源性资产的所有权转让，因此资源性资产评估的对象，不是物质实体本身，而是资源性资产的使用权，是对资源性资产权益的价值评估。

（二）资源性资产价格一般受资源的区位影响较大

由于资源性资产的有限性、稀缺性和区域性，资源性资产价格受自然资源所在区位影响很大。

（三）资源性资产评估须遵循自然资源形成和变化的客观规律

资源条件包括资源的质量品位、资源的赋存开采条件和产地至销地的运输距离和运输条件（运输工具和地貌等）。资源性资产类别多种多样，不同资产其资源条件、经营方式、市场供求等都不相同。因此在资产评估中，要充分了解资源性资产实体和资产使用权的专业特点，从而合理评估资源性资产的价值。

> **想一想：**
> 与其他类型资产相比，资源性资产评估有何特点？

第二节
森林资源资产评估

一、森林资源资产评估概述

森林资源是一种可再生的自然资源,包括森林、林木、林地以及依托森林、林木、林地生存的野生动物、植物和微生物。

森林资源资产,是指由特定主体拥有或者控制并能带来经济利益的,用于生产、提供商品和生态服务的森林资源,包括森林、林木、林地、森林景观、森林生态等。[①]

森林资源资产评估,是指资产评估机构及其资产评估专业人员遵守法律、行政法规和资产评估准则,根据委托对评估基准日特定目的下的森林资源资产价值进行评定和估算,并出具资产评估报告的专业服务行为。[②]

森林资源资产是一种特殊资产,除具有一般资产的属性外,还具有可再生性、生长周期长、受自然因素影响大、兼具生态和社会及经济效益于一体的特性。因此,它的培育过程风险大、管护难度大、投资回收期长。现阶段,森林资源资产主要包括由投资及投资收益所形成的人工林以及依法认定的天然林、林地、森林景观资产和其他森林资源资产等。因此,森林资源资产评估主要是林木资产评估、林地资产评估、森林景观资产评估和其他森林资源资产评估。

(一)林木资产

林木资产是指林地内所有的林木。按林木的用途可分为用材林、经济林、薪炭林、防护林、竹林、特种用途林和未成林造林地上的幼树。用材林可分为幼龄林、中龄林、近熟林、成熟林、过熟林。

(二)林地资产

林地资产是森林生长的承载体,林地资产是指依法确认的用于林业用地中具有货币表现属性的资产。林地包括乔木林地、疏林地、未成林造林地、灌木林地、采伐迹地、火烧迹地、苗圃地和国家规划的宜林地。

(三)森林景观资产

森林景观资产包括风景林、部分名胜古迹和纪念林等。

[①]《资产评估职业准则——森林资源资产》第二条。
[②]《资产评估职业准则——森林资源资产》第三条。

(四) 其他森林资源资产

其他森林资源包括林区野生动物、林副产品、森林生态系统服务功能等。

二、森林资源资产价格评估的特点

森林资源资产是一种特殊的资产，因而，森林资源资产价格评估也有着不同于一般资产评估的特点。

(一) 林地资源资产和林木资源资产的不可分割性

林地资源资产和林木资源资产构成了森林资源资产的实物主体，其他森林资源资产则是由其派生出来的。而林地和林木具有不可分割性，木生于地，地因木而称林地。林地资源资产的价值必须通过林木资源资产的价值测算来体现。

(二) 森林资源资产的可再生性

森林资源资产具有可再生性，这是森林经营的特点，是森林实现持续经营的基础。在评估时应考虑再生产的投入，即森林更新、培育、保护费用的负担；考虑再生产的期限，即未来经营期的长短，包括产权变动对经营期的限制；考虑综合平衡森林资源培育、利用和保护的关系。

(三) 森林经营的长周期性

森林的经营周期少则数年，多则数十年、上百年。这样长的经营周期对评估的影响表现为：

（1）在供求关系对价格的影响方面表现为供给弹性小，且成本效应滞后。当培育成本与市场需求价格出现背离时，市场需求价格会在短期内起主导作用。评估时应更多地考虑现行市场价格的因素。

（2）由于经营周期长，成本的货币时间价值极为重要，投资收益率的微小变化将对评估结果产生重大影响。

（3）由于经营周期长，对未来投入产出的预测较为困难，而收益现值法的评估是建立在对未来投入产出的预测的基础上，其预测的准确性对评估的影响很大。

(四) 森林资源资产效益的多样性

森林资源资产具有经济效益、生态效益和社会效益，效益的多样性对森林资源资产价格评估带来了重大的影响。

1. 在现实的生产中生态效益和社会效益往往限制了经济效益的发挥，国家为了公众的利益制定了一系列的法规对一些森林的经营进行限制，这些限制影响了这些森林的最佳经济效益的发挥，在评估时必须给予充分的关注。

2. 生态效益和社会效益在理论上虽然很大，但社会给予认可的经济补偿却很有限，评估时对生态效益和社会效益的处理是森林资源资产价格评估中极有争议的难点。

(五) 森林资源资产核查的艰巨性

森林资源资产分布于荒郊野外，是围墙外的资产。林区山高坡陡，交通不便，生活和工作条件较差，森林资源资产核查是以外业调查为主，工作中风吹雨淋，与一般资产的核查相比极为艰苦。森林资源资产基础数据是整个评估的基础，而同时由于资产的实物量较大且分布较广造成清查困难，因而核查是评估中的重要环节。

三、森林资源资产价格的主要构成要素

森林资源资产的价格，除了市场供求因素以外，主要是由恢复它的劳动量决定。因此，人工林和天然林统一纳入林木资产进行评估。森林资产价格主要由七项因素构成，见图 8 – 4。

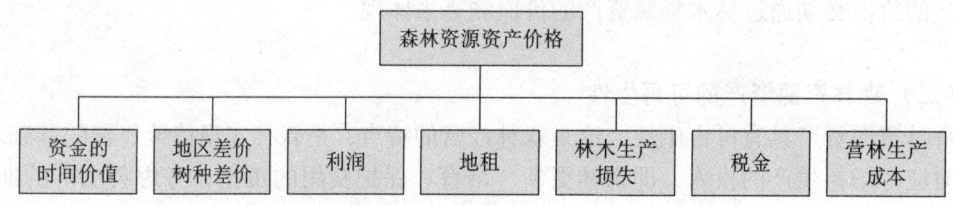

图 8 – 4　森林资源资产价格的主要构成要素

1. 营林生产成本。是确定森林价格的基础，应以能够提供商品材的劣等宜林地的营林生产成本为依据。

2. 资金的时间价值。由于培育森林资源的长期性，森林资源的生产周期长，从栽植到采伐往往需要几年、十几年或几十年的时间。在营林生产过程中，需不断投入资金，森林资源资产价格的评估应充分考虑资金时间价值对林木价值的影响，充分考虑资金占用的利息，营林的生产成本应以复利计算。同时，林木在不同的时间有不同的价值，同一树种在不同树龄林木价值不同，从而形成森林的时序成本和时序价格。

3. 利润。森林资源资产的价格中应当包括营林利润和税金。在森林资源资产评估中，营林利润的确定，应当以社会平均资本利润率为基准，同时考虑到营林生产的周期长、风险大，应加上风险收益。

4. 税金。森林资源资产经营过程中应缴纳的各种税费。

5. 林木生产中的损失。在漫长的森林培育过程中，森林可能会遭受各种各样的自然灾害，如火、风、雷、水、病虫害等，会带来一定的经济损失。在评估中，必须以森林保险的形式，考虑可能发生的意外损失。

6. 地租。在我国，森林资源属于国家和农村集体经济组织所有，林地所有权和使用权相分离，森林资源资产的价格中还应包括绝对地租和级差地租，如气候条件、土地肥沃程度、交通条件、宜林性质等因素，地租量应根据不同林地、不同树种、不同经营水平等因素确定。

7. 地区差价和树种差价。林木是在一定的自然地理条件下，经过人类劳动而生产出来的，因此，林木的成本与价格，既受自然条件的制约，又受林木本身生态特性的影响，

形成了林木的地区差价和树种差价，因此差价是森林资源资产价格的重要特征。

> **相关链接：**
> 　　森林资源主要评估依据：《中华人民共和国森林法》；《国有资产评估管理办法》；《森林资源资产评估技术规范》（LY/T 2407 – 2015）；《资产评估执业准则——森林资源资产》

四、森林资源资产评估的程序

森林资源资产评估的程序由明确评估业务基本事项、签订评估业务的协议、编制评估计划、现场核查、搜集评估资料、评定估算、编制和提交评估报告、验证确认、建立项目档案9个阶段组成。

（一）明确评估业务基本事项

明确森林资源资产评估业务基本事项是森林资源资产价格评估的第一个环节，包括在签订森林资源资产价格评估业务约定书以前所进行的一系列基础性工作，对森林资源资产价格评估项目风险评价、项目承接与否以及森林资源资产价格评估项目的顺利实施具有重要意义。由于森林资源资产价格评估专业服务的特殊性，森林资源资产价格评估程序甚至在森林资源资产价格评估机构接受业务委托前就已开始。森林资源资产价格评估机构和评估人员在接受森林资源资产价格评估业委托之前，应当采取与委托人等相关当事人讨论、阅读基础资料、进行必要的初步调查等方式，与委托人等相关当事人共同明确相关森林资源资产价格评估业务基本事项。

（二）签订评估业务的协议书

森林资源产权单位或个人接到立项通知书后，可以自行选择委托具有森林资源资产价格评估资格的资产评估机构对立项通知书规定范围内的森林资源资产进行详估。

森林资源资产评估中需要明确的评估业务基本事项

森林资源资产价格评估业务协议书是森林资源资产价格评估机构与委托人共同签订的，确认森林资源资产价格评估业务的委托与受托关系，明确委托目的、被评估森林资源资产范围及双方权利义务等相关重要事项的合同。

根据我国资产评估行业的现行规定，评估人员承办资产评估业务，应当由其所在的资产评估机构统一受理，并由评估机构与委托人签订书面资产评估业务协议书，评估人员不得以个人名义签订资产评估业务协议书。资产评估业务协议书应当由资产评估机构和委托方的法定代表人或其授权代表签订。资产评估业务协议书应当内容全面、具体，含义清晰准确，符合国家法律、法规和资产评估行业的管理规定。协议书的主要内容有：委托方、受托方名称、住所、联系方式；评估目的；评估范围和对象；评估基准日；评估价值类型；价格评估报告提交期限及提交方式；评估报酬（评估费）及支付方式；双方责任和义务及违约责任；报告使用范围；协议书有效期限；协议书中止履行和解除；附则；双方认为应当约定的其他重要事项；签约时间。

森林资源资产占有单位在评估委托时，同时还要递交有效的森林资产清单以及其他有关的材料。

评估机构要对委托方所提供的森林资源资产清单的编制依据、资料的完整性、时效性进行核验，核验合格后方可接受委托，并与委托方签署森林资源资产价格评估项目委托书和协议书，经双方负责人签字、加盖公章后生效。

有效的森林资源资产清单

（三）编制评估计划

为高效完成资产评估业务，评估人员应当编制森林资源资产评估计划，对人员及时间进行安排。适当的森林资源资产评估计划对合理安排工作量、工作进度、专业人员调配以及按时完成森林资源资产价格评估业务具有重要意义。由于森林资源资产价格评估项目千差万别，森林资源资产价格评估计划也不尽相同，其详略程度取决于森林资源资产价格评估业务的规模和复杂程度，评估人员应当根据所承接的具体森林资源资产评估项目情况，编制合理的森林资源资产价格评估计划，并根据执行森林资源资产价格评估业务过程中的具体情况，及时修改、补充森林资源资产价格评估计划。

森林资源资产价格评估计划应当涵盖森林资源资产价格评估工作的全过程，评估人员在森林资源资产价格评估计划编制过程中应当同委托人等就相关问题进行洽谈，以便于森林资源资产价格评估计划的实施，并报经森林资源资产价格评估机构相关负责人审核批准。

（四）现场核查

评估人员应该根据评估业务对评估对象进行现场核查。进行森林资源资产核查工作不仅仅是基于对森林资源资产评估人员勤勉尽责义务的要求，同时也是森林资源资产评估程序和操作的必经环节，有利于森林资源资产价格评估机构全面、客观地了解评估对象，核实委托方和产权持有者提供资料的可靠性，并通过场现场核查过程中发现的问题、线索，有针对性地开展资料搜集、分析工作。

编制森林资源资产价格评估工作计划应重点考虑的因素

（五）搜集评估资料

在上述几个环节的基础上，资产评估人员应当根据森林资源资产评估项目的具体情况搜集森林资源资产价格评估相关资料。资料搜集工作是森林资源资产价格评估业务质量的重要保证，也是进行分析、判断形成评估结论的基础。另外，由于评估对象及其所在行业的市场状况、信息化和公开化程度差别较大，相关资料的可获取程度也不一样，评估人员的执业能力在一定程度上就体现在其搜集、占有与所评估项目相关信息资料的能力上。

(六) 评定估算

评估人员应当对所搜集的森林资源资产价格评估资料进行充分分析，确定其可靠性、相关性、可比性，摒弃不可靠、不相关的信息，对不可比信息进行必要分析调整，在此基础上恰当选择森林资源资产价格评估方法，并根据业务需要及时补充搜集相关信息，依据法定的森林资源资产价格评估方法，对委托评估的森林资源资产价格进行具体的评定和估算，并在评估工作结束后向委托评估的单位提交森林资源资产价格评估报告书。这是森林资源资产价格评估工作中最关键的阶段，实际评定估算包括划分森林资源资产类型、确定森林资源资产价格两项内容。

1. 划分森林资源资产类型。根据森林资源资产的特点首先划分出林地资产、林木资产和森林景观资产；在林木资产中又可按林木的用途划分为商品林、公益林。按森林类型、树种以及品种、森林功能等确定具体的评估项目，根据各类森林资源资产的不同特点选择适当的评估方法。

2. 估算森林资源资产价格。根据被评估森林资源资产的实际状况，应用所搜集的信息资料以及相关的经济技术指标，按照评估的特定目的和资料状况，选择适合的计算方法估算出森林资源资产的价格。

在评定估算过程中，对森林资源资产状况的判断和评定要准确，计算方法、计算公式以及计算过程都要准确无误，以确保森林资源资产价格评估结论的客观、公正。

常见森林类资产评估所需资料

(七) 编制和提交评估报告

评估人员在执行必要的资产评估程序、形成评估价值结论后，应当按有关森林资源资产评估准则与规范，编制森林资源资产评估报告。评估人员应当以恰当的方式将森林资源资产价格评估报告提交给委托人。在提交正式森林资源资产价格评估报告之前，可以与委托人进行必要的沟通，听取委托人、资产占有方等对森林资源资产价格评估结论的反馈意见，并引导委托人、产权持有者、森林资源资产价格评估报告使用者等合理理解森林资源资产价格评估结论。此外资产评估专业人员应当在资产评估报告中披露森林资源资产是否存在抵押及其他权利受限的情形。

森林资源资产价格评估报告书是对森林资源资产的实际价值提出的客观和公正性文件，评估机构和评估人员要对所提出的评估报告承担一定的法律责任。森林资源资产价格评估报告书由具备资格并直接从事该项资产评估工作的评估人员签字，评估机构负责人认真审核后签名并加盖公章后方可生效。

林分的概念

森林资源资产价格评估一般提交的材料有：森林资源资产核查报告、森林资源资产评估报告书、森林资源资产评估说明、有关附件及证明材料。

(八) 验证确认

森林资源资产价格评估验证确认是指价格评估行政主管部门或授权行业行政主管部门

或委托单位接到有关单位或个人提交的森林资源资产评估报告后,对森林资源资产价格评估进行合规性审核,并向有关单位下达确认通知书的过程。

(九) 建立项目档案

评估人员在向委托人提交森林资源资产价格评估报告后,应当及时将森林资源资产价格评估工作底稿归档。将这一环节列为森林资源资产评估基本程序之一,充分体现了森林资源资产价格评估服务的专业性和特殊性,其不仅有利于评估机构应对今后可能出现的森林资源资产评估项目和检查,也有利于评估人员总结、完善和提高森林资源资产价格评估业务水平。

> **想一想:**
> 不同森林资源资产评估在资料搜集方面有何异同?

四、森林资源资产评估的主要方法

森林资产评估的基本方法主要是市场法、收益法和成本法。由于森林资源资产的特殊性,根据具体的评估对象和资料情况,针对林木资产、林地资产和森林景观资产,又有相对应的具体评估方法。其中林地资产评估主要是林地使用权评估,其评估方法与土地使用权的评估方法原理相同,本章重点阐述林木资产评估的主要方法。

林木资产评估方法要根据不同的林种,选择适用的评估方法和林分质量调整系数进行评定估算。目前主要的评估方法有市场法、剩余法、收益法和成本法等。

(一) 市场法

市场法是以相同或类似林木资产的现行市价作为比较基础,评估待评估林木资产价值的方法。

$$P = K \cdot Kb \cdot G \cdot Q$$

式中:P——林木资产评估值

K——林分质量调整系数

Kb——物价指数调整系数

G——参照物单位蓄积的交易价格

Q——被评估林木资产的蓄积量

(二) 剩余法

剩余法又称市场价倒算法,是用被评估林木采伐后所得的木材市场销售总收入,扣除木材经营所消耗的成本(含有关税费)及合理利润后,将剩余部分加林木资源的再生价值作为林木资产评估价值。其计算公式为:

$$P = W - C - F + S$$

式中:W——销售总收入

C——木材经营成本(包括采运成本、销售费用、管理费用、财务费用及有关

税费）

　　F——木材经营合理利润

　　S——林木资源的再生价值

【例 8-1】假设某片森林的林木被采伐后市场销售总收入为 1 000 万元，木材经营成本总计为 300 万元，木材经营合理利润为 100 万元，该森林资源的再生价值为 150 万元，则该森林资源的林木资产评估值是多少？

解：根据剩余法 $P = W - C - F + S = 1\,000 - 300 - 100 + 150 = 750$（万元）

（三）收益法

收益法又称收益净现值法，是将被评估林木资产在未来经营期内各年的净收益按一定的折现率折现为现值，然后累计求和得出林木资产评估价值的方法。其计算公式为：

$$P = \sum_{i=1}^{N} \frac{(A_i - C_i)}{(1+r)^i}$$

式中：A_i——第 i 年的年收入

　　　C_i——第 i 年的营林生产成本

　　　N——经营期

　　　r——资本化率

（四）成本法

成本法是按现时工价及生产水平，将重新营造一块与被评估林木资产相类似的林分所需的成本费用，作为被评估林木资产评估价值的方法。其计算公式为：

$$P = K \sum_{i=1}^{N} C_i \cdot (1+r)^{n-t}$$

式中：C——过去第 i 年以现时工价及生产水平为标准计算的生产成本，主要包括各年投入的工资、物质消耗、地租等

　　　n——林分年龄

　　　其余同上

【例 8-2】某块面积为 65 公顷的毛竹林，全部为新造 5 年的新毛竹，竹林培育成本见表 8-1，投资收益为每年 6%。

表 8-1　　　　　　　　　　竹林培育成本表

成本项目	作业内容	计价单位	计价数量	单价	成本
1. 整地	劈草去杂、炼山挖茅根、挖穴	日/公顷	90	20 元/日	1 800 元/公顷
2. 竹苗	购买或挖取母竹，运送至造林地	株/公顷	450	1.8 元/株	810 元/公顷
3. 种竹	母竹栽植	日/公顷	60	20 元/日	1 200 元/公顷
4. 竹林抚育	① 新造竹林抚育（除草劈杂松土）	日/公顷·年	22.5	20 元/日	450 元/公顷·年
	② 新垦复及已投产成年竹抚育（除草劈杂深挖垦复）	日/公顷·年	30	20 元/日	600 元/公顷·年

续表

成本项目	作业内容	计价单位	计价数量	单价	成本
5. 施肥	① 挖沟、施肥、复土	日/公顷·年	7.5	20元/日	150元/公顷·年
	② 购买肥料	千克/公顷	400	1.5元/千克	600元/公顷·年
6. 竹林防护	① 新造竹林管护				90元/公顷·年
	② 新垦复及已投产竹林管护、护笋养竹				225元/公顷·年

要求：评估该块毛竹林的价值。

解：根据已知条件适合用重置成本法评估该块毛竹林的价值。

1. 年度营林成本计算：

（1）第1年造林、抚育、管护、施肥、地租成本 = 1 800 + 810 + 1 200 + 450 + 750 + 90 + 525 = 5 625（元/公顷）

（2）第2年抚育、管护、施肥、地租成本 = 450 + 750 + 90 + 525 = 1 815（元/公顷）

（3）第3年、第4年、第5年成本同第2年。

2. 新造毛竹林重置成本价值因新造竹林生长较好，接近当地参照竹林生长标准，故取 $K=1$。则：

该块毛竹林单价 = $5\,625 \times (1+0.06)^5 + 1\,815 \times [(1+0.06)^4 + (1+0.06)^3 + (1+0.06)^2 + (1+0.06)]$

= 7 527.5 + 8 416.3 = 15 944（元/公顷）

所以，该块毛竹林的价值 = 15 944 × 65 = 103.636（万元）

> **想一想**：
> 各种评估方法在森林资源资产评估中的适用范围如何？

第三节　矿产资源资产评估

一、矿产资源资产评估概述

我国的矿产资源属于国家所有，由国务院行使国家对矿产资源的所有权，矿产资源物质实体及其所有权属于国家所有。国家实行探矿权、采矿权有偿取得制度，矿产资源的探矿权和采矿权可以依法出让和转让。勘查、开采矿产资源，必须依法分别申请，经批准取得探矿权、采矿权，并办理登记。探矿权和采矿权通常合称**矿业权**，简称矿权。在我国，探矿权和采矿权是分别设置的，必须依法分别申请，但是，已经依法申请取得采矿权的矿山企业在划定的矿区范围内为本企业的生产而进行的勘查除外。

探矿权是指在依法取得的勘查许可证规定的范围内，勘查矿产资源的权利。

采矿权是指在依法取得的采矿许可证规定的范围内，开采矿产资源和获得所开采的矿产品的权利。[①]

矿业权评估，是指基于委托关系，矿业权评估机构和注册矿业权评估师，按照国家矿业权管理有关法律法规和矿业权评估准则，根据特定评估目的，遵循评估原则，依照相关评估程序，运用恰当的评估方法，对约定评估矿业权在一定时点的价值进行分析、估算并提供专业意见的服务行为和过程。[②]

矿业权评估对象，包括探矿权、采矿权。权利客体为已查明或潜在的矿产资源储量，权利主体为矿业权人，权利价值内涵为用益物权价值，一般情况下是已查明或潜在矿产资源储量开发价值的一部分。[③]

一般来说，探矿权人有权在划定的勘查作业区内进行规定的勘查作业，有权优先取得勘查作业区内矿产资源的采矿权。探矿权人在完成规定的最低勘查投入后，经依法批准，可以将探矿权转让他人。矿产资源由取得采矿权的国有矿山企业和其他经济成分的矿山企业开采使用，已取得采矿权的矿山企业，因企业合并、分立，与他人合资、合作经营，或者因企业资产出售以及有其他变更企业资产产权的情形而需要变更采矿权主体的，经依法批准可以将采矿权转让他人。开采矿产资源，必须按照国家有关规定缴纳资源税和资源补偿费。矿床勘探报告及其他有价值的勘查资料，按照国务院规定实行有偿使用。

矿业市场流通的是探矿权和采矿权，本节讨论的矿产资源资产评估是指探矿权价值和采矿权价值的评估。

二、矿产资源资产价格的影响因素

矿产资源资产价格的影响因素主要包括矿产资源本身的稀缺程度和可替代程度、矿产品的供求状况、矿床自然丰度和地理位置、科技进步、资本化率和社会平均利润率等，如图8–6所示：

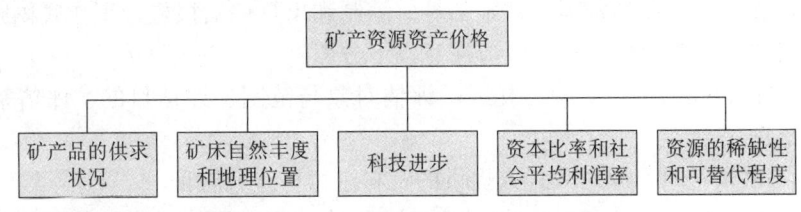

图8–5　矿产资源资产价格的影响因素

1. 资源本身的稀缺程度和可替代程度。在我国，不同的矿种，资源的稀缺程度差别很大。在市场需求一定的情况下，占有和经营质量好、使用价值高的矿产资源，往往能获得更多的超额利润。同时，由于国家一般对稀缺资源实行保护性开采政策，稀缺的矿产资源就会有更高的价格水平。一般而言，资源的稀缺程度越高，其可替代程度往往越低，凡

[①②③] 《矿业权评估技术基本准则》（CMVS 00001—2008）。

是可替代程度低的矿产资源，其资产价格也较高。

2. 矿产品的供求状况。矿产品供求状况决定矿产品价值的实现程度，决定何种等级的矿产资源将被投入生产过程，从而决定矿产资源资产价格水平。

3. 矿床自然丰度和地理位置。矿床的自然丰度是通过矿体规模、形态、产状、厚薄、品位、埋深等一系列指标综合反映出来的。在一定的技术经济条件下，矿床的自然丰度越高，开采所需投入的成本越低，企业的超额利润会越大，从而影响矿产资源资产价格。金属矿石的选冶性能、矿床含有的有益伴生组分以及矿床地质构造的复杂程度等，都会直接影响矿产品的产出率，从而影响企业的利润率。矿床的地理位置对矿产资源资产价格的影响有时甚至超过矿床本身的丰度。矿床距离加工消费地的远近和运输条件的优劣，会影响企业的生产成本。因此，矿床丰度与地理位置综合作用，影响矿产资源资产价格。

4. 科技进步。科技进步对矿产资源资产价格的影响主要有下列几个方面：（1）会使一些没有被利用的或者原先认为无法利用的伴生元素或矿物被开发和利用，从而使矿产资源总规模扩大，市场供给增加。（2）可以发现已被使用的矿产资源新的或更有效的利用价值，从而改变、增加和提高矿产资源资产的价格。（3）可以发现和创造对矿产资源开发、利用更有效的方法，使采掘企业的技术经济指标发生显著变化，如采矿损失率、矿石贫化率等降低；采矿回采率、选矿回收率、有益组分综合利用率、尾矿处理水平等上升，降低了矿产资源的耗减速度，使采矿企业增加收益，也使矿产资源的资产价格上升。（4）可以发现和创造更加有效的或现代化的找矿方法，使矿产资源普查和详查的成本和风险降低，环境治理的费用水平下降，从而改变矿产资源资产的价格构成和价格水平。

5. 资本化率和社会平均利润率。资本化率和社会平均利润率影响资金流向和矿山企业的经营利润，从而影响矿产资源资产的价格。

三、矿产资源资产评估的程序

按照《矿业权评估程序规范》的基本要求，结合选取的评估方法，确定并实施具体评估程序。评估程序一般包括：明确评估业务基本事项、签订评估委托合同书、编制评估计划、尽职调查、搜集评估资料、评定估算、编制和出具评估报告、工作底稿归档。

实施矿产资源资产评估过程中，应注意以下方面：

1. 评估委托合同书中应明确委托人、评估对象与范围、评估目的、评估基准日等评估业务基本事项。

2. 搜集评估资料时，应对委托人提供的资料进行核查和验证。

3. 评估资料一般包括：（1）评估对象权属资料；（2）评估对象目前和历史状况及相应的证明材料；（3）地质勘查类资料；（4）矿山开发（预）可行性研究、初步设计/开发利用方案类资料；（5）财务会计及生产经营资料；（6）相关法律、法规及规范性文件；（7）行业信息、市场询价、数据分析等资料；（8）其他专业报告等。

4. 开展尽职调查时，应根据评估项目具体情况，对评估对象进行现场调查。尽职调查一般包括以下内容：（1）评估对象权属状况；（2）地形地貌等自然地理条件；（3）交通、供电、供水等基础设施条件及区域经济发展状况；（4）勘查、开发历史及现状；（5）野外主要地质勘查实物工作量状况；（6）矿山建设和生产经营状况；（7）周边的勘查、开发活动；（8）当地矿产品、矿业权市场情况；（9）评估对象既往评估和交易情况；（10）矿业权评估师认为需要调查的其他事项。

5. 出具评估报告前，应对评估报告进行内部审核。出具评估报告时，应向中国矿业权评估师协会取得评估报告统一编码，并按有关规定提交委托人。

四、矿产资源资产评估的主要方法

矿产资源资产评估，根据不同的评估对象和评估目的，具有多种评估方法。常见方法为三大类，即收益途径评估方法（收益法）、成本途径评估方法（成本法）、市场途径评估方法（市场法）①。

矿产资源评估管理工作基本知识

具体包括基准价因素调整法、交易案例比较调整法、单位面积倍数法、资源价值比例法、收入权益法、折现现金流量法和勘查成本效用法。各评估方法适用范围详见表8-2。

表8-2　　　　　　　　矿产资源资产评估的主要方法

	基准价因素调整法	交易案例比较调整法	单位面积倍数法	资源价值比例法	收入权益法	折现现金流量法	勘查成本效用法
预查探矿权	√	√	√	√(注1)			√(注5)
普查探矿权	√	√		√(注1)		√(注4)	√(注5)
详查探矿权	√	√			√(注2)	√	
勘探探矿权	√	√			√(注2)	√	
采矿权	√	√			√(注3)	√	

注1：限于估算了资源量的预查和普查探矿权，但不适用于赋存稳定的沉积型矿床中勘查程度较低的预查及普查探矿权。

注2：限于不适用折现现金流量法且矿产资源储量规模为小型的详查和勘探探矿权。

注3：限于不适用折现现金流量法的下列采矿权：
①矿产资源储量规模和矿山生产规模均为小型的采矿权；
②评估计算的服务年限小于10年且生产规模为小型的采矿权；
③评估计算的服务年限小于5年且生产规模为大中型的采矿权。

注4：限于赋存稳定的沉积型矿床中勘查程度较低的普查探矿权。

注5：限于未估算资源量的预查和普查探矿权。

根据《矿业权评估方法规范》中各种评估方法的适用范围和前提条件，针对评估对象与范围的特点以及评估资料搜集情况等相关条件，恰当选择评估方法，形成评估结论。对于具备评估资料条件且适合采用不同评估方法进行评估的，应当采用两种以上评估方法进行评估，通过比较分析合理形成评估结论。因方法的适用性、操作限制等无法采用两种以上评估方法进行评估的，可以采用一种方法进行评估，并在评估报告中披露只能

矿业权评估中评估方法选择要考虑的因素

---

① 《矿业权评估方法规范——收益途径评估方法规范》（CMVS12100—2008），《矿业权评估方法规范——成本途径评估方法规范》（CMVS12200—2008），《矿业权评估方法规范——市场途径评估方法规范》（CMVS12300—2008）。

采用一种方法的理由。

(一) 收益途径评估方法（收益法）

收益途径评估方法具体包括：折现现金流量法、折现剩余现金流量法、剩余利润法、收入权益法、折现现金流量风险系数调整法。

1. 折现现金流量法，即 DCF 法（Discounted Cash Flow），通常是将矿业权所对应的矿产资源勘查、开发作为现金流量系统，将评估计算年限内各年的净现金流量，以与净现金流量口径相匹配的折现率，折现到评估基准日的现值之和，作为矿业权评估价值。

折现现金流量法适用于详查及以上勘查阶段的探矿权评估和赋存稳定的沉积型大中型矿床的普查探矿权评估。也适用于拟建、在建、改扩建矿山的采矿权评估，以及具备折现现金流量法适用条件的生产矿山的采矿权评估。

$$P = \sum_{i=1}^{n} \left[(CI - CO) \frac{1}{(1+r)^i} \right]$$

其中：CI——年现金流入量（包括销售收入，回收固定资产残值，回收流动资金）

CO——年现金流出量（包括后续地质勘查投资、固定资产投资、无形资产投资含土地使用权其他资产投资、更新改造资金、流动资金、经营成本、销售税金及附加、企业所得税）

其余同上

2. 折现剩余现金流量法，即 DRCF 法（Discounted remained cash flow），是将矿业权所对应矿产资源勘查、开发作为现金流量系统，将评估计算年限内各年的净现金流量，逐年扣减与矿产资源开发收益有关的开发投资合理报酬后的剩余净现金流量，以与剩余净现金流量口径相匹配的折现率，折现到评估基准日的现值之和，作为矿业权评估价值。

$$P = \sum_{i=1}^{n} \left[(CI - CO - Ip) \frac{1}{(1+r)^i} \right]$$

其中：Ip——与矿产资源开发收益有关的开发投资合理报酬

其余同上

折现剩余现金流量法适用于详查及以上勘查阶段的探矿权评估和赋存稳定的沉积型大中型矿床的普查探矿权评估。适用于拟建、在建、改扩建矿山的采矿权评估，以及具备折现剩余现金流量法适用条件的生产矿山的采矿权评估。运用中需注意的问题评估基准日前支出项目、评估用固定资产投资、评估用无形资产投资、产品价格等的确定，与折现现金流量法相同。资产净值是各年固定资产净值、无形资产及其他资产摊余价值之和。投资收益率依据相关指导意见确定。

3. 剩余利润法

剩余利润法是通过估算待估矿业权所对应矿产资源开发各年预期利润，扣除开发投资应得利润之后的剩余净利润，按照与其相匹配的折现率，折现到评估基准日的现值之和，作为矿业权评估价值。

$$P = \sum_{i=1}^{n} \left[(E - E_i)_t \frac{1}{(1+r)^t} \right]$$

其中：E——年净利润（净利润＝销售收入－总成本费用－销售税金及附加－企业所得税）

E_i——开发投资利润（E＝当年资产净值×投资利润率）

$(E-E_i)t$——第 t 年的剩余利润额

其余同上。

剩余利润法主要适用于正常生产的矿山采矿权的评估。对于勘查程度较高的探矿权评估也可以选用。采矿权评估时，应分析、判断企业提供资料的真实性、可靠性及完整性，确保相关预测的合理性。当评估选取的参数与生产企业实际情况存在重大差异时，在评估报告中应予以披露，并对产生差异的原因及其选取合理性进行分析。评估模型中不计入固定资产、无形资产等投资，这些投资以折旧和摊销等形式进入总成本费用。该模型从收益中扣除这部分投资形成资产的折旧和摊销，再考虑投资利润的扣除。

4. 收入权益法。收入权益法是基于替代原则的一种间接估算采矿权价值的方法。是通过采矿权权益系数对销售收入现值进行调整，作为采矿权价值。

$$P = \sum_{i=1}^{n} \left[SI_t \frac{1}{(1+r)^t} \right] \cdot K$$

其中：SI_t——年销售收入

K——采矿权权益系数

该方法适用于矿产资源储量规模和矿山生产规模均为小型的、且不具备采用其他收益途径评估方法的采矿权评估、服务年限较短生产矿山的采矿权评估和资源接近枯竭的大中型矿山，其剩余服务年限小于 5 年的采矿权评估。运用该方法在确定生产能力时，应遵循矿山生产规模、矿山生产服务年限与储量规模相匹配的基本原则。矿山生产规模、矿山服务年限与储量规模不匹配时，应按照确定生产能力的原则和影响因素，对生产能力进行调整，但资源接近枯竭及国家法律法规另有规定的矿山除外。此外评估采用的产品价格应与实际的产品方案一致。原矿、精矿和金属产品，对应不同的采矿权权益系数。

> **提示：**
> 采矿权权益系数，是采矿权评估价值与销售收入现值之比，主要反映矿山成本水平。一般可以通过统计已评估的采矿权价值结果得到取值范围。具体取值应在分析地质构造复杂程度、矿体埋深、开采方式、开采技术条件、矿山选冶（洗选）难易等后确定。

5. 折现现金流量风险系数调整法。

$$P = P_n \cdot (1-R)$$

其中：P_n——采用折现现金流量法或折现剩余现金流量法估算的探矿权基础价值

R——矿产开发地质风险系数

折现现金流量风险系数调整法，是针对地质勘查程度较低的稳定分布的大中型沉积矿产的探矿权价值评估而设定的一种评估方法。首先根据毗邻区矿产勘查开发的情况，采用折现现金流量法或折现剩余现金流量法估算出评估对象的基础价值，然后采用矿产开发地质风险系数进行调整得到探矿权评估价值。

第八章 资源资产评估

矿产开发地质风险系数,是针对地质勘查工作程度不足而设定的,反映因地质勘查工作程度不足所存在的地质可靠性低、开发风险高等情形。该系数一般通过对地质、采矿、选矿等因素进行半定量分析确定。

【例 8-3】 某资产评估机构于 2006 年 10 月 20 日对 H 矿山的采矿权进行评估。根据该矿山现有的矿山设备和生产条件可预测该矿山企业的收益期约为 6 年。根据预测,在未来 6 年的收益期内,各年的销售收入分别为 800 万元、650 万元、600 万元、580 万元、400 万元、230 万元,各年的生产经营成本和各种税费分别为 360 万元、280 万元、210 万元、190 万元、100 万元、80 万元。若社会销售收入平均利润率为 20%,折现率为 8%。

要求:评估 H 矿山采矿权的价值

解:根据已知条件适合用贴现现金流量法评估该采矿权。

$$\text{矿山采矿权的评估值} = \frac{800-360-800\times20\%}{(1+8\%)} + \frac{650-280-650\times20\%}{(1+8\%)^2}$$
$$+ \frac{600-210-600\times20\%}{(1+8\%)^3} + \frac{580-190-580\times20\%}{(1+8\%)^4}$$
$$+ \frac{400-100-400\times20\%}{(1+8\%)^5} + \frac{230-800-230\times20\%}{(1+8\%)^6}$$
$$= 280\times0.9259 + 240\times0.8573 + 270\times0.7938 + 274\times0.7350$$
$$+ 220\times0.6806 + 104\times0.6302$$
$$= 1\,095.99\,(\text{万元})$$

(二)市场途径评估方法(市场法)

市场途径评估方法具体包括:可比销售法、单位面积探矿权价值评判法、资源品级探矿权价值估算法。

1. 可比销售法。可比销售法是利用已知采矿权转让中的市场价,经过差异因素调整,来估算待估的采矿权价格的方法。可比销售法评估采用下列公式:

$$P = \left\{\sum_{t=1}^{n}[P_1(Pa\cdot\xi\cdot\omega\cdot v\cdot\phi\cdot\delta)]\right\}\div n$$

其中:Pi——相似参照物的成交价格

Pa——勘查投入调整系数

ζ——资源储量调整系数

ω——矿石品位(品质)调整系数

v——物化探异常调整系数

ϕ——地质环境与矿化类型调整系数

δ——区位与基础设施条件调整系数

n——相似参照物个数

此方法适用于相似参照物与评估对象,其主矿种和矿床成因类型应相同。相似参照物与评估对象必须存在本规范规定的可比因素条件,可比因素相差悬殊,调整系数可能无法调整,应当寻求其他评估途径。评估对象不同,各可比因素对矿业权价值的影响权重不同，操作中应充分考虑每一可比因素对矿业权价值的影响程度，合理确定可比因素的权重，其范围为 0~1。选取可比因数时，采用的口径应一致。如在很短时间内，产品价格变化幅度较大的，应重新选择相似参照物或寻求其他评估途径。

矿体赋存开发条件可比因素可分为矿体赋存条件、矿体开采技术条件、矿石采选技术指标三个部分，各部分对开发投资、成本影响程度不同，操作中应根据其对开发投资、成本的影响程度，合理确定其权重。矿床开采区位与基础设施条件可比因素可分交通运输条件、自然条件、基础设施条件三个部分，各部分对开发投资、成本影响程度不同，操作中应根据不同矿种、不同产品方案对开发投资、成本的影响程度，合理确定其权重。共、伴生组分较多的金属矿，其矿石品位可以采用矿石综合平均品位，即将共、伴生有用组分折算成主要有用组分的矿石品位。产品方案为原矿时，其矿石品位（品质）调整系数应为1，其品位（品质）差异由产品价格调整。

该方法在矿业权市场发达的国家应用较为广泛，由于我国矿业权交易尚不普遍，该方法的应用受到一定的限制。

【例 8-4】 现拟对某采矿权价值进行评估，已知某可参照的采矿权成交价格为 3 000 万元，规模调整系数为 1.10，品位调整系数为 1.05，价格调整系数为 1.15，差异调整系数为 0.95。

求：该采矿权评估价值最接近于多少？

解：该题是对采矿权价值进行评估，因此，我们可以采用贴现现金流量法或可比销售法。根据已知条件，我们可以看出，该题应采用可比销售法。

该采矿权评估值 = 3 000 × 1.10 × 1.05 × 1.15 × 0.95 = 3 785.5（万元）

2. 单位面积探矿权价值评判法

单位面积探矿权价值评判法是利用已知采矿权转让中的相关统计资料、矿产资源储量动态信息、上市公司公开披露的地质信息报告、招拍挂公开披露的地质资料、公开市场类似矿业权交易情况信息、有关部门和组织发布或矿业权评估师掌握的有关信息的基础上，综合分析评估对象实际情况，分析确定单位面积探矿权价值，从而估算评估对象价值的一种方法。该方法的前提条件是勘查区应做过相关的研究工作，并以其成果为基础。勘查区地质矿产特征能够得到充分了解，具备可以分析影响该评估对象价值的资料。该方法一般来说精度较低，通常适用于勘查程度较低、地质信息较少的探矿权价值评估。评估公式如下：

$$P = Pa \cdot S$$

其中：S——评估对象勘查区面积

Pa——单位面积探矿权价值

单位面积探矿权价值评判法在运用中需注意的单位面积探矿权价值应为该区域所有矿产资源所反映的综合单位面积探矿权价值。单位面积探矿权价值应按区域成矿地质条件、外部建设条件划分区域。

3. 资源品级探矿权价值估算法。资源品级探矿权价值估算法，是在了解勘查区内金属矿产资源的品位和质级数据或有关信息的基础上，与已知矿产地的品位质级价值进行比较，分析确定单位资源品级价值，然后分析并合理确定矿业权价值占资源毛价值的比例，从而估算矿业权价值的一种评估方法。通常适用于勘查程度较低、地质信息较少的金属矿产探矿权价值评估。评估公式如下：

$$P = Q_d \cdot \varepsilon \cdot \omega \cdot c$$

式中：Q_d——资源储量

ε——单位资源品级价值

ω——资源品级

c——矿业权价值占资源毛价值的比例

资源品级探矿权价值估算法是建立在资源本身丰度基础上的估价方法，原矿产品含有用组分越高，售价越高，获得净收益越高，矿业权价值越高。

（三）成本途径评估方法（成本法）——勘查成本效用法和地质要素评序

成本法类一般适用于矿产资源预查和普查阶段的探矿权评估，但不适用于赋存稳定的沉积型大中型矿床中勘查程度较低的普查阶段的探矿权评估。采用成本途径进行评估时，除应遵守矿业权评估程序规范外，还应执行确定勘查程度、选择具体评估方法、核实实物工作量、专家评判等程序。

1. 勘查成本效用法，是指采用效用系数对地质勘查重置成本进行修正，估算探矿权价值的方法。评估公式如下：

$$P = Cr \cdot F = \left[\sum_{t=1}^{n} Ui \cdot Pi(1+\varepsilon) \right] \cdot F$$

其中：Cr——重置成本

Ui——各类地质勘查技术方法完成的实物工作量

Pi——各类地质勘查实物工作对应的现行价格和费用标准

ε——岩矿测试、其他地质工作（含综合研究及编写报告）、工地建筑等间接费用的分摊系数

F——效用系数（$F = f1 \times f2$）

$f1$——勘查工作布置合理性系数

$f2$——勘查工作加权平均质量系数

i——各实物工作量序号（$i = 1, 2, 3 \cdots n$）

n——勘查实物工作量项数

勘查成本效用法适用于只投入少量地表或浅部地质工作的预查阶段的探矿权评估，或者经一定勘查工作后找矿前景仍不明朗的普查探矿权评估。

在运用中应该注意实物工作量的选取必须是有关、有效的勘查工作量，不包含公益性地质工作。此外评估范围应当与勘查许可证中所载明的或登记管理机关划定的地理位置（经纬度坐标）和面积一致。

2. 地质要素评序法，是基于贡献原则的一种间接估算探矿权价值的方法。具体是将勘查成本效用法估算所得的价值作为基础成本，对其进行调整，得出探矿权价值。

$$P = Pc \cdot \alpha = \left[\sum_{t=1}^{n} Ui \cdot Pi(1+\varepsilon) \right] \cdot F \cdot \sum_{j=1}^{m} \alpha_j$$

式中：Pc——基础成本（勘查成本效用法探矿权评估价值）
αj——第 j 个地质要素的价值指数（$j = 1, 2, \cdots, m$）
α——调整系数（价值指数的乘积，$a = a_1 \cdot a_2 \cdot a_3 \cdots a_m$）
m——地质要素的个数
其余同上。

（四）其他评估方法

1. 约当投资—贴现现金流量法。用约当投资—贴现现金流量法评估探矿权价值，是通过对新探矿权人未来开采投入的全部资产的未来预期收益现值进行估算，按原探矿权人和新探矿权人投资的比例对预期收益现值进行分割后，以原探矿权人分割所得的预期收益现值来确定探矿权的评估价值。

第一步：根据贴现现金流量法的计算原理，计算新探矿权人资产收益现值。

$$W = \sum_{i=1}^{n} \left[W_i \cdot \frac{1}{(1+r)^i} \right]$$

式中：W——资产收益现值
W_i——第 i 年的收益额
r——资本化率
n——计算年限
W_i = 年销售收入 − 年经营成本 − 年资源补偿费 − 资源税金 − 其他税金

第二步：计算原探矿权人、新探矿权人投资现值。原探矿权人投资现值 Ty 可采用重置成本法计算，探矿权人的投资现值 Tx 可采用贴现法计算。

$$Tx = \sum_{i=1}^{n} \left[T_i \cdot \frac{1}{(1+r)^i} \right]$$

式中：T_x——新探矿权投资累计现值
T_i——第 i 年投资值

第三步：计算探矿权评估价值，其计算公式为：

$$P = \frac{Ty}{Ty + Tx} \cdot W$$

式中：P——探矿权评估价值
T_y——原探矿权人投资现值
T_x——新探矿权人投资现值

提示：
　　约当投资-贴现现金流量法并不是直接对探矿权资产的未来预期收益进行估算。该方法的应用需具有一定勘查程度，并具有较详细的地勘投资财务资料。

【例 8 − 5】 被评估资产为一待开采金属矿的探矿权。该矿由甲勘探队于 2001 年 1 月初开始进行投资勘探，2003 年 12 月末完成了全部勘探工作，并形成了完整的资料，具备了投资开采的条件。2004 年 1 月甲勘探队拟将勘探成果转让给乙企业并由乙企业进行开采，要求评估探矿权价值，并将评估基准日确定为2004年1月1日。

评估人员调查得知，甲勘探队在3年的勘探过程中，每年投资100万元，资金均匀投入，在这三年的过程中，相应物价指数每年递增5%。该金属矿可开采量为1 000万吨。乙企业从2004年1月开始投资，如果每年投资500万元，资金均匀投入，3年后可形成年开采矿石100万吨的生产能力。假设该矿矿石每吨售价500元，每年获得的利润总额为销售收入的15%，所得税税率为33%，适用折现率为10%，除投资条件外不考虑其他因素，求该探矿权的转让价值。（要求：采用约当投资—贴现现金流量法，结果以万元为单位，小数点后保留两位。）

解：1. 矿山可开采年限 1 000/100 = 10（年）

2. 开采矿山收益现值 $= \dfrac{500 \times 100 \times 15\% \times (1-33\%)}{10\%}$

$\times \left[1 - \dfrac{1}{(1+10\%)^{10}}\right] \times \dfrac{1}{(1+10\%)^3}$

$= \dfrac{5\,025}{10\%} \times (1 - 0.3855) \times 0.7513 = 23\,199.11$（万元）

3. 甲勘探队投资现值 $= 100 \times (1+5\%)^{2.5} + 100 \times (1+5\%)^{1.5} + 100 \times (1+5\%)^{0.5}$
$= 112.97 + 107.59 + 102.47 = 323.03$（万元）

4. 乙企业投资现值 $= \dfrac{500}{(1+10\%)^{0.5}} + \dfrac{500}{(1+10\%)^{1.5}} + \dfrac{500}{(1+10\%)^{2.5}}$
$= 476.73 + 433.39 + 393.99 = 1\,304.11$（万元）

5. 甲勘探队投资所占比例 $= \dfrac{323.03}{323.03 + 1\,304.11} \times 100\% = \dfrac{323.03}{1\,627.14} \times 100\% = 19.85\%$

6. 探矿权评估值 $= 23\,199.11 \times 19.85\% = 4\,605.02$（万元）

2. 地勘加和法。地勘加和法利用地勘投入的重置成本加上以地勘投入所分配的超额利润来确定探矿权价值，是重置成本法和贴现现金流量法相结合的一种评估方法，它既考虑了探矿权投入的成本，也考虑了探矿权未来的获利能力。计算公式为：

$$P = Px + Ln$$

$$Ln = M \cdot \dfrac{T}{T+G}$$

式中：Px——含勘查风险的探矿权净价

Ln——应分配的超额利润

M——超额利润总额

T——地勘总投资

G——矿山建设总投资

本章小结

● 资源是人类赖以生存和发展的物质基础，它包括自然资源、经济资源和人文社会资源。资源资产具有三大属性——自然属性、经济属性和法律属性。

- 根据自然资源在开发过程中能否再生，自然资源可划分为耗竭性资源和非耗竭性资源。
- 耗竭性资源的主体是矿产资源，非耗竭性资源可分为三种：恒定的非耗竭性资源、可再生的非耗竭性资源和不可再生的非耗竭性资源。按照资源的性质，从自然资源与人类的经济关系角度，可划分为环境资源、生物资源、土地资源、矿产资源和景观资源等。
- 森林资源资产价格构成的因素包括营林生产成本、资金的时间价值、利润、税金、林木生产中的损失、地租、地区差价和树种差价等，采用的评估方法有市场法、收益法、成本法、剩余法。
- 我国的矿产资源属于国家所有，矿产资源物质实体及其所有权属于国家所有。国家实行探矿权、采矿权有偿取得制度。探矿权和采矿权通常合称矿权。矿产资源资产价格的影响因素主要包括：矿产资源本身的稀缺程度和可替代程度、矿产品的供求状况、矿床自然丰度和地理位置、科技进步、资本化率和社会平均利润率等。
- 矿业权评估的主要方法有基准价因素调整法、交易案例比较调整法、单位面积倍数法、资源价值比例法、收入权益法、折现现金流量法和勘查成本效用法。

思考题

1. 资源性资产有哪些特性？
2. 什么是非耗竭性资源？
3. 森林资产价格的主要构成要素有哪些？
4. 林木资产评估有哪些方法？
5. 矿产资源资产价格的主要影响因素及评估方法选择？
6. 矿产资源资产评估中可比销售法的基本思路？
7. 矿产资源资产评估中贴现现金流量法的基本步骤是什么？

阅读材料

1. （美）阿兰·兰德尔：《资源经济学》，北京商务印书馆1989年版。
2. 胡昌暖：《资源价格概论》，中国物资出版社1993年版。
3. 矿业权评估指南编写小组：《矿业权评估指南》，中国大地出版社2004年版。
4. 中国矿业权评估师协会：《矿业权评估相关法规文件汇编》，地质出版社2014年版。
5. 周学安、王正军：《森林资源资产评估理论与实务》，中国市场出版社2013年版。
6. 刘玉平、郭春娥：《不动产、机器设备、珠宝首饰、资源资产评估实务》，中国财政经济出版社2002年版。

第九章
无形资产评估

> 估价（无形资产）为零会导致资源配置上的混乱。因为会计体制影响绩效的回报，所以它们就会影响到公司中经理们的经济行为，以及外部投资者的行为。
>
> ——格利高昂·沃次伯格
>
> 在无形资产中，有"硬"的无形资产，包括专利权、版权以及像数据库和软件等信息时代的资产。在所有的资产中，"软"资产最重要，例如技能、能力、专业经验、文化、忠诚等，这些都是知识资产——智力资本，它们决定企业是否能够获得成功。
>
> ——托马斯·A. 斯图尔特

重点提示

- □ 无形资产的范围
- □ 影响无形资产评估价值的因素
- □ 收益法在无形资产评估中的基本公式
- □ 运用收益法评估专利资产时折现率及分成率的确定方法
- □ 商标资产的定义及分类
- □ 著作权和著作权资产的概念和特征
- □ 商誉的评估方法

现代资产评估业务涉及的范围广泛，包括有形资产和无形资产。无形资产（Intangible Asset）作为一种重要的经济资源，正在成为各国经济增长和企业发展的新的源泉和动力。无形资产评估是无形资产研究在经济学科中的具体体现，是我国市场经济进一步深入发展的必然要求。同时，无形资产评估是无形资产管理制度中的重要组成部分，在企业重组和产权交易等环节发挥着重要的中介评价作用。

第一节 无形资产与无形资产评估概述

一、无形资产的定义和分类

(一) 无形资产的定义

中国资产评估协会于 2017 年 10 月 1 日起开始施行的《资产评估执业准则——无形资产》对无形资产的定义表述为：无形资产"是指特定主体拥有或者控制的，不具有实物形态，能持续发挥作用并且能带来经济利益的资源。"本书采用准则中无形资产的定义。

(二) 无形资产的分类

无形资产的种类很多，可以按不同的标准分类，如表 9-1 所示。

表 9-1　　　　　　　　　　　　　无形资产的分类

分类依据	类别	内容
能否独立存在	可辨认无形资产	专利权、专有技术、商标权、著作权、土地使用权、特许权等
	不可辨认无形资产	商誉
取得的方式	自创无形资产	专利权、专有技术、商标权、著作权等
	外购无形资产	专利权、专有技术、商标权、著作权等
有无法律保护	专门法律保护	专利权、商标权
	无专门法律保护	非专利技术等
自身的技术含量	技术类无形资产	专利权、专有技术和计算机软件等
	非技术类无形资产	商标权、商誉和许可权

在无形资产评估实践中，无形资产的种类随着高新技术、新的管理方式和营销方式的发展，会不断出现新的内容，许多新的无形资产需要识别和鉴定，无形资产的种类会不断增加，例如，租赁权、许可证和顾客名单等也经常被作为无形资产来评估。

(三) 无形资产的特征

1. 无形资产的形式特征。

(1) 垄断性。无形资产应当是特定主体所控制的资源，只有通过垄断占有或者需要付出代价才能获得的资源才是无形资产，"如果这种无形有用资源对任何人来讲都是共有的，即公共资源，例如空气，任何使用这种资源的人无需支付费用，任何人无法通过这种有用资源获取利益,那么这种有用资源不可能成为一种资产。"

(2) 非实体性。也可称无形性。无形资产具有非实体性,指的是无形资产没有具体的物理形状。无形资产的无形性主要表现在三个方面:首先,存在形式的无形性;其次,资产损耗的无形性;最后,发挥作用的无形性。

(3) 效益性。无形资产具有效益性,成为无形资产的前提是其必须能够以一定的方式,为其拥有主体在未来创造效益,而且必须能够在较长的时间内产生经济效益。另外,无形资产未来的获利能力须能以货币来计量。

2. 无形资产的功能特征。

(1) 附着性。无形资产往往附着于有形资产而发挥其固有功能,例如,专利技术和专有技术要体现在专用机械生产线及工艺设计之上。在评估确定无形资产收益时,要注意区别有形和无形资产带来的收益。

2. 共益性。无形资产通过一定的合法程序,可以为不同的权利主体共同享用,也可以在其所有者继续使用的前提下,多次转让其使用权。但市场有限且竞争激烈,各共享主体对无形资产使用互相排斥,超出一定规模垄断利润就无法取得。无形资产独占、排他性转让与普通转让评估值是不同的。如果转让方继续使用该无形资产还要考虑其机会成本。

3. 积累性。无形资产的形成往往基于其他无形资产的发展,无形资产自身的发展也是一个不断积累的演进的过程。无形资产作为知识产品在生产经营中往往起着承上启下的作用,评估时应考虑这种作用。

4. 替代性。一种无形资产总会被更新的无形资产所取代。比如,一项专利技术发明以后,科学技术不断进步,社会的政治经济环境也都在发展之中,其本身也有可能发生变化,这些会导致原有无形资产会被更新的无形资产所代替。因此,无形资产具有不断更新的趋势。所以,在无形资产评估中须考虑它的作用期间,尤其是尚可使用年限。

二、无形资产评估的对象和范围

无形资产评估,是指资产评估机构及其资产评估专业人员遵守法律、行政法规和资产评估准则,根据委托对评估基准日特定目的下的无形资产价值进行评定和估算,并出具资产评估报告的专业服务行为。对无形资产进行评估,首先要界定评估对象并明确评估范围。

国际评估准则中无形资产的具体分类和美国评估公司所涉及的无形资产种类

(一) 评估对象

1. 无形资产评估对象的界定。

(1) 无形资产的界定标准。无形资产评估对象需要依据明确的标准对其进行界定。以下主要介绍经济学、法律、市场三种不同的界定标准。

①界定的经济学标准。界定无形资产评估对象的经济学标准重点体现为无形资产的获利能力与获利方式等经济属性。根据无形资产的概念,无形资产是由特定主体所拥有或者控制的,不具有实物形态,能持续发挥作用且能带来经济利益的资源。据此,如果无形资产不能带来显著、持续的可辨识经济利益,则其不能被认定为无形资产。

②界定的法律依据。界定无形资产评估对象的法律依据主要体现在法律法规对无形资

产的认定和保护上。一部分无形资产处于法律法规保护范围内，例如知识产权类无形资产，对于这类无形资产来说，法律所规定的保护范围则是界定无形资产的基本条件之一。《中华人民共和国专利法》《中华人民共和国商标法》《中华人民共和国著作权法》《中华人民共和国合同法》等法律法规使得无形资产可以带来经济利益的同时被赋予了相关法律权益。一旦这类无形资产失去法律保护及认可，也就不再被认定为无形资产。

③界定的市场标准。许多学者都曾围绕无形资产的资产交易、投资、质押等方面提出过市场界定依据，并根据国家有关无形资产的制度和规定进行无形资产范围和分类的研究。此类研究体现了市场对无形资产的认可和接受程度，属于经济、法律方面的扩展和补充，能够使我们更好地认识无形资产，并且扩大我们对无形资产认识的视野。例如，有学者将无形资产划分为市场类无形资产、知识类无形资产、组织管理类无形资产三类；或在此基础上将前两类进一步细分为人力型无形资产、智力型无形资产、市场及客户型无形资产。

（2）无形资产的性质和特征。综合以上三种界定标准，在实际操作中，可以从以下三个方面综合分析判断无形资产的性质、特征：

①从无形资产目前和历史上的发展状况以及无形资产实施的地域范围、领域范围、获利能力与获利方式，判断无形资产是否能带来显著、持续的可辨识经济利益。

②从委托人提供的法律文件、权属有效性文件或者其他证明资料，来判断无形资产的存在、剩余经济寿命和法定寿命。

③从无形资产以往的评估及交易情况或相关无形资产的市场转让、出资、质押等情况，判断市场对被评估无形资产的认可程度。

2. 无形资产评估对象的确认。

（1）确认无形资产的存在。首先应验证无形资产来源是否合理，产权是否明确，关注其经济行为是否合法、有效。具体可以从以下几个方面入手：

①查询被评估资产的内容、国家有关规定、专业人员评价情况、法律文书（如专利证书、商标注册证、著作权登记证书等），核实有关资产的真实性、可靠性和权威性。

②分析无形资产使用所要求的与之相适应的特定技术条件和经济条件，鉴定其应用能力。

③核查无形资产的归属是否为委托者所拥有或为他人所有。

④分析评估委托的资产是否形成了无形资产。当商标没有被使用时，即并没有在消费者中间产生影响力时，不可认定为无形资产。

（2）确认无形资产的种类。在确认无形资产真实存在之后，应对其种类、具体名称、存在形式加以明确。有些无形资产由若干项无形资产组合而成，应通过合并或分离的形式进行资产确认，避免重复评估和遗漏评估。

（3）确认无形资产的有效期限。无形资产存在时效性，只在有效期限内发挥价值。对于专利权来说，一旦超过法律保护年限，就不能再确认为无形资产。若存在未交专利年费的情况，等同于专利被撤回，同样不能确认为无形资产。一般来说，有效期限对无形资产的价值也会产生一定影响，对于一部分商标，随着商标的有效期限延长，其知名度增加，价值也随之提高。

（二）评估范围

在进行无形资产评估业务时，需明确无形资产的评估范围，即关于所评估无形资产对象的具体内容，它不仅包含无形资产具体名称的内涵和外延，也包括所评估无形资产的具体数量。根据无形资产的类型可以分为单项无形资产的评估范围、可辨认组合类无形资产的评估范围和其他组合类无形资产的评估范围。

1. 单项无形资产的评估范围

单项无形资产主要指单项可辨认无形资产，其评估范围包括该无形资产权属的不同种类、同种权属的不同限制条件下的权利以及该无形资产所受具体限制等内容。

2. 可辨认组合类无形资产的评估范围

可辨认组合类无形资产的评估范围除了含有与单项无形资产评估一致的评估范围之外，还需要考虑其包含的各种单项无形资产的种类和数量。

3. 其他组合类无形资产的评估范围

其他组合类无形资产的评估范围除包含不同单项无形资产的种类、数量的具体内容外，还包括不可辨认无形资产——商誉的有关内容，同时也会涉及所依托的有形资产的种类、数量等具体内容。

三、无形资产评估的目的和假设

（一）评估目的

评估目的是无形资产评估过程中的关键评估要素。评估目的既可以规范无形资产评估报告的使用，将评估值控制在客观合理的范围内，避免无形资产评估报告被误用，又能够直接决定和制约无形资产评估的价值类型与评估方法的选择，还会对无形资产评估其他后续流程产生关键性影响。

1. 出资。无形资产出资即出资人根据公司法规定将无形资产作为非货币性资产出资设立一家公司或向一家公司增资。在实务中可以作为出资的无形资产主要有专利资产、专有技术资产、商标资产、著作权资产等。

2. 交易。以交易为目的的无形资产评估主要表现为单项无形资产或无形资产组合的所有权或使用权转让。其中，无形资产的使用权转让还可进一步细分为独占使用权、排他使用权、普通使用权等不同类型的使用权转让。

3. 质押。企业在利用无形资产质押向金融机构贷款时需要对无形资产价值进行评估。可用来质押的无形资产种类具体包括可以转让的商标权、专利权、著作权等知识产权。一般情况下，以质押为目的的无形资产评估选用市场价值作为价值类型，同时结合质押率进行无形资产价值确定。

4. 法律诉讼。以法律诉讼为目的而涉及无形资产评估的情形主要包括以下几种：一是因无形资产侵权损害而导致的无形资产纠纷。此种情形在以法律诉讼为目的无形资产评估中最为常见。二是因悔约导致的无形资产损失纠纷。三是因无形资产买卖交易等引起的仲裁。四是因公司、合伙关系解散或者股东不满管理层的经营、决策等而涉及的无形资产纠纷等。

5. 财务报告。以财务报告为目的的无形资产评估主要涉及商誉减值测试、可辨认无形资产减值测试等业务情形。

6. 税收。以税收为目的的无形资产评估主要适用于企业重组涉税、内部无形资产转移等情形。根据税法规定或合理避税需要,以税收为目的的无形资产评估能够为企业提供无形资产公允价值的合法证据。

7. 保险。以保险为目的的无形资产评估主要包括两种情形:一是在投保前,对被保险无形资产的价值进行评估,可以为投保人确定投保额;二是一旦发生损失,通过评估被毁损无形资产的价值,可以确定赔偿额,为保险机构提供依据。

8. 管理。以管理为目的的无形资产评估主要服务于政府部门和企业主体。前者体现为政府部门基于行政事业单位资产管理国有资产保值增值等需要所产生的无形资产评估需求;后者体现为企业基于资产经营管理、实现价值提升等需要所产生的无形资产评估需求。

9. 租赁。租赁根据具体目的可分为融资租赁和经营租赁两种类型。以融资租赁为目的的无形资产评估主要有两种情形:一种是在承租期满后,无形资产所有者将无形资产所有权转给承租方;另一种是在租赁期满后,无形资产出租方将无形资产收回。以经营租赁为目的的无形资产评估,主要是为出租方将无形资产使用权租赁给承租方时提供价值参考。在评估实务中,评估专业人员须区分具体租赁形式,并根据具体形式判断无形资产状态和选择合适的评估方法。

(二)评估假设

无形资产总是处于不断变化之中,其最终估算价值会因经营环境和评估条件而改变,因而通常需要建立一系列评估假设作为评估结果合理的前提条件。目前与无形资产相关的常见的评估假设主要包括持续使用假设、公开市场假设和清算假设等。

1. 持续使用假设。持续使用假设是对无形资产使用状态的一种假定性描述,指无形资产能够为企业持续经营所使用,并且它能够对企业其他资产做出贡献。在做出持续使用假设时,需考虑无形资产是否尚有显著的剩余使用寿命。

2. 公开市场假设。公开市场假设是指无形资产可以在公开的市场上出售,买卖双方地位平等,并且有足够的时间搜集信息。只有在公开市场假设的前提下运用现行市价法等方法进行评估才能具有有效的参考依据,才能对无形资产价值进行合理的评估。

3. 清算假设。当企业面临被迫出售时,单项无形资产不是作为持续经营企业的一部分出售,而是分开出售。其假设无形资产须被快速变现。通常,在破产企业或单项资产出售价值大于企业整体出售价值的情况下,无形资产评估应采用清算假设。

第二节

收益法在无形资产评估中的应用

确定无形资产价值的评估方法包括市场法、收益法和成本法三种基本方法及其衍生方法。执行无形资产评估业务,资产评估专业人员应当根据评估目的、评估对象、价值类型、资料搜集等情况,分析上述三种基本方法的适用性,选择适当的评估方法。

一、无形资产评估中收益法的应用形式

(一) 无形资产评估收益法的理论基础

收益法是根据"将利求本"的思路,即在市场经济条件下,任何一个理智的投资者在购置或投资一项资产时,他所愿意支付的货币数额不会高于他所购置或投资的资产在未来能给他带来的回报,即预期收益额。收益法正是利用投资回报与投资额之间内在联系,利用可以将预期收益折现的各种技术手段来判断和确定被评估资产的评估价值。收益法的理论基础是资金的时间价值理论和资金的风险价值理论。投资无形资产相对有形资产而言,需承担的风险更大一些,投资者要求的回报率就高一些。

(二) 无形资产评估的超额收益法

采用收益法评估无形资产一般是通过测算该项无形资产所产生的未来预期收益并折算成现值,借以确定被评估无形资产的价值。收益法评估无形资产的具体应用形式包括许可费节省法、增量收益法和超额收益法。本节重点介绍超额收益法。

超额收益法,是用归属于目标无形资产所创造的收益的折现值来确定该项无形资产价值的评估方法。具体是先测算无形资产与其他相关贡献资产共同创造的整体收益,在整体收益中扣除其他相关贡献资产的相应贡献,将剩余收益确定为超额收益,并作为目标无形资产所创造的收益,再将上述收益采用适当的折现率转换成现值,或者运用一个资本化倍数,将恒定的超额收益进行资本化,以获得无形资产价值。这里其他相关贡献资产一般包括流动资产、固定资产、其他无形资产和组合劳动力成本等。

根据无形资产转让时选取的参数的不同,收益法在应用上可以表现为下面的形式:

$$无形资产评估值 = P = \sum_{i=1}^{n} \frac{R_i}{(1+r)^i}$$

式中:R_i——第 i 年使用无形资产带来的收益

i——收益期限序号

n——收益期限

r——折现率

二、超额收益法应用中各项参数指标的确定

应用收益法对无形资产评估时,最重要的是各个参数的确定和测算,收益法涉及收益额、折现率及收益期限等参数的确定。

1. 无形资产收益额的确定。无形资产的价值在于能带来经济效益,即该资产能在未来给企业带来新增的或超额的收益,因此超额收益的确定就成为了一个关键点。根据无形资产的特点、无形资产所在企业的盈利模式以及评估师所搜集的评估基准日的相关资料,可以选择不同的方法来确定超额收益。超额收益确定的方法包括直接估算法、差额估算法和分成率法。

(1) 直接估算法。直接估算法是指通过未使用无形资产与使用无形资产的前后收益情况对比分析,确定无形资产带来的收益额。把无形资产使用后的收益额与使用前的收益额进行对比,计算二者的差额,即为无形资产带来的超额收益。在实务中,无形资产投入使用后,或是可以提高产品的单位售价,或是可以降低单位产品的成本,或是可以提高产品的销量,或是这些收益兼而有之。因此,收益额的计算可以分为收入增长型和费用节约性两种方法。

①收入增长型:表现为销售收入大幅度增长,从而形成超额收益。

a. 生产产品能以高出同类产品的价格销售,则

$$R = (P_2 - P_1) Q (1 - T)$$

式中:R——无形资产超额收益

P_2——无形资产使用后单位产品价格

P_1——无形资产使用前单位产品价格

Q——产品销售量

T——所得税税率

b. 价格和成本相同情况下,销售数量大幅度增加,则

$$R = (Q_2 - Q_1)(P - C)(1 - T)$$

其中:Q_2——使用无形资产产品的销售量

Q_1——未使用无形资产产品销售量

P——单位产品销售价格

C——单位产品成本

②费用节约型:由于生产产品中的成本费用降低,从而形成超额收益。即

$$R = (C_1 - C_2)Q(1 - T)$$

其中:C_1——未使用无形资产前的产品单位成本

C_2——使用无形资产后的产品的单位成本

(2) 差额估算法。差额估算法是指如果可以取得评估基准日有效的行业平均净利润率,则可将实施被评估无形资产后所得净利润与行业平均净利润进行对比,以二者的差额作为该无形资产带来的超额收益。其计算公式为:

无形资产超额收益 = 净利润 - 净资产总额 × 行业平均净利润率

使用这种方法时,应注意计算出来的超额收益,有时不完全由被评估无形资产带来,

往往是一种组合无形资产超额收益,还须进行分解处理。

(3) 分成率法。分成率法是建立在收益分享原则基础上的一种确定无形资产超额收益的方法。分成率法是目前国际和我国无形资产评估实践中常用的一种方法。无形资产未来收益的确定,在很多情况下很难进行直接的超额收益计算,也就是使用直接法计算超额收益有一定的局限性,所以经常采用整体性资产收益的预测途径。在此基础上,将被评估无形资产使用后企业预期可获得的收益额,在获得该利润的各要素之间进行分配,其中,被评估无形资产分配得到的收益额,即为其分成收益,也就是无形资产带来的超额收益。用分成率法来计算超额收益最重要的因素是确定无形资产分成率。分成率法计算收益额的公式为:

无形资产收益额 = 销售收入(利润)×销售收入(利润)分成率×(1 – 所得税率)

销售利润分成率 = 销售收入分成率/销售利润率

在转让实务中,因利润额不稳定,也不容易控制和核实,按销售收入分成则切实可行,因此一般确定销售收入分成率(俗称"抽头"),然后换算成利润分成率。例如,国际市场上一般技术转让费不超过销售收入的1%~10%,如果按社会平均销售利润率10%推算,当技术转让费为销售收入的3%时,则利润分成率为30%。从销售收入分成率本身很难看出转让价格是否合理,只能从利润分成率来判断,因而利润分成率是评估的基础。

利润分成率的确定以无形资产带来的追加利润在利润总额中的比重为基础。有的情况下容易直接计算;在不容易区别追加利润的情况下,往往要采取迂回的方法。无形资产转让利润分成率的确定方法主要有以下几种:

①边际分析法。边际分析法根据各生产要素对提高生产率的贡献估算无形资产价值。一般情况下,企业选择两种生产经营方式,一种使用普通生产技术或企业原有技术,另一种使用转让的无形资产,两者利润的差额就是投资于无形资产带来的追加利润。各年度追加利润占总利润的比重按各年度利润现值的权重,求出无形资产寿命期间追加利润占总利润的比重即评估的利润分成率。其计算公式为:

$$利润分成率 = \frac{\sum 追加利润现值}{\sum 利润总额现值} \times 100\%$$

边际分析法的步骤是:

a. 通过以下方面对无形资产边际贡献因素进行分析得出追加利润。包括开辟新市场的垄断加价因素;消耗量降低,低廉材料取代,成本费用降低因素;产品结构优化,质量改进,成本销售收入率提高因素。

b. 测算无形资产寿命期间的利润总额及追加利润总额并折为现值。

c. 计算利润分成率。

这种方法的关键是科学分析净追加利润。

【例9 – 1】企业转让某项新技术,购买方用于改造年产10万只产品的生产线。通过对无形资产边际贡献因素分析,得知寿命期间各年度分别可带来追加利润100万元、120万元、90万元、70万元,分别占当年利润总额的40%、30%、20%、15%,折现率为

10%，试评估无形资产利润分成率。

分析： 本例所给条件已经完成了边际分析法第一步工作，只需计算各年的利润总额，并与追加利润一同折现即可得出利润分成率。

解： $\sum$ 各年度利润总额及现值之和 $= \dfrac{100 \div 40\%}{1+10\%} + \dfrac{120 \div 30\%}{(1+10\%)^2} + \dfrac{90 \div 20\%}{(1+10)^3} + \dfrac{70 \div 15\%}{(1+10)^4} = 1\,214.88$（万元）

$\sum$ 追加利润现值 $= \dfrac{100}{1+10\%} + \dfrac{120}{(1+10\%)^2} + \dfrac{90}{(1+10)^3} + \dfrac{70}{(1+10)^4} = 305.5$（万元）

无形资产利润分成率 $= \dfrac{305.5}{1\,214.88} \times 100\% = 25\%$

②约当投资分成法。边际分析法根据各生产要素对提高生产率的贡献来估算，易于被人接受，但许多场合下无形资产与有形资产互为条件，很难单独确定无形资产的贡献率。应考虑到无形资产是高度密集的知识智能资产，采取在成本基础上附加相应成本利润率并折合成约当投资的办法，按无形资产的折合约当投资与购买方投入资产的约当投资的比例确定利润分成率，其计算公式为：

利润分成率 $= \dfrac{\text{无形资产的约当投资量}}{\text{无形资产的约当投资量} + \text{购买方约当投资量}}$

无形资产约当投资量 = 无形资产重置成本 × （1 + 适用成本利润率）

购买方约当投资量 = 购买方投入的总资产的重置成本 × （1 + 适用成本利润率）

确定无形资产约当投资量时，适用的成本利润率按转让方无形资产总成本占企业（产品）超额利润总额的比率计算，没有企业的实际数时按社会平均水平确定。购买方约当投资量适用的成本利润率按购买方的现有水平测算。

【例 9-2】 甲企业以制造四轮驱动汽车的技术向乙企业投资，该技术的重置成本为 100 万元，乙企业拟投入合营资产的重置成本 8 000 万元，甲企业无形资产成本利润率为 500%，乙企业拟合作的资产原利润率为 12.5%。试评估无形资产投资的利润分成率。

分析： 如果按双方投资的成本价格折算利润分成率就不能体现无形资产作为知识智能密集型资产的高生产率，因而应采用约当投资分成法算估利润分成率。

解： 无形资产的约当投资量 $= 100 \times (1 + 500\%) = 600$（万元）

乙企业约当投资量 $= 8\,000 \times (1 + 12.5\%) = 9\,000$（万元）

甲企业投资无形资产的利润分成率 $= \dfrac{600}{(9\,000 + 600)} \times 100\% = 6.25\%$

边际分析法和约当投资分成法是用于确定无形资产利润分成率的理论依据，评估人员具体操作时，应根据市场交易信息资料和相关经验分析测定利润分成率。

③要素贡献法。这个方法是根据国际技术贸易中的技术作价遵循的利润分享原则，简单利用"四分说"和"三分说"来确定分成率。"四分说"是将对利润的贡献归纳为资金、劳动、技术和管理四要素，分成率为 25%；"三分说"则归纳为资金、技术和管理三要素，分成率为 33.3%。我国理论界采用"三分法"，即考虑生产经营活动中资金、技术和管理三大要素。这三种要素的贡献在不同行业是不一样的，对资金密集型行业，三者的

贡献是50%、30%、20%；技术密集型行业为40%、40%、20%；对高科技行业，则为30%、50%、20%。

2. 无形资产评估中折现率的确定。折现率是收益法中的一个重要参数，也是影响收益法评估结果最为敏感的因素。

折现率的实质是指投资于该无形资产而得到的相适应的投资报酬率。无形资产的折现率与有形资产的折现率的构成基本相同，通常包括无风险报酬率和风险报酬率，用公式表示即：折现率＝无风险报酬率＋风险报酬率。无风险报酬率一般用银行利率或国债利率来表示，这是投资者要求的最低投资报酬率，如果投资后低于这个报酬率，就不如把资金存入银行或购买国债了。一般来说，无形资产的投资收益高、风险性强，因此，无形资产评估中的折现率往往高于有形资产的折现率。另外，收益额与折现率计算口径应相互匹配，评估中如果选用企业利润系列作为收益额，则折现率应选择相应的资产收益率；如果以净现金流量作为收益额，则应以投资回收率作为折现率。同时，如果预期收益中考虑了通货膨胀和其他因素的影响，那么在折现率中也应有所体现，反之亦然。

3. 无形资产收益期限的确定。收益期限是指无形资产未来持续带来超额收益的时间。无形资产收益期限的表示方式主要有三种：（1）法律寿命。法律寿命是指无形资产受法律保护的有效期限。许多无形资产都有明确的法律保护期限，例如，根据《专利法》规定，发明专利的法律保护期限20年，实用新型和外观设计为10年。（2）合同寿命。合同寿命是指通过合同规定无形资产的收益期限，合同寿命一般比法定寿命更为明确，操作性更强。一般情况下，法律寿命和合同寿命是比较明确的。（3）经济寿命。经济寿命是指无形资产能有效使用并创造收益的持续时间。有形资产的收益期限为物理寿命或者经济寿命，而无形资产没有物质实体，不存在物理寿命，故其收益期限的上限只能是无形资产的经济寿命。经济寿命是通过评估人员调查、论证分析和判断得出的。

在确定无形资产的收益期限时，要遵循以下原则：（1）对于既有经济寿命又有法律寿命的无形资产，应根据孰短的原则来确定收益期限；（2）对于不受专门的法律保护的无形资产，一般无法定寿命，确定收益期限时只能遵循经济寿命为基础的原则。例如专有技术收益期限的确定，在评估操作中，可根据专有技术的寿命周期、技术产品的市场竞争状况、专有技术保密措施的有效性、可替代技术的状况以及与技术有关的合同协议等综合状况确定收益期限。

第三节

市场法和成本法在无形资产评估中的应用

一、无形资产评估的成本法

在评估无形资产时，如果无形资产确实具有现实或者潜在的获利能力，但是不容易量化，就只能以无形资产的重置成本为基础来估算其价值，即采用成本法来评估无形资产。根据成本法的概念，其基本计算公式可以表述为：

被评估资产的评估值 = 重置成本 − 实体性贬值 − 功能性贬值 − 经济性贬值

或 = 重置成本 × (1 − 贬值率)

（一）无形资产重置成本及其测算

1. 无形资产的成本特征。无形资产成本包括研制或取得、持有期间全部物化劳动和活劳动的费用支出。其成本特性与有形资产相比有以下区别：

（1）不完整性。购建无形资产的各项费用是否计入无形资产成本是以费用支出资本化为条件的。企业生产经营过程中，科研费用一般是均衡发生且稳定地为生产经营服务的，然而我国现行财务制度不对上述费用进行完全资本化处理，而是在当期费用中列支一部分，而且无形资产也不按折旧进行摊销的办法补偿。这种办法简便易行，不影响无形资产的再生产。但企业账簿上反映的无形资产成本就是不完整的，大量无形资产在账外存在。

（2）弱对应性。知识资产的创建经历基础研究、应用研究和工艺生产开发等漫长过程，成果的出现带有较大的随机性、偶然性和关联性。也就是说，无形资产的投入与产出之间并非存在一一对应关系，有时投入很多财力物力，但却没有产出或者产出很少；有时投入较少，但却产生较大的经济效益和社会效益。

（3）虚拟性。由于无形资产成本具有不完整性、弱对应性的特点，真正投入和维护商标的各项费用已经远远超出其按照现行制度记录的成本，所以，无形资产成本只具有象征意义或虚拟性，如商标成本一般包括商标设计费、登记注册费、广告费等，但是，商标标示着商品的内在质量信誉，实际上包括了该商品的特种生产技术、配方和多年的经验等。

2. 重置成本的估算。无形资产重置成本指现时市场条件下重新创造或购置一项全新无形资产所耗费的全部货币总额。由于无形资产的取得方式分为自创和外购两种，在计算重置成本时，也要分别考虑。

（1）自创无形资产重置成本的估算。自创无形资产的成本由创制该资产所消耗的物化劳动和活劳动费用构成。如果已有账面价格，可以按定基物价指数作相应调整。无账面价格的自创无形资产评估方法有两种：

①核算法。从评估实践来说，无形资产开发的各项支出均有原始会计记录，只要按规定计算消耗量，并按现行价格和费用标准计价就可以了。另外，合理利润也是需要考虑的内容之一，除了成本和费用之外，自创的和外购同样的无形资产的市场价格差额就是合理的利润。其计算公式为：

重置成本 = 生产成本 + 期间费用 + 合理利润

②倍加系数法。对于投入智力较多的技术型无形资产，考虑科研劳动的复杂性和风险，可以用下列公式估算无形资产的重置成本：

$$无形资产重置成本 = \frac{C + \beta_1 \cdot V}{1 - \beta_2} \cdot (1 + L)$$

式中：C——无形资产研发中的物化劳动消耗

V——无形资产研发中活劳动消耗

β_1——科研人员创造性劳动倍加系数

β_2——科研的平均风险系数

L——无形资产投资报酬率

【例9-3】被评估对象为一项专有技术，在该项技术的研制过程中消耗材料21万元，动力消耗40万元，支付科研人员工资30万元。评估人员经过市场调查论证，确定科研人员创造性劳动倍加系数为1.3，科研平均风险系数为0.5，该项无形资产的投资报酬率为25%，行业基准收益率为30%，如采用倍加系数法估算该项专有技术的重置成本，其重置成本最接近于多少万元。

解：无形资产的重置成本 $= \dfrac{(21+40+1.3\times 30)}{1-0.5}\times (1+25\%) = 250$（万元）

(2) 外购无形资产重置成本的估算。外购无形资产由于其在购入时一般有购置费用的原始记录，因此，相对于自创无形资产来说，比较容易计算。此外，外购的无形资产也可能有可供参照的现行交易价格，评估相对比较容易。外购无形资产的重置成本包括购买价和购置费用两部分，一般可以采用以下两种方法：

①市价类比法。它是在无形资产交易市场选择类似的参照物，再根据功能和技术先进性、适用性对参照物的价格作适当调整从而确定无形资产评估值的一种方法。

②物价指数法。即对无形资产账面历史成本进行物价指数调整，估算重置成本。其计算公式为：

$$\text{无形资产重置成本} = \text{无形资产账面成本} \times \dfrac{\text{评估时物价指数}}{\text{购置时物价指数}}$$

无形资产涉及两类费用，分别是物质消耗费和人工费，前者与生产资料物价指数相关度较高，后者与生活资料物价指数相关度较高，并且最终通过工资、福利体现出来。不同无形资产两类费用的比重可能有较大差别，需要利用现代科研和实验手段的无形资产，物质消耗比重较大，在生产资料物价指数与生活资料物价指数差别较大的情况下，应按两类费用的大致比例分别用生产资料、生活资料物价指数估算。两种价格指数比较接近，且两类费用比重有较大倾斜时，可按比重较大的费用适用的物价指数估算。

2. 成新率的估算。影响无形资产成新率的因素是无形资产的损耗，表现为功能性损耗和经济性损耗。功能性损耗是指由于科学技术进步，降低了拥有无形资产的单位或个人获取垄断利润的能力而引致的损耗。经济性损耗是指由于无形资产外部环境因素的变化导致的某项无形资产的禁用或报废。如某项技术尽管水平很高，但应用该技术生产的产品可能会引致环境污染或产生其他国家法规禁止的危害，则该技术存在经济性贬值。通常无形资产成新率的确定可采用专家鉴定法和剩余经济寿命预测法。

(1) 专家鉴定法。即由有关技术领域的专家对被评估无形资产的先进性、适用性作出判断，并确定其成新率。

(2) 剩余经济寿命预测法。即由评估人员对无形资产剩余经济寿命作出预测和判断，确定其成新率的方法。其计算公式为：

$$成新率 = \frac{剩余使用年限}{已使用年限 + 剩余使用年限} \times 100\%$$

公式中，已使用年限比较容易确定，剩余年限可根据无形资产的特征分析判断获得。

二、无形资产评估的市场法

从理论上说，市场法是一种最简单、最有效的方法，应该是资产评估的首选方法。但是，由于无形资产的特征（特殊性、唯一性、非标准性等）和我国无形资产市场的情况，无形资产评估较多地采用收益法，也有选用市场法评估的，例如，土地使用权、矿业权、租赁权等。

如果具备使用市场法的条件，也可以采用市场法评估无形资产，其基本程序和方法与有形资产评估的市场法基本相同。除此之外，还应该注意以下几点：

1. 考虑该无形资产或者类似无形资产是否存在活跃的市场，考虑市场法的适用性。
2. 搜集类似无形资产交易案例的市场交易价格、交易时间及交易条件等交易信息。
3. 选择具有比较基础的可比无形资产交易案例。
4. 搜集评估对象近期的交易信息。
5. 对可比交易案例和评估对象近期交易信息进行必要调整。

第四节　专利资产评估

无形资产评估方法的引申资料

一、专利权资产

（一）专利权的概念和特点

专利是个法律概念，一般情况下是专利权的简称。**专利权**是指由政府的专门机构认定，根据国家有关法律批准并授予专利所有权人在一定期限内对其发明成果享有的独占权和专有权。专利权的独占权和专有权是指专利权人依法对其发明创造享有占有、使用和转让的权利，其他人在经过专利权人许可且支付报酬的前提下，可以利用该专利进行生产经营活动。我国的专利权认定机构是国家知识产权局。

我国的专利法规定，专利权一般包括发明、实用新型和外观设计。**发明**是指对产品、方法或者对其改进提出新的技术方案。**实用新型**是指对产品的形状、构造或者对其结合所提出的适于实用的制造产品的方法发明。实用新型比发明的创造程度要低，因此被称为"小发明"。**外观设计**是指对产品的形状、图案、色彩或者对其结合所做出的富有美感并适合于工业应用的新设计。

（一）专利资产的概念

1. 专利资产的概念。专利资产是专利权资产的简称，指专利权人拥有或者控制的，能持续发挥作用并且能带来经济利益的专利权益。专利需要满足以下三点关键要素才能成为专利资产：其一，能持续发挥作用，也就是该项专利在经营活动中可以在一段时间内持续发挥作用，而不是偶然一次或几次发挥作用，在其他时间内闲置不发挥作用。其二，能带来经济利益，也就是该项专利在发挥作用的过程中可以为专利权拥有人带来经济利益，这是非常重要的一点。其三，专利的获利能力是通过法律保护获得的。法律在对专利提供保护的同时，也对专利获得保护的条件做出了明确的规定，也就是说，专利权成为资产，必须符合法律的相关规定。另外，法律同时还对专利获得保护的范围及时限做出了明确规定。因此，专利资产一定是已经经过法定程序审查批准并在专利权保护有效期内的一项专利权。

2. 专利资产的特点。

（1）独占性，也称排他性。同一内容的技术发明只授予一次专利，对于已取得专利权的技术，任何人未经许可不得进行营利性应用。如果未经专利权人许可而以营利为目的的使用该专利，则专利权人有权对这种行为提出诉讼，要求侵权人停止侵权并赔偿损失。

（2）地域性。任何专利只在法定的地域授权范围内有法律效力，在其他地域范围内则不具有法律效力。

（3）时间性。依法取得的专利权在法定期限内受法律保护。我国专利法规定，发明专利的保护期限为20年，实用新型和外观设计保护期限为10年。期满后专利权人的权利自行终止，任何人都可以使用该项专利。

4. 可转让性。专利权可以转让，由当事人订立合同，并经原专利登记机关或相应机构登记和公告后生效。专利权一经转让，原发明者不再拥有专利权，购买者继承专利权。

二、专利权资产评估

专利资产评估，是指资产评估机构及其资产评估专业人员遵守法律、行政法规和资产评估准则，根据委托对评估基准日特定目的下的专利资产价值进行评定和估算，并出具资产评估报告的专业服务行为。

（一）专利资产评估目的

专利权的评估目的一般包括转让、投资、清算、法律诉讼等。这里主要阐述一下专利的转让。**专利权转让**可分为全权转让（所有权转让）和使用权转让。**全权转让**是指将专利的所有权通过合同转让给受让方使用。**使用权转让**是指许可使用，即专利权人与受让方签订许可使用合同，按照一定条件在一定地域范围内许可受让方使用其专利。

按照专利权许可使用权限的大小，可以将许可使用权分为以下几种形式：

1. 独占使用权。在双方合同规定的时间和地域范围内，专利权人只把技术转让给某一特定受让方，受让方不得再转卖，转让方也不得在合同规定范围内使用和销售该技术生产的产品。

2. 排他使用权。转让方在合同规定的时间和地域范围内只把技术授予受让方使用，同时转让方自己保留使用权和该专利产品销售权，但不再将该技术转让给其他人使用。

3. 普通使用权。转让方在合同规定的时间和地域范围内可以向受让方转让技术，转让方自己也保留技术使用权和产品销售权，同时，转让方还可以将专利技术许可给其他人。

4. 交互使用权。双方专利权人就各自价值相当的专利技术，互相交换许可使用。多见于转让方要求受让方在使用过程中对转让技术的改进和发展反馈给原转让方的权利。

（二）专利资产的评估方法

专利权评估最常用的是收益法，有时也用成本法，由于专利技术的个别性，一般不采用市场法。

1. 收益法。运用收益法评估专利权，根本的问题还是如何寻找、判断、选择和测算评估中的各项技术指标和参数，即专利权的收益额、折现率和获利期限。下面举例说明收益法在专利权评估中的应用。

【例9-4】某公司于2015年12月取得了某项技术的专利权，在以后两年的生产中取得了显著的经济效益，于2017年12月31日对该项专利进行评估。经过评估人员分析其先进性、使用情况、市场供求情况，并结合该公司提供的有关数据，预测今后5年的收益分别为500万、720万、800万、1 024万和1 245万。国库券利率为10%，该公司所在行业的风险报酬率为15%，专利技术的分成率为25%，求该专利技术在2017年12月31日的评估价值。

解：折现率 = 10% + 15% = 25%

$$评估值 = \left[\frac{500}{(1+25\%)} + \frac{720}{(1+25\%)^2} + \frac{800}{(1+25\%)^3} + \frac{1\ 024}{(1+25\%)^5} + \frac{1\ 245}{(1+25\%)^5}\right] \times 25\%$$
$$= 522.16（万元）$$

2. 成本法。运用成本法评估专利权的关键在于分析计算重置成本和成新率。外购专利技术的重置成本比较容易确定。相对而言，自创专利技术的成本构成要复杂一些。

自创专利
的成本构成

第五节 商标资产评估

一、商标资产

（一）商标与商标权

1. 商标概念。商标是商品的标记，是生产者或经营者在商品或者所提供的服务中使用的，以文字、图案、符号、设计或其组合等方式来表示，使之区别于其他同类产品的一种标记。

商标是市场经济发展到一定阶段的产物，商标不仅是商品的标记，也是促进生产经营者和服务者保证商品和服务质量的一种重要手段。同时，商标正逐渐成为市场竞争的有力工具。商标是商标权的特定载体，正确认识商标权和评估商标权价值，首先要认识商标的一些基本问题。按照不同的标准，可以对商标进行不同的分类。

（1）按商标有无专用权，分为注册商标和未注册商标。注册商标是指依照法定注册程序经过国家有关商标管理部门注册登记、法律对使用人拥有的专用权给以保护的商标。未注册商标是指使用人没有注册、不享有专用权的商标。商标权的评估指注册商标专用权的评估。

（2）按照商标构成，可以划分为文字商标、图形商标、符号商标、文字图形组合商标、气味商标、色彩商标、音响商标、立体商标、组合商标等。

（3）按商标的作用，可以分为商品商标、防御商标、制造商标、营业商标、等级商标、制造商标、销售商标、服务商标、证明商标等。

2. 商标权及其特点。商标权，也称为注册商标专有权，是商标注册后，商标所有者依法享有的权益，它受到法律保护，未注册商标不受法律保护。我国的商标法对商标权益的保护进行了详细的规定。商标权具有如下的特点：

1. 专有性。专有性又称独占性，是指注册商标所有者对其注册商标享有专有、使用、收益和处分的权力。未经商标所有者同意，其他任何人不得擅自使用其商标，否则，商标所有者可以依据法律向任何的侵权人要求停止侵权行为并赔偿损失。

2. 可转让性。转让性是指注册商标所有者可以依法将商标使用权转让给他人，也可以通过签订许可使用合同，许可他人在一定范围内使用其注册商标。

3. 价值的依附性。商标使用权本身没有价值，它必须和特定的商品匹配才能为其所有者带来经济利益。

此外，商标权还具有时间性和地域性等特点。时间性是指所有人享有商标权只在法律规定的有效期内才受到法律保护。地域性是指根据一国法律规定所取得的商标权，只能在该国境内有效，对其他国家不发生法律效力。

（二）商标资产

商标资产是指商标权利人拥有或者控制的，能够持续发挥作用并且能带来经济利益的注册商标权益。因此，商标需要满足以下两个关键要素才能成为商标资产：其一，作为商标资产，其区别企业商品或服务的功能及作用能够通过营销在消费者意识中形成独特的联想并产生经济利益；其二，以法律保护的形式将商标标识作用所带来的经济利益赋予了商标所有者。

所以，商标资产是指能够获取超额收益的商标权。当商标权的使用能够为其所有者或者拥有者带来超额收益时，商标权转化为商标资产。

商标权和专利权的区别

三、商标资产的评估方法

理论上商标权的评估可以采用市场法、收益法和成本法,采用哪种方法评估商标权视市场参照物情况、商标权超额收益资料及商标权的成本数据而定。这里主要说明收益法和成本法。

(一)收益法

商标权的评估目的主要是为了确定商标权的转让价格。商标权的转让有两种形式:一种是商标权转让,即商标权的原占有方失去其专有权,而购买方享有其专有权;另一种是商标使用权转让,即原占有方仍保持其专有权,购买方仅在一定范围、一定时间内拥有使用权。这两种转让形式相应涉及商标权转让评估和商标权许可评估。无论是商标权的转让评估还是许可评估,都适合于采用收益法。

【例 9-7】甲自行车厂将"飞云牌"自行车的注册商标使用权通过许可使用合同给乙厂使用,使用时间为 5 年。双方约定由乙厂每年按使用该商标新增利润的 27% 支付给甲厂作为商标使用费。评估资料如下:(1)预测使用期限内新增利润总额取决于每辆车可新增利润和预计生产车辆数。根据评估人员预测,预计每辆车可新增净利润 5 元,第一年生产自行车 40 万辆,第二年将生产 45 万辆,第三年将生产 55 万辆,第四年将生产 60 万辆,第五年将生产 65 万辆。(2)分成率。按许可合同中确定的按新增利润的 27% 分成。(3)假设确定折现率为 14%。

要求:评估该注册商标使用权价值。

表 9-4　　　　　　　　　　　新增净利润的现值折算

年度	新增净利润	折现系数 [$(1+r)^{-i}$]	折现值
1	5×40=200	0.8772	175.44
2	45×5=225	0.7695	173.14
3	55×5=275	0.6750	185.63
4	60×5=300	0.5920	177.6
5	65×5=325	0.5194	168.81
合计			880.62

解:(1)各年新增净利润折现值计算(见表 9-4)。
(2)该注册商标使用权价值 = 880.62 × 27% = 237.77(万元)

(二)成本法

如果被评估商标权的收益不容易测算,或者以成本摊销为目的评估商标权时,应该考虑采用成本法来评估。由于商标价值不是由其成本决定的,评估时一定要注意商标的信誉程度和获利能力。用成本法评估商标权的关键是商标重置成本的测算,其中广告费的多少又是关键,而这些参数的选取仍与商标的知名度和获利能力相关。

第六节 著作权资产评估

一、著作权资产

(一) 著作权与相关联作品

1. 著作权。著作权也称版权，是指文学、艺术及科学作品的创作者依照法律规定对这些作品所享有的各项专有权利。著作权是知识产权的一种。著作权作为一种经济资源，可以给权利人带来经济利益，也是现代社会发展中不可缺少的一种法律制度。根据《中华人民共和国著作权法》（以下简称《著作权法》），著作权包括下列人身权和财产权：

人身权包括：

（1）发表权，即决定作品是否公之于众的权利。

（2）署名权，即表明作者身份，在作品上署名的权利。

（3）修改权，即修改或者授权他人修改作品的权利。

（4）保护作品完整权，即保护作品不受歪曲、篡改的权利。

财产权包括：

（1）复制权，即以印刷、复印、拓印、录音、录像、翻录、翻拍等方式将作品制作一份或者多份的权利。

（2）发行权，即以出售或者赠与方式向公众提供作品的原件或者复制件的权利。

（3）出租权，即有偿许可他人临时使用电影作品和以类似摄制电影的方法创作的作品、计算机软件的权利，计算机软件不是出租的主要标的的除外。

（4）展览权，即公开陈列美术作品、摄影作品的原件或者复制件的权利。

（5）表演权，即公开表演作品，以及用各种手段公开播送作品的表演的权利。

（6）放映权，即通过放映机、幻灯机等技术设备公开再现美术、摄影、电影和以类似摄制电影的方法创作的作品等的权利。

（7）广播权，即以无线方式公开广播或者传播作品，以有线传播或者转播的方式向公众传播广播的作品，以及通过扩音器或者其他传送符号、声音、图像的类似工具向公众传播广播的作品的权利。

（8）信息网络传播权，即以有线或者无线方式向公众提供作品，使公众可以在其个人选定的时间和地点获得作品的权利。

（9）摄制权，即以摄制电影或者以类似摄制电影的方法将作品固定在载体上的权利。

（10）改编权，即改变作品，创作出具有独创性的新作品的权利。

（11）翻译权，即将作品从一种语言文字转换成另一种语言文字的权利。

（12）汇编权，即将作品或者作品的片段通过选择或者编排，汇集成新作品的权利。

(13) 应当由著作权人享有的其他权利。

根据《著作权法》的规定，著作权人可以许可他人行使财产权规定的权利，并依照约定或者《著作权法》有关规定获得报酬。著作权人可以全部或者部分转让财产权规定的权利，并依照约定或者《著作权法》有关规定获得报酬。

此外，从价值评估的角度来看，著作权的财产权按照与传播相关还是与使用方式相关，分为作品传播相关权利和作品使用方式相关权利。作品的传播是著作权价值得以实现的手段和途径，因此称之为"作品传播相关权利"，主要包括发行权、出租权、展览权、表演权、放映权、广播权、信息网络传播权等七种权利。作品使用方式相关权利主要涉及作品表现和使用形式的变化，主要包括复制权、摄制权、改编权、翻译权、汇编权等五种权利。而这些权利最终也仍需要通过上述各种传播相关权利来实现著作权价值。因此，是否具有作品传播相关权利是著作权价值能否实现的关键。

2. 著作权相关联作品。作品是指文学、艺术和科学领域内具有独创性并能以某种有形形式复制的智力成果。在《中华人民共和国著作权法实施条例》（以下简称《著作权法实施条例》）中，对与著作权相关联作品的形式进行了界定，作品通常包括以下内容：

(1) 文字作品，是指小说、诗词、散文、论文等以文字形式表现的作品。

(2) 口述作品，是指即兴的演说、授课、法庭辩论等以口头语言形式表现的作品。

(3) 音乐作品，是指歌曲、交响乐等能够演唱或者演奏的带词或者不带词的作品。

(4) 戏剧作品，是指话剧、歌剧、地方戏等供舞台演出的作品。

(5) 曲艺作品，是指相声、快板书、大鼓、评书等以说唱为主要形式表演的作品。

(6) 舞蹈作品，是指通过连续的动作、姿势、表情等表现思想情感的作品。

(7) 杂技艺术作品，是指杂技、魔术、马戏等通过形体动作和技巧表现的作品。

(8) 美术作品，是指绘画、书法、雕塑等以线条、色彩或者其他方式构成的有审美意义的平面或者立体的造型艺术作品。

(9) 建筑作品，是指以建筑物或者构筑物形式表现的有审美意义的作品。

(10) 摄影作品，是指借助器械在感光材料或者其他介质上记录客观物体形象的艺术作品。

(11) 电影作品和以类似摄制电影的方法创作的作品，是指摄制在一定介质上，由一系列有伴音或者无伴音的画面组成，并且借助适当装置放映或者以其他方式传播的作品。

(12) 图形作品，是指为施工、生产绘制的工程设计图、产品设计图，以及反映地理现象、说明事物原理或者结构的地图、示意图等作品。

(13) 模型作品，是指为展示、试验或者观测等用途，根据物体的形状和结构，按照一定比例制成的立体作品。

（二）与著作权有关的权益（邻接权）

邻接权（neighboring right）意思是与著作权邻近的权利。在我国中，这种权利称为"与著作权有关的权益"。邻接权通常是指作品传播者因其在传播作品过程中所做出的创造性劳动、投资或其他贡献而被法律赋予的权利。

与著作权评估有关的权利通常包括：出版者对其出版的图书、期刊的版式设计权利，表演者对其表演享有的权利，录音、录像制作者对其制作的录音、录像制品享有的权利，广播电台、电视台对其制作的广播、电视所享有的权利以及由法律、行政法规规定的其他与著作权有关的权利。邻接权是与著作权既密切相关，又独立于著作权之外的一种权利。

（三）著作权资产

1. 著作权资产的概念。**著作权资产**是指著作权权利人拥有或者控制的，能够持续发挥作用并且能带来经济利益的著作权的财产权益和与著作权有关权利的财产权益。

并非所有的著作权都能成为资产评估中的著作权资产，著作权中只有那些能够持续发挥作用并且预计能为权利人带来经济利益的著作权才能够成为资产评估中的著作权资产。

另外，在评估实务中，评估专业人员还需要区分著作权资产与著作权相关实物资产之间的区别。著作权资产只是著作权以及邻接权的财产权益所形成的资产，而与著作权相关的实物资产通常是承载特定著作权作品的实物资产。例如，一本图书是承载具体作品的纸质实物，通过购买而拥有该图书的实务资产，并不代表享有了书中作品的著作权及其资产。因此，上述实物图书构成的资产不是评估中的著作权资产。同样，购买一套载有微软公司 Office 2007 办公系统软件的光盘，购买者便获得了一个载有著作权作品的实物资产，并可以占有、使用、转让和处置该光盘（但不准出租，计算机软件出租是法规定的一项著作权资产），但并不能拥有该光盘包含的软件著作权，即购买者所购买、拥有的仅仅是相关的实物资产，而不是评估中的著作权资产。

2. 著作权资产的特征。

（1）形式特征。著作权资产与其他无形资产如专利、专有技术和商标资产等一样，最主要的特征就是一般是不能单独发挥作用的，需要与其他资产共同发挥作用，这些资产通常称为贡献资产，如房屋、设备和营运资金等。例如，按照图纸"复制"建筑物，不但需要图纸著作权资产，还需要建筑设备、资金；计算机软件公司销售计算机软件，不但需要计算机软件著作权的复制权和发行权，还需要载有计算软件的载体（如光盘）的所有权等。这种共同发挥作用的特性，主要表现在如下三个方面：第一，著作权资产与相关有形资产以及其他无形资产共同发挥作用。对于一些特殊著作权资产，其在发挥作用的过程中，不但与一些有形贡献资产共同发挥作用，甚至还可能与一些无形贡献资产共同发挥作用。第二，著作权资产与演绎作品共同发挥作用。第三，著作权和与著作权有关权利（邻接权）共同发挥作用。

（2）法律特征。

①著作权资产的时效性。不同的著作权具有不同的法律保护期限。根据我国《著作权法》规定，著作权人身权中作者的署名权、修改权、保护作品完整权的保护期不受限制。公民的作品，其发表权、著作权财产权权利的保护期为作者终生及其死亡后 50 年，截至作者死亡后第 50 年的 12 月 31 日；如果是合作作品，截至最后死亡的作者死亡后第 50 年的 12 月 31 日。法人或者其他组织的作品、著作权（署名权除外）由法人或者其他组织享有的职务作品，其发表权、著作权财产权的保护期为 50 年，截至作品首次发表后第 50 年的 12 月 31 日，但作品自创作完成后 50 年内未发表的，本法不再保护。电影作品和以类似摄制电影的方法创作的作品、摄影作品，其发表权、著作权财产权的保护期为

50年，截至作品首次发表后第50年的12月31日，但作品自创作完成后50年内未发表的，本法不再保护。

著作权的期限不仅包括法定保护期限，还有剩余保护期限及合同约定的使用期限。相对而言，合同约定的使用期限相对法定保护期限更为明确一些。因此，针对某一具体经济行为而言，应更多地关注其合同约定的使用期限，而合同期限一定是在作品著作权法定剩余保护期限内，只有在合同规定使用年限内产生的合理收益才能作为著作权价值评估的基础。

②著作权资产的地域性。地域性是指著作权只在授予权利的国家的管辖范围内受到该国相关法律的保护，对其他国家没有域外效力。著作权的这一性质限制了因转让或者使用著作权而产生收益的地域范围。一般来说，著作权的地域性限制越大，评估值也就越小，反之越大。例如，在我国参加了《伯尔尼公约》及《世界著作权公约》，并且成为世界贸易组织的成员之后，根据条款，使著作权受到保护的地域已经远远超出了一个国家的范围，国内法变成了区域性法律。特别是目前世界上绝大多数国家都是世界贸易组织的成员，如果在一个国家享有著作权，则可以在世界上绝大多数国家得到相应的保护。

二、著作权资产评估

（一）著作权资产评估对象的界定

著作权资产评估对象是指著作权中的财产权益以及与著作权有关权利的财产权益。著作权资产的财产权利形式包括著作权人享有的权利和转让或者许可他人使用的权利。许可使用形式包括法定许可和授权许可；授权许可形式包括专有许可、非专有许可和其他形式许可等。

著作权资产评估对象的界定除了需要明确评估对象的作品类型和权利形式外，还需要充分关注评估目的的影响。

首先，以财务记账和摊销为目的的评估，其对象不仅受国家税法及财务法规的限制，还应满足以下条件：一是著作权所有权或著作权的部分权利属于该单位；二是该单位确实为获得该项权利付出了代价；三是明确哪些费用未曾记入成本，已进入成本部分不能列入无形资产账户进行摊销。

其次，以投资、转让为目的的著作权评估，直接关系到投资各方或者转让方与受让方之间的利益，所以应注意以下几点：一是确认著作权各项权利的归属；二是明确投资、转让的权利的内涵、时间、范围等；三是著作权的经济权利或者著作权可获得收益的能力。

（二）著作权资产评估方法

确定著作权资产价值的评估方法包括市场法、收益法和成本法三种基本方法及其衍生方法。执行著作权资产评估业务，应当根据评估目的、评估对象、价值类型、资料搜集等情况，分析上述三种基本方法的适用性，选择评估方法。

1. 市场法。当市场上存在足够多的与被评估著作权可比的参照物时，可考虑采用市场法。采用市场法进行著作权资产评估时应当注意以下几点：第一，考虑该著作权资产或者类似著作权资产是否存在活跃的市场，恰当考虑市场法的适用性；第二，搜集类似著作权资产交易案例的市场交易价格、交易时间及交易条件等交易信息；第三，选择具有比较基础的可比著作权资产交易案例;第四,搜集评估对象近期的交易信息;第五,对可比交易案例和评估对象近期交易信息进行必要调整。

2. 成本法。当著作权的评估目的是为了财务记账和摊销费用,或者著作权的成本构成合理、清晰时,可根据该著作权取得所需要的全部耗费进行评估,即利用成本法进行评估。但是,将成本法应用于著作权的评估时存在一定的难度,因为著作权成本中活劳动所占比例较大,要比较准确地确定活劳动的成本是非常困难的;著作权作为一种权利,其损耗一般为无形损耗,确定它也十分困难;创造著作权的费用通常并不与其评估价值一致,在采用该方法时应特别注意这一点。

采用成本法进行著作权资产评估时,应当合理确定作品的重置成本。作品重置成本包括直接成本、间接费用、合理利润及相关税费等。应当采用适当方法合理确定评估对象的贬值。

3. 收益法。运用收益法对著作权进行评估是指通过估测被评估著作权所能产生的未来收益,以恰当的折现率将预期收益额折为现值,从而估算被评估著作权的价值。因此,利用收益法进行著作权的评估涉及三个要素:预期收益额、折现率和收益期限。

(1) 预期收益额。采用收益法进行著作权资产评估时,要根据著作权资产对应作品的运营模式估计评估对象的预期收益,并关注相关经营情况。著作权资产的预期收益通常以分析计算增量收益、节省许可费和超额收益等途径实现。执行著作权资产评估业务,应当关注该作品演绎出新作品并产生衍生收益的可能性。当具有充分证据证明该作品在可预见的未来可能会演绎出新作品并产生衍生收益时,应当谨慎、恰当地考虑这种衍生收益对著作权资产价值的影响。当原创作品的演绎作品尚未形成时,其衍生收益的产生在评估基准日具有较大的不确定性,可以按或有资产评估衍生收益对应的著作权资产价值。

(2) 折现率。采用收益法进行著作权资产评估时应当合理确定折现率。折现率可以通过分析评估基准日的利率、投资回报率,以及著作权实施过程中的技术、经营、市场、生命周期等因素确定。著作权资产折现率可以采用无风险报酬率加风险报酬率的方式确定。还要注意著作权资产折现率口径应当与预期收益的口径保持一致。

(3) 收益期限。采用收益法进行著作权资产评估时,应当确定资产的剩余经济寿命。剩余经济寿命可以通过综合考虑法律保护期限、相关合同约定期限、作品类别、创作完成时间、首次发表时间以及作品的权利状况等因素确定。不同的著作权具有不同的法律保护期限。

第七节

商誉的评估

一、商誉及其特点

商誉通常指企业在一定条件下能获取高于正常投资报酬率的收益所形成的价值。商誉的形成是多种因素作用的结果，如企业所处地理位置优势、人员素质较高、经营效率高、产品质量好，或者历史悠久、经验丰富、技术先进等原因，使企业在同行业中处于较为优越的地位，并使企业具有获得超过一般企业盈利水平的能力，从而为企业带来超额利润。因此，商誉是一种可使企业获得超额收益的无形资产，一个企业是否具有超额收益及其超额收益的大小，体现着该企业商誉的大小。商誉具有如下特性：

1. 依附性。商誉不能离开企业而单独存在，不能与企业的可确指资产分开出售。

2. 累积性。商誉是企业长期积累起来的一项价值。商誉不是企业成立之初就有的，必须经过大量的市场营销、技术创新、广告宣传、公关活动和优质服务等一系列的长期智力投入方能逐渐形成。

3. 整体性。商誉本身不是一项能产生收益的、单独的无形资产，而是超过企业单项可确指资产价值之和的价值。

4. 持续性。不同于其他无形资产，商誉存续期间没有法定限制，它只依赖于企业的经营状况。只要企业遵守诚实守信的原则，不断提高产品质量，改善服务态度，商誉就能持续下去。

二、商誉与整体资产评估的关系

1. 商誉作为任何一个企业自身所拥有的一种不可确指的无形资产，除了可以反映一个企业的经营状况外，还是判断是否可以按整体资产评估方法评估企业价值的一个重要标准。在正常情况下，当企业整体资产的产权发生转移或变动而需要对企业全部资产进行评估时，究竟采用什么方法来评估，就取决于企业商誉为正值还是负值。只有当企业商誉为正值时，才适宜采用整体资产评估方法评估企业价值。如果商誉为负值，也就是企业整体资产价格低于单项资产评估加总价格时，企业出售者就不如把企业按单项资产出售。

2. 商誉的评估又离不开整体资产评估。这是因为：一方面，企业的商誉不能离开整体的企业而单独存在，也不可能与企业可确指的各项资产分开出售；另一方面，形成商誉的个别因素不能用任何方法或公式进行单独的计价，只有在把企业作为一个整体来看待时，其价值才能按总额加以确定。同时，企业商誉的未来利益可以在企业合并时确认，它可能和建立商誉过程中所发生的成本没有关系。因为商誉的产生不一定需要支付各种成本，而且商誉本身也不是一项单独产生利益的无形资产，它只是表明该企业各项资产的合计价值超过了其个别价值的总和。可见，只有利用整体资产评估原则，才能正确评估商誉的价值。

三、商誉评估的方法

（一）割差法

割差法是将企业整体评估价值与各单项资产评估值之和进行比较确定商誉评估值的方法。基本公式是：

商誉评估值＝企业整体资产评估值－企业各单项资产评估值之和（含可确指无

形资产)

采用割差法评估的步骤是:

第一步,确定企业整体资产评估值。企业整体资产评估值可以通过预测企业未来预期收益并进行折现或资本化获取,上市公司也可按股票市价总额确定。

第二步,确定企业有形资产和可确指无形资产价值。由于这些单项资产都是能够重置的,一般运用重置成本法进行评估。

第三步,割差计算商誉的价值。

【例 9-8】某企业为了整体资产转让,需进行评估。搜集的有关资料如下:(1) 该企业多年来经营一直很好,在同行业中具有较强的竞争优势。(2) 经预测被评估企业未来 5 年预期净利润分别为 100 万元、110 万元、120 万元、140 万元和 150 万元,从第 6 年起,每年收益处于稳定状态,保持在 150 万元的水平上。(3) 该企业一直没有负债,用加和法估算的企业各项可确指资产评估值之和为 800 万元。(4) 经调查,在评估基准日时,无风险报酬率为 4%,被评估企业所在行业的风险报酬率为 10%,资本化率为 12%。

要求:评估该企业的商誉价值。

解:(1) 折现率 = 4% + 10% = 14%

(2) 收益现值 $= \dfrac{100}{(1+14\%)} + \dfrac{110}{(1+14)^2} + \dfrac{120}{(1+14)^3} + \dfrac{140}{(1+14)^4} + \dfrac{150}{(1+14)^5}$

$= 414.02$(万元)

(3) 整体资产评估值 $= 414.02 + 1\,250 \times 0.519 = 1\,062.77$(万元)

(4) 商誉评估值 $= 1\,062.77 - 800 = 262.77$(万元)

商誉评估值可能是正值,也可能是负值。商誉为负值时,可能企业亏损或收益水平低于行业或社会平均收益水平。如果企业商誉为负值时,评估毫无意义。也就是说,商誉价值评估适用于盈利企业或经济效益高于同行业或社会平均水平的企业。

(二) 超额收益法

商誉评估值是企业收益与行业平均收益差额的本金化价格,即商誉评估值是企业超额收益的本金化价格。把企业超额收益作为评估对象进行商誉评估的方法称为超额收益法。超额收益法具体又分为超额收益资本化法和超额收益折现法两种。

1. 超额收益资本化法:是把被评估企业的超额收益经本金化还原确定商誉价值的方法。计算公式是:

$$\text{商誉的价值} = \dfrac{\text{企业预期年收益额} - \text{行业平均收益率} \times \text{该企业的单项资产评估值之和}}{\text{适用的资本化率}}$$

$$\text{或} = \dfrac{\text{被评估企业单项资产评估值之和} \times (\text{被评估企业预期收益率} - \text{行业平均收益率})}{\text{适用的本金化率}}$$

$$\text{被评估企业预期收益率} = \dfrac{\text{企业预期年收益额}}{\text{企业的单项资产评估值之和}} \times 100\%$$

【例 9-9】某企业的预期年收益额为 20 万元,该企业的各单项资产评估价值之和为 80 万元,企业所在行业的平均收益率为 20%,并以此作为适用的资产收益率。

解：商誉的价值 = $\dfrac{20 - 80 \times 20\%}{20\%}$ = 20（万元）

超额收益资本化法的假设前提是超额收益将永久持续下去，因此，超额收益资本化法适用于经营状况良好、超额收益稳定的企业。预测企业收益时，如果发现企业超额收益只能维持有限期的若干年，则商誉评估应改为超额收益折现法。

2. 超额收益折现法：是把企业可预测的若干年预期超额收益进行折现，把其折现值确定为企业商誉价值的一种方法。计算公式是：

$$商誉的价值 = \sum_{i=1}^{n} \dfrac{R_i}{(1+r)^i}$$

式中：R_i——第 i 年的预期超额收益

　　　i——收益期限序号

　　　r——折现率

　　　n——收益年限

四、商誉评估需要注意的问题

商誉本身的特性决定其评估的困难及评估理论和操作方法的争议较大。在商誉评估中下列问题应予以明确：

1. 不是所有企业都有商誉，商誉只存在于长期具有超额收益的少数企业中。企业在同行业中超额收益越高，商誉评估值越大。因此，商誉评估过程中，如果不能对被评估企业所属行业收益水平有全面了解和掌握，就无法评估出该企业商誉的价值。

2. 商誉评估必须遵循预期原则。企业是否拥有超额收益是判断企业有无商誉和商誉大小的标准，超额收益是指企业未来的预期超额收益，不是过去或现在的超额收益。评估过程中，对目前亏损的企业进行分析预测，如果未来超额收益潜力很大，则该企业也会有商誉。

3. 商誉价值建立在企业预期超额收益基础之上，与企业为形成商誉投入的费用和劳务没有直接联系，投资费用和劳务会影响商誉评估值，但它是通过未来预期收益的增加体现的。因此，商誉评估不能采用投入费用累加的方法进行。

4. 商誉由众多因素共同作用形成，但个别因素不能够单独计量决定了商誉评估不能采用市场法，因为各单项因素的定量差异难以调整。

5. 企业负债与否、负债大小与企业商誉没有直接关系。市场经济条件下，负债经营是企业融资策略之一。从财务学原理分析，企业负债不影响资产收益率，而影响投资者收益率，即资本金收益率。资本金收益率与资产收益率的关系可以表述为：

资本金收益率 = 资产收益率/（1 - 资产负债率）

在资产收益率一定且超过负债资金成本的条件下，增大负债比率，可以增加资本金收益率，并不直接影响资产收益率。资产收益率高低受制于投资方向、规模以及投资过程中的组织管理措施。商誉评估值取决于预期的资产收益率，而非资本金收益率。当然，资产负债率应保持一定的限度，负债比例增大会增大企业风险，最终对资产收益率产生影响。这在商誉评

商标和商誉的联系和区别

估时应有所考虑，但不能因此得出负债企业就没有商誉的结论。

本章小结

- 企业无形资产是企业产品品质、商标、资信、盈利能力等方面综合实力的体现，无形资产是企业的宝贵财富。无形资产评估对于盘活企业资产、促进产权重组、加速企业生产经营与国际市场接轨都具有极其重要的意义。

- 无形资产指特定主体所控制的、不具有实物形态、对生产经营长期发挥作用且能带来经济利益的资源。它具有附着性、共益性、积累性、替代性的特点。无形资产按其自身技术含量分为技术型无形资产和非技术型无形资产。无形资产评估的方法包括收益法、成本法、市场法，其中收益法运用率最高。

- 无形资产评估工作在我国开展时间较短，无形资产评估又是资产评估中最为复杂的部分，它不仅无物质实体，而且种类繁多，特性不同，无论在理论上还是在实务上都存在着不同的认识和争论。这说明无形资产评估理论和实务的发展任重道远，这也就要求社会各界，特别是经济学界、会计界等，应以一种科学而谨慎的态度对待无形资产评估。

思考题

1. 无形资产的功能特征有哪些？
2. 如何把握无形资产的评估对象？
3. 怎样理解无形资产的评估目的和价值类型？
4. 影响无形资产评估价值的因素有哪些？
5. 用市场法评估无形资产应注意哪些问题？
6. 目前我国在使用收益法评估无形资产时存在哪些问题？如何解决？
7. 哪些情况下可用成本法评估无形资产价值？
8. 分析使用市场法和成本法评估无形资产的局限性。
9. 商标的作用是什么？
10. 在评估实务中，如何避免专利权、非专利技术和机器设备的重复评估？
11. 著作权资产特征和评估方法有哪些？
12. 商誉与整体资产评估的关系如何？

小测试

1. 无形资产的成本不具有（　　）。
   A. 虚拟性　　B. 弱对应性　　C. 完整性　　D. 象征性
2. 在转让的专利技术使用权中，买受方的使用权限最大的是（　　）。
   A. 排他使用权　　B. 独家使用权　　C. 普通使用权　　D. 回馈转让权
3. 关于商誉，正确的说法是（　　）。

A. 商誉是企业长期积累起来的一项无形资产价值
B. 商誉是一项单独能产生效益的无形资产
C. 作为无形资产，企业可用商誉对外投资转让
D. 形成商誉的个别因素能以任何方法单独计算

4. 某企业转让一项专利技术，在研制开发过程中发生如下费用支出：耗费材料15万元，专用设备折旧2万元，通用设备折旧1万元，咨询鉴定费4万元，培训费3万元，管理费5万元，应分摊的公共费用及水电费2万元，技术转让过程中应缴纳的增值税2万元。该项专利技术的间接成本为（　　）万元。
A. 8　　　　B. 14　　　　C. 16　　　　D. 34

阅读材料

1. 汪海粟：《无形资产评估》，中国人民大学出版社2002年版。
2. 姜楠：《无形资产评估》，中国财政经济出版社2015年版。
3. 国际评估准则委员会：《国际评估准则——评估指南四——无形资产》，2003年。
4. 刘德运、王爱国、梁美健：《无形资产评估》，中国财政经济出版社2010年版。
5. 刘伍堂：《专利资产评估》，知识产权出版社2011年版。
6. 中国资产评估协会：《资产评估执业准则——无形资产》，2017年10月1日实施。
7. 苑泽明：《无形资产评估》，高等教育出版社2015年版。
8. 中国资产评估协会：《资产评估实务（二）》，中国财经出版传媒集团2017年版。
9. 中国资产评估协会：《著作权资产评估指导意见》，2017年10月1日实施。

第十章
企业价值评估

也许金融界最普遍的问题就是："这项投资的价值是多少？"不论投资的形式是债券、股票或者整个公司，对其经济价值的评估往往是总裁或分析家们的终极目标。

——M·伏罗德海姆（Vanquish Luo Dehaim）

任何股票、债券或企业今天的价值，都取决于该项资产在其剩余年限内预期所能产生的现金流入量或流出量，用恰当的折现率计算的折现值的大小。

——沃伦·巴菲特（Warren Buffett）

好的资产评估是并购业务、公司重组、新战略制定以及企业在其他金融方面决策成败的关键。

——罗伯特·布尔纳（Robert Buena）

重点提示

- □ 企业价值、企业价值评估、企业价值评估要素
- □ 影响企业价值的主要因素
- □ 企业价值评估中的宏观、行业、企业分析
- □ 采用收益法评估企业价值时各参数的确定
- □ 收益法评估企业价值的三种模型及其适用范围和条件
- □ 经济利润折现模型的运用
- □ 市场法在企业价值评估中的具体运用
- □ 资产基础法在企业价值评估中的具体运用及不足

企业价值评估（Business Valuation）是近年来国际评估界重点发展的新领域。它是资产评估的组成部分，但又不同于传统的单项资产、整体资产评估。企业价值评估逾越了前两项资产评估中的"资产"项目，而将外部环境分析、行业分析、企业分析和财务评价等纳入评估体系。收益法、市场法和资产基础法是国际通用的企业价值评估的三种基本方法。

第一节 企业价值评估概述

一、企业与企业价值

（一）企业

1. 企业的定义。企业（Enterprise）是为满足社会需求并获取盈利而从事生产、流通、服务等经济活动，独立核算、自主经营、自负盈亏，具有法人资格的经济组织。

2. 企业的基本特征。企业是企业价值的载体。作为一类特殊的资产，其具有自身的特点：

（1）营利性。企业作为一个独立的经济实体，其存在的目的就是营利。

（2）持续经营性。企业要获取盈利，就必须保持持续生产经营，而且要在经营过程中不断地创造收入，降低成本和费用。而企业要在持续经营中保证实现营利目的，企业的要素资产就要进行有效组合并保持最佳利用状态，同时还必须适应不断变化的外部环境及市场结构，适时做出调整。

（3）整体性。构成企业的各个要素资产虽然具有不同性能，但它们在服从特定系统目标前提下构成企业整体。企业的各个要素资产功能不会都很健全，但它们可以被整合为具有良好整体功能的资产综合体。因此，整体性是企业区别于其他资产的一个重要特征。

（4）合法性。企业是依法建立的经济实体，对企业的判断和界定必须首先从法律法规的角度，从合法性、产权状况等方面进行界定。

3. 企业的组织形式。企业是市场经济的主体。按其组织形式不同，分为个人独资企业、合伙企业和公司制企业。

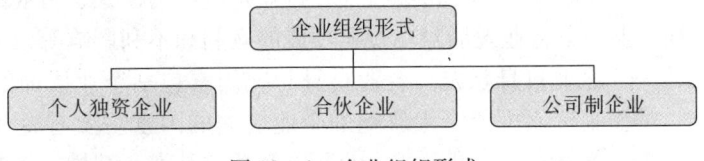

图 10-1　企业组织形式

公司是指依照公司法注册登记设立，以全部法人财产，依法自主经营、自负盈亏的企业法人单位。我国公司法所规定的公司分为有限责任公司和股份有限公司两种类型。

有限责任公司，是指由两个以上股东共同出资，每个股东以其认缴的出资额对公司的债务承担有限责任，公司以其全部资产对其债务人承担责任的企业法人。其基本特征为：公司的全部资产不分为等额股份，公司向股东签发出资证明书，不发行股票；公司的股份转让有严格限制；股东人数有限制，股东按出资额享受权利和承担义务等。

股份有限公司，是指注册资产由等额股份构成，并通过发行股票或股权证筹集资本，股东以其认购的股份对公司承担有限责任，公司以其全部资产对公司债务承担责任的企业法人。股份有限公司的股票可以上市交易转让，每一股有一票表决权；股东以其持有股份数，享有权利和承担义务。

（二）企业价值（Enterprise Value）

1. 企业价值的定义。马克思《资本论》：价值的实体是一般人类劳动，即抽象劳动。这种无差别的人类一般劳动的凝结就形成了价值。

企业价值的不同角度

在企业界，企业价值往往被理解成企业获利能力的货币化体现。

理论上，企业价值是指企业未来获利能力的现实货币表现，它等于未来各个时期产生的净收益的折现值之和。企业给予其利益相关者回报的能力越高，企业价值就越大。

"中策现象"给我们留下的启示

2. 企业价值的特点：

（1）企业价值是指整体价值。

（2）企业价值受企业可存续期限影响。

（3）企业价值的表现形式具有虚拟性。

（4）智力资本具有主导性。

3. 企业价值的影响因素。影响或决定企业价值的因素众多，分别涉及宏观、中观和微观三个层次，即宏观环境因素、行业发展状况和企业自身状况三个方面。

（1）宏观因素——宏观环境。外部环境是企业价值创造的起点，也是企业价值实现的终点，良好的外部环境是企业价值持续增长的前提和保证。一般来说，企业的外部环境是指除企业经营范围之外影响企业价值的一切因素，其中包括对企业产生直接或间接影响的政治环境、法律法规、宏观经济环境、财政政策、货币政策、产业政策、技术进步以及社会和文化等因素。

（2）中观因素——行业发展状况。行业发展状况如何对行业内所有企业的经营管理活动都会产生影响，这些因素包括行业政策、行业经济特征、行业竞争情况、企业所在行业与上下游行业之间的关联性、行业市场特征、行业特有经营模式、行业的周期、区域性特征、季节性特征、上下游行业发展对本行业发展的有利和不利影响等。

（3）微观因素——企业自身状况。企业自身状况因素包括企业层面的因素和资产层面的因素两大类。对企业价值可能产生影响的企业层面的因素主要有企业发展、经营业务、发展战略、生产经营模式、盈利模式、业务或产品的种类及结构、生产能力、行业竞争地位、产业链关系、资本结构、会计政策、生产经营管理方式、人力资源、企业管理水平、关联交易情况等。资产层面对企业价值可能产生影响的因素，包括资产利用方式、利用程度、利用范围以及利用效果等情况。

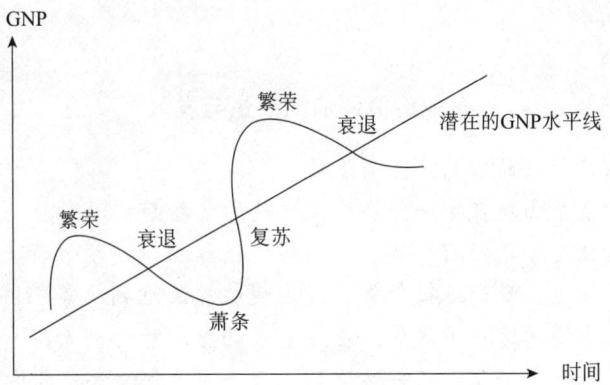

图 10-2　经济周期曲线

二、企业价值评估

（一）企业价值评估的概念

企业价值评估（Business Valuation），是指资产评估机构及其资产评估专业人员遵守法律、行政法规和资产评估准则，根据委托对评估基准日特定目的下的企业整体价值、股东全部权益价值或者股东部分权益价值等进行评定和估算，并出具资产评估报告的专业服务行为。[①]

企业整体价值（Business Enterprise Value）指股东权益与有息债务之和，即企业的整体价值是由股东投入资本和筹集的有偿资金共同创造的。

企业整体价值 = 股东全部权益价值 + 付息债务价值

股东全部权益价值（Total Equity Value）即企业整体价值中由全部股东投入资产创造的价值，即企业的所有者权益或净资产价值。部分股东权益（Partial Equity Value）与全部股东权益之间并非一个简单的持股比例的计算关系，还存在着控股权溢价和少数股权折价的问题。

（二）企业价值评估的特点

1. 评估对象是由多个或多种单项资产组成的资产综合体。
2. 决定企业价值高低的因素是企业的整体获利能力。
3. 企业价值评估是一种整体性评估，它与构成企业的各个单项资产的评估值简单加和是有区别的。

[①] 《资产评估执业准则——企业价值》中评协〔2 017〕36 号。

相关链接

企业价值评估的产生与发展

一、企业价值评估在西方的产生与发展

企业价值评估最早出现在市场经济比较发达的某些西方国家。

美国的评估行业迄今已经有一百多年的历史，最初以实物性资产的评估为主，主要是为了满足财产保险、资产抵押贷款、政府税收、法院判决等经济活动的需要。随着企业并购和资本市场的进一步发展，企业未来的盈利能力、无形资产的重要作用等因素开始为世人所重视，企业价值评估逐渐成为一项重要的资产评估业务。

20世纪60年代，美国评估师协会（ASA）第一个设立了无形资产评估专业委员会，后更名为企业价值评估专业委员会。

20世纪80年代以后，企业价值评估业逐步发展成熟，美国成立了企业价值评估的专门行业组织机构：美国评估师协会、企业价值评估师研究会、美国注册价值分析师协会。

2000年，国际评估准则中增加了《企业价值评估指南》，《欧洲评估准则》、《香港评估指南》等也陆续增加了企业价值评估准则和规范。

目前国际上影响较大的企业价值评估准则主要有：国际评估准则委员会制定的《国际评估准则》（IVS，指南6）、美国评估促进会制定的《专业评估执业统一准则》（USPAP，准则9、准则10）、美国评估师协会制定的《企业价值评估准则》（BVS）、欧洲评估师联合会制定的《欧洲评估准则》（EVS，指南7）。

二、企业价值评估在中国的产生与发展

1989年，我国第一个资产评估项目开始实施。

1991年11月，国务院颁布了《国有资产评估管理办法》。

20世纪80年代末、90年代初我国从国外同步引进企业价值评估与实物评估。

我国长期以资产基础法为主，关注重点是房地产和机器设备等有形资产。

1993年，证券市场发展带动了我国评估行业对企业整体资产的评估。

2004年，中国资产评估协会制定《企业价值评估指导意见》（试行）。真正意义上的企业价值评估从2005年以来才得到重视和发展。

2006年，国资委颁布274号文件规定满足持续经营假设前提的企业价值评估应采用两种以上的评估方法。

2012年，中评协修订了《企业价值评估指导意见》（试行），上升为《资产评估准则——企业价值》，2012年7月1日施行。

2017年，修订2012年准则，制定《资产评估执业准则——企业价值》（中评协〔2017〕36号），2017年10月1日起施行。

三、企业价值评估的主要要素

资产评估的要素包括评估主体、评估客体、评估目的、评估依据、评估原则、价值类型、评估方法、评估假设、评估基准日、评估程序十大要素。这里我们主要介绍企业价值评估的目的、评估对象、评估范围、价值类型、评估假设、评估方法。

(一) 企业价值评估的目的

企业价值评估的目的，是导致企业价值评估的经济行为。社会经济的发展对企业价值评估提出越来越广泛的需求，企业价值评估目的也呈现多样化特征。目前，企业价值的评估目的如图 10-3、图 10-4 所示。

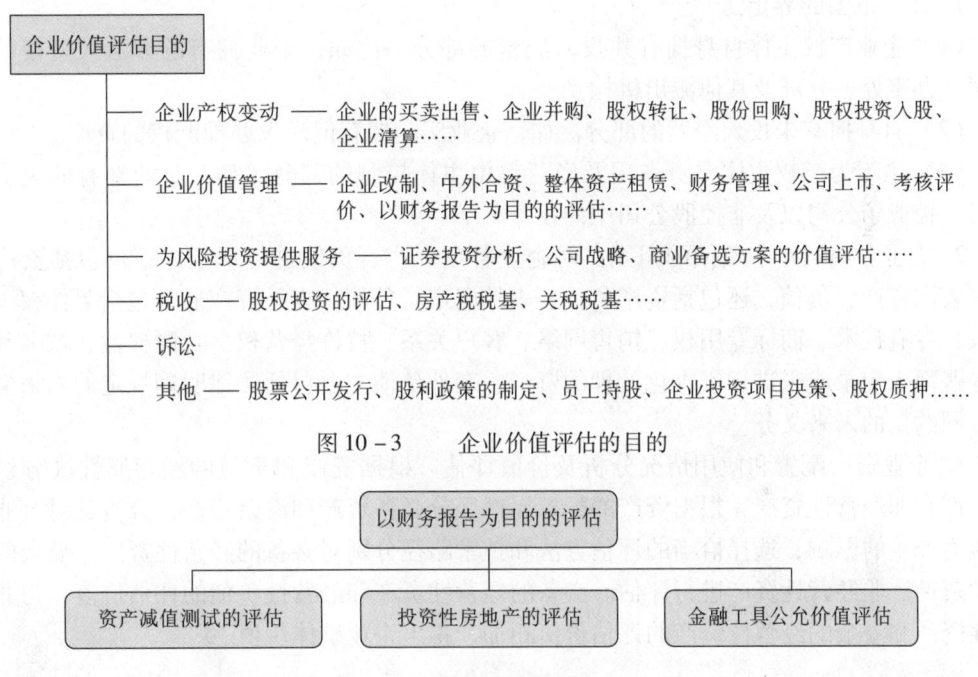

图 10-3　企业价值评估的目的

图 10-4　以财务报告为目的的评估

万达并购策略

(二) 企业价值评估的对象

企业价值评估的对象通常包括企业整体价值、股东全部权益价值和股东部分权益价值三种。

1. 企业整体价值。企业整体价值反映的是整体企业权益，是公司所有出资人共同拥有的企业运营所产生的价值。从资本运用角度看，整体企业权益价值等于企业的总资产价值减去企业负债中的非付息债务价值后的余额；从资本来源角度看，整体企业权益价值等于股东全部权益价值加上企业的全部付息债务的价值。

企业整体价值≠资产负债表中价值合计数

企业整体价值 = 股东全部权益价值 + 付息债务价值

企业整体价值≠企业总资产价值（企业全部资产的总体价值）

企业整体价值 = 企业总资产价值 - 非付息债务价值

2. 股东全部权益价值。股东全部权益价值即企业的所有者权益或净资产价值。

股东全部权益价值 = 企业整体价值 - 付息债务价值

3. 股东部分权益价值。股东部分权益价值即企业一部分股权的价值。股东部分权益价值并不必然等于股东全部权益价值与股权比例的乘积。

（三）企业价值评估的范围

企业价值评估范围是指为评估企业价值所涉及的被评估企业的具体资产数量及资产边界，涉及企业的全部资产和负债，既包括表内的资产和负债，也包括表外的资产和负债。

1. 评估范围的界定。

（1）企业产权主体自身拥有并投入经营的部分。比如，企业拥有的非法人资格的分公司、办事处、分部及其他派出机构。

（2）自身拥有未投入经营的部分。如，企业实际拥有但尚未办理产权的资产。

（3）虽不为产权主体自身占用及经营但由主体控制的部分。如，企业拥有的全资子公司、控股子公司以及非控股公司中的投资。

2. 企业各项资产、负债的识别。对企业各项资产、负债进行识别，不仅包括资产负债表表内资产、负债，还包括资产负债表表外资产、负债。表外资产通常包括著作权、专利权、专有技术、商标专用权、销售网络、客户关系、特许经营权、合同权益、域名和商誉等账面未记录或未进行资本化处理的资产。表外负债主要包括法律明确规定的未来义务和合同约定的未来义务。

3. 企业资产配置和使用情况分析及价值评估。根据资产和负债的经营属性区分经营性资产和非经营性资产，根据资产的配置属性区分必备资产和溢余资产，分析其对企业盈利能力产生的影响，选择恰当的评估方法和技术路径分别对必备的经营性资产、溢余的经营性资产、非经营性资产进行评估。必备的经营性资产和经营性负债的评估价值，与非经营性资产和溢余的经营性资产的评估价值相加，得出企业整体价值。

小测试：

1. 企业给予其利益相关者回报的能力越高，企业价值（　　）。
   A. 越低　　B. 不变　　C. 越高　　D. 不定

2. 对企业各项资产、负债进行识别，不仅包括资产负债表表内资产、负债，还包括资产负债表表外资产、负债。下列账面未记录或未进行资本化处理的资产中不属于表外资产的是（　　）。
   A. 著作权　　B. 专有技术　　C. 客户关系　　D. 合同约定的未来义务

（四）价值类型

1. 企业价值评估中的主要价值类型。企业价值评估中常见的价值类型有市场价值和投资价值。[①]

[①] 《资产评估执业准则——企业价值》中评协〔2017〕36。

相关链接

《资产评估价值类型指导意见》中评协〔2017〕47

第三条 本指导意见所称资产评估价值类型包括市场价值和市场价值以外的价值类型。

第四条 市场价值是指自愿买方和自愿卖方在各自理性行事且未受任何强迫的情况下，评估对象在评估基准日进行正常公平交易的价值估计数额。

第六条 投资价值是指评估对象对于具有明确投资目标的特定投资者或者某一类投资者所具有的价值估计数额，亦称特定投资者价值。

第八条 清算价值是指评估对象处于被迫出售、快速变现等非正常市场条件下的价值估计数额。

2. 企业价值评估中价值类型的选择依据。

（1）评估目的。企业价值评估目的是引起企业价值评估的特定经济行为，评估目的是决定企业价值类型和企业价值最重要的因素之一。评估目的不但决定着企业价值评估结论的具体用途，而且会直接或间接地在宏观层面上影响企业价值评估的过程及其运作条件，包括对评估对象的利用方式和使用状态的宏观约束，以及对企业价值评估市场条件的宏观限定。

（2）市场条件。市场条件也是确定企业价值评估中价值类型的重要因素。市场条件或交易环境不同，即使是相同的资产也会有不同的评估结论。

（3）评估对象自身条件。评估对象的自身条件主要包括企业的盈利模式、经营方式、经营业绩及企业资产的使用方式和利用状态等。对不同的企业进行评估，可能选择的价值类型不一样。比如，对于处于持续经营的企业进行评估，可能选择市场价值或投资价值；但对于经营状况不佳、面临倒闭的企业进行评估时，可能选择清算价值。

相关链接

《资产评估价值类型指导意见》中评协〔2017〕47)

第十三条 执行资产评估业务，选择和使用价值类型，应当充分考虑评估目的、市场条件、评估对象自身条件等因素。

（五）评估假设

1. 企业价值评估的基本假设包括：交易假设、公开市场假设、持续经营假设、清算假设。

2. 企业价值评估的具体假设包括：基于外部环境的假设和基于内部环境的假设。基于外部环境的假设区分为基于宏观环境的假设（政治、经济、法律、财政政策、产业政策等）和基于中观环境的假设（行业发展前景、行业政策、区域经济、环保、土地、税收等）。基于内部环境的假设包括经营模式、业务种类、生产能力、行业竞争、资本结构、管理方式、人力资源、资产状况、资产利用方式、利用效果等。

(六) 评估方法

企业价值评估方法有收益法、市场法、资产基础法、EVA 法、期权定价法、蒙特卡罗模拟法、调整现值法、回归分析法等。

1. 收益法。企业价值评估中的收益法指将预期收益资本化或者折现，从而确定评估对象价值的评估方法。[①]

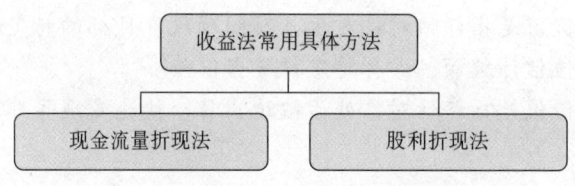

图 10-5　收益法具体方法

现金流量折现法，是预测企业未来各期收益，选用适当的折现率将其折算到评估基准日后再累加求和的方法。现金流量折现法通常包括企业自由现金流折现模型和股权自由现金流折现模型。

股利折现法，是将预期股利进行折现以确定评估对象价值的具体方法。通常适用于缺乏控制权的股东部分权益价值评估。

2. 市场法。企业价值评估中的市场法指将评估对象与可比上市公司或者可比交易案例进行比较，确定评估对象价值的评估方法。市场法常用的两种具体方法是上市公司比较法和交易案例比较法。

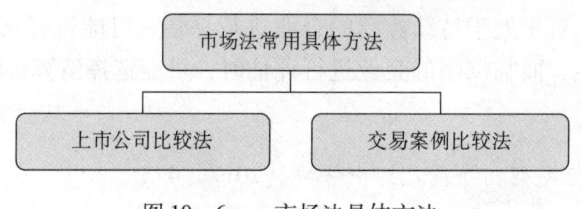

图 10-6　市场法具体方法

上市公司比较法，是指获取并分析可比上市公司的经营和财务数据，计算价值比率，在与被评估单位比较分析的基础上，确定评估对象价值的具体方法。

交易案例比较法，是指获取并分析可比企业的买卖、收购及合并案例资料，计算价值比率，在与被评估单位比较分析的基础上，确定评估对象价值的具体方法。

3. 资产基础法。企业价值评估中的资产基础法，是指以被评估单位评估基准日的资产负债表为基础，评估表内及可识别的表外各项资产、负债价值，确定评估对象价值的评估方法。

4. EVA 法。EVA 是近年来在国外比较流行的用于评价企业经营管理状况和管理绩效的重要指标，将 EVA 的核心思想引入价值评估领域，可以用于评估企业价值。EVA 评估

[①] 《资产评估执业准则——企业价值》中评协〔2017〕36 号。

法不仅考虑到企业的资本盈利能力，同时深入洞察企业资本应用的机会成本。

第二节 企业价值评估信息的搜集与分析

一、进行企业价值评估需要搜集的资料

相关链接：

第十一条 执行企业价值评估业务，应当根据评估业务的具体情况，确定所需资料的清单并收集相关资料，通常包括：

（一）评估对象权益状况相关的协议、章程、股权证明等有关法律文件、评估对象涉及的主要资产权属证明资料；

（二）被评估单位历史沿革、控制股东及股东持股比例、经营管理结构和产权架构资料；

（三）被评估单位的业务、资产、财务、人员及经营状况资料；

（四）被评估单位经营计划、发展规划和收益预测资料；

（五）评估对象、被评估单位以往的评估及交易资料；

（六）影响被评估单位经营的宏观、区域经济因素资料；

（七）被评估单位所在行业现状与发展前景资料；

（八）证券市场、产权交易市场等市场的有关资料；

（九）可比企业的经营情况、财务信息、股票价格或者股权交易价格等资料。

——《资产评估执业准则——企业价值》中评协〔2017〕36

二、企业价值评估信息分析的内容

采用不同的评估方法，信息搜集和分析内容的侧重点会有所不同。运用收益法和市场法进行企业价值评估时，评估信息分析的内容主要包括以下几种。

1. 影响企业经营的宏观、区域经济因素。主要有国家、地区有关企业经营的法律法规；国家、地区经济形势及未来发展趋势；有关财政、货币政策等。

2. 所在行业现状与发展前景。主要包括行业主要政策规定；行业竞争情况；行业发展的有利和不利因素；行业特有的经营模式，行业的周期性、区域性和季节性特征等；企业所在行业与上下游行业之间的关联性，上下游行业发展对本行业发展的有利和不利影响。

3. 企业的业务分析。企业的业务分析包括主要产品或者服务的用途；经营模式；经营管理状况；企业在行业中的地位、竞争优势及劣势；企业的发展战略及经营策略等。

4. 企业的资产、财务分析和调整。包括资产配置和使用的情况；历史财务资料的分析总结，一般包括历史年度财务分析、与所在行业或者可比企业的财务比较分析等；对财务报表及相关申报资料的重大或者实质性调整。

三、企业价值评估中的宏观分析

宏观分析即外部环境分析，这些外部的、基本不可控的因素会影响到企业的内部实力以及经营活动，从而对企业的发展产生持久、深远的影响，因此在对企业价值进行评估时，要充分考虑宏观环境对该企业乃至整个行业的影响。宏观环境因素主要包括政治和法律因素、经济因素、社会和文化因素、技术因素。这种分析方法叫 PEST 分析法。

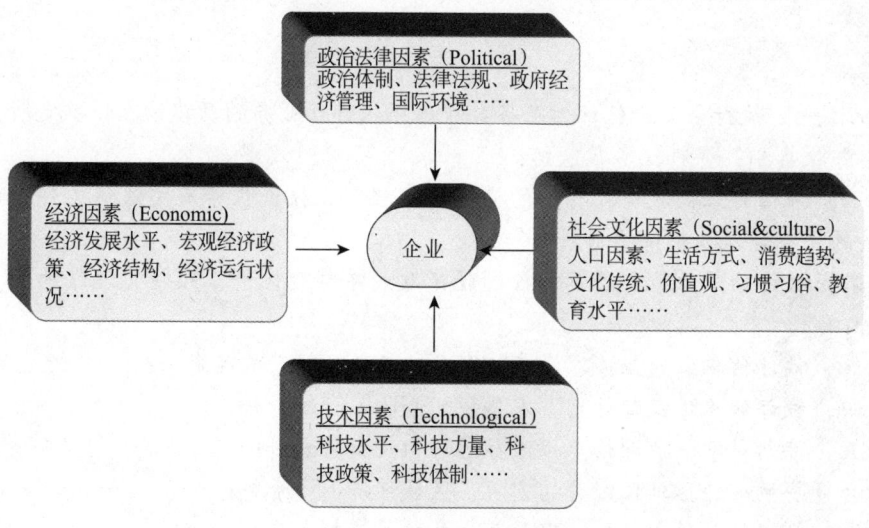

图 10-7　PEST 分析模型

小测试：

随着我国经济的不断发展，人民生活日渐富裕，对于服装的消费，人们越来越倾向于有档次、有品位的品牌服装，物美价廉已不再是人们的首要选择，这是宏观经济因素中（　　）因素的表现。

A. 经济环境　　　　　　B. 政治和法律环境
C. 社会和文化环境　　　D. 技术环境

四、企业价值评估中的行业分析

行业分析又叫中观分析，行业分析是指对行业经济特性、市场结构、生命周期、行业景气程度等内容的分析和预测。经典的分析方法有波特的五力分析模型等。

五、企业价值评估中的企业分析

企业分析又叫微观分析，企业分析可以概括为业务分析、战略分析和财务报表分析。

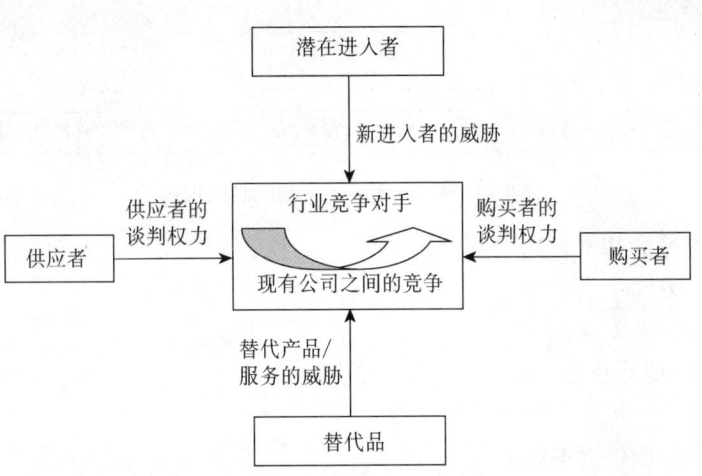

图 10-8　五力分析模型

企业分析的经典方法有 SWOT 分析法等。SWOT 是国内外评估实务界常用的一种战略分析方法，通过对被评估企业的优势（strengths）、劣势（weaknesses）、机会（opportunities）和威胁（threats）进行综合分析，清晰地确定被评估企业的资源优势和劣势以及所面临的机会和挑战，从而对企业未来增长情况做出合理的预测。

第三节 收益法在企业价值评估中的应用

一、收益法的评估技术思路

收益法又称为收益资本化法、收益还原法、现金流量折现法。收益还原思路也就是"将利求本"的过程，即将企业在未来持续经营中可能产生的净收益还原成当期的资本额或投资额。收益法既可以评估企业价值，也可以评估权益价值，只不过各自的现金流量和折现率是不同的。

从企业价值定义及资产评估角度出发，收益法是评估企业整体价值的一条重要途径。企业价值是以企业的整体盈利能力为基础进行评估的。从这个意义上来说，收益法直接反映了企业价值的来源，是企业价值评估中的常用方法。

二、收益法的基本模型和操作步骤

（一）股利折现模型（DDM）

股利折现模型具体包括三种模型，见图 10-9。

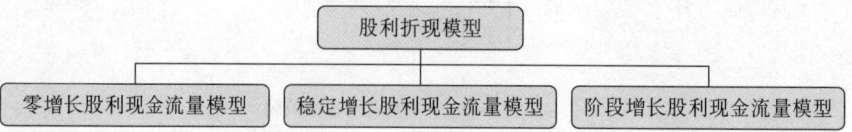

图 10-9　股利折现模型的具体形式

股利折现模型的基本表达式：

$$V = \sum_{t=1}^{\infty} \frac{DPS_t}{(1+R_e)^t}$$

式中：V——股票价值

DPS_t——第 t 年每股预期股利

R_e——股权资本成本

1. 零增长股利现金流量模型：

$$V = \frac{DPS}{R_e}$$

2. 稳定增长股利现金流量模型：

$$V = \frac{DPS_1}{R_e - g}$$

式中：DPS_1——下期期望股利

g——持续稳定的股利增长率

3. 阶段增长股利现金流量模型：

- 两阶段模型：$V = \sum_{t=1}^{n} \frac{DPS_t}{(1+R_{e,ex})^t} + \frac{DPS_{n+1}}{(R_{e,st} - g_n)(1+R_{e,ex})^n}$

式中：$R_{e,es}$——非常增长阶段的股权资本成本

$R_{e,st}$——稳定增长阶段的股权资本成本

g_n——n 年以后稳定的股利增长率

- 三阶段模型：$V = \dfrac{DPS_0(1+g)\left[1 - \dfrac{(1+g)^{n_1}}{(1+R_{e,ex})^{n_1}}\right]}{R_{e,ex} - g} + \sum_{t=n_1+1}^{n} \dfrac{DPS_t}{(1+R_{e,ex})^t} + \dfrac{DPS_n(1+g_n)}{(R_{e,st} - g_n)(1+R_{e,ex})^n}$

（二）股权自由现金流量折现模型（FCFE）

股权自由现金流量模型具体包括三种模型，见图 10-10。

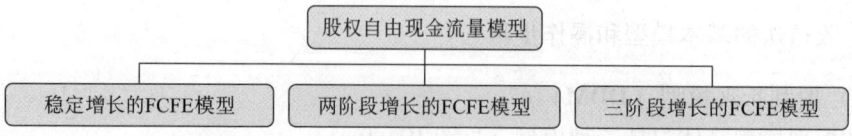

图 10-10　股权自由现金流量模型的具体形式

股权自由现金流量折现模型的基本公式：

$$EV = \sum_{t=1}^{n} \frac{FCFE_t}{(1+R_e)^t}$$

式中：EV——股东全部权益价值

R_e——股东权益回报率

$FCFE_t$——第 t 年的股权自由现金流量

1. 稳定增长的 FCFE 模型：

$$EV = \frac{FCFE_1}{C}$$

式中：$FCFE_1$——评估基准日之后第一期的股权自由现金流量

C——资本化率，$C = R_e - g$

2. 两阶段增长的 FCFE 模型：

$$EV = \sum_{t=1}^{n} \frac{FCFE_t}{(1+R_e)^t} + \frac{FCFE_{n+1}}{(R_e - g)(1+R_e)^n}$$

式中：$FCFE_t$——预计第 t 年的股权自由现金流量

$FCFE_{n+1}$——第 $n+1$ 年的股权自由现金流量

3. 三阶段增长的 FCFE 模型：

$$EV = \sum_{t=1}^{n_1} \frac{FCFE_0(1+g)^t}{(1+R_e)^t} + \sum_{t=n_1+1}^{n_1} \frac{FCFE_t}{(1+R_e)^t} + \frac{FCFE_n(1+g_n)}{(R_e - g_n)(1+R_e)^n}$$

（三）企业自由现金流量折现模型（FCFF）

企业自由现金流量模型具体包括三种，见图 10-11。

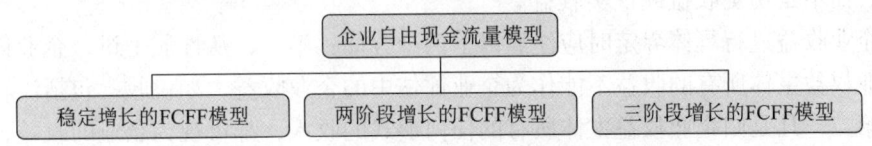

图 10-11　企业自由现金流量模型的具体形式

企业自由现金流量折现模型的基本公式：

$$OV = \sum_{t=1}^{n} \frac{FCFF_t}{(1+WACC)^t}$$

式中：OV——企业整体价值

$FCFF_t$——第 t 年的企业自由现金流量

$WACC$——加权平均资本成本

1. 稳定增长的 FCFF 模型：

$$OV = \frac{FCFF_1}{C}$$

2. 两阶段增长的 FCFF 模型：

企业价值评估

$$OV = \sum_{t=1}^{n} \frac{FCFF_t}{(1+WACC)^t} + \frac{FCFF_{n+1}}{(WACC-g)(1+WACC)^n}$$

3. 三阶段增长的 FCFF 模型：

$$OV = \sum_{t=1}^{n_1} \frac{FCFF_0(1+g)^t}{(1+WACC)^t} + \sum_{t=n_1+1}^{n} \frac{FCFF_t}{(1+WACC)^t} + \frac{FCFF_n(1+g_n)}{(WACC-g_n)(1+WACC)^n}$$

（四）收益法应用的操作步骤

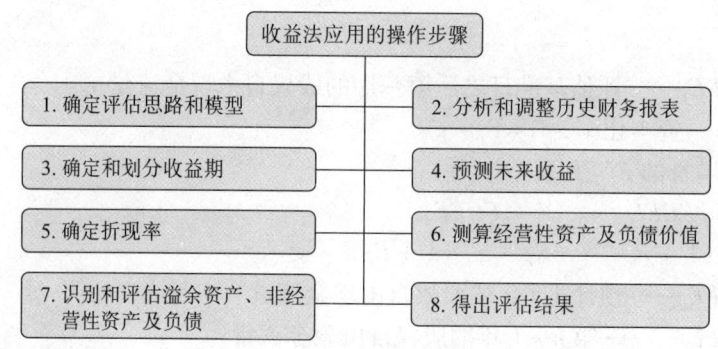

图 10－12　收益法的应用操作步骤

三、收益预测

（一）收益的界定

企业的收益是指在正常条件下，企业所获得的归企业所有的所得额。是未来的、客观的收益，而不是历史收益或现实收益。

对企业收益进行具体界定时应注意以下两个方面：第一，从性质上讲，企业创造的但不归企业权益主体所有的收益不能作为企业评估中的企业收益，如税收，包括流转税和所得税。第二，凡是归企业权益主体所有的任何形式的收入，都可视为企业的收益，无论是营业收支、资产收支，还是投资收支，只要形成净现金流入量，就应视同为收益。

1. 企业自由现金流量。企业自由现金流量指归属于包括股东和付息债务的债权人在内的所有投资者的现金流量。

企业自由现金流量（FCFF）＝股权自由现金流量＋债权人现金流量＋优先股股东现金流量
　　　　　　　　　　　＝息税前利润×（1－税率）＋折旧与摊销－追加营运资本－资本性支出

2. 股权自由现金流量。股权自由现金流量指归属于股东的现金流量，是扣除还本付息以及用于维持现有生产和建立将来增长所需的新资产的支出和营运资金变动后剩余的现金流量。

股权自由现金流量＝息税前利润×（1－税率）＋折旧与摊销－资本性支出－净营运资金变动＋付息债务的净增加额

(二) 收益期的确定

1. 收益期确定的影响因素。影响收益期确定的因素有法律法规对企业收益期的影响；公司协议和章程对企业收益期的影响；企业主要资产的使用期限对企业收益期的影响；企业所处生命周期及其经营情况对企业收益期的影响。

收益期的确立方法有三种：

（1）合同（约定）年限法。企业整体资产发生产权变动后，合同约定企业的经营期限时，应该以合同年限作为企业资产的收益期。比如中外合资企业应以中外合资双方的合同中规定的期限作为收益期。再如通常也可按企业的土地使用权的有效使用年期作为其收益期限。

（2）永续法。如无特殊情况，企业经营比较正常且没有对足以影响企业继续经营的某项资产的使用年限进行规定，则在测算其收益时，收益期可采用无限年期。

（3）企业整体资产经济寿命法。企业产权发生变动后没有规定经营期限的按其正常经济寿命测算。企业整体资产的经济寿命往往指这样一个时点：收益主体继续持有该收益资产在经济上不再有利。

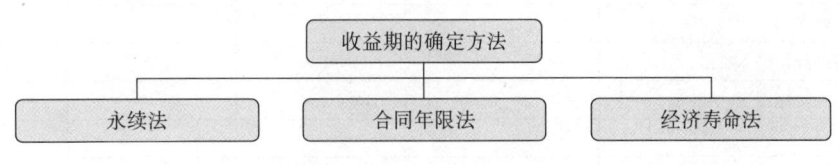

图 10 – 13　收益期的确定方法

2. 收益期划分。收益期划分为预测期和后续期。"预测期"指从评估基准日到企业达到相对稳定经营状况的这段期间。企业的不稳定期有多长，预测期就有多长，一般是 5 年。"后续期"是指预测期以后的无限时期。

(三) 收益预测

图 10 – 14　收益预测步骤

《资产评估执业准则——企业价值》第十三条　中评协〔2017〕36

影响企业收益的因素包括宏观因素、行业因素、企业因素。

对企业历史收益进行分析和调整，主要包括三部分内容：第一，对财务报表编制基础进行分析和调整，目的是使历史各年度的业绩具有相同的编制基础；第二，对非经常性收入和支出进行分析和调整，目的是使历史各年度的业绩均反映经常性的收入和支出；第三，对非经营性资产、负债和溢余资产及其相关的收入和支出进行分析和调整，目的是使历史各年度的业绩均反映经营性资产和经营性负债对企业的贡献。

对企业未来收益趋势进行总体分析和判断，其主要内容包括企业当前所处发展周期及未来的走势、企业未来收益进入稳定状态所需的时间以及进入稳定状态后的趋势等。

表 10 – 1　　　　　　　　　X 企业预计利润表（多步式）　　　　　　　单位：万元

年份	××年	××年	××年	××年
一、营业收入				
减：营业成本				
税金及附加				
管理费用				
财务费用				
销售费用				
资产减值损失				
加：公允价值变动收益				
投资收益				
二、营业利润				
加：营业外收入				
减：营业外支出				
三、利润总额				
减：所得税费用				
四、净利润				
五、每股收益				
（一）基本每股收益				
（二）稀释每股收益				

四、折现率和资本化率及其估测

（一）折现率与收益口径的匹配

从投资者角度来看，折现率是投资者的期望投资报酬率；从企业角度来说，折现率是资本成本。资本成本是资金使用者由于使用他人资金而付出的代价，回报率是资金所有者由于放弃当前收益、承担未来收益风险而获得的一种补偿，回报率和资本成本是同一事项的两面，资金使用者付出的资金成本也就是资金提供者获得的回报。资本化率是一种特殊的折现率，资本化率与投资收益、投资现值的关系如下：

$$资本化率 = \frac{年投资收益}{产生收益的投资的现值}$$

$$产生收益的投资的现值 = \frac{年投资收益}{资本化率}$$

资本化率的口径应当与收益口径保持一致，权益回报率也可表述为股权资本成本，债务回报率可表述为债务资本成本。

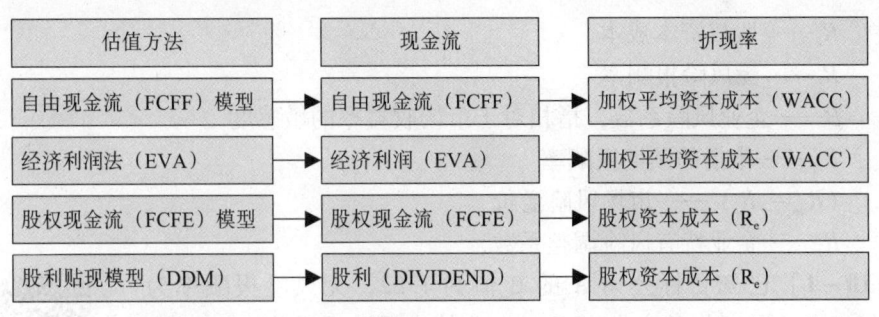

图 10-15 现金流与折现率的匹配

> **提示:**
> 选择折现率的基本原则:
> 1. 折现率不低于投资的机会成本。
> 2. 行业平均收益率是确定折现率的重要参考指标。
> 3. 贴现率不宜直接作为折现率。

(二) 股权资本成本

权益资本成本是投资者投资于公司股权时所要求的收益率,也就是公司为股权融资所付出的成本。测算权益资本成本的方法主要有风险累加法、资本资产定价模型、套利定价模型、三因素模型。本章只介绍前两种。

1. 风险累加法。风险累加法是确定股权资本成本的一种方法。其思路是股权资本成本等于无风险报酬率加上各种风险报酬率。数学表达式为:

$$R_e = R_f + R_r$$

式中:R_e——股权资本成本
R_f——无风险报酬率
R_r——风险报酬率

$$\text{风险报酬率} = \text{行业风险报酬率} + \text{经营风险报酬率} + \text{财务风险报酬率} + \text{其他风险报酬率}$$

无风险报酬率是投资无风险资产所获得的投资回报率,表示即使在风险为零时,投资者仍期望就资本的时间价值获得的补偿。评估实务中,国际上企业价值评估中最常选用的为 10 年期政府债券利率。我国通常选用中长期政府债券利率作为无风险报酬率。

2. 资本资产定价模型。资本资产定价模型(CAPM)是美国斯坦福大学威廉·夏普教授于 1964 年提出的,它广泛应用于投资决策和资产评估领域。资本资产定价模型是一种描述风险与期望收益率之间关系的数学模型。将资产的期望收益率表示为无风险报酬率和 β 值的函数。资本资产定价模型是估计股权资本成本最广泛使用的一种工具。资本资产定价模型可以理解为是在风险累加法的基础上引入 β 系数进行扩展得到的模型。其表达式为:

$$R_e = R_f + \beta (R_m - R_f) + R_s$$

式中：R_e——股权资本成本

R_f——无风险报酬率

β——企业风险系数，指相对于市场收益率的敏感度

R_m——市场的预期报酬率

$(R_m - R_f)$——市场风险溢价

R_s——企业特有风险调整系数

[例 10-1] 已知目标公司 A 的 β 值为 1.52，无风险报酬率为 3%，市场组合的预期收益率是 10%，企业特定风险系数为 2%。求：股权资本成本。

解：$R_e = R_f + \beta(R_m - R_f) + R_s$
$= 3\% + 1.52 \times (10\% - 3\%) + 2\% = 15.64\%$

资本资产定价模型参数的确定

（三）加权平均资本成本

加权平均资本成本模型（WACC）是以企业的所有者权益和长期负债所构成的投资成本，以及投资资本所需求的回报率，经加权平均计算来获得企业评估所需折现率的一种数学模型。加权平均资本成本也称为全投资折现率。其计算公式为：

$$WACC = \frac{E}{D+E} \cdot R_e + \frac{D}{D+E} \cdot R_d (1-T)$$

式中：R_e——权益资本的投资回报率

R_d——债务资本的投资回报率

E——权益资本

D——债务资本

T——税物资本成本

[例 10-2] A 公司长期资金共有 10 000 万元，其中债务资本为 4 000 万元，权益资本为 6 000 万元。企业借入债务年利率为 5%，β 值为 1.4，所得税税率为 25%，且无风险报酬率为 3%，市场平均的风险报酬率为 10%。求该企业的 WACC。

解：
$R_e = R_f + \beta(R_m - R_f) = 3\% + 1.4 \times (10\% - 3\%) = 12.8\%$

$WACC = \frac{E}{D+E} \cdot R_e + \frac{D}{D+E} \cdot R_d (1-T)$

$= \frac{6\ 000}{10\ 000} \times 12.8\% + \frac{4\ 000}{10\ 000} \times 5\% \times (1-25\%) = 9.18\%$

当企业的权益资本由普通股和优先股构成时，加权平均资本成本计算公式可扩展为：

$$WACC = \frac{C}{D+C+P} \cdot R_c + \frac{P}{D+C+P} \cdot R_P + \frac{D}{D+C+P} \cdot R_d (1-T)$$

式中：C——普通股股本

P——优先股股本

R_c——普通股的投资回报率

R_p——优先股的投资回报率

五、现金流量折现法的运用

[例 10-3] A 公司目前正处在高速增长的时期,资本成本 28%。2007 年的销售增长了 18%,预计 2008 年可以维持 18% 的增长率,2009 年开始逐步下降,2012 年及以后各年按 6% 的比率持续增长(见表 10-2)。①

确定折现率应注意的问题

表 10-2　　　　　　A 公司的增长率及投资资本回报率

年份	基期	2008	2009	2010	2011	2012	2013	2014	2015	2016	2017
销售增长率	18.00%	18.00%	15.00%	10.00%	8.00%	6.00%	6.00%	6.00%	6.00%	6.00%	6.00%
期初投资资本回报率		32.537%	31.710%	30.331%	29.779%	29.228%	29.228%	29.228%	29.228%	29.228%	29.228%

A 公司以 2007 年为基期进行预测,以经过调整后的 2007 年的财务报表数据为基数。该公司采用销售百分比法作财务预测,即根据历史数据确定主要财务报表相关项目的销售百分比,作为对未来进行预测的假设。

评估过程和结果②:

(一) 现金流量模型参数的估计

1. 确定预测期间。

(1) 预测的基期。基期指用以对比的时期,它通常是预测期的上一个年度。根据已知,本案例的基期为 2007 年。

(2) 详细预测期和后续期的划分。预测期和后续期的划分要根据实际预测过程中的销售增长率和投资资本回报率的变动趋势确定。判断企业进入稳定期的主要标志有两个:第一,具有较稳定的销售增长率,它与宏观经济的名义增长率相当;第二,具有较稳定的投资资本回报率,它与资本成本相当。

根据表 10-2,可判断确定该企业的预测期为 2008—2012 年,2013 年及以后年度为后续期。

2. 预测期现金流量的估计。

(1) 实体自由现金流量。

　　　　①实体现金流量=股权现金流量+债权人现金流量

　　　　②实体现金流量=营业现金净流量-资本支出

　　　　　　　　　　　=息前税后营业利润+折旧与摊销-营业流动资产增加-资本支出

　　　　　　　　　　　=息前税后营业利润-净投资

---

① 此案例来自曹中、徐爱农、张彩英:《企业价值评估》,中国财政经济出版社 2010 年版。
② 本案例只展示现金流量模型参数的确定、现金流量的估计、企业价值的计算,其他评估程序、报告要求的项目省略。

(2) 股权自由现金流量。

①股权现金流量 = 实体现金流量 - 债权人现金流量
= 息前税后营业利润 + 折旧与摊销 - 营业流动资产增加 - 资本支出 - 税后利息费用 + 有息债务净增加
= 税后利润 - (净投资 - 有息债务净增加)

②股权现金流量 = 实体现金流量 - 债权人现金流量
= 实体现金流量 - 税后利息支出 + 有息债务净增加

3. 预计利润表和资产负债表的编制。未来现金流量的数据需要通过财务预测取得。财务预测可以分为单项预测和全面预测。单项预测直接预测销售收入、成本和费用从而计算出利润,再换算成现金流量。全面预测是指编制成套的预计财务报表,通过预计财务报表获取需要的预测数据,预计报表主要是预计利润表、预计资产负债表和预计现金流量表。

A 公司的预计利润表和资产负债表,如表 10-4 和表 10-5 所示,其中基期的数据和各年的各种比率是已知的。

表 10-3　　　　　　　　　　A 公司的预计利润表　　　　　　　　　　单位:万元

年份	基期	2008	2009	2010	2011	2012
利润表预测假设:						
销售增长率	18%	18%	15%	10%	8%	6%
销售成本率	60.00%	60.00%	60.00%	60.00%	60.00%	60.00%
营业、管理费用/销售	9%	9%	9%	9%	9%	9%
折旧/销售收入	6%	6%	6%	6%	6%	6%
短期债务利率	6%	6%	6%	6%	6%	6%
长期债务利率	9%	9%	9%	9%	9%	9%
平均所得税率	25%	25%	25%	25%	25%	25%
利润表项目						
一、销售收入	2 800.000	3 304.000	3 799.600	4 179.560	4 513.925	4 784.761
减:销售成本	1 680.000	1 982.400	2 279.760	2 507.736	2 708.355	2 870.857
二、销售利润	1 120.000	1 321.600	1 519.840	1 671.824	1 805.570	1 913.904
加:其他业务收入	0.000	0.000	0.000	0.000	0.000	0.000
减:营业和管理费用	252.000	297.360	341.964	376.160	406.253	430.628
折旧费	168.000	198.240	227.976	250.774	270.836	287.086
短期借款利息	22.848	26.961	31.005	34.105	36.834	39.044
长期借款利息	25.704	30.331	34.880	38.368	41.438	43.924
财务费用合计	48.552	57.292	65.885	72.473	78.272	82.968
三、营业利润	651.448	768.708	884.015	972.417	1 050.209	1 113.222
加:投资收益	0.000	0.000	0.000	0.000	0.000	0.000
营业外收入	0.000	0.000	0.000	0.000	0.000	0.000
减:营业外支出	0.000	0.000	0.000	0.000	0.000	0.000

续表

年份	基期	2008	2009	2010	2011	2012
四、利润总额	651.448	768.708	884.015	972.417	1 050.209	1 113.222
减：所得税	162.862	192.177	221.004	243.104	262.552	278.306
五、净利润	488.586	576.531	663.011	729.313	787.657	834.917
加：年初未分配利润	150.000	387.600	610.368	829.423	997.366	1 145.155
六、可供分配的利润	638.586	964.131	1 273.379	1 558.736	1 785.022	1 980.072
减：应付普通股股利	250.986	353.763	443.956	561.370	639.868	715.207
七、未分配利润	387.600	610.368	829.423	997.366	1 145.155	1 264.864

表10-4　　　　　　　　　　　　A公司的预计资产负债表　　　　　　　　　　　　单位：万元

年份	基期	2008	2009	2010	2011	2012
资产负债表预测假设：						
销售收入	2 800.000	3 304.000	3 799.600	4 179.560	4 513.925	4 784.761
货币资金/销售收入	1.50%	1.50%	1.50%	1.50%	1.50%	1.50%
应收账款/销售收入	20.00%	20.00%	20.00%	20.00%	20.00%	20.00%
存货/销售收入	15.00%	15.00%	15.00%	15.00%	15.00%	15.00%
其他流动资产/销售收入	6.50%	6.50%	6.50%	6.50%	6.50%	6.50%
应付账款/销售收入	10.00%	10.00%	10.00%	10.00%	10.00%	10.00%
其他流动负债/销售收入	5.00%	5.00%	5.00%	5.00%	5.00%	5.00%
固定资产净值/销售收入	40.00%	40.00%	40.00%	40.00%	40.00%	40.00%
短期借款/投资资本	20.00%	20.00%	20.00%	20.00%	20.00%	20.00%
长期借款/投资资本	15.00%	15.00%	15.00%	15.00%	15.00%	15.00%
资产负债表项目：						
货币资金	42.000	49.560	56.994	62.693	67.709	71.771
应收账款	560.000	660.800	759.920	835.912	902.785	956.952
存货	420.000	495.600	569.940	626.934	677.089	717.714
其他流动资产	182.000	214.760	246.974	271.671	293.405	311.009
小计：	1 204.000	1 420.720	1 633.828	1 797.211	1 940.988	2 057.447
减：应付账款	280.000	330.400	379.960	417.956	451.393	478.476
减：其他流动负债	140.000	165.200	189.980	208.978	225.696	239.238
等于：营业流动资产	784.000	925.120	1 063.888	1 170.277	1 263.899	1 339.733
固定资产原值	1 624.000	2 023.840	2 450.056	2 852.814	3 257.395	3 652.815
（本年折旧）	168.000	198.240	227.976	250.774	270.835	287.086
减：累计折旧	504.000	702.240	930.216	1 180.990	1 451.825	1 738.911
固定资产净值	1 120.000	1 321.600	1 519.840	1 671.824	1 805.570	1 913.904
投资资本总计	1 904.000	2 246.720	2 583.728	2 842.101	3 069.469	3 253.637

续表

年份	基期	2008	2009	2010	2011	2012
短期借款	380.800	449.344	516.746	568.420	613.894	650.727
长期借款	285.600	337.008	387.559	426.315	460.420	488.046
有息负债合计	666.400	786.352	904.305	994.735	1 074.314	1 138.773
股东权益合计	1 237.600	1 460.368	1 679.423	1 847.366	1 995.155	2 114.864
股东权益增加：股权融资		222.768	219.055	167.942	147.789	119.710
其中：股本	850.000	850.000	850.000	850.000	850.000	850.000
年末未分配利润	387.600	610.368	829.423	997.366	1 145.155	1 264.864
股东权益合计	1 237.600	1 460.368	1 679.423	1 847.366	1 995.155	2 114.864
股东权益增加：股权融资		222.768	219.055	167.942	147.789	119.710
有息负债及股东权益	1 904.000	2 246.720	2 583.728	2 842.101	3 069.469	3 253.637
净投资		342.720	337.008	258.373	227.368	184.168

4. 预计现金流量。根据预计利润表和资产负债表，经过数据转换编制预计现金流量表，见表 10 – 5。

表 10 – 5　　　　　　　A 公司的预计现金流量表　　　　　　　单位：万元

年份	2008	2009	2010	2011	2012
净利润调节：					
净利润	576.531	663.011	729.313	787.657	834.917
加：税后利息费用	42.969	49.414	54.355	58.704	62.226
等于：息前税后营业利润	619.500	712.425	783.668	846.361	897.143
直接计算：					
销售收入	3 304.000	3 799.600	4 179.560	4 513.925	4 784.761
减：销售成本	1 982.400	2 279.760	2 507.736	2 708.355	2 870.857
加：其他业务收入	0.000	0.000	0.000	0.000	0.000
减：营业和管理费用	297.360	341.964	376.160	406.253	430.628
减：折旧	198.240	227.976	250.774	270.836	287.086
等于：息税前营业利润	826.000	949.900	1 044.890	1 128.481	1 196.190
减：营业利润所得税	206.500	237.475	261.223	282.120	299.048
等于：息前税后营业利润	619.500	712.425	783.668	846.361	897.143
加：固定资产折旧	198.240	227.976	250.774	270.836	287.086
等于：营业现金毛流量	817.740	940.401	1 034.441	1 117.196	1 184.228
减：现金增加	7.560	7.434	5.699	5.015	4.063
减：应收账款增加	100.800	99.120	75.992	66.873	54.167
减：存货增加	75.600	74.340	56.994	50.155	40.625
减：其他流动资产增加	32.760	32.214	24.697	21.734	17.604

续表

年份	2008	2009	2010	2011	2012
加：应付款项增加	50.400	49.560	37.996	33.437	27.084
加：其他流动负债增加	25.200	24.780	18.998	16.718	13.542
等于：营业现金净流量	676.620	801.633	928.052	1 023.574	1 108.394
减：固定资产净值增加	201.600	198.240	151.984	133.746	108.334
减：折旧	198.240	227.976	250.774	270.836	287.086
等于：实体现金流量	276.780	375.417	525.295	618.995	712.971
融资流动：					
利息费用	57.292	65.885	72.473	78.272	82.968
减：利息减税（25%）	14.323	16.471	18.118	19.568	20.742
等于：税后利息费用	42.969	49.414	54.355	58.704	62.226
减：短期借款增加	68.544	67.402	51.675	45.474	36.834
减：长期借款增加	51.408	50.551	38.756	34.105	27.625
等于：债权人现金流量	-76.983	-68.539	-36.076	-20.875	-2.233
股利分配（或股发行）	353.763	443.956	561.370	639.868	715.207
等于：股权现金流量	353.763	443.956	561.370	639.868	715.207
融资现金流量	276.780	375.417	525.295	618.993	712.974

（二）企业价值的计算

1. 实体现金流量模型。续前例：假设 A 公司的加权平均资本成本是 28%，用它折现实体现金流量可以得出企业实体价值，扣除债务价值后可以得出股权价值。有关计算过程如表 10-6 所示。

表 10-6　　　　　　　　A 公司的实体现金流量折现　　　　　　　　单位：万元

年份	基期	2008	2009	2010	2011	2012
实体现金流量		276.780	375.417	525.295	618.993	712.974
平均资本成本		28%	28%	28%	28%	28%
折现系数（28%）		0.7813	0.6104	0.4768	0.3725	0.2910
预测期现金流量现值	1 133.914	216.248	229.155	250.461	230.575	207.475
后续期增长率						6%
后续期价值	999.654					3 435.238
实体价值	2 133.568					
债务价值	666.400					
股权价值	1 467.168					

企业价值评估

$$OV = \sum_{t=1}^{n} \frac{FCFF_t}{(1+WACC)^t} + \frac{FCFF_{n+1}}{(WACC-g)(1+WACC)^n}$$

预测期实体现金流量现值 = $\sum$ 各期现金流量现值 = 1 133.914（万元）

后续期终值 = 现金流量$_{n+1}$ / （资本成本 − 现金流量增长率）

= 712.974 × （1 + 6%） / （28% − 6%）= 3 435.238（万元）

后续期现值 = 后续期终值 × 折现系数 = 3 435.238 × 0.2910 = 99.654（万元）

企业实体价值 = 预测期现金流量现值 + 后续期现值

= 1 133.914 + 999.654 = 2 133.568（万元）

股权价值 = 实体价值 − 债务价值 = 2 133.568 − 666.400 = 1 467.168（万元）

2. 股权现金流量模型。假设 A 公司的股权成本是 38.555%，用它折现股权现金流量可以得出企业股权价值。有关计算过程见表 10 − 7。

表 10 − 7　　　　　　　A 公司的股权现金流量折现　　　　　　　单位：万元

年份	基期	2008	2009	2010	2011	2012
股权现金流量		353.763	443.956	561.370	639.868	715.207
股权成本		38.559%	38.559%	38.559%	38.559%	38.559%
折现系数（38.559%）		0.7217	0.5209	0.3760	0.2713	0.1958
预测期现金流量现值	1 011.221	255.311	231.257	211.019	173.596	140.038
后续期增长率						6%
后续期价值	455.910					2 328.448
股权价值	1 467.131					
债务价值	666.400					
实体价值	2 133.531					

$$EV = \sum_{t=1}^{n} \frac{FCFE_t}{(1+R_e)^t} + \frac{FCFE_{n+1}}{(R_e - g)(1+R_e)^n}$$

预测期股权现金流量现值 = $\sum$ 各期现金流量现值 = 1 011.221（万元）

后续期股权现金流量终值 = 现金流量$_{n+1}$ / （资本成本 − 现金流量增长率）

= 715.207 × （1 + 6%） / （38.559% − 6%）

= 2 328.448（万元）

后续期股权现金流量现值 = 后续期终值 × 折现系数 = 2 328.448 × 0.1958

= 455.910（万元）

股权价值 = 预测期股权现金流量现值 + 后续期股权现金流量现值

= 1 011.221 + 455.910

= 1 467.131（万元）

实体价值 = 股权价值 + 债务价值 = 1 467.131 + 666.400 = 2 133.531（万元）

上述两种方法计算结果应该是一致的，而产生微小的误差是计算过程中小数点后保留位数而造成的。

六、经济利润折现模型的运用

(一) 经济利润

经济利润也称为经济增加值（EVA），是指企业税后净营业利润减去资本成本后的余额。经济利润是基于权益资本和债务资本视角定义的利润指标，经济利润比会计利润更适用于衡量企业经营绩效。会计利润是权益资本口径的利润指标，经济利润是全投资口径的利润指标。

经济利润的三种计算方法：

1. 经济利润 = 税后净营业利润 – 投入资本成本
2. 经济利润 = 净利润 – 股权资本成本
3. 经济利润 = 投入资本 ×（投入资本回报率 – 加权平均资本成本率）
   = 税后净营业利润 – 投入资本 × 加权平均资本成本率

用经济增加值法评估企业价值的基本公式为：

企业价值 = 期初投入资本 + 经济增加值的现值

[例10-4] A企业年初投入资本2 000万元，预计今后每年可取得税后营业净利润（NOPAT）200万元，加权平均资本成本为8%，假设净投资为0，则分别用经济利润折现模型和现金流量折现模型计算企业价值，对比结果如何？

解：

- 经济利润法：

    每年经济利润 = 200 – 2 000 × 8% = 40（万元）

    经济利润的现值 = 40/8% = 500（万元）

    企业整体价值 = 2 000 + 500 = 2 500（万元）

- 现金流量折现法：

    企业自由现金流量 = 息前税后营业利润 + 折旧与摊销 – 资本支出 – 营运资本的增加

    企业现金流量现值 = 200/8% = 2 500（万元）

(二) 经济利润折现模型的具体形式

1. 基本公式：

$$OV = IC_0 + \sum_{t=1}^{n} \frac{IC_{t-1}(ROIC - WACC)}{(1 + WACC)^t}$$

式中：OV——企业整体价值

IC——投入资本，其中 IC_0 指评估基准日投入资本

$ROIC$——投入资本回报率

$WACC$——加权平均资本成本

t——收益年期

2. 资本化公式：

$$OV = IC_0 + \frac{IC_0(ROIC - WACC)}{WACC - g} = IC_0 + \frac{EVA_1}{WACC - g}$$

3. 两阶段模型：

$$OV = IC_0 + \sum_{t=1}^{n} \frac{IC_{t-1}(ROIC - WACC)}{(1+WACC)^t} + \frac{IC_n(ROIC - WACC)}{(WACC - g)(1+WACC)^n}$$

4. 三阶段模型：

$$OV = IC_0 + \sum_{t=1}^{n_1} \frac{EVA_0(1+g_a)^t}{(1+WACC)^t} + \sum_{t=1}^{n} \frac{EVA_t}{(1+WACC)^t} + \frac{EVA_{n+1}}{(WACC-g)(1+WACC)^n}$$

[例10-5] 结合例10-3A公司案例，用经济利润模型评估企业价值见表10-8。

表10-8　　　　　　　　A公司的经济利润估价模型定价　　　　　　　　单位：万元

年份	基期	2008	2009	2010	2011	2012	2013
息前税后经营利润		619.5	712.425	783.668	846.361	897.143	950.972
投资资本（年初）		1 904	2 246.72	2 583.728	2 842.101	3 069.469	3 253.637
投资资本回报率		32.537	31.71%	30.33%	29.78%	29.23%	29.23%
加权平均资本成本		28.00%	28.00%	28.00%	28.00%	28.00%	28.00%
差额		4.54%	3.71%	2.33%	1.78%	1.23%	1.23%
经济利润		86.442	83.353	60.227	50.561	37.693	39.955
折现系数（28%）		0.7813	0.6104	0.4768	0.3725	0.2910	
预测期经济增加值现值	176.89	67.492	50.879	28.716	18.834	10.969	
后续期价值	52.85					181.614	
期初投资资本	1 904						
现值合计	2 133.74						

（1）预测期经济增加值的计算。以A公司2008年的数据为例：

经济增加值 = 期初投资资本 × （期初投资资本回报率 - 加权平均资本成本）
　　　　　　 = 1 904.000 × （32.537% - 28%） = 1 904.000 × 4.54% = 86.384（万元）

（2）后续期价值的计算：

后续期经济增加值终值 = 后续期第一年经济增加值 / （资本成本 - 增长率）
　　　　　　　　　　　= 39.955 / （28% - 6%） = 181.614（万元）

后续期经济增加值现值 = 后续期经济增加值终值 × 折现系数
　　　　　　　　　　　= 181.614 × 0.2910 = 52.850（万元）

（3）企业价值的计算：

企业价值 = 期初投资资本 + 预测期经济增加值的现值 + 后续期经济增加值的现值
　　　　　= 1 904.000 + 176.890 + 52.850 = 2 133.74（万元）

（三）经济利润折现模型与自由现金流量折现模型的对比

从理论上讲，运用经济利润折现模型和企业自由现金流量折现模型得出的评估结果应该是相等的。经济利润折现模型可以动态反映企业在收益期的各个年度的所处阶段，可对收益预测的合理性做出检验。从折现模型的过程看，经济利润折现模型比自由现金流量折现模型更具优势。

第四节 市场法在企业价值评估中的应用

一、市场法的评估技术思路及模型

市场法是指将评估对象与可比上市公司或者可比交易案例进行比较，确定评估对象价值的评估方法。[①] 又叫相对估价法、相对估值法。

在国际评估界，市场法与收益法一起并驾成为评估师首要选择的评估方法组合。目前国内企业价值评估选用市场法的案例已经开始增多，进入快速发展的阶段。

企业价值评估中的市场法是基于类似资产应该具有类似交易价格的理论推断。市场法中常用的两种方法是上市公司比较法和交易案例比较法，这两种方法的核心问题均是确定适当的价值比率。具有相似性的被评估企业价值与可比对象价值可以通过同一经济指标联系在一起，即：

$$\frac{V_1}{X_1} = \frac{V_2}{X_2}, \qquad V_1 = \frac{V_2}{X_2} \cdot X_1 = \frac{P_2}{X_2} \cdot X_1$$

式中，$\frac{V}{X}$——价值比率

V_1——被评估企业的价值

V_2——可比对象的价值

二、可比对象的选择

采用市场法评估企业价值最关键的两个因素是可比对象的选择以及价值比率的选择及确定。

可比对象选择的一般标准：可比对象应当与被评估企业属于同一行业，或者受相同经济因素的影响，并且在业务结构、经营模式、企业规模、资产配置和使用情况、企业所处经营阶段、成长性、经营风险、财务风险等方面具备可比性。

1. 上市公司选择要点：历史数据要充分；股票交易要活跃；企业注册地相同；业务活动地域范围可比。

2. 交易案例选择要点：交易日期尽可能与基准日接近；关注可比交易案例资料的可获得性和充分性。

[①] 《资产评估执业准则——企业价值》〔2017〕36号。

三、价值比率的选择及确定

（一）价值比率的概念及种类

价值比率（乘数）就是企业整体价值（OV）或股权价值（EV）除以企业自身一个与价值密切相关参数的比率。

$$价值比率 = 资产价值/与资产密切相关指标$$

$$盈利价值比率 = \frac{企业整体价值/股权价值}{盈利类参数}$$

$$收入价值比率 = \frac{企业整体价值}{销售收入}$$

$$资产价值比率 = \frac{企业整体价值/股权价值}{资产类参数}$$

$$其他特殊价值比率 = \frac{企业整体价值/股权价值}{特殊类参数}$$

表 10-9　　　　　　　　　　常用价值比率[①]

价值比率分类	权益价值比率	企业整体价值比率
盈利价值比率	P/E PEG P/FCFE	OV/EBITDA OV/EBIT OV/FCFF
资产价值比率	P/B Tobin Q	OV/TBVIC
收入价值比率	P/S	OV/S
其他特定价值比率		OV/制造业年产量 OV/医院的床位数 OV/发电厂的发电量 OV/广播电视网络的用户数 OV/矿山的可采储量等

（二）主要价值比率

1. 市盈率（P/E）。市盈率是指普通股每股市价与每股收益的比率，是市场法最为广泛应用的一个价值乘数。

$$P/E = \frac{企业股权价值}{利润} = \frac{股价}{每股收益}$$

[①] 本表来自中评协编：《资产评估实务（二）》，中国财政经济出版社 2017 年版。

影响市盈率的因素可以通过股利折现模型推导得出：

$$P/E = \frac{P_0}{EPS_0} = \frac{b(1+g)}{r-g}$$

式中：b——股利支付率

g——增长率

r——股权资本成本

[例10-6] X公司2017年的每股收益为1.55元，股利支付率为35%，收益和股利的增长率预计为5%。该公司的β值为1.2，市场风险溢价为7%，无风险报酬率为3%，求该公司的P/E值。

解： 当前的股利支付率 b = 35%

预期公司收益和股利的增长率 g = 5%

股权资本成本 r = 3% + 1.2 × 7% = 11.4%

P/E = 35% × (1 + 5%) ÷ (11.4% − 5%) = 5.74

2. 市净率（P/B）。市净率指普通股每股市价与每股账面价值的比率。股权的账面价值被称为净资产。

$$\frac{P}{B} = \frac{股权价值}{净资产价值} = \frac{股价}{每股净资产}$$

影响市净率的因素可以根据戈登增长模型推导得出：

$$P/B = \frac{P_0}{BV_0} = \frac{ROE \cdot b \cdot (1+g)}{r-g}$$

式中：b——股利支付率

g——增长率

ROE——净资产收益率

[例10-7] 某公司是一家化学药剂生产企业，2017年公司每股净收益为4元，每股支付红利2元，每股权益的账面价值为40元，公司在长期时间内将维持6%的年增长率，公司股票的β值为0.85，股票的市场价格为每股60元，设长期国债的利率为7%，权益风险溢价为5.5%。

要求：

（1）基于以上数据，估计该公司的市净率。

（2）公司的净资产收益率为多少时才能证明公司股票当前售价计算出的P/B比率是合理的？

解：（1）当前的股利支付率 $b = 2 \div 4 = 50\%$

预期公司收益和股利的增长率 $g = 6\%$

净资产收益率 $ROE = \frac{4}{40} \times 100\% = 10\%$　　股权资本成本 $r = 11.68\%$

$P/B = 0.93$

（2）$P/B = 60 \div 40 = 1.50$

$$1.5 = \frac{ROE \cdot b \cdot (1+g)}{r-g}$$

$ROE = 16.08\%$

3. 市销率（P/S）。市销率即价格销售比，称为"收入乘数"。计算公式为：

$$P/S = \frac{股权价值}{销售收入}$$

影响市销率的因素可以根据戈登增长模型推导得出：

$$P/S = \frac{P_0}{S_0} = \frac{NPM \cdot b \cdot (1+g)}{r-g}$$

式中：b——股利支付率

g——增长率

NPM——销售净利率

（三）价值比率的选择、调整、最终确定

价值比率选择时需要选用多类、多个价值比率分别进行计算，然后进行综合对比分析判断，选择出最适用的价值比率。

选出价值比率后，评估专业人员需要对被评估企业和可比对象之间影响价值的定性及定量因素进行比较分析，调整内容包括财务绩效调整、规模及其他风险因素差异调整、成长性差异调整、其他风险因素调整。

不同行业通常选用的价值比率

对于任何一种价值比率，不同可比对象计算出的价值比率都可能有较大不同。因此，来自可比对象的价值比率往往集中在一个区间内，需要使用中位数、算术平均值、调和平均值、变异系数等统计方法对各价值比率进行分析，最终确定被评估企业的价值比率。

四、市场法评估企业价值的操作步骤

应用市场法评估企业价值的操作步骤如图 10-16 所示。

五、市场法评估案例

（一）评估案例基本情况[①]

甲公司拟转让乙公司 9.8% 的股权，委托评估机构对乙公司的股东全部权益价值进行评估。评估基准日为 2016 年 12 月 31 日。

被评估企业乙公司为一家总部设于上海的证券公司，在全国范围内共拥有营业部 87 家，其中上海 33 家，江苏 12 家，浙江 8 家，山东 16 家，其他地区 18 家。

企业主要经营证券经纪、自营、资产管理、证券承销等传统业务，同时也开展融资融券、股指期货等创新业务。被评估企业评估基准日净资产为 480.00 亿元。

根据本次评估目的，评估对象为被评估企业的股东全部权益，评估范围为被评估企业的全部资产及负债。本次评估的价值类型采用市场价值。

---

① 本案例来自中评协编：《资产评估实务（二）》，中国财政经济出版社 2017 年版，略有删减。

(二) 评估过程和结果

本次评估采用上市公司比较法进行评估。

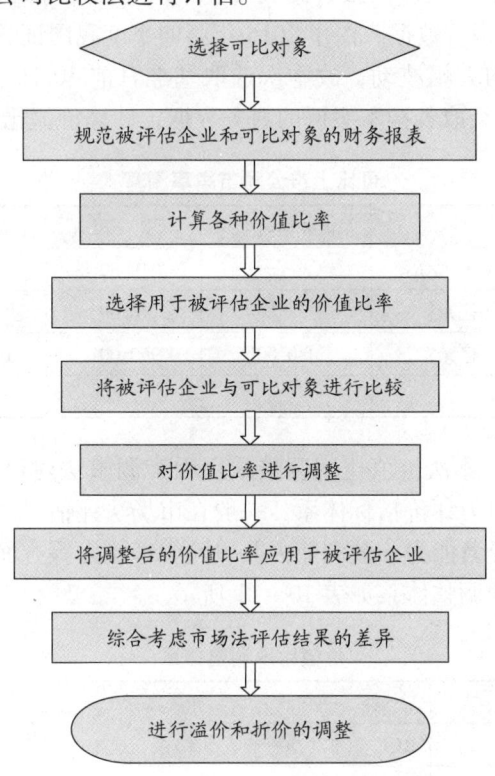

图 10-16 市场法评估企业价值的操作步骤

1. 可比上市公司的选择。首先选取与被评估企业同属于证券行业的可比公司作为样本，分析被评估企业与可比公司在业务结构、经营模式、资产规模等方面的差异。从资产规模和营业规模来看，可比公司 A、B、C、D、E、F 与被评估企业最为接近，但可比公司 D 的业务过于集中在特定区域，覆盖范围与被评估企业差异较大；可比公司 E 的经营业务主要集中在投行业务，经纪业务涉及较少，与被评估企业在业务结构上存在较大差异；可比公司 F 在评估期间正在进行重大资产重组，不适合作为可比公司。因此最终选择可比公司 A、B、C 作为可比公司。

2. 价值比率的选择。被评估企业属于证券行业，且其业务内容包含证券经纪、自营、资产管理、证券承销等多个方面，故根据各行业通常选用的价值比率，本次评估采用市净率 P/B 模型对被评估企业的股权价值进行评估。

评估公式为：

$$被评估企业股权价值 = 被评估企业总股本 \times 被评估企业每股账面净资产 \times 被评估企业 P/B$$

其中：

$$被评估企业 P/B = 调整后可比公司 P/B$$

= 调整后可比公司 P/B 的加权平均值

= 可比公司 P/B × 可比公司 P/B 调整系数 × 权重

3. 价值比率的计算。截至评估报告出具日，本次各项上市公司数据均取自各上市公司公布的 2016 年度审计报告数据。由于 2016 年第四季度我国证券市场交易非常活跃，各证券类上市公司的股价均大幅波动，故本次选取基准日前 30 日交易均价作为比较参数。通过 Wind 资讯系统查询获取各样本案例的财务数据，计算价值比率如表 10 - 10 所示。

表 10 - 10　　　　　　　　　　可比上市公司市净率测算

项目	被评估企业	可比公司 A	可比公司 B	可比公司 C
基准日前 30 日平均收盘价（元/股）		18.60	15.80	15.60
2016 年 12 月 31 日总股本（亿元）		76.00	115.00	82.00
2016 年 12 月 31 日净资产（亿元）	480.00	960.00	1 080.00	500.00
P/B		1.47	1.68	2.56

4. 价值比率的调整。本次价值比率调整采用因素调整法对可比公司进行调整。参照常用的证券公司核心竞争力评价指标体系，一般在市场法评估时需要通过分析评估对象与可比公司在成长能力、经营能力、盈利能力及风险管理能力等方面的差异，从而对相关指数进行调整。本次设定的调整体系如表 10 - 11 所示。

表 10 - 11　　　　　　　　　　价值比率调整体系

指标类别	权重（%）	相关指标	指标权重（%）
盈利能力	20	ROE/COE（净资产收益率/股权成本率）	20
成长能力	20	净资本	10
		营业收入增长率	10
营运能力	20	资产管理规模	4
		经纪业务收入占营业收入比例	4
		市场占有率	4
		证券公司分类评级	4
		营业部数量及分布	4
风险管理能力	20	净资本/各项风险准备之和	5
		净资本/净资产	5
		货币类资金和变现能力较强的证券投资占资产总额（扣除客户交易结算金）的比例	5
		资产负债率（扣除客户交易结算金）	5
业务创新能力	20	研发人员占员工比例	4
		股指期货开展情况	4
		融资融券开展情况	4
		直投业务开展情况	4
		国际业务开展情况	4

(1) 盈利能力比较。被评估企业属于金融服务企业，公司收益波动幅度较大，当采用市净率进行估值时，需要对盈利能力进行调整。P/B 的差异主要源于净资产收益率差异和公司股权成本差异，净资产收益率超越股权成本越多，则市净率越高，因此本次把 ROE/COE 作为盈利能力的一项重要指标来进行分析比较。被评估企业及可比公司的相关指标如表 10-12 所示。

表 10-12　　　　　　　　价值比率调整——盈利能力

指标类别	相关指标	被评估企业	可比公司 A	可比公司 B	可比公司 C
盈利能力	ROE/COE（净资产收益率/股权成本率）	1.35	1.21	1.58	1.59

(2) 成长能力比较。根据证券行业的特点，成长能力也是影响企业估值的关键因素。本次采用企业的净资本规模及历史年度的复合增长率反映企业所具有的成长潜力。净资本规模越大、历史增长率越高，企业的业务活动未来的成长性及竞争力便越好。被评估企业及可比公司的相关指标如表 10-13 所示。

表 10-13　　　　　　　　价值比率调整——成长能力

指标类别	相关指标	被评估企业	可比公司 A	可比公司 B	可比公司 C
成长能力	净资本（亿元）	345.00	691.00	993.00	370.00
	营业收入增长（%）	12.20	15.05	16.30	16.21

(3) 营运能力比较。营运能力及企业规模对证券公司来说同样重要。本次选择资产管理规模、经济业务占营业收入的比例、市场占有率、营业部数量及分布这几项指标。管理资产规模及营业部数量是反映企业规模的重要指标；市场占有率可以直接反映企业经营情况；经纪业务收入作为证券公司最为稳定的收入来源，体现了经营上的稳健性。同时，本次将中国证监会每年发布的证券公司分类评级作为指标之一，体现企业整体层面的合规管理、风险控制及经营能力。被评估企业及可比公司的相关指标如表 10-14 所示。

表 10-14　　　　　　　　价值比率调整——营运能力

指标类别	相关指标	被评估企业	可比公司 A	可比公司 B	可比公司 C
营运能力	资产管理规模（亿元）	364.00	576.00	886.00	603.00
	经纪业务收入占营业收入比例（%）	56.91	45.51	54.66	35.45
	市场占有率（%）	1.43	2.00	2.09	1.29
	证券公司分类评级	BBB	AA	A	BBB
	营业部数量及分布	87	155	125	100

(4) 风险管理能力比较。对于证券行业来说，净资本为风险控制指标的核心。一般而言，风险控制指标值越优秀，公司综合性风险控制越好，公司盈利能力持续性、稳定性越好，业务扩张能力越强。

本次采用净资本/各项风险准备之和、净资本/净资产、货币类资金和变现能力较强的证券投资占资产总额（扣除客户交易结算金）的比例、资产负债率（扣除客户交易结算金）体现企业的风险控制能力。被评估企业及可比公司的相关指标如表10-15所示。

表10-15　　　　　　　价值比率调整——风险管理能力

指标类别	相关指标	被评估企业	可比公司A	可比公司B	可比公司C
风险管理能力	净资本/各项风险准备之和（%）	175.54	392.29	474.00	257.71
	净资本/净资产（%）	72.00	72.00	92.00	74.00
	货币类资金和变现能力较强的证券投资占资产总额（扣除客户交易结算金）的比例（%）	86.58	82.68	93.13	75.26
	资产负债率（扣除客户交易结算金）（%）	55.32	62.24	52.74	55.05

（5）业务创新能力比较。业务创新是证券行业持续发展的核心，目前企业业务创新能力主要体现在融资融券、股指期货、直投业务和国际业务等几个方面。本次统计了被评估企业与可比公司的新业务开展情况。同时，也将研发人员占员工的比例纳入指标体系。被评估企业及可比公司的相关指标如表10-16所示。

表10-16　　　　　　　价值比率调整——业务创新能力

指标类别	相关指标	被评估企业	可比公司A	可比公司B	可比公司C
业务创新能力	研发人员占员工比例（%）	1.23	1.72	3.64	1.31
	股指期货开展情况	有	有	有	有
	融资融券开展情况	有	有	有	有
	直投业务开展情况	有	有	有	有
	国际业务开展情况	无	无	无	有

各项指标均以被评估企业为标准分100分进行对比调整，可比证券公司各指标系数与目标证券公司比较后确定，低于目标公司指标系数的则调整系数小于100，高于目标公司指标系数的则调整系数大于100。P/B调整系数=被评估企业得分/可比公司得分（如表10-17所示）。

表10-17　　　　　　　价值比率调整——调整指标各项评分

指标类别	相关指标	被评估企业	可比公司A	可比公司B	可比公司C
盈利能力	ROE/COE（净资产收益率/股权成本率）	100	95	105	105
成长能力	净资本	100	110	110	103
	营业收入增长率	100	103	105	105
营运能力	资产管理规模	100	105	110	108
	经纪业务收入占营业收入比例	100	110	98	90
	市场占有率	100	105	105	98
	证券公司分类评级	100	110	105	100
	营业部数量及分布	100	110	108	105

续表

指标类别	相关指标	被评估企业	可比公司 A	可比公司 B	可比公司 C
风险管理能力	净资本/各项风险准备之和	100	92	90	98
	净资本/净资产	100	98	105	98
	货币类资金和变现能力较强的证券投资占资产总额（扣除客户交易结算金）的比例	100	98	105	92
	资产负债率（扣除客户交易结算金）	100	95	102	100
业务创新能力	研发人员占员工比例	100	100	100	100
	股指期货开展情况	100	100	100	100
	融资融券开展情况	100	100	100	100
	直投业务开展情况	100	100	100	100
	国际业务开展情况	100	105	100	105

按照设置的调整指标权重情况，汇总计算各影响因素的得分（如表10-18、表10-19所示）。

表10-18　　价值比率调整——调整指标评分汇总

指标类别	被评估企业	可比公司 A	可比公司 B	可比公司 C
盈利能力	100.00	95.00	105.00	105.00
成长能力	100.00	106.50	107.50	104.00
营运能力	100.00	105.00	105.20	100.20
风险管理能力	100.00	95.75	100.50	97.00
业务创新能力	100.00	101.00	100.00	101.00

表10-19　　价值比率调整——可比上市公司市净率调整

指标类别	可比公司 A	可比公司 B	可比公司 C
PB	1.47	1.68	2.56
盈利能力	1.0526	0.9524	0.9524
成长能力	0.390	0.9302	0.9615
营运能力	0.9524	0.9506	0.9980
风险管理能力	1.0444	0.9950	1.0309
业务创新能力	0.9901	1.0000	0.9901
调整后 P/B	1.43	1.41	2.39
调整后 P/B 的均值		1.74	

5. 评估结果的测算。由于选取的上市公司的价值是通过流通股的价格计算的，而被评估企业为非上市公司，因此对可比公司的流通市场市值计算出的 P/B 价值比率，需要

调整缺乏流动性折扣。本次采用新股发行定价方式估算缺乏流动性折扣。

根据中国证监会上市公司监管部和中国资产评估协会合作开展的课题研究报告《上市公司并购重组市场法评估研究》中"2002—2011年新股发行价方式估算缺乏流动性折扣计算表",金融保险行业缺乏流动性折扣的平均值为27.82%。

被评估企业价值评估结果 = 被评估企业基准日净资产 × 调整后的 P/B × (1 - 缺乏流动性折扣)

= 480.00 × (1 - 27.82%) × 3.07 = 602.00（万元）

由于此次经济行为转让的股权比例较低,并不具有控制权,因此并未考虑控制权溢价。

(三) 案例分析

证券金融行业上市公司较多,各方面的信息公开透明,易于获取,因此适用于市场法评估。评估专业人员从目前已上市证券公司中选取了部分具有可比价值的样本案例。在选取可比公司的过程中,应当考虑在规模、经营业务、成长性、财务业绩及业务结构等多方面的相似性。本案例中,评估专业人员在保证规模及经营业务相似性的基础上剔除了部分在业务覆盖区域与业务结构有较大差异的公司,进一步提升了可比性。同时将基准日前后正处于重大重组停牌过程中的可比公司剔除,满足了对于可比公司股票交易活跃的要求。

确定可比公司后,评估专业人员通过价值比率选择的常规方法,证券行业一般可以采用 P/B 或 P/E 等价值比率。其中,经纪业务可采用 P/E、营业部数量、交易活跃账户数量、自营业务可采用 P/B 指标。本案例中的证券公司业务类型较为综合,涉及经纪、自营、投行、资管等多方面的业务,不仅涉及经纪类业务,且 P/B 指标较 P/E 指标更为稳定,最终选择了以 P/B 为基础的评估模型。

在计算价值比率方面,由于2016年末股价存在一定波动,因此案例对股价采用区间型指标,选取基准日前30日交易均价及基准日净资产作为基础,计算 P/B 价值比率,以消除股价波动的影响。

此后,评估专业人员按照证券公司常用的核心竞争力评价指标体系并结合财务绩效调整方法,分析被评估企业与可比公司在成长能力、经营能力、盈利能力及风险管理能力等方面的差异,从而对相关价值比率进行调整,确定被评估企业的估值。

鉴于评估选取的比较案例均为上市公司,而本案例中的被评估企业尚未实现上市,因此评估专业人员以市场法评估值为基础,采用新股发行定价的方式,调整缺乏流动性折扣的影响;同时,由于本案例中经济行为转让的股权比例较低,并不具有控制权,因此本案例中并未考虑控制权溢价。

第五节 资产基础法在企业价值评估中的应用

一、资产基础法的评估技术思路

企业价值评估中的资产基础法（Asset–based Approach），是指以被评估单位评估基准日的资产负债表为基础，评估表内及可识别的表外各项资产、负债价值，确定评估对象价值的评估方法。[①]

成本法是针对单项资产而言的，而对于企业价值评估，国际上通用的称谓是资产基础法、资产加和法。

资产基础法评估企业价值的基本思路是以企业的资产负债表作为导向，首先估算企业资产负债表中表内、表外各项资产及各项负债价值，在此基础上，根据企业的全部资产和负债价值来确定企业的价值。

全部权益价值 =（表内外）各项资产价值 −（表内外）各项负债价值

评估企业价值时对企业资产负债表中资产价值进行的评估与单独将企业的资产作为评估对象进行的评估是有区别的，前者更强调各项资产对企业的贡献。

资产基础法作为企业价值评估中的一种方法，与收益法和市场法相比，其使用条件有更多的限制。《国际评估准则》中规定，只有在某些特殊情况下的企业价值评估才能使用资产基础法，如：企业成立时间较短、企业的盈利或现金流量无法合理确定、市场上无法找到参照企业等。

二、资产基础法的基本程序

采用资产基础法评估企业价值时，除了按照资产评估的一般程序操作外，其核心部分在于：

1. 获得以成本为基础的资产负债表；
2. 确定需要重新评估的资产与负债；
3. 确定表外的资产；
4. 确定表外或有负债；
5. 评估以上确定的各项资产和负债；
6. 编制评估后的资产负债表。

全部权益价值 = 资产价值（有形、无形）− 负债价值（账面和或有）

[①] 《资产评估执业准则——企业价值》〔2017〕36号。

三、单项资产评估的前提假设及选择

目前比较常见的假设如图 10-17 所示。

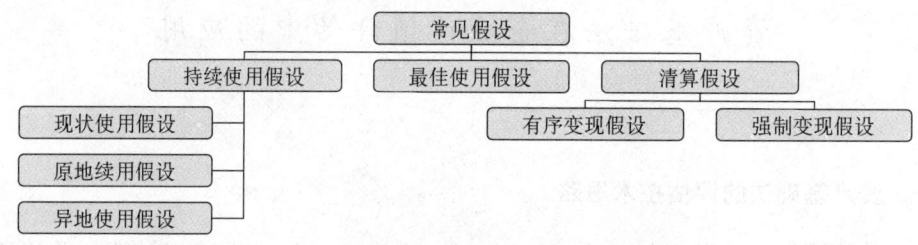

图 10-17　单项资产评估常用假设

四、单项资产评估的具体方法

企业的各单项资产采用的评估方法各不相同不同。采用资产基础法评估企业价值时，对标的企业被识别出来的各项表内、表外资产进行评估，参考本书第四章、第五章、第六章、第七章、第八章、第九章、第十一章内容。此外，运用资产基础法评估企业价值时，资产组和长期股权投资也作为单项资产进行评估。

本章小结

- 企业价值评估（Business Valuation），是指资产评估机构及其资产评估专业人员遵守法律、行政法规和资产评估准则，根据委托对评估基准日特定目的下的企业整体价值、股东全部权益价值或者股东部分权益价值等进行评定和估算，并出具资产评估报告的专业服务行为。

- 企业价值评估的特点表现在：评估对象是由多个或多种单项资产组成的资产综合体；决定企业价值高低的因素是企业的整体获利能力；企业价值评估是一种整体性评估，它与构成企业的各个单项资产的评估值简单加和是有区别的。

- 企业价值评估的主要要素有企业价值评估的目的、评估对象、评估范围、价值类型、评估假设、评估方法。企业价值评估的目的为企业产权变动、企业价值管理、为风险投资提供服务、税收、诉讼、其他。企业价值评估的对象包括企业整体价值、股东全部权益价值和股东部分权益价值三种。评估企业价值时，应对评估范围进行界定，对各项资产、负债进行识别。企业价值评估中常见的价值类型有市场价值和投资价值。企业价值评估的基本假设有交易假设、公开市场假设、持续经营假设、清算假设，具体假设包括基于外部环境的假设和基于内部环境的假设。企业价值评估方法有收益法、市场法、资产基础法、EVA、期权定价法等。

- 收益法评估企业价值的关键是界定、预测企业收益，预测收益需要有充分的数据资料，对搜集来的数据资料的整理与分析，将决定企业价值评估的质量。为此，在进行企业收益预测时，要作宏观分析、行业分析、企业分析。经典的分析方法有 PEST、SWOT、

- 企业价值评估中的收益法，指将预期收益资本化或者折现，确定评估对象价值的评估方法。收益法的三个参数是收益额、折现率、收益期。在具体运用时，要注意收益额与折现率之间结构与口径上的匹配。收益法包括现金流量折现法和股利折现法。现金流量折现法通常包括企业自由现金流折现模型和股权自由现金流折现模型。此外，经济利润法也得到广泛使用。经济利润（也称EVA），是指企业税后净营业利润减去资本成本后的余额，经济利润比会计利润更适用于衡量企业经营绩效。

- 企业价值评估中的市场法，指将评估对象与可比上市公司或者可比交易案例进行比较，确定评估对象价值的评估方法。市场法常用的两种具体方法是上市公司比较法和交易案例比较法。市场法的关键是选择可比对象及价值比率的选择与调整。常用的价值比率有市盈率、市销率、市净率。

- 企业价值评估中的资产基础法，是指以被评估单位评估基准日的资产负债表为基础，评估表内及可识别的表外各项资产、负债价值，确定评估对象价值的评估方法。

- 在利用多种方法评估企业价值时，要对评估结果进行合理性分析。

思考题

1. 如何理解企业价值的内涵？
2. 企业价值评估收益法的最主要参数有哪几个？
3. 用收益法评估企业价值时，常用的模型有哪几类？
4. 收益法常用的具体方法有哪些？
5. 根据对未来增长率的不同假设，有哪些不同形式的实体现金流量模型？
6. 为什么从理论上来讲，净现金流量是最优的收益选择？
7. 权益资本的确定方法有哪些？
8. 收益法操作步骤？
9. 市场法评估程序包括哪些操作步骤？
10. 选择可比对象的一般标准有哪些？
11. 市场法的价值乘数有哪几类？最常用的是什么？
12. 市净率乘数、市销率乘数的最主要决定因素分别是什么？最主要决定因素是如何影响价值乘数的？
13. 上市公司比较法和交易案例比较法之间的主要区别和联系有哪些？
14. 市盈率乘数法的基本原理及优缺点？
15. 资产基础法的基本原理和评估思路？
16. 运用资产基础法评估企业价值时，常见的表外资产项目可能存在的方式有哪几种？

第十章 企业价值评估

📖 阅读材料

1. 曹中主编：《企业价值评估》，中国财政经济出版社2010年版。
2. 中国资产评估协会编：《资产评估实务（二）》，中国财政经济出版社2017年版。
3. 姜楠、王景升主编：《资产评估（第4版）》，东北财经大学出版社2017年版。
4. 俞明轩：《企业价值评估》，高等教育出版社2016年版。
5. 乔志敏、王小荣主编：《资产评估学教程（第六版）》，中国人民大学出版社2017年版。
6. 俞明轩、王逸玮主编：《资产评估》，中国人民大学出版社2017年版。
7. 张先治、池国华：《企业价值评估》第3版，东北财经大学出版社2017年版。
8. （美）蒂姆·科勒等：《价值评估——公司价值的衡量与管理》，电子工业出版社2009年版。
9. 张彩英主编：《资产评估理论·方法·实务》，中国财政经济出版社2016年版。

第十一章
以财务报告为目的的评估

过程越是按社会的规模进行，越是失去纯粹个人的性质，作为对过程的控制和观念总结的簿记就越是必要。

——卡尔·马克思（Karl Heinrich Marx）

当你读不懂某一公司的财务情况时，不要投资。股市的最大亏损源于投资了资产负债方面很糟糕的公司。先看资产附表，搞清该公司是否具有偿债能力，然后再投钱冒险。

——彼得·林奇（Peter Lynch）

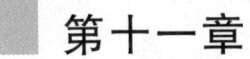

□ 以财务报告为目的的评估及其作用
□ 投资性房地产公允价值评估的概念及方法
□ 资产减值测试评估对象的确定及评估方法
□ 企业合并对价分摊的基本概念及评估方法的确定
□ 金融工具计量评估中评估对象的确定及评估方法

第一节 以财务报告为目的的评估概述

近年来，《国际财务报告准则》（国际会计准则）在世界范围内的应用越来越广，公允价值计量及其他非历史成本的会计计量模式也逐渐被使用，推动以财务报告为目的的评估在欧洲和北美地区迅猛发展。2006 年，我国发布的《企业会计准则》中引入了公允价

第十一章
以财务报告为目的的评估

值的概念和计量,为我国以财务报告为目的的评估奠定了制度基础。2014年1月26日,财政部发布的《企业会计准则第39号——公允价值计量》为以财务报告为目的的评估提供了相关技术指引。2017年,为贯彻落实《资产评估法》,中国资产评估协会根据《资产评估基本准则》,对《以财务报告为目的的评估指南(试行)》(中评协〔2007〕169号)进行了修订,制定了《以财务报告为目的的评估指南》(中评协〔2017〕45号)。可见,以财务报告为目的的评估已经成为我国评估服务领域中的一项重要业务内容。

一、以财务报告为目的的评估的概念

依据《以财务报告为目的的评估指南》第二条,以财务报告为目的的评估(Valuation For Financial Report)是指资产评估机构及其资产评估专业人员遵守法律、行政法规、资产评估准则及企业会计准则及会计核算、披露的有关要求,根据委托对评估基准日以财务报告为目的所涉及各类资产和负债公允价值或特定价值进行评定和估算,并出具评估报告的专业服务行为。

以财务报告为目的的评估是为会计核算、披露提供意见的一种专业服务。编制报告的需求不同,评估对象也不同,且更加多元化和复杂。

二、以财务报告为目的的评估的作用

以财务报告为目的的资产评估,是将会计和资产评估两门学科有机结合,既能发挥资产评估在发现潜在价值方面的优势,提高财务报告的质量,又能有效拓展评估业务的实施范围,摆脱长期的行业发展困境。公允价值是连接财务报告和评估行为的有效基础,资产评估人员基于会计行业财务报告的特定需要,对企业内部的各项资产、负债等进行科学合理的分析,以实现财务报告的有效性。因此,以财务报告为目的的评估的作用包括三个方面:(1)评估技术能够满足会计计量专业上的需求;(2)评估专业行为能够为会计计量的客观性奠定基础;(3)评估的独立地位能够强化公允价值的公正性。

三、以财务报告为目的的评估的技术特点

以财务报告为目的的评估相对于其他评估业务,具有以下特点:

(一) 以财务报告为目的的评估为会计计量提供服务

会计计量模式、会计核算方法、会计披露要求影响了评估对象、价值类型的确定及评估方法的选择。资产评估专业人员应当理解会计计量模式的概念,知晓企业合并、资产减值、投资性房地产、金融工具等会计核算方法,根据会计准则的要求,合理确定评估对象,选择与会计计量模式相符的价值类型和评估方法,更有效地服务于会计计量的特定要求。

(二) 以财务报告为目的的评估业务具有多样性、复杂性

以财务报告为目的的评估涉及企业合并、资产减值、投资性房地产、金融工具等多项会计核算业务,每项会计核算业务不同,其所对应的评估对象、价值类型、评估方法均有

所不同。

（三）以财务报告为目的的评估所采用的评估方法具有多样性

执行以财务报告为目的的评估业务，应当根据评估对象、价值类型、资料搜集情况和数据来源等相关条件，参照会计准则关于评估对象和计量方法的有关规定，选择评估方法。在采用市场法、收益法和成本法三大传统方法的基础上，根据具体条件，利用现金流量折现法、增量收益折现法、节省许可费折现法、多期超额收益法等对无形资产进行评估，同时也可以利用以现值为基础的远期定价和互换模型、期权定价模型等对金融工具进行评估。

四、以财务报告为目的的评估的国内外发展状况

（一）国外发展状况

20世纪90年代后期，围绕公允价值计量的相关问题，国际评估准则委员会及国际评估实务界积极与包括国际财务报告准则理事会在内的会计界进行协调，就评估在确定公允价值、提高财务报告质量方面如何发挥作用进行不断探索。这些工作的开展增进了会计界对评估界的了解，加快了在会计准则中确立评估行业的步伐，同时也促进了国际评估准则的综合化发展和质量的提高，推进了世界范围内统一评估准则的发展进程。

2005年2月，国际评估准则委员会出版了《国际评估准则》（第七版）。其中，为适应2004年《国际财务报告准则》的修订作了一项重要变动，关于国际评估准则，主要是《国际评估应用指南1》（以财务报告为目的的评估）和《评估指南8》（以财务报告为目的的评估业务中的成本法）作出了修订。

2007年7月，国际评估准则委员会出版了最新《国际评估准则》（第八版），前述相关部分与第七版内容基本相近；同时，发布了《以财务报告为目的的无形资产评估指南》讨论文件。

2008年下半年，国际评估准则委员会基本完成了改组工作，更名为国际评估准则理事会。国际评估准则理事会下属的国际评估准则委员会（IVSB）在《以财务报告为目的的无形资产评估指南》讨论文件的基础上，发布了两份征求意见稿，拟对《国际评估准则》中的《无形资产评估指南》进行修订并新增《以财务报告为目的的无形资产评估指南》。

（二）国内发展状况

为促进我国会计准则与国际财务报告准则接轨，2006年2月，财政部发布的《会计准则》也引入了公允价值的概念和计量模式。近年来，在财政部有关司局的支持下，评估行业与会计行业在评估服务于会计方面进行了有效沟通，达成了许多共识。

2007年11月，中国资产评估协会发布了《以财务报告为目的的评估指南（试行）》，用以规范资产评估专业人员以财务报告为目的的评估业务行为，维护社会公共利益和资产评估各方当事人合法权益。该指南自2008年1月1日起实施。

2009年12月，中国资产评估协会发布了《投资性房地产评估指导意见》，用以规范

注册资产评估师执行投资房地产评估业务行为,维护社会公共利益和资产评估各方当事人合法权益。自 2010 年 7 月 1 日起施行。

2014 年 1 月 26 日,财政部发布了《企业会计准则第 39 号——公允价值计量》,对公允价值计量进行了更加专业和细致的规范。该准则自 2014 年 7 月 1 日起实施。

2017 年 9 月 8 日,为贯彻落实《资产评估法》,规范资产评估执业行为,保证资产评估执业质量,保护资产评估当事人合法权益和公共利益,在财政部指导下,中国资产评估协会根据《资产评估基本准则》,对《以财务报告为目的的评估指南(试行)》进行了修订,制定了《以财务报告为目的的评估指南》(中评协〔2017〕45 号),自 2017 年 10 月 1 日起施行。

第二节 投资性房地产公允价值评估

一、投资性房地产公允价值评估的相关概念

(一)投资性房地产的概念

投资性房地产,是指企业为赚取租金或资本增值,或两者兼有而持有的房地产。当投资性房地产的公允价值能够持续可靠取得的时候,可以对投资性房地产采用公允价值模式进行后续计量。

(二)投资性房地产公允价值评估的概念

投资性房地产公允价值评估,是指按照《以财务报告为目的的评估指南》的要求,对符合会计准则规定条件的投资性房地产在评估基准日的公允价值进行评定和估算,并出具评估报告的专业服务行为。在进行投资性房地产公允价值评估时,应当充分理解相关会计准则的要求以及投资性房地产在企业财务报告中的核算和披露要求。

二、投资性房地产公允价值评估对象的确定

按照《以财务报告为目的的评估指南》,在执行会计准则规定的投资性房地产评估业务时,对应的评估对象包括已出租的土地使用权、持有并准备增值后转让的土地使用权、已出租的建筑物。

1. 已出租的土地使用权,是指企业通过出让或转让方式取得,并以经营租赁方式出租的土地使用权。企业计划用于出租但尚未出租的土地使用权,不属于此类。

2. 持有并准备增值后转让的土地使用权,是指企业取得的、准备增值后转让的土地使用权。此类投资性房地产较为特殊,是由管理者的持有意图决定的。按照国家有关规定认定的闲置土地,不属于此类。

3. 已出租的建筑物，是指企业拥有产权并以经营租赁方式出租的房屋等建筑物。企业计划用于出租但尚未出租的建筑物，不属于此类。

三、投资性房地产公允价值评估的评估基准日的确定

投资性房地产公允价值评估应根据会计准则的要求合理确定评估基准日，可以是资产负债表日、投资性房地产转换日等。

资产负债表日是指会计核算的结账日期，即指结账和编制资产负债表的日期，通常指会计年度末和会计中期期末。中期是指短于一个完整的会计年度的报告期间，包括月度、季度和半年度。年度资产负债表日为每年的12月31日，中期资产负债表日是指各会计中期期末，包括月末、季末和半年末。

投资性房地产转换日是指投资性房地产用途发生变化，投资性房地产转换为其他资产或者将其他资产转换为投资性房地产的时间，通常以企业董事会或类似机构正式作出书面决议的日期为准。

在评估实践中，当董事会形成决议后，财务核算和投资性房地产公允价值评估选择在临近决议形成的会计报表日。如董事会决议日期为某月的23日，那么投资性房地产转换日为该月23日，投资性房地产公允价值评估基准日可以选择在该月的资产负债表日，即月末的30日或者31日。

四、投资性房地产公允价值的评估方法

按照《企业会计准则第39号——公允价值计量》的要求，投资性房地产的公允价值评估是基于资产的最佳用途产生经济利益的能力，或者将该资产出售能够用于最佳用途的其他市场参与者产生经济利益的能力和评估。

评估专业人员在执行投资性房地产公允价值评估业务时，应当根据评估对象、价值类型、资料搜集情况和数据来源等相关条件，参照会计准则关于评估对象和计量方法的有关规定，选择评估方法。投资性房地产公允价值评估方法详见本书第七章，本章仅介绍服务于财务报告目的的投资性房地产公允价值评估方法，如采用市场法和收益法评估时需注意的事项。

（一）市场法

1. 类似房地产的选取。运用市场法评估投资性房地产时，首先需搜集足够的相同或相类似的房地产交易案例，通过筛选选取与待估房地产具有可比性的交易案例，重点分析投资性房地产的实物状况、权益状况、区位状况、交易情况及租约条件。

在进行公允价值评估时，应区分投资性房地产是否存在出售或者使用的限制，并且应进一步区分出限制是针对投资性房地产的持有者还是投资性房地产本身。如果该限制是针对投资性房地产持有者的，则该限制并非资产的特征，只会影响当期持有该资产的企业，而其他企业可能不会受到该限制的影响，从市场参与者角度评估时也不会考虑这样的限制因素。

2. 可比修正体系的构建。

以财务报告为目的的评估

(1) 选取比较指标。选取比较指标时，一般考虑交易情况、交易日期和房地产状况三个方面。

(2) 确定比较方法。基于可比案例交易的总价或者单价，采用金额、百分比或回归分析法，通过直接或者间接比较，对可比案例价格进行处理。

3. 求取比准价格。

评估对象的价值＝AVEGAGE（评估对象的比准价格）

评估对象的比准价格＝可比案例的成交价格×交易情况修正系数×交易日期修正系数
　　　　　　　　　×房地产状况修正系数
　　　　　　　　＝可比案例的成交价格×交易情况修正系数×交易日期修正系数
　　　　　　　　　×区位状况修正系数×实物状况修正系数×权益状况修正系数

实际评估中，根据可比案例与被估对象的相似程度、可比案例的资料可靠程度等，选用简单算术平均、加权算术平均等方法计算出被估对象的比较价值。

（二）收益法

收益法又称收益还原法、收益资本化法，是通过预测估价对象未来的正常净收益，利用适当的资本化率（或报酬率、还原利率）将其折现到评估基准日并累加，以此估算估价对象的客观合理价格或价值的方法。

1. 投资性房地产收益期限的确定。收益期限是指预计估价对象未来可以获得收益的时间。运用收益法评估投资性房地产时，一般根据建筑物的剩余经济寿命与建设用地使用权剩余期限来确定。但是，利用预知未来若干年后价格的公式求取价值的，收益期限为合理的持有期（持有期应根据市场投资者对同类房地产的典型持有时间及能预测期间收益的一般期限来确定，通常为5～10年）。

2. 投资性房地产未来净收益的测算。

(1) 基于租赁收入测算净收益。净收益是净运营收益（Net Operating Income，NOI）的简称，是指通过有效毛收入扣除运营费用后归属于房地产的收入。基本公式为：

净收益＝潜在毛收入－空置和租金损失＋租赁保证金或押金利息－运营费用
　　　＝有效毛收入－运营费用

• **潜在毛收入**（Potential Gross Income，PGI），是指房地产在充分利用、无空置（即100%出租）情况下所能获得归属于房地产的收入。

• **有效毛收入**（Effective Gross Income，EGI），是指由潜在毛收入扣除空置和租金损失以后得到归属于房地产的收入。

• **运营费用**（Operating Expense），是指维持房地产正常使用或营业的必要支出。包括房地产税、保险费、管理费、维持投资性房地产正常运转的成本（维护费、维修费、物业费）等。

评估承租人的权益价值时，净收益应为市场租金减去合同租金。

(2) 基于营业收入测算净收益。如果未来净收益不能通过租赁收入测算，则应根据投资性房地产的经营资料测算净收益（如投资性房地产为酒店）。基本公式为：

净收益＝经营收入－经营成本－经营费用－税金及附加－管理费用－财务费

用－利润

根据预测期间及租约情况，在租约有效期内，上述收益以租约约定的租金水平为准；在租约期外，应选择市场上的正常客观数据。

3. 折现率的求取。折现率应当反映评估基准日类似地区同类投资性房地产平均回报水平和评估对象的特定风险。折现率与预期收益口径保持一致，并考虑租约、租期、租金等因素对折现率选取的影响。

折现率求取的方法一般包括三种：（1）累加法；（2）市场提取法；（3）投资报酬率排序插入法。

4. 收益法的基本计算公式：

$$P = \sum_{i=1}^{n} \frac{a_i}{(1+r)^i}$$

式中：P——房产价值

a_i——年净收益

r——资本化率

n——收益年限

相关链接

以财务报告为目的的评估指南

第十六条：资产评估专业人员应当关注投资性房地产现有租约期限及租金内涵等对公允价值评估的影响，包括租期、租金收取方式、约定租金相对于市场租金的差异、租金内涵、特殊使用目的、分割或者合并使用的差异等，剔除不属于评估对象收益以及非正常因素的影响。

5. 评估案例

【例11-1】评估对象为位于××市××区××路××商城商业房地产，房产性质为商品房，用途为商业，面积1 000平方米。土地使用证证号为（××××）第××号，证载权利人均为A公司，使用期限40年，自2013年8月1日起计算。

已知，评估对象共两层，一层已对外出租，承租方为某银行，每层可出租面积为500平方米，一层于2014年8月1日租出，租赁期限5年，可出租面积的月租金为240元/m²，且每年不变；二层现空置。评估对象所在商圈的相似商业用房一、二层可出租面积的正常月租金分别为300元/m²和220元/m²，运营费用为25%。该类房地产出租率为100%，折现率10%，评估该房地产2017年8月1日带租约出售的正常价格。

解：估价对象于2017年8月1日带租约出售的正常价格测算如下：

（1）一层价格的测算：

租赁期间的年净收益＝500×240×（1－25%）×12＝108（万元）

租赁期间届满后的年净收益＝500×300×（1－25%）×12＝135（万元）

$$P = \sum_{i=1}^{t} \frac{A_i}{(1+Y)^i} + \frac{A}{Y(1+Y)^t}\left[1 - \frac{1}{(1+Y)^{n-t}}\right]$$

$$= \frac{108}{(1+10\%)} + \frac{108}{(1+10\%)^2} + \frac{135}{10\%(1+10\%)^2}\left[1 - \frac{1}{(1+10\%)^{40-4-2}}\right]$$
$$= 1\ 259.47\ （万元）$$

（2）二层价格的测算：

年净收益 $= 500 \times 220 \times (1-25\%) \times 12 = 99$（万元）

$$P = \frac{A}{Y}\left[1 - \frac{1}{(1+Y)^n}\right] = \frac{99}{10\%}\left[1 - \frac{1}{(1+10\%)^{40-4}}\right] = 957.97\ （万元）$$

（3）计算待估对象带租约出售的正常价格：

商业房地产的正常价格 = 一层的价格 + 二层的价格
$$= 1\ 259.47 + 957.97 = 2\ 217.44\ （万元）$$

第三节　服务于资产减值测试的资产评估

一、资产减值及其测试

（一）资产减值的概念

我国《企业会计准则第 8 号——资产减值》认为资产减值是指资产的可回收金额低于其账面价值。**可收回金额**是资产的公允价值减去处置费用后的净额与资产预计未来现金流量的现值两者之中的较高者，只要两者中有一项超过了资产的账面价值，就表明资产没有发生减值，不需再估计另一项金额。具体关系如图 11-1 所示。

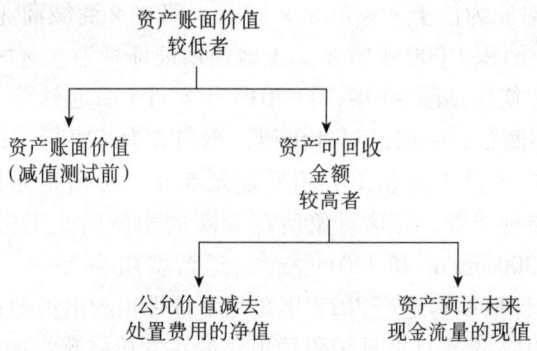

图 11-1　资产减值模型

准则规定，企业应当在资产负债表日判断资产是否存在可能发生减值的迹象，如果资产存在减值迹象的资产，应当进行减值测试，估计资产的可回收金额。可回收金额低于账面价值的，应当按照可回收金额低于账面价值的金额，计提减值准备，确认减值损失。

(二) 资产减值测试的概念

资产减值测试是指企业财务会计人员根据企业外部信息与内部信息，判断企业资产是否存在减值迹象。资产存在减值迹象是资产需要进行减值测试的必要前提，但是，因企业合并所形成的商誉和使用寿命不确定的无形资产，无论是否存在减值迹象，至少应当每年进行减值测试。对于尚未达到可使用状态的无形资产，因其价值通常具有较大的不确定性，也至少应当每年进行减值测试。

二、资产减值测试评估中的评估对象确定

（一）资产减值测试对象

1. 单项资产。如果有迹象表明一项资产可能发生减值，企业应当以单项资产为基础估计其可回收金额。

2. 资产组。在企业难以对单项资产的可回收金额进行估计的情况下，应当以该资产所属的资产组为基础确定资产组的可回收金额。

对于商誉以及总部资产的减值测试，应当结合与其相关的资产组或者资产组组合进行。

资产组是企业可以认定的最小资产组合，其产生的现金流入应当基本上独立于其他资产或资产组产生的现金流入。资产组组合是指由若干个资产组组成的最小资产组组合。

（二）资产减值测试评估对象的确定

1. 总体要求。资产减值测试评估对象应当与资产、资产组或资产组组合账面价值的成分保持一致。

对于资产组或资产组组合而言，其账面价值应当包括可直接归属于该资产组或资产组组合以及可以合理和一致地分摊至该资产组或资产组组合的商誉与总部资产的账面价值。

除非不考虑该负债的金额就无法确定资产组的可回收金额，资产组的账面价值一般不应包括以确认的计息负债的账面价值。

2. 常见的资产组或资产组组合的构成与评估对象。表11-1归纳了在固定资产减值测试中，常见资产组或资产组组合的构成与评估对象。

表11-1　　　　　　　　常见的资产组或资产组组合的构成与评估对象

项目	取费标准	单价（元/平方米）
房屋建筑物	√	√
机器设备	√	√
土地使用权	√	√
工程物资	√	√
在建工程	√	√
营运资金	可选择	可选择
商誉	可选择	可选择
总部资产	可选择	可选择
负债	一般情况不包括，但可选择是否加入资产组的测试	一般情况不包括，视管理层的选择而定

3. 特殊对象。

（1）营运资金。营运资金的主要组成为存货、应收账款和应付账款等，严格来说并不属于非流动资产减值测试的涵盖范畴。然而在实务操作中，为了更加合理地模拟资产组组合的真实构成，有时也将其加入资产组组合。

（2）企业总部资产。企业总部资产包括企业集团或其事业部的办公楼、电子数据处理设备、研发中心等资产。总部资产的显著特征是难以脱离其他资产或者资产组产生独立的现金流入，而且其账面价值难以完全归属于某一资产组。因此，总部资产通常难以单独进行减值测试，需要结合其他相关资产组或者资产组组合进行。具体步骤如下：

第一步，对于总部资产能够按照合理和一致的基础分摊至某资产组的部分，应当将总部资产的账面值分摊至该资产组，再据以比较该资产组的账面价值（包括已分摊的总部资产的账面价值部分）和可收回金额[①]；

第二步，对于相关总部资产难以分摊至任何资产组的部分，应当按照合理和一致的基础分摊至由若干个资产组组成的最小的资产组组合[②]。

（3）商誉。企业合并所形成的商誉，应当结合与其相关的资产组或者资产组组合进行减值测试。相关的资产组或者资产组组合应当是能够从企业合并的协同效应中受益的资产组或者资产组组合，并且不应当大于企业所确定的报告分部。其具体分摊过程和总部资产类似。

三、资产减值测试评估中的价值类型选择

资产减值测试评估中的价值类型包括两种计量属性，见表11-2。

表11-2　　　　　　　　　　　价值类型

价值类型	含　　义
公允价值减去处置费用后的净额	自愿买方和自愿卖方在各自理性行事且未受任何强迫压制的情况下，评估对象在基准日进行正常公平交易的价值并扣减相应的处置费用后得到的净额。
资产预计未来现金流量的现值	将评估对象作为企业组成部分或者要素资产按其使用方式和程度及其对所属企业的贡献的价值估计数额。

四、资产减值测试的评估方法与评估参数

（一）资产减值测试的评估方法

资产减值测试评估方法的确定应该结合评估对象特点、价值类型、资料搜集情况和数据来源等进行分析。

1. 会计准则规定成本法不适用减值测试目的的评估。

2. 资产的公允价值减去处置费用的净额。公允价值的估计首先考虑采用市场法，以公平交易中的销售协议价格或与评估对象相同或相类似资产在其活跃市场上反映的价格为

[①]《企业会计准则第8号——资产减值》（财会〔2006〕3号）第二十条、第二十一条。
[②] 中国资产评估协会：《资产评估实物（一）》，中国财政经济出版社2017年版，第299页。

计算依据。

3. 资产预计未来现金流量的现值——收益法。一般采用收益法，将预计未来现金流选择恰当的折现率折现后的金额作为评估值。

（二）资产减值测试的评估参数（以固定资产减值测试为例）

1. 现金流预测基本要求：

（1）现金流预测是基于经企业管理层（如董事会）准备的针对评估对象的最近财务预算或者经营计划进行的，评估人员应通过关注、检验历史现金流预测和实际值之间的差异来评估和确定当前现金流预测假设的合理性。

（2）现金流预测应以评估对象的当前状况为基础，不应当包括将来可能发生的、尚未作出承诺的重组事项或者与资产改良有关的预计未来现金流量。

（3）评估人员应当关注现金流预测涉及的主要评估参数，如销售收入的增长、预测的长期息税前利润率等是否与行业保持一致。如果不是，评估人员应关注其原因所在。

（4）实务中，评估人员应该详细询问管理层未来现金流在产生时间以及现金流大小方面的不确定性，必要时可以考虑情景分析（如考虑悲观、一般、乐观三种情况），以期最大程度地对管理层准备的现金流预测加以校验。

2. 现金流预测期。预测期需必须涵盖只考虑单项资产或资产组内主要资产项目在简单维护下的剩余经济年限。评估专业人员可以基于管理层提供的财务预算或经营计划适当延长至资产组中主要资产项目的经济使用寿命结束。

根据减值测试准则的相关规定，减值测试涉及的现金流预测期一般只涵盖 5 年；如超过 5 年，评估专业人员应取得管理层提供的证明更长期间合理性的证据。

3. 资本性支出预测。预测的资本性支出应该包括维护资产正常运转或者资产正常产出水平而必要的支出，维护性资本支出，完成在建工程和开发过程中的无形资产等的必要支出。预测的资本性支出中不应当包括与资产改良或企业扩张相关的资本性支出。

4. 资产组主要资产项目经济使用年限最后一年的净现金流量。在资产组中主要资产项目目于简单维护下的剩余经济年限资产使用寿命结束时，需要考虑处置资产所收到或者支出的净现金流，相当于预期公允价值减去处置费用后的净值。由于必须考虑处置费用，该处置资产的净现金流可能为负值。

5. 企业所得税的影响。会计准则要求估算预计未来现金流量现值应该基于税前基础进行，实务操作中也可以考虑采用税后基础进行测算，或者将税后折现率简单推算为税前折现率。

一般情况下，如果基于上述方法计算的未来现金流量现值远远超过被评估对象的账面价值，则代表被评估对象出现减值情况的可能性较低。否则需要根据企业会计准则的要求计算以税前为基础的现值。

6. 折现率。折现率要与预计的未来现金流匹配，如是否同为税前或税后基础，是否同时考虑通货膨胀因素，是否根据企业会计准则的要求计算相应的税前折现率等。

一般情况，如果预计现金流量时没有考虑有关风险，在估计折现率时则需要考虑这些因素，如规模风险、缺乏流动性折扣等。

采用收益法计算资产公允价值减去处置费用的净额时,各项参数的选取与确定,在某些方面与预计未来现金流量所涉及的参数会有不同,常见的不同之处见表 11-3。

表 11-3 资产公允价值减处置费用与资产预计未来现金流量现值参数确定差异表

项目	公允价值减处置费用的净额	资产预计未来现金流量现值
假设前提	· 持续经营假设,可以考虑将来可能发生的、尚未作出承诺的重组事项或者资产改良 · 应同时考虑重组、改良对应的收益和成本、费用	· 以当前状态为基础 · 不应当包括与将来可能发生的、尚未做出承诺的重组事项或者与资产改良有关的预计未来现金流量
盈利预测	在各方面与市场参与者预期保持一致	评估对象在目前使用情况下可实现的盈利情况
资产性支出	· 维护资产正常运转或者资产正常水平而必要的支出,或者属于资产简单维护下的支出 · 完成在建工程和开发过程中的无形资产等的必要支出 · 与资产改良或企业扩张相关的资产性支出	· 维护资产正常运转或者资产正常产出水平而必要的支出,或者属于资产简单维护下的支出 · 完成在建工程和开发过程中的无形资产等的必要支出
营运资金预测	维持现有企业运营并考虑企业扩张或重组所需的营运资金	基于特定实体现有管理模式下经营所需的营运资金
所得税基础	可以考虑为税后	通常为税前

五、商誉减值测试评估案例[①]

(一) 案例背景

A 期货公司在 2011 年年底吸收合并了 B 期货公司,购买日 B 公司的收购价为 38 750.00 万元,B 公司可辨认资产和负债的价值为净资产 23 195.37 万元,评估基准日的商誉为 15 554.63 万元。

吸收合并后,B 公司法人实体注销。A 公司对 B 公司的业务进行了整合,资产、收益统一核算。

2014 年年底进行商誉价值测试。

(二) 评估对象

根据相关规定,与商誉减值测试相关的资产组或资产组组合,应当是能够从企业合并的协同效应中受益的资产组或者资产组组合。

评估对象和评估范围为 A 期货公司于 2011 年吸收合并 B 期货时形成的商誉及对应的资产组及资产组组合,截止到评估基准日 2012 年 7 月 31 日,原 B 期货公司报表中账面资产总额为 116 803.56 万元,负债总额为 117 162.30 万元,净资产额为 -358.74 万元。

---

① 来源:中国资产评估协会:《资产评估实物 (一)》,中国财政经济出版社 2017 年版,第 303~305 页。

(三) 评估技术思路和方法的选取

由于商誉不能单独作为评估对象,且商誉减值测试的评估是判断在收购时点时商誉对应的资产或资产组在收购后的业绩表现,因此在进行商誉减值测试时,首先请委托方对收购后的属于原 B 期货公司的资产、负债及业务的收益情况进行业务厘定,编制商誉对应部分的资产负债表即利润表,厘定原则应以收购时点为准,与保证获取收益的基础资源是一致的。

厘定之后,请委托方基于目前的市场情况及未来的预期,预测这部分业务未来的收入、成本、费用及利润。

由于 A 期货公司吸收合并 B 期货公司后,财务、业务及资产已经统一核算,因此属于 B 期货公司的费用根据配比原则确定,即按照收入的一定比例进行分配。这种收入与费用的匹配关系延续了收购前 B 期货公司的模式,历史期资产负债表和利润表简表如表 11-4、表 11-5 所示。

表 11-4　　B 期货公司 2009—2012 年 7 月 31 日资产负债情况表　　单位:万元

科目	2009 年 12 月 31 日	2010 年 12 月 31 日	2011 年 12 月 31 日	2012 年 7 月 31 日
资产				
货币资金	43 920.53	69 687.74	34 103.43	2 261.88
期货保证金存款	33 975.73	59 089.72	30 046.38	2 186.12
应收货币保证金	46 704.25	77 311.75	286.41	—
应收质押保证金	939.53	2 496.36	—	—
存出保证金	0.95	1.77	—	—
交易性金融资产	8.03	5.95	—	—
应收利息	—	—	—	4.78
其他应收款	59.46	151.10	122.80	140.85
期货会员资格投资	132.00	132.00	132.00	32.00
固定资产投资	986.40	932.15	877.78	832.24
无形资产	160.36	174.71	154.11	1.44
其他资产	76.06	85.09	72 451.02	113 530.37
资产总计	92 987.57	150 978.63	108 127.55	116 803.56
负债				
应付货币保证金	79 779.48	132 601.18	105 230.63	114 945.50
应付质押保证金	939.53	2 496.36	983.70	676.16
期货风险准备金	590.68	982.16	1 296.47	1 410.90
应付期货投资者保障基金	83.60	182.11	99.71	90.93
应付职工薪酬	151.16	72.65	4.69	3.53
应交税费	195.63	409.16	405.67	32.91

续表

科目	2009年12月31日	2010年12月31日	2011年12月31日	2012年7月31日
应付手续费及佣金	23.51	14.85	—	—
其他应付款	28.79	32.40	0.96	2.37
负债合计	81 792.37	136 790.86	108 021.84	117 162.30
所有者权益				
实收资本（或股本）	8 000.00	8 000.00	—	—
资本公积	35.00	35.00	—	—
盈余公积	319.85	620.04	—	—
未分配利润	2 840.35	5 532.72	105.71	-358.74
所有者权益合计	11 195.19	14 187.76	105.71	-358.74
负债和所有者权益总计	92 987.57	150 978.63	108 127.55	116 803.56

表 11-5　　B 期货公司 2009—2012 年（1—7 月）损益情况表　　单位：万元

项目	2009 年	2010 年	2011 年	2012 年 1—7 月
一、营业收入	7 361.06	9 050.71	8 324.22	5 216.71
手续费收入	6 449.99	7 824.78	6 278.95	3 613.23
利息净收入	834.70	1 175.99	1 877.79	1 603.48
投资收益	71.34	49.94	-1.72	—
其他业务收入	5.03	—	169.20	—
二、营业支出	4 152.06	5 103.97	6 281.31	2 816.79
提取期货风险准备金	323.03	391.48	313.94	180.66
税金及附加	361.48	438.19	361.10	202.34
业务及管理费	3 467.55	4 274.30	5 600.25	2 433.78
资产减值损失	—	—	6.02	—
三、营业利润	3 209.00	3 946.74	2 042.91	2 399.93
加营业外收入	70.00	189.05	74.38	0.07
减营业外收入	1.54	5.57	14.29	1.55
四、利润总额	3 277.46	4 130.22	2 103.01	2 398.44
减所得税费用	738.59	1 023.95	715.13	599.61
五、净利润	2 538.88	3 106.27	1 387.88	1 798.83

会计准则规定成本法不适用于资产减值测试，因此采用收益法进行评估。

（四）　评估基准日

委托方和审计师确定的减值测试基准日为 2012 年 7 月 31 日。

第四节
服务于企业合并对价分摊的资产评估

一、企业合并对价分摊概述

(一) 企业合并的概念

企业合并,是指将两个或两个以上单独的企业合并形成一个报告主体的交易或事项。

按合并前后是否受同一方最终控制分为同一控制下的企业合并和非同一控制下的企业合并。前者指参与合并的企业在合并前后均受同一方或相同的多方最终控制且该控制并非暂时性的。后者指参与合并的各方在合并前后不受同一方或相同的多方最终控制。

(二) 企业合并分摊的概念

合并对价分摊是指符合企业合并准则的非同一控制下的企业合并的成本在取得的可辨认资产、负债及或有负债之间的分配。根据企业合并准则的规定,对于非同一控制下的企业合并,购买方在购买日应当对合并成本进行分配,按照相关规定确认所取得的被购买方各项可辨认资产、负债及或有负债。购买方对合并成本大于合并中取得的被购买方可辨认净资产公允价值份额的差额,应当确认为商誉。

二、企业合并对价分摊评估中评估对象的确定

(一) 企业合并对价分摊评估中的评估对象

合并对价分摊事项涉及的评估业务所对应的评估对象应当是合并中取得的被购买方各项可辨认资产、负债及或有负债,这与企业并购中的企业价值评估所对应的评估对象有所不同。在企业并购中,企业价值评估所对应的评估对象一般为企业整体价值、股东的全部权益价值或部分权益价值。

(二) 可辨认资产、负债的确认原则与识别

1. 合并中取得的被购买方的无形资产或或有负债,其公允价值能够可靠计量的,应当单独确认为无形资产或负债,并按照公允价值计量。

2. 可辨认无形资产确认。

(1) 识别无形资产的法规依据。评估专业人员在执行财务报告为目的的评估业务中,应执行相关的识别程序,识别出所有在收购日存在的重大可辨认的无形资产。

评估专业人员在识别无形资产过程中应当以《企业会计准则第 6 号——无形资产》以及《企业会计准则第 20 号——企业合并》中对于企业合并项下无形资产的相关规定为依据。

(2) 无形资产是否可辨认的条件。确认可辨认的无形资产，评估专业人员应该从以下两个方面进行分析：

首先，向管理层了解被收购公司是否存在源自合同权力或基于法律的法定权利的无形资产。

其次，考虑该无形资产是否能够从被收购公司中分离出来，并能单独或者与其他相关合同、资产或负债一起，用于出售、转移、授予许可、租赁或者交换。

3. 或有负债的识别。

（1）识别无形资产的法规依据。评估专业人员应当根据《企业会计准则第 13 号——或有事项》中的相关依据，识别并确认被收购公司在收购日是否存在需确认的或有负债。

（2）识别条件。根据企业会计准则的相关讲解，与或有事项相关的义务同时满足下列条件，应当确认为预计负债：该义务是企业承担的现时义务，履行该义务很可能导致经济利益流出企业；该义务的金额能够可靠地计算。

4. 可能确认的或有负债的项目。可能确认的或有负债的项目，一般包括产品质量保证、不可撤销的亏损合同、未决诉讼、重组义务等。

三、评估方法的确定

（一）可辨认资产、负债及或有负债公允价值的确定

依据《企业会计准则第 20 号——企业合并》应用指南，购买方应该按照以下方法确定企业合并中取得的被购买方各项可辨认资产、负债及或有负债的公允价值：

1. 货币资金，按照购买日被购买方的账面余额确定。

2. 有活跃市场的股票、债券、基金等金融工具，按照购买日活跃市场中的市场价格确定。

3. 应收款项，其中的短期应收款项，一般应按应收取的金额作为公允价值；对长期应收款项，应以适当的现行利率折现后的现值确定其公允价值，在确定应收款项的公允价值时，应考虑发生坏账的可能性及相关收款费用。

4. 存货，对其中的产成品和商品按其估计售价减去估计的销售费用、相关税费以及购买方出售类似的产成品或商品可能实现的利润确定；在产品按完工产品的估计售价减去至完工仍将发生的成本、预计销售费用、相关税费以及基于同类或类似产成品的基础上估计可能实现的利润确定，原材料按现行重置成本确定。

5. 不存在活跃市场的金融工具，如权益性投资等，应当参照《企业会计准则第 22 号——金融工具确认和计量》的规定，采用估值技术确定其公允价值。

6. 房屋建筑物、机器设备、无形资产，存在活跃市场的，应以购买日的市场价格为基础确定其公允价值；不存在活跃市场，但同类或类似存在活跃市场的，应当按照同类或类似资产的市场价格确定其公允价值；同类或类似资产也不存在活跃市场的，应采用估值技术确定其公允价值。

7. 应付账款、应付票据、应付职工薪酬、应付债券和长期应付款，对其中的短期债务，一般应按应支付的金额作为其公允价值；长期债务，应当以按适当的折现率折现后的现值作为其公允价值。

8. 取得的被购买方的或有负债，其公允价值在购买日能够可靠计量的，应单独确认为预计负债。此项负债应当按照假定第三方愿意代购买方承担该项义务，就其所承担义务需要购买方支付的金额计量。

9. 递延所得税资产和递延所得税负债，企业合并中取得的被购买方各项可辨认资产、负债及或有负债的公允价值与其计税基础之间存在差额的，应当按照《企业会计准则第18号——所得税》的规定确认相应的递延所得税资产或递延所得税负债，所确认的递延所得税资产或递延所得税负债的金额不应折现。

（二）无形资产的评估

执行无形资产评估业务时，评估专业人员应当根据各项无形资产的特点以及市场信息的可获得性，选用适当的评估方法。

1. 市场法。采用市场法评估无形资产时，需考虑该无形资产或者类似无形资产是否存在活跃的市场。合并对价分摊中无形资产的特殊性，在现有资本市场中很难找到与其相似或可比的参照物，因此合并对价分摊中的无形资产并不适合使用市场法进行评估。

2. 成本法。建立在替代原则上的重置概念作为公允价值的计量基础，其主要假设是市场参与者将不会愿意支付超过重置该资产的必要支出。

运用成本法进行无形资产公允价值评估，往往无法反映该项无形资产给企业带来的未来经济利益。

3. 收益法。从评估目的来看，合并对价分摊中的无形资产评估的目的是确定企业合并中被合并方可辨认无形资产的公允价值，从而计算商誉价值。确定的无形资产的公允价值会对企业以后各期的会计利润造成影响，由此可以看出，合并对价分摊中的无形资产评估与企业利润有密切的关系。

从评估对象角度来看，合并对价分摊中的无形资产具有无形资产的特征，如发生成本与获利能力的弱对应性、缺乏活跃市场等，导致实务操作中难以利用成本法和市场法来进行评估。

通过以上分析不难发现，收益法是合并对价分摊评估中的无形资产最适用的评估方法。收益法下常用的具体方法包括增量收益折现法、节省许可费折现法、多期超额收益折现法。

（三）商誉的计算

根据企业合并准则的规定，购买方对合并成本大于合并中取得的被购买方可辨认净资产公允价值份额的差额，应确认为商誉。

1. 确定合并成本。通常情况下，企业合并成本按照购买方为进行企业合并支付的现金、非现金资产、发行或承担的债务和发行的权益性证券等在购买日的公允价值以及企业合并中发生的各项相关费用之和确定。对于通过多次交换交易分步实现的企业合并，其企业合并成本为每一单项交换交易的成本之和。

2. 在合并成本确定后，评估专业人员可计算得出该企业合并商誉应确认的商誉值。对于该商誉值，评估专业人员应当对其合理性进行分析，解释商誉所代表的含义及其组成成分。

3. 在商誉的评估结果较高的情况下，评估专业人员应当提请公司管理层关注其减值风险，并考虑及时执行商誉的减值测试程序。

(四) 整体合理性测试

评估专业人员应采取适当的方法对合并对价分摊的评估结果的整体合理性进行验证。一般情况，在合并对价分摊的评估中，以被购买方各项资产公允价值为权重计算的加权平均资本回报率，应该与其加权平均资本成本基本相等或接近。如果评估专业人员经过计算，发现被购买方各项资产的加权平均资产回报率与加权平均资本回报率差异较大，则需要进一步复核无形资产的识别过程以及各项可辨认资产、负债和或有负债的评估过程是否合理。各项资产的加权平均资产回报率可采用以下公式计算：

$$R = \frac{\sum_{i=1}^{n} A_i R_i}{\sum_{i=1}^{n} A_i}$$

式中：R——加权平均资产回报率

A_i——各项可辨认资产的公允价值

R_i——各项可辨认资产的要求回报率

评估专业人员在确定各项可辨认资产的必要资产回报率时，除了考虑被购买方的整体企业价值外，尚需考虑该资产自身风险相关的因素。由于进行企业价值评估时运用的加权平均资本成本，反映了一个企业所有的资产、负债所产生现金流的期望回报，包含了该企业实现可能的现金流入应取得的风险补偿，所以在确定可辨认无形资产的必要资产回报率时，可参考企业价值评估时采用的加权平均资本成本，并在此基础上考虑必要的风险溢价或折价。

四、评估案例[①]

某公司以现金收购的方式收购了另一家处于非同一控制下的公司100%的权益，收购对价为7亿元。假设该被收购公司适用的所得税税率为25%，在收购日的资产负债表状况如图11-2左表所示。评估专业人员在完成四个阶段评估工作以后，将得到被收购公司进行合并对价分摊以后以公允价值计量的资产负债表，如图11-2右表所示。

第一阶段（分析阶段）。评估专业人员在本阶段的主要工作为分析和理解本次并购交易，主要包括以下四个内容：

（1）与管理层进行深入沟通，充分了解被收购方对此次交易要达到的目标，即交易目的。

（2）搜集各类相关资料，主要包括股权转让协议、董事会决议、公司对该交易的信息披露、被收购企业历史财务数据以及与收购相关的尽职调查报告等。

[①] 来源：中国资产评估协会：《资产评估实物（一）》，中国财政经济出版社2017年版，第318~321页。

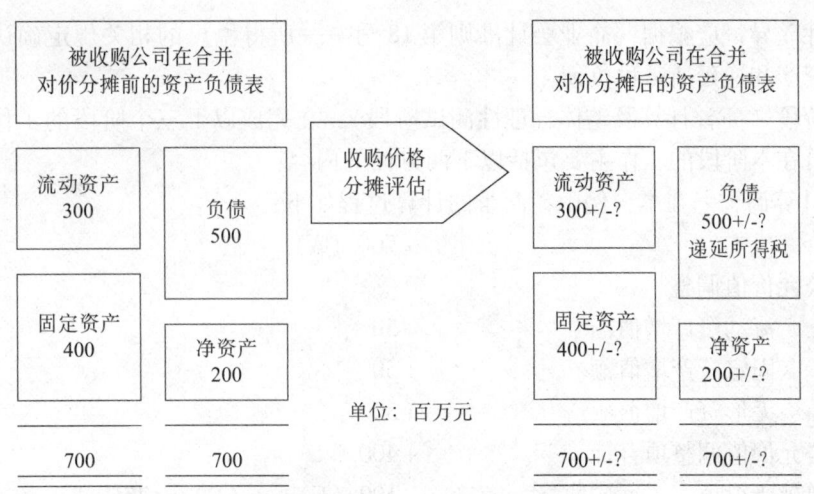

图 11-2　资产负债表状况

(3) 对搜集的资料进行分析，了解被收购公司在收购日的经营状况及其资产负债状况。

(4) 确定合并成本。本案例中，合并成本为7亿元，假设没有其他交易费用。

第二阶段（无形资产和或有负债的识别阶段），根据《企业合并准则》第十四条，"（一）合并中取得的无形资产，其公允价值能够可靠计量的，应当单独确认为无形资产并按照公允价值计量"以及"（三）合并中取得的被购买方或有负债，其公允价值能够可靠地计量的，应当单独确认为负债并按照公允价值计量"进行处理。

在本案例中，被收购公司在收购日的资产负债表中并无任何无形资产的会计记录。因此，在本阶段工作中，评估专业人员因执行相关的识别程序，识别出所有在收购日存在的重大可辨认的无形资产。

本案例中，评估专业人员在对无形资产执行了相关的识别程序以后，认为被收购公司良好的经营业绩主要取决于客户对公司驰名商标的认可度以及公司在全国各地建立的比较稳定的客户关系。因此，评估专业人员识别了以下两项重要的无形资产，即商标和客户关系。此外，评估专业人员通过执行相关识别程序以后，并未发现被收购公司在收购日存在任何可辨认的或有负债。

第三阶段（评估阶段），评估专业人员的主要工作是对企业合并中取得的各项可辨认资产（包括识别出来的无形资产）和负债、或有负债进行公允价值评估。在确定各项可辨认资产、负债的公允价值时，应当遵循《企业合并准则应用指南》的规定。其中流动资产中的存货采用上述方法进行评估，评估增值5 000万元。

对于固定资产，由于该类工业厂房和设备不存在活跃市场，评估专业人员采用了重置成本法对其进行评估，最终固定资产评估增值5 000万元。

对于识别出的商标和客户关系两项无形资产，评估专业人员分别采用了节省许可费折现法和多期超额收益折现法对其进行评估，确定商标的公允价值为2.5亿元，客户关系的公允价值为5 000万元。

在得出各项资产可辨认资产、负债的公允价值后，对其计税基础与账面价值不同所形成的暂时性差异，应根据《企业会计准则第18号——所得税》的相关规定确认相应的递延所得税资产和递延所得税负债。

第四阶段（商誉计算及整体合理性测试阶段），在完成以上三个阶段的工作以后，评估专业人员在本阶段的工作主要包括以下两方面的内容：

（1）计算商誉。在本案例中，商誉的计算过程如下：

合并成本	+700（A）
公允价值调整	
流动资产增值额	+50
固定资产增值额	+50
无形资产增值额	+300
公允价值调整项合计	+400
递延所得税	−100（E）＝（D）×25%
税后公允价值调整项合计	300（F）＝（D）−（E）
合并前账面净资产	+200（B）
经公允价值调整后的账面净资产	+500（C）＝（B）+（F）
商誉价值	+200（G）＝（A）−（C）

在计算出商誉价值以后，评估专业人员应当对最终得出的商誉的合理性进行分析，解释商誉所代表的含义及其组成成分。此外，在计算得出的商誉结果较高的情况下，评估专业人员应提请公司管理层关注其减值风险，并考虑及时进行商誉的减值测试程序。

（2）整体合理性测试。本案例中，评估专业人员计算了以各项资产公允价值为权重计算的加权平均资本回报率（WARA），其结果为12%（其中，流动资产回报率为6%，固定资产回报率为9%，无形资产回报率为16%，商誉回报率为25%）。该数据与企业的加权平均资本成本（WACC）13%基本接近，因此，评估专业人员认为其各项资产、负债的公允价值评估具备合理性（见图11-3）。

由于商誉是在合并报表过程中出现的会计处理，因此在被收购公司层面的资产负债表中未作反映。

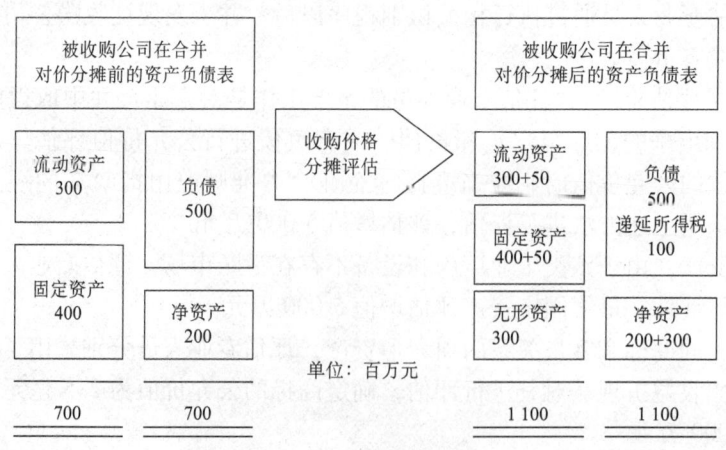

图11-3　资产负债表

第五节 服务于金融工具计量的公允价值评估

一、金融工具及其计量

根据《企业会计准则第 22 号——金融工具确认和计量》，金融工具是指形成一方的金融资产并形成其他方的金融负债或权益工具的合同。金融工具分为两大类：现金类和衍生类。现金类分为证券类和其他现金类（如贷款、存款）。衍生类分为交易所交易的金融衍生品和柜台（OTC）金融衍生品。

《企业会计准则第 22 号——金融工具确认和计量》第三十三条规定，企业初始确认金融资产或金融负债，应当按照公允价值计量。对于公允价值计量且变动计入当期损益的金融资产和金融债券，相关交易费用应当直接计入当期损益；对于其他类别的金融资产或金融负债，相关交易费用应当计入初始确认金额。但是，企业初始确认的应收账款未包含《企业会计准则第 14 号——收入》所定义的重大融资成分或根据《企业会计准则第 14 号——收入》规定不考虑不超过一年的合同中的融资成分的，应当按照该准则定义的交易价格进行初始计量。

二、金融工具计量评估中评估对象的确定

（一）基础金融工具

基础金融工具评估对象包括企业持有的现金、存放于金融机构的款项、普通股以及代表在未来期间收取或支付金融资产的合同权利或义务等，如应收账款、应付账款、其他应收款、其他应付款、存出保证金、存入保证金、客户贷款、客户存款、债券投资和应付债券等。

（二）衍生金融工具

衍生金融工具评估对象，是指属于金融工具确认和计量准则范围的并同时具备下列特征的金融工具或其他合同：

1. 价值随着特定利率、金融价格、商品价格、汇率、价格指数、费率指数、信用等级、信用指数或其他类似变量的变动而变动。变量为非金融变量的，该变量与合同的任何一方不存在特定关系。

2. 不要求初始净投资，或与对市场情况变动有类似反应的其他类型合同相比，要求很少的初始净投资。

3. 在未来某一日期结算。

常见的衍生工具包括远期合同、期货合同、互换合同和期权合同等。

三、主要金融工具的评估方法

存在活跃交易市场的金融工具,活跃市场中的报价应当用于确定其公允价值;不存在活跃市场的金融工具,应当采用合适的评估方法确定其公允价值。

(一) 权益工具的评估方法

权益工具,是只能证明拥有某个企业在扣除所有负债后的资产中的剩余权益的合同。从发行方看,权益工具通常指企业发行的普通股、在资本公积下核算的认股权等。评估专业人员可以根据实际情况分别采用收益法、市场法和成本法对权益工具的公允价值进行评估。

(二) 不含衍生工具的金融负债的评估方法

债务工具的公允价值,应当根据取得日的市场情况和当时市场情况,或其他类似债务工具的当前市场利率确定。

1. 固定利率金融负债的评估方法。固定利率金融负债的公允价值通常采用未来现金流折现法确定,即通过一个合适的折现率计算该金融负债预期的未来现金流的现值。

一般来说,固定利率金融负债的合同内都会明确规定利息率、计息时间以及本金偿还计划等条款。通过这些条款,可以明确金融工具未来的现金流量。

在确定折现率时,依据待估金融工具的合同条款和实质特征,选取市场上其他金融工具的市场收益率作为折现率。该折现率是通过分析市场上可类比的其他金融工具(如公司债券)的特征(自身的信用等级、剩余期间以及金融工具的计价货币等)来确定的。

2. 浮动利率金融负债的评估方法。浮动利率金融负债的公允价值的评估原理与固定利率金融负债相同,也是采用未来现金流折现法,但是在未来现金流的确认上有所差异。

在确定未来现金流时,浮动利率金融负债的合同条款往往只规定合同期内的利息率随着某些基础金融变量(如伦敦银行同业拆借利率)的变化而变化,未来现金流无法准确估计。此时,评估专业人员在评估时应首先对那些基础金融变量的变化作出适当的、合理的估计。

3. 金融衍生工具的评估方法。

(1) 期权合同。期权合同主要包括看涨期权和看跌期权。看涨期权的持有者有权在某一确定的时间以某一确定的价格购买标的资产。看跌期权的持有者有权在某一确定时间以某一确定的价格出售标的资产。期权合同中的价格被称为执行价格。合同中的日期为到期日、执行日或期满日。

期权可分为美式期权和欧式期权,其中美式期权可在期权有效期内任何时候执行,而欧式期权只能在期权到期日执行。

一般而言,对于存在活跃市场的期权等权益工具,应当按照活跃市场中的报价确定其公允价值;对于不存在活跃市场的期权等权益工具,应当采用期权定价模型估算其公允价值。

员工持股计划是评估实践中常见的期权评估。一般采用布莱克—斯科尔斯模型或 Lattice 模型计算员工持股计划的公允价值。

(2) 互换合同。互换是两个公司之间达成的协议，以按照事先约定的公式在将来交换彼此的现金流。互换合同的公允价值实际上可以看作一系列债券的组合。

假设公司 A 和公司 B 达成了互换合同，公司 B 同意向公司 A 支付由年利率 6% 和本金 100 万美元所计算的利息；同时，公司 A 同意向公司 B 支付由 6 个月 LIBOR 和同样本金所计算的浮动利息。此互换合同相当于公司 B 向公司 A 发行了本金 100 万美元、年利率为 6% 的公司债券；同时，公司 A 向公司 B 发行了以 LIBOR 为利率的同样本金的浮动利率公司债券。

因此，此互换合同的公允价值实际上就是上述固定利率债券以及浮动利率债券公允价值的差额。

(3) 混合衍生工具。嵌入衍生工具是包括该衍生工具和非衍生主合同在内的混合金融工具中的一个组成部分。根据会计准则，如果嵌入衍生工具与主合同分开核算，通常采取整个混合合同的公允价值减去主合同的公允价值这种方法来评估嵌入衍生工具的公允价值。但如果主体不能够可靠地单独计量这项嵌入衍生工具（包括用整个混合合同的公允价值减去主合同的公允价值的方法），则主体应将整个组合合同认定为按公允价值通过损益计量的金融资产或金融负债。

计量嵌入衍生工具公允价值的模型比较复杂，一般都采用 Lattice 模型进行评估。

四、评估案例[①]

（一）评估概况

甲公司为在中国香港上市的金融机构，于 2015 年 1 月 1 日对其公司管理层共 10 人发放 100 万股员工持股期权，平均每人 10 万股。该期权有效期为 10 年，到期日为 2025 年 1 月 1 日，冰冻期为 3 年，行权价为每股 50 港元，期权发行日甲公司股价为 50 港元。

评估目的：甲公司拟了解上述期权与发行日的市场价值，为期权发行提供价值参考依据。

评估对象：上述期权的发行日价值。

评估基准日：上述期权发行日 2015 年 1 月 1 日。

（二）评估技术过程

1. 衍生品类型识别。员工持股期权是指公司发给其员工的持股期权，该期权允许期权持有人在未来规定时间内以规定价格购买公司股票，因此该期权为买入股票期权。该期权有效期为 10 年，冰冻期为 3 年，在 3 年冰冻期之后至到期之前可以随时行权。如前面所述，欧式期权的特点为只能在到期日行权，而美式期权可以在到期前随时行权，因此本案例中的期权为美式买入股票期权。

2. 模型选择。在期权定价中常用的模型为 Black–Scholes 期权定价模型和二叉树期权定价模型，由于美式期权行权时间的不确定性，因此本案例应采用二叉树期权定价模型进

[①] 来源：中国资产评估协会：《资产评估实物（一）》，中国财政经济出版社 2017 年版，第 328~330 页。

行公允价值评估。假设二叉树有 N 步，每步的时间长度为 Δt，每步较前一步有可能以概率 p 上涨到前一股价的 u 倍，或者以概率 $1-p$ 下跌到前一股价的 d 倍，则每步的计算公式为：

$$Se^{r\Delta t} = pS_u + (1-p)S_d$$

即 $e^{r\Delta t} = pu + (1-p)d$，可推导出

$$\begin{cases} u = e^{\sigma\sqrt{\Delta t}} \\ d = -e^{\sigma\sqrt{\Delta t}} \\ p = \dfrac{e^{r\Delta t} - d}{u - d} \end{cases}$$

在搭建二叉树模型的时候，除考虑通常的事项外，还要考虑以下因素：该期权只能在冰冻期后行使；如股权达到行权价的 M 倍，则一个已过冰冻期的期权会提前行权；在冰冻期内，员工由于离职会被收回期权；在冰冻期后，员工离职时，如该期权处于价内则立即行权，如该期权处于价外则期权被收回。

现假设二叉树有 N 步，每步的时间长度为 Δt（以年为计量单位），并进一步假设 $S_{i,j}$ 代表二叉树上时间为 i 个 Δt 的时候，第 j 点的股价，$C_{i,j}$ 为这一点上的期权价值，则二叉树的反向递归等式如下：

$$C_{i,j} = \max(S_{i,j} - K, 0)$$

当 $0 \leq i \leq N-1$，

如果 $i\Delta t > v$，且 $S_{i,j} \geq KM$，则 $C_{i,j} = S_{i,j} - K$；

如果 $i\Delta t > v$，且 $S_{i,j} < KM$，则 $C_{i,j} = (1-E\Delta t)e^{-r\Delta t}(pC_{i+1,j+1} + (1-p)C_{i+1,j}) + E\Delta t \max(S_{i,j} - K, 0)$；

如果 $i\Delta t < v$，则 $C_{i,j} = (1-E\Delta t\, e^{-r\Delta t}(pC_{i+1,j+1} + (1-p)C_{i+1,j})$。

最终，所需评估的期权价值为 $C_{0,0}$。

3. 参数确定。

期权类型：美式买入股票期权。

期权发行日：2015 年 1 月 1 日。

期权到期日：2025 年 1 月 1 日。

v：期权冰冻期，根据计算条款为 3 年。

S：股票现价，该公司于基准日的股票价格 50 港元。

K：期权行权价，根据期权条款为 50 港元。

r：无风险利率，应选择期权发行货币所属地的无风险利率，且期限尽可能与期权的期限一致，由于甲公司为香港公司且期权有效期为 10 年，因此取香港市场十年期政府债券综合收益率 2.00%。

σ：股票价格波动率，此处应采用期权发行方即甲公司与该期权同期限的股价波动率，但由于甲公司上市时间较短，其股价历史波动率无法反映未来股价波动。本案例中甲公司为香港公司，因此以甲公司上市地同行业指数同期限的波动率，既恒生 H 股金融业指数 2005—2014 年共 10 年的波动率替代，导出恒生 H 股金融业指数 2005—2014 年间每交易日的指数后，计算每交易日的波动率，即指数涨跌幅的标准差。注意此处应是在连续

复利计算方法下的涨跌幅，是指数的对数的差值。

$$\sigma_{day} = \sqrt{\frac{1}{n}\sum_{i=1}^{N}(y_i - \bar{y})^2}$$

其中，$y_i = \ln\frac{x_i}{x_{i-1}}$，$x_i$ 代表每交易日恒生 H 股金融业指数。计算后得到日波动率为 2.01%，由于港股去除节假日后平均每年有 225 个交易日，因此恒生 H 股金融业指数的年波动率为 $\sigma_{day} \cdot \sqrt{225} = 31.53\%$。

M：提前行权参数，即实际行权时股价相对于行权价的倍数，该参数反映持有期权的员工提前行权的可能性。根据 Johnathan Mun 的文章 "Valuing Employee Stock Options Under 2004 FAS 123" 中的统计数据，提前行权参数范围大致为 1.5～3.0，中位数约为 1.85，本案例中提前行权参数为 1.85。

E：离职率，该参数可反映出员工由于离职而被收回期权或提前行权的可能性。根据该公司历史上，针对被授予期权的这一群体的实际周转率来计算。在针对人力部门进行访谈时应查证此离职率，得出被授予该期权的管理层群体年平均离职率为 3%，此离职率适用于期权冰冻期前及冰冻期后。

d：股息生息率，根据对管理层的访谈，该公司未来预期延续历史股息发放政策，经统计该公司历史股息生息率为 2.5%，因此取股息生息率 2.5%。

上述评估模型可以通过 Matlab 等软件实现。运行上述程序后得到评估基准日该员工持股期权的每份估值为 30.69 港元/份，即该持股期权在基准日的价值。

本章小结

- 本章阐述了以财务报告为目的的评估，具体包括投资性房地产公允价值的评估、服务于资产减值测试的资产评估、服务于企业合并对价分摊的资产评估以及服务于金融工具计量的公允价值评估。分别着重介绍其概念、评估对象的确定以及评估方法的选择。

- 以财务报告为目的的评估是为会计核算、披露提供意见的一种专业服务，是指资产评估机构及其资产评估专业人员遵守法律、行政法规、资产评估准则及企业会计准则及会计核算、披露的有关要求，根据委托对评估基准日以财务报告为目的所涉及各类资产和负债公允价值或特定价值进行评定和估算，并出具评估报告的专业服务行为。

- 投资性房地产是指企业为赚取租金或资本增值，或两者兼有而持有的房地产，对应的评估对象包括已出租的土地使用权、持有并准备增值后转让的土地使用权、已出租的建筑物。评估专业人员在执行投资性房地产公允价值评估业务时，应当根据评估对象、价值类型、资料搜集情况和数据来源等相关条件，参照会计准则关于评估对象和计量方法的有关规定，选择评估方法。本章着重介绍了市场法和收益法。

- 资产减值是指资产的可回收金额低于其账面价值。资产减值测试是指企业财务会计人员根据企业外部信息与内部信息，判断企业资产是否存在减值迹象。会计准则规定成本法不适用减值测试目的的评估，公允价值的估计首先考虑采用市场法，当不存在相关活跃市场或缺乏相关市场信息时，参照企业价值评估的基本思路和收益法进行分析和计算。

第十一章 以财务报告为目的的评估

- 合并对价分摊是指符合企业合并准则的非同一控制下的企业合并的成本在取得的可辨认资产、负债及或有负债之间的分配。根据企业合并准则的规定，对于非同一控制下的企业合并，购买方在购买日应当对合并成本进行分配，按照相关规定确认所取得的被购买方各项可辨认资产、负债及或有负债。购买方对合并成本大于合并中取得的被购买方可辨认净资产公允价值份额的差额，应当确认为商誉。收益法是合并对价分摊评估中的无形资产最适用的评估方法。商誉的计算首先确定合并成本，在合并成本确定后，评估专业人员可计算得出该企业合并商誉应确认的商誉值。此外，评估专业人员应采取适当的方法对合并对价分摊的评估结果的整体合理性进行验证。

- 金融工具是指形成一方的金融资产并形成其他方的金融负债或权益工具的合同。企业初始确认金融资产或金融负债，应当按照公允价值计量。存在活跃交易市场的金融工具，活跃市场中的报价应当用于确定其公允价值；不存在活跃市场的金融工具，应当采用合适的评估方法确定其公允价值。评估专业人员可以根据实际情况分别采用收益法、市场法和成本法对权益工具的公允价值进行评估。债务工具的公允价值，应当根据取得日的市场情况和当时市场情况，或其他类似债务工具的当前市场利率确定。期权评估方法有布莱克—斯科尔斯模型和 Lattice 模型。互换合同的公允价值实际上就是固定利率债券以及浮动利率债券公允价值的差额。计量嵌入衍生工具公允价值的模型比较复杂，一般都采用 Lattice 模型进行评估。

- 近年来，国际会计准则在世界范围内的应用越来越广，公允价值计量及其他非历史成本的会计计量模式也逐渐被使用，我国也发布相关准则及指南，将以财务报告为目的的评估作为评估服务领域中的一项重要业务内容。

思考题

1. 以财务报告为目的的评估的作用是什么？
2. 如何确认投资性房地产公允价值评估的对象？
3. 简述市场法评估投资性房地产的思路。
4. 简述收益法评估投资性房地产的思路。
5. 什么是资产减值？减值迹象包括哪些方面？
6. 什么是企业合并对价分摊？
7. 如何识别可辨认资产、负债？
8. 有形资产和负债的公允价值的评估方法有哪些？
9. 无形资产的评估常用的方法是什么？你如何理解？
10. 简述商誉计算的思路。
11. 什么是金融工具？金融工具如何分类？
12. 金融工具计量评估中的评估对象包括哪些？
13. 简述权益工具评估的方法。
14. 简述不含衍生工具的金融负债的评估方法。

阅读材料

1. 《以财务报告为目的的评估指南》（中评协 [2017] 45号）。
2. 《投资性房地产评估指导意见》（中评协 [2017] 53号）。
3. 中国资产评估协会：《资产评估实务（一）》，中国财政经济出版社2017年版。
4. 中国房地产估价师与房地产经纪人学会：《房地产估价理论与方法》，中国建筑工业出版社2017年版。
5. 贺邦靖、刘萍：《中国资产评估理论与实践》，中国财政经济出版社2013年版。
6. 杨志明：《资产评估实务与案例分析》，中国财政经济出版社2015年版。
7. [美] Alfred M. King：《以财务报告为目的的公允价值评估》，李晓红、万众译，企业管理出版社2008年版。

第十二章
资产评估程序及信息搜集

> 问题并不是信息本身,而是你如何处理信息。你能做的第一件事就是调整。
> ——开尔森(Kaiersen)

> 知识不是简单的加和,而是累积和联系。数据和信息是知识的基础,它们是马赛克的构成元素,但它们却不是其图案。
> ——托马斯·A.斯图尔特(Thomas·A.Stuart)

> 在经济运行中,创造价值最重要最基础的就是通过信息创造价值的过程,不仅要着眼于整个国家,还要跨越不同国家。
> ——罗伯特·J.厦皮罗(Robert·J.Sionpiluo)

重点提示

☐ 资产评估程序的主要环节
☐ 资产评估的具体程序
☐ 资产评估中需搜集的信息及信息处理与分析方法
☐ 资产评估委托合同的内容

资产评估程序是规范资产评估行为、提高资产评估业务质量和维护资产评估服务公信力的重要保证。恰当履行资产评估程序是资产评估机构和人员防范执业风险的主要手段,也是在产生纠纷或诉讼后,合理保护自身权益、合理抗辩的重要手段。

第一节 资产评估程序概述

一、资产评估程序的定义

资产评估程序，是指资产评估机构和人员执行资产评估业务、形成资产评估结论所履行的系统性工作步骤。

资产评估程序由具体的工作步骤组成。不同的资产评估业务由于评估对象、评估目的、资产评估资料搜集情况等相关条件的差异，评估人员可能需要执行不同的资产评估具体程序或工作步骤，但由于资产评估业务的共性，各种资产类型、各种评估目的资产评估业务的基本程序是相同或相通的。通过对资产评估基本程序的总结和规范，可以有效地指导评估人员开展各种类型的资产评估业务，因此有必要加强对资产评估基本程序的研究和规范。

二、资产评估程序包括的主要环节

资产评估程序应当以资产评估机构和人员为主体，反映为执行资产评估业务、形成资产评估结论所必须和必要履行的系统性工作步骤。资产评估程序的主要环节包括：

1. 明确业务基本事项。
2. 订立业务委托合同。
3. 编制资产评估计划。
4. 进行评估现场调查。
5. 搜集整理评估资料。
6. 评定估算形成结论。
7. 编制出具评估报告。
8. 整理归集评估档案。

三、资产评估程序的重要意义

1. 资产评估程序是规范资产评估行为、提高资产评估业务质量和维护资产评估服务公信力的重要保证。资产评估机构和人员接受委托，不论执行何种资产类型、何种评估目的的资产评估业务，都应当履行必要的资产评估程序，按照工作步骤有计划地进行资产评估。这样做不仅有利于规范资产评估机构和人员的执业行为，而且能够有效地避免由于机构和人员水平不同而导致的在执行具体资产评估业务中可能出现的程序上的重要疏漏，切实保证资产评估业务质量。

2. 资产评估程序是相关当事方评价资产评估服务的重要依据。由于资产评估结论是相关当事方进行决策的重要参考依据之一，因此资产评估服务必然引起许多相关当事方的关注，包括委托人、资产占有方、资产评估报告使用人、相关利益当事人、司法部门、证券监督及其他行政监督部门、资产评估行业主管协会以及社会公众、新闻媒体等。

3. 资产评估程序是资产评估机构和人员防范执业风险，保护自身合法权益、合理抗辩的重要手段之一。随着我国资产评估实践的发展，我国资产评估委托人和相关当事方、政府和行业监管部门及部门也从早期对资产评估结论的"高低"、"对错"的简单二元判断，逐步转为重点关注资产评估机构和人员在执业过程中，是否恰当履行了必要的资产评估程序。因此，恰当履行资产评估程序是资产评估机构和人员防范执业风险的主要手段，也是在产生纠纷或诉讼后，保护自身合法权益、合理抗辩的重要手段。

第二节 资产评估的具体程序

一、明确资产评估业务基本事项

明确资产评估业务基本事项是资产评估程序的第一个环节，包括在签订资产评估委托合同以前的一系列基础性工作，对资产评估项目风险评价、项目承接与否以及项目的顺利实施具有重要意义。由于资产评估专业服务的特殊性，有必要强调资产评估程序甚至在资产评估机构接受委托前就已开始。资产评估机构和人员在接受资产评估业务委托之前，应当采取与委托人等相关当事人讨论、阅读基础资料、进行必要初步调查等方式，与委托人等相关当事人共同明确下述各项资产评估业务基本事项：

（一）委托方、产权持有者和委托方以外的其他评估报告使用者

资产评估机构和人员应当了解委托方基本状况、资产占有方等相关当事方的基本状况。在不同的资产评估项目中，相关当事方有所不同，主要包括资产占有方、资产评估报告使用方、其他利益关联方等。委托人与相关当事方的关系也应当作为重要基础资料予以充分了解，这对于理解评估目的、相关经济行为以及防范恶意委托等十分重要。在可能的情况下，评估机构和评估人员还应要求委托人明确资产评估报告的使用人或使用人范围以及资产评估报告的使用方式。

（二）评估目的

资产评估机构和人员应当与委托方就资产评估目的达成明确、清晰的共识，并尽可能细化资产评估目的，说明资产评估业务的具体目的和用途，避免仅仅笼统列出通用资产评估目的的简单做法。

（三）评估对象和评估范围

资产评估机构和人员应当了解评估对象及其权益基本状况，包括其法律、经济和物理状况，如资产类型、规格型号、结构、数量、购置（生产）年代、生产（工艺）流程、地理位置、使用状况、企业名称、住所、注册资本、所属行业、在行业中的地位和影响、经营范围、财务和经营状况等。资产评估机构和人员还应当特别了解有关评估对象的权利受限状况。

（四）价值类型

资产评估机构和人员应当在明确资产评估目的的基础上，恰当确定价值类型，确信所选择的价值类型是否适用于资产评估目的，并就所选择价值类型的定义进行沟通，避免出现歧义。

（五）评估基准日

资产评估机构和人员应当通过与委托方的沟通，了解并明确资产评估基准日。资产评估基准日是评估业务中极为重要的基础，也是评估基本原则之一的时点原则在评估实务中的具体体现。评估基准日的选择应当有利于资产评估结论有效地服务于资产评估目的，减少和避免不必要的资产评估基准日期后事项。

（六）评估报告使用限制

资产评估机构和人员应当在承接评估业务前，充分了解所有对资产评估业务可能构成影响的限制条件和重要假设，以便进行必要的风险评价，并更好地为客户服务。

（七）评估报告提交时间及方式

资产评估报告应当明确评估结论的使用有效期。通常，只有当评估基准日与经济行为实现日相距不超过一年时，才可以使用资产评估报告。

此外，在评估业务基本事项中，还要注意评估服务费总额、支付时间和方式以及委托方与注册资产评估师工作配合和协助等其他需要明确的重要事项。

根据具体评估业务的不同，评估机构和人员应当在了解上述基本事项的基础上，了解其他对评估业务的执行可能具有影响的相关事项。

资产评估机构和人员在明确上述资产评估基本事项的基础上，应当分析下列因素，确定是否承接资产评估项目：

1. 评估项目风险。评估机构和人员应当根据初步掌握的有关评估业务的基础情况，具体分析资产评估项目的执业风险，以判断该项目的风险是否超出合理的范围。

2. 专业胜任能力。评估机构和人员应当根据所了解的评估业务的基础情况和复杂性，分析本机构和评估人员是否具有与该项目相适应的专业胜任能力及相关经验。

3. 独立性分析。评估机构和人员应当根据职业道德要求和国家相关法规的规定，结合评估业务的具体情况分析资产评估机构和人员的独立性，确认与委托人或相关当事方是否存在现实或潜在的利害关系。

二、签订业务委托合同

资产评估委托合同,是指资产评估机构与委托人订立的,明确资产评估业务基本事项,约定资产评估机构和委托人权利、义务、违约责任和争议解决等内容的书面合同。①

根据我国资产评估行业的现行规定,资产评估师承办资产评估业务,应当由其所在的资产评估机构统一受理,并由评估机构与委托人签订书面资产评估委托业务合同,资产评估师不得以个人名义签订资产评估委托业务书。资产评估委托合同应当由资产评估机构和委托人双方的法定代表人或其授权代表签订,资产评估委托业务合同应当内容全面、具体,含义清晰准确,符合国家法律、法规和资产评估行业的管理规定,包括以下基本内容:

1. 资产评估机构和委托人的名称、住所、联系人及联系方式。
2. 评估目的。
3. 评估对象和评估范围。
4. 评估基准日。
5. 评估报告使用范围。
6. 评估报告提交期限和方式。
7. 评估服务费总额或者支付标准、支付时间及支付方式。
8. 资产评估机构和委托人的其他权利和义务。
9. 违约责任和争议解决。
10. 合同当事人签字或者盖章的时间。
11. 合同当事人签字或者盖章的地点。

订立资产评估委托合同时未明确的内容,资产评估委托合同当事人可以采取订立补充合同或者法律允许的其他形式做出后续约定。

三、编制资产评估计划

资产评估计划是资产评估机构和人员为执行资产评估业务拟订的资产评估工作思路和实施方案,对合理安排工作量、工作进度、专业人员调配、按时完成资产评估业务具有重要意义。由于资产评估项目千差万别,资产评估计划也不尽相同,其详略程度取决于资产评估业务的规模和复杂程度。

评估计划的内容涵盖现场调查、搜集评估资料、评定估算、编制和提交评估报告等评估业务实施全过程,通常包括评估的具体步骤、时间进度、人员安排和技术方案等内容。

评估人员在资产评估计划编制过程中应当同委托人等就相关问题进行洽谈,以便于资产评估计划的实施,并报经资产评估机构负责人审核批准。编制资产评估工作计划应当重点考虑以下因素:

---

① 参见《资产评估执业准则——资产评估委托合同》。

1. 资产评估目的、资产评估对象状况。
2. 资产评估业务风险、资产评估项目的规模和复杂程度。
3. 评估对象的性质、行业特点、发展趋势。
4. 资产评估项目所涉及资产的结构、类别、数量及分布状况。
5. 相关资料搜集状况。
6. 委托人或资产占有方过去委托资产评估的经历、诚信状况及提供资料的可靠性、完整性和相关性。
7. 资产评估人员的专业胜任能力、经验及专业、助理人员配备情况。

四、进行评估现场调查

资产评估机构和人员执行资产评估业务，应当对评估对象进行必要的勘查，包括对不动产和其他实物资产进行必要的现场勘查。对企业价值、股权和无形资产等非实物性资产进行评估时，也应当根据评估对象的具体情况进行必要的现场调查。进行资产勘查和现场调查工作不仅仅是基于资产评估人员勤勉尽责义务的要求，同时也是资产评估程序和操作的必经环节，有利于资产评估机构和人员全面、客观地了解评估对象，核实委托方和资产占有方提供资料的可靠性，并通过在资产勘查过程中发现的问题、线索，有针对性地开展资料搜集、分析工作。由于各类资产差别很大以及评估目的不同的原因，不同项目中对评估对象进行资产勘查或现场调查的具体方式和程度也不尽相同。

五、搜集整理评估资料

在上述几个环节的基础上，资产评估机构和人员应当根据资产评估项目具体情况搜集资产评估相关资料。资料搜集工作是资产评估业务质量的重要保证，也是进行分析、判断进而形成评估结论的基础。由于资产评估的专业性和评估对象的广泛性，不同的项目、不同的评估目的、不同的资产类型对评估资料有着不同的需求。另一方面由于评估对象及其所在行业的市场状况、信息化和公开化程度差别较大，相关资料的可获取程度也不同。因此，资产评估机构和人员的执业能力在一定程度上就体现在其搜集、占有与所执行项目相关信息资料的能力上。资产评估机构和人员在日常工作中就应当注重搜集信息资料及其来源，并根据所承接项目的情况确定搜集资料的深度和广度，尽可能全面、翔实地占有资料，并采取必要措施确保资料来源的可靠性。根据资产评估项目的进展情况，资产评估机构和人员应当及时补充搜集所需要的资料。

资产评估师应当通过询问、函证、核对、监盘、勘查、检查等方式进行调查，获取评估业务需要的基础资料，了解评估对象现状，关注评估对象法律权属。[①]

评估资料包括查询记录、询价结果、检查记录、行业资讯、分析资料、鉴定报告、专业报告及政府文件等形式。[②] 资产评估机构和人员应当通过与委托人、资产占有方沟通并指导其对评估对象进行清查等方式，对评估对象或资产占有单位资料进行了解，同时也应

---

① 参见《资产评估执业准则——评估程序》第十二条。
② 参见《资产评估执业准则——评估程序》第十三条。

当主动搜集与资产评估业务相关的评估对象资料及其他资产评估资料。

六、评定估算形成结论

资产评估机构和人员在占有相关资产评估资料的基础上，进入评定估算环节，主要包括分析资产评估资料、恰当选择资产评估方法、运用资产评估方法形成初步资产评估结论、综合分析确定资产评估结论、资产评估机构内部复核等具体工作步骤。

资产评估机构人员应当对所搜集的资产评估资料进行充分分析，确定其可靠性、相关性、可比性，摒弃不可靠、不相关的信息，对不可比信息进行必要分析调整，在此基础上恰当选择资产评估方法，并根据业务需要及时补充搜集相关信息。

成本法、市场法和收益法是三种通用的资产评估基本方法，理论上在任何资产评估项目中，资产评估人员都应当首先考虑三种方法的适用性。对宜采用两种以上资产评估方法的评估项目，应当使用两种以上资产评估方法。

资产评估人员在选择恰当的资产评估方法后，应当根据评估基本原理和规范要求恰当运用评估方法进行评估，形成初步评估结论。

资产评估人员在形成初步资产评估结论的基础上，需要对信息资料、参数的数量、质量和选取的合理性等进行综合分析，以形成资产评估结论。当采用两种以上资产评估方法时，资产评估人员应当在初步结论的基础上，综合分析评估方法的相关性和恰当性、相关参数选取的合理性，形成资产评估结论。

资产评估机构应当建立内部复核制度，对资产评估结论进行必要的复核工作。

七、编制出具评估报告

资产评估机构和人员在执行必要的资产评估程序、形成资产评估结论后，应当按有关资产评估报告的规范编制资产评估报告书。资产评估报告书主要内容包括委托方和资产评估机构情况、资产评估目的、资产评估结论价值类型、资产评估基准日、评估方法及其说明、资产评估假设和限制条件等。资产评估机构和人员可以根据资产评估业务性质和委托方或其他评估报告使用者的要求，在遵守资产评估报告书规范和不引起误导的前提下，选择恰当的资产评估报告详略程度。

资产评估机构和人员应当以恰当的方式将资产评估报告书提交给委托人。在提交正式资产评估报告书之前，可以与委托人等进行必要的沟通，听取委托人、资产占有方等对资产评估结论的反馈意见，并引导委托人、资产占有方、资产评估报告使用者等合理理解资产评估结论。

八、归集整理评估档案

资产评估机构和人员在向委托人提交资产评估报告书后，应当将资产评估工作档案归档。将这一环节列为资产评估基本程序之一，充分体现了资产评估服务的专业性和特殊性，不仅有利于评估机构应对今后可能出现的资产评估项目检查和法律诉讼，也有利于资产评估机构总结、完善和提高资产评估业务水平。资产评估机构和人员应当将在资产评估工作中形成的、与资产评估业务相关的有保存价值的各种文字、图表、声像等资料及时予以归档，并按国家有关规定对资产评估工作档案进行保存、使用和销毁。

第三节 资产评估中信息搜集与分析方法

从资产评估的过程来看，资产评估实际上就是对被评估资产的信息进行搜集、分析判断并作出披露的过程。对资产评估加以严格的程序要求，其目的也是要保证评估对信息的搜集、分析的充分性和合理性。因此，资产评估人员应当了解信息的搜集渠道、搜集方法以及信息分析处理方法，并能熟练加以运用。以避免对资产评估的程序控制流于形式。本节就资产评估中搜集信息的各种渠道、搜集信息的方法、信息的分类处理及逻辑分析方法作一简要介绍。

一、执行资产评估业务过程中需要搜集的信息

资产评估人员应当独立获取评估所依据的信息，并确信信息来源是可靠的和适当的。资产评估人员在执行业务过程中，也需要搜集包括委托方在内的各方人士提供的信息资料，但不能随意地采用那些不具有可靠来源和明显不合理的信息资料。资产评估人员在评估过程中所依据的所有信息，应当是资产评估人员本人在其力所能及的条件下认为是可靠和适当的，同时为达到这种确信程度而采取的必要措施应当是行业内所公认的。

资产评估人员在资产评估过程中，应当考虑下列相关信息：

1. 有关资产权利的法律文件或其他证明资料。
2. 资产的性质、目前和历史状况信息。
3. 有关资产的剩余经济寿命和法定寿命信息。
4. 有关资产的使用范围和获利能力的信息。
5. 资产以往的评估及交易情况信息。
6. 资产转让的可行性信息。
7. 类似资产的市场价格信息。
8. 卖方承诺的保证、赔偿及其他附加条件。
9. 可能影响资产价值的宏观经济前景信息。
10. 可能影响资产价值的行业状况及前景信息。
11. 可能影响资产价值的企业状况及前景信息。
12. 其他相关信息。

二、执行资产评估业务过程中信息的来源

在执行资产评估业务过程中，资产评估人员所依据的信息通常由资产所有者或占有者内部的信息资料和外部的信息资料构成。

(一) 搜集资产所有者或占有者内部的信息资料

资产所有者或占有者的内部信息资料通常是与被评估的目标资产直接相关的信息。这些内部信息主要包括公司历史沿革、组织结构、宣传手册及目录、关键人员、客户及供应商基数、合同义务、有关目标资产的历史经营情况及其未来发展前景的信息数据（如财务报告等）。一般情况下，分析人员应搜集的信息资料还包括目标资产的相关文件（如产权证明、技术说明等），以及使资产达到目前状态（截至评估基准日）所花费的所有成本、涉及目标资产及类似资产的交易、作为现行企业经营一部分的资产的未来应用及效用。资产的预期剩余使用寿命是评估的重要组成部分，因此应搜集资产的预期剩余使用寿命的信息，以及法律、合同、物理、功能、技术、经济等影响因素的信息。

资产评估人员通常应事先编制常见的企业评估资料需求表。由资产所有者或占有者根据需求表提供这些信息。资产所有者或占有者可能并不拥有现成的信息资料，这就需要评估人员在资产所有者或占有者的协助下调查取得。

(二) 搜集资产所有者或占有者外部的信息资料

在资产评估中，应注重获得外部信息并加以应用，这些外部信息一般包括行业资料、技术发展趋势、宏观经济及人口统计资料、市场交易定价资料等。它们一般来源于公开市场和公共信息领域，有的来自市场，有的来自政府，也包括来自媒体、行业协会的信息等。

1. 市场信息。公开市场是评估人员获取信息资料的最主要来源，市场信息具有公开性、直接性等特点，同时直接获得的市场信息也可能存在未充分反映交易内容和条件的问题，因此对市场信息的搜集应当尽可能全面，并进行必要的分析调整。评估人员应当掌握必要的市场信息渠道，在日常工作中搜集必要的市场信息，并根据具体评估业务的需要，及时获得与评估业务相关的市场信息。

2. 政府部门。许多有关企业的信息可通过查看各级政府部门的资料获取，例如各级工商行政管理部门都保存有注册公司的基本登记信息。政府部门的资料还包括有关产业的统计数据，这些数据对资产评估中分析行业及产业状况非常重要，包括详尽的库存情况、生产情况、需求情况等。政府部门的资料一般比较正式，具有较高的权威性和可信度，但在时效性等方面也可能存在问题。

3. 证券交易机构。有关上市公司的资料可在证券交易所查询。公开上市公司都必须向监管部门和有关证券交易所提交年度报告和中期报告，并予公告。上市公司的这些公开信息要接受审计师审计，反映的情况相对而言较为可靠，资产评估人员查询搜集这些信息也较为方便。利用这些信息，评估人员不仅可了解资产所有者的状况，也可了解其竞争对手的状况及其所处行业的情况。对于未上市公司，也可从上市公司中挑选可比的对象作为目标公司的参照物进行类比分析，了解相关状况。

4. 媒体。媒体一般包括新闻媒介、专业杂志等。新闻媒介的信息不仅包含了原始信息，通常还都有一些分析，有助于评估人员加深对所需信息的理解，并能节约分析时间。但应注意新闻媒介在报导一些产业、公司和政府机构时往往带有一定的倾向性，评估人员要注意对信息进行鉴别。对资产评估来说,权威的专业杂志具有重要价值。这些刊物上发表的文章专业性突出,披露的信息也更详细,分析也较有深度。

5. 行业协会或管理机构及其出版物。行业协会及其出版物也是资产评估信息的重要来源。通常可从行业协会得到有关产业结构与发展情况、市场竞争情况等信息,还能咨询到有关专家的意见。行业协会一般都出版该行业的专业刊物和书籍,这些出版物是了解该行业情况的重要资料来源,例如我国的证券交易机构出版的行业分析报告等。

6. 学术出版物。已出版的有关资产评估和经济分析的文章,可以通过标准索引进行查询。这些标准索引可以从绝大部分的公共和学术图书馆中找到。还可查询学术和行业出版的文章资料,通过相关的和专业的书籍,搜集有关的信息资料。利用国外的信息资料一定要谨慎,研究适用条件并作出适当的调整才能加以利用。随着我国市场经济的建立,这方面的书籍、杂志和有关资料也在增多,应当注意搜集。

作为WTO的成员国,我国的资产评估行业也必然要与国际接轨,同时随着经济全球化的发展,资产交易的市场范围不断扩大,将越来越多地超越国界。因此,在资产外部信息资料的搜集方面,也应加强国外信息资料的搜集。

三、资产评估过程中信息的初步处理

由于资产评估中需要搜集的信息量大、面广,评估人员应对搜集到的相关信息进行必要的分析,做到去伪存真、去粗取精。

(一) 资产信息资料的分析

资产信息资料的分析是指对资产信息资料合理性和可靠性的识别。由于搜集到资料的方法多种多样,难免有失真情况。对于失真的资产信息资料要及时鉴别并剔除。另外,对所搜集的数据是否具有合理性、相关性也需进行分析,以提高评估所依据的资产信息的可靠性。资产信息资料的分析,通常可通过确定信息源的可靠性和资料本身的可靠性来解决。信息源的可靠性可通过对如下因素的考察判断:(1) 该渠道过去提供的信息的质量;(2) 该渠道提供信息的动因;(3) 该渠道是否被通常认为是该种信息的合理提供者;(4) 该渠道的可信度。

信息资料本身的可靠性可通过参考其他来源查证,必要时也可以进行适当的调查验证。实践中常采用电话询问查证和扩大调查范围的做法。

根据信息的准确度和信息源的可靠性可将搜集的信息"定级"。这种"定级"不仅能帮助评估人员分析所搜集的信息,而且还能帮助评估人员掌握各种信息源的概况。评估人员把对信息源的可靠性评价积累下来,对以后搜集信息十分有用。通常信息源的可靠性可分为:(1) 完全可靠;(2) 通常可靠;(3) 比较可靠;(4) 通常不可靠;(5) 不可靠;(6) 无法评价可靠性。信息本身的准确度可分为:(1) 经其他渠道证实;(2) 很可能是真实的;(3) 可能是真实的;(4) 真实性值得怀疑;(5) 很不可能;(6) 无法评价真实性。

（二）资产信息资料的筛选与调整

在资产信息资料鉴定的基础上，要对资产信息资料进行筛选、整理和分类。一般可将鉴定后的资产信息资料按两种标准进行分类：

1. 按可用性原则分类：

（1）可用性资产信息资料，是指在某一具体评估项目中可以作为评估依据的资产信息资料。

（2）有参考价值的资产信息资料，是指资产信息资料与评估项目有联系的一部分，是评估时需注意或考虑的一个因素。

（3）不可用信息资料，是指在某一个具体的评估项目中，与此项评估业务没有直接联系或根本无用的资产信息资料。

2. 按信息来源分类：

（1）一级信息。一级信息是从信息源来的未经处理的事实。这些信息是没有经过变动、调整或根据有关人员的观点选择处理过的。公司的年度报告、证交所的报告或其他出版物通常被认为是一级信息。此外，评估人员直接观察到的信息、政府资料也可视为一级信息。一级信息的可靠性高，是评估人员分析的最重要资料。

（2）二级信息。二级信息提供的是变动过的信息。二级信息比一级信息更容易找到，包括报纸、杂志、行业协会出版物、有关公司的学术论文和分析员的报告等提供的信息。二级信息是更大的信息源中有选择地加工过的，或按一定思想倾向改动过的信息，具有重点突出、容易理解的特点，如证券分析师的投资分析报告等可帮助评估人员更全面地了解目标公司及所处产业的状况。对这类信息，评估人员应作去伪存真和去粗取精的分析。

四、评估过程中常用的逻辑分析方法

（一）比较

比较就是对照各个事物以确定其间差异点和共同点的逻辑方法。事物间的差异性和同一性是进行比较的客观基础。比较是人类认识客观事物、提示客观事物发展变化规律的一种基本方法。在资产评估中，比较分析法是一种应用十分广泛的方法，如市场法就是一种通过比较分析确定资产价值的方法。通过对不同来源的信息应用比较分析，还可鉴定其可靠性和准确性。

比较通常有时间上的比较和空间上的比较两种类型。时间上的比较是一种纵向比较，即将同一事物在不同时期的某一（或某些）指标如资产的性能、成本等进行对比，以动态地认识和把握该事物发展变化的历史、现状和趋势。空间上的比较是一种横向比较，即将某一时期不同国家、不同地区、不同企业的同类事物进行对比，找出差距，判明优劣。在实际评估中，时间上和空间上的比较往往是彼此结合的。

（二）分析与综合

1. 分析。分析就是把客观事物整体按照研究目的的需要分解为各个要素及其关系，

并根据事物之间或事物内部各要素之间的特定关系，通过由此及彼、由表及里的研究，以正确认识事物的一种逻辑方法。在分析某一事物时，常常要将事物逻辑地分解为各个要素。只有通过分解，才能找到这些要素，才能通过研究，找出这些要素中影响客观事物发展变化的主要要素或关键要素。例如，对不同行业的企业，有些行业的企业业绩受技术进步的影响较大，而有些行业企业业绩受营销能力影响较大。分析的基本步骤是：

（1）明确分析的目的；

（2）将事物整体分解为若干个相对独立的要素；

（3）分别考察和研究各个事物以及构成事物整体的各个要素的特点；

（4）探明各个事物以及构成事物整体的各个要素之间的相互关系，进而研究这些关系的性质、表现形式、在事物发展变化中的地位和作用等。

在实际评估中，事物之间以及构成事物整体的各要素之间的关系是错综复杂、形式多样的，如因果关系、表象和本质关系、一般和特殊关系等。

第一，因果分析。因果关系是客观事物各种现象之间的一种普遍的联系形式。引起某种现象出现的现象就是原因，由于原因的作用而产生的现象就是结果。即只要当某一现象出现时，另一现象必定会接着出现，我们就认为这两个现象具备因果关系。其中先行现象称作"原因"，后续现象称作"结果"。从客观事物的这种因果关系出发，由原因推导出结果，或者由结果探究出原因的分析方法，就是因果分析。通过因果分析，可以找出事物发展变化的原因，认识和把握事物发展的规律和方向。

第二，表象和本质分析。表象和本质是揭示客观事物的外部表现和内部联系之间相互关系的一对范畴。表象是事物的表面特征以及这些特征之间的外部联系；本质是事物的根本性质，是构成一个事物的各种必不可少的要素的内在联系。由于本质是通过表象以某种方式表现出来的，因此，两者之间存在着一定的关系。利用事物的表象和本质之间的这种关系进行分析的方法，就是表象和本质分析。利用表象和本质分析，可达到由表及里、透过事物表象把握其本质的目的。

第三，相关分析。客观事物之间除了因果关系、表象与本质关系外，还存在着许多其他相关关系。如科技与经济发展、市场供给与需求、市场风险与收益、股票价格与业绩等。在资产评估中，需要对搜集的资料作相关性分析，从而找出影响研究目标的主要因素。

第四，典型分析。典型分析是对一个或几个具有代表性的典型事例，就其核心问题进行深入分析和研究的方法。这种方法涉及面不宽，但却能使人们深入了解同类事物的性质与发展趋势。在资产评估中，如果涉及的类似目标资产数量较大，可采用典型分析法，既能准确把握其特性，又能节约时间。

2. 综合。综合是与分析相对立的一种方法。它是指人们在思维过程中将与研究对象有关的众多片面分散的各个要素联系起来考虑，从错综复杂的现象中探索它们之间的相互关系，从整体的角度把握事物的本质和规律的一种逻辑方法。

综合把对研究对象的各个要素的认识统一为整体的认识，从而把握事物的本质和规律，它是按照各个要素在研究对象内部的有机联系从总体上去把握事物。综合的基本步骤是：

(1)明确综合的目的;
(2)把握被分析出来的研究对象的各个要素;
(3)确定各个要素的有机联系形式;
(4)从事物整体的角度把握事物的本质和规律,从而获得新的认识结论。

在资产评估中,综合分析是一种行之有效的方法。它将各种来源、内容各异的分散信息按特定的目的汇集、整理、归纳和提炼,从而形成系统全面的认识。例如,影响一项资产价值的因素多种多样,评估人员通常需要搜集大量的关于目标资产的信息资料,包括它的技术性能、市场前景、相关技术发展状况、所属企业经营历史与现状等。评估人员需要对这些大量的信息资料作出综合的考虑,才能准确把握目标资产的价值。

(三)推理

推理是由一个或几个已知的判断推出一个新判断的思维形式。具体来讲,就是在掌握一定的已知事实、数据或因素相关性的基础上,通过因果关系或其他相关关系顺次、逐步地推论,最终得出新结论的一种逻辑方法。任何推理都包含三个要素:一是前提,即推理所依据的一个或几个判断;二是结论,即由已知判断推出的新判断;三是推理过程,即由前提到结论的逻辑关系形式。在推理时,要想获得正确的结论,必须注意两点:一是推理的前提必须是准确无误的,二是推理的过程必须是合乎逻辑规律的。推理是一种重要的逻辑方法,在信息分析与预测中有着广泛的应用。例如,通过对某些已知事实或数据及其相关性的严密推理,可以获得一些未知的事实或数据,如科技发展的动向、技术优势和缺陷、市场机会和威胁等;通过对科技、技术经济、市场等的历史、现状的逐步的推理,可以顺势推测出其未来发展的趋势。

常用的推理方法有以下几种:

1. 演绎推理。演绎推理是借助于一个共同的概念把两个直言判断联系起来,从而推出一个新结论的推理,是由一般到个别的推理方法。它以普遍性的事实或数据为前提,通过一定程式的严密推论,最后得出新的、个别的结论,因而是一种典型的必然性推理。这种推理只要前提准确无误,推理过程严格合乎逻辑,所推出的结论必然是正确的和可信的。

演绎推理由大前提(一般原理或原则)、小前提(个别对象)和结论组成。其基本的推理程序为:

大前提:M——P
小前提:S——M
结　论:S——P

例如,大前提:居民消费支出增长可拉动经济增长。
　　　小前提:降低利率可刺激居民消费支出增加。
　　　结　论:降低利率可拉动经济增长。

2. 归纳推理。归纳推理是由个别到一般的推理,即由关于特殊对象的知识得出一般性的知识。在信息分析与预测中,简单枚举归纳推理是常见的一种推理形式。它是通过简单枚举某类事物的部分对象的某种情况,在枚举中又没有遇到与此相矛盾的情况,从而得出这类事物的所有对象具有此种情况的归纳推理。其基本的推理程序是：

$$\left.\begin{array}{l} S_1 \text{ 是（或不是）} P \\ S_2 \text{ 是（或不是）} P \\ S_3 \text{ 是（或不是）} P \\ \cdots\cdots \end{array}\right\} \text{未发现相矛盾的情况，从而，} S \text{ 是（或不是）} P。$$

简单枚举归纳推理是一种或然性推理，推理的形式的正确性并不一定能保证由真的前提得出真的结论，它只能肯定由真的前提得出的结论有一定程度的可靠性。在运用这种推理形式时，要注意不能有矛盾的情况。

本章小结

◆资产评估程序是资产评估工作的内在联系和具体环节及步骤，遵守资产评估程序是保证资产评估质量的基本前提，是规避资产评估风险的重要手段。本章系统阐述了当前我国资产评估的基本程序（明确资产评估业务基本事项—签订业务委托合同—编制资产评估计划—进行评估现场调查—搜集整理评估资料—评定估算形成结论—编制出具评估报告—归集整理评估档案）以及与资产评估程序有关的基本要求。

◆按资产评估程序执业不仅是资产评估行业自律主管部门对资产评估执业人员的要求，而且也应该是资产评估执业人员自觉的行动，这对于提高资产评估质量、规避资产评估风险起到了重要作用。

◆在资产评估工作中，信息资料搜集、分析和处理是一项基础性工作，这项工作的优劣直接影响评估结果的客观性、准确性和公平性，因此掌握资产评估所需信息的搜集、分析方法，是评估人员的基本素质要求。

思考题

1. 什么是资产评估程序？其重要性表现在哪些方面？
2. 资产评估的具体程序有哪些？执行资产评估程序的基本要求有哪些？
3. 资产评估委托合同包括哪些主要内容？
4. 资产评估需要搜集哪些信息？
5. 资产评估过程中常用的逻辑分析方法有哪些？

阅读材料

1. 中国资产评估协会：《资产评估执业准则——评估程序》，2017年10月1日实施。
2. 中国资产评估协会：《资产评估执业准则——资产评估委托合同》，2017年10月1日实施。
3. 中国资产评估协会：《资产评估执业准则——资产评估报告》，2017年10月1日实施。

第十三章
资产评估报告

投资的关键是判断出潜藏于资产公平交易价格背后的内在价值。

——沃伦·巴菲特（Warren Buffett）

重点提示

- 资产评估报告的概念、构成、类型
- 资产评估报告制度及其含义
- 资产评估报告的编制
- 资产评估业务档案
- 资产评估报告的使用

资产评估报告是资产评估结果的表现形式，资产评估结果是资产评估过程的总结。资产评估整个工作的最后关键就是资产评估报告，它是体现评估工作和代表评估效力的法律要件。

第一节 资产评估报告概述

一、资产评估报告的概念

资产评估报告，是指资产评估师根据资产评估准则的要求，在履行必要评估程序后，对评估对象在评估基准日特定目的下的价值发表的、由其所在评估机构出具的书面专业意见。[①] 资产评估报告也称资产评估报告书,它是按照一定格式和内容来反映评估目的、程序、标准、依据、方法、结果及适用条件等基本情况的书面报告。

资产评估报告既是资产评估机构完成对资产作价意见后提交给委托方的具有法律效力的公正性的报告,也是评估机构履行合同情况的总结,还是评估机构为评估项目承担相应法律责任的证明文件。从广义上理解,资产评估报告是一种工作制度;从狭义上理解,资产评估报告即是资产评估结果报告书,简称资产评估报告书。

二、资产评估报告的作用

1. 资产评估报告对被评估资产提供较为全面、客观的价值判断和专业意见,是委托方进行资产评估业务的重要资产作价依据。

2. 资产评估报告既是资产评估机构的产品,同时又是反映和体现资产评估机构工作情况,明确委托方、资产评估机构及有关方面责任的依据。

3. 资产评估报告书也是行业自律管理组织及有关部门审核资产评估机构专业质量和水平的重要标的和依据。

4. 资产评估报告及其形成过程文档是建立评估档案的主要载体和来源。

三、资产评估报告的类型

资产评估报告的类型与资产评估机构向委托方或客户表达或披露评估信息的内容和繁简程度直接相关,如图 13-1 所示。

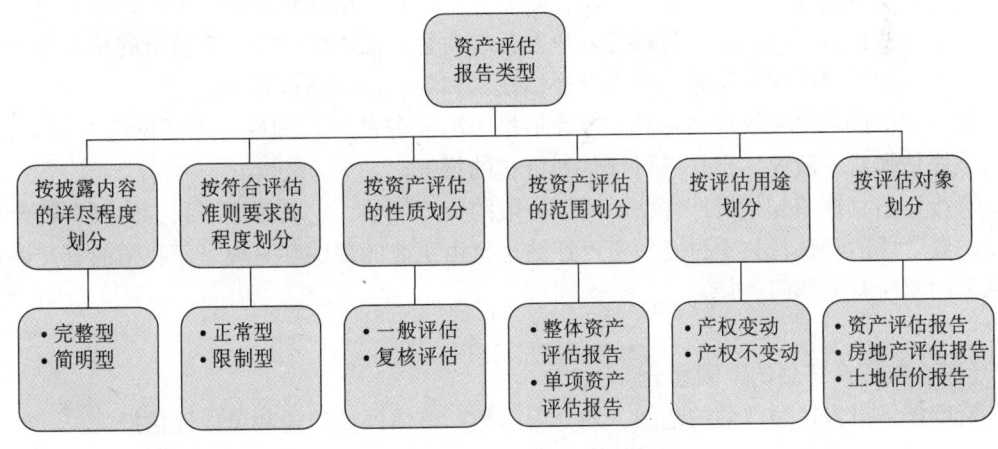

图 13-1 资产评估报告的类型

资产评估报告按照不同的标准,有以下分类:

[①] 参见《资产评估准则——评估报告》。

（一）按评估报告披露内容的详尽程度划分

资产评估报告按照披露内容的详尽程度，划分为两类：完整型和简明型。

完整型资产评估报告是指向委托方或客户提供最详尽的信息资料的评估报告。

简明型评估报告是指评估机构在保证不误导评估报告使用者的前提下，向委托方或客户提供简明扼要信息资料的评估报告。

完整型和简明型资产评估报告的区别，主要是提供的信息资料的详略程度不同，不存在报告水准和一致性上的差别。[①]

（二）按符合评估准则的要求程度划分

资产评估报告按照符合评估准则要求的程度，划分为两类：正常型和限制型。

正常型资产评估报告是指资产评估机构出具的评估报告完全符合资产评估准则的要求，对评估报告使用者并无格外的特别限制性使用要求，如完整型评估报告和简明型评估报告。

限制型评估报告是指评估机构对限定评估报告使用人出具的，评估过程中有低于或不同于评估准则或指南要求行为的评估报告。

限制型评估报告仅限于特定评估客户使用，其他任何使用限制型评估报告的人都被视为非期望使用者。

（三）按资产评估的性质划分

资产评估报告按照资产评估的性质，划分为两类：一般评估报告和复核评估报告。

一般评估报告是指评估人员接受客户委托，向客户提供的关于资产价值的估价意见的书面报告，如完整型评估报告、简明型评估报告和限制型评估报告等。

复核评估报告是复核评估师对一般评估报告的充分性和合理性发表意见的书面报告，是复核评估师对一般评估报告进行评估和审核的报告。

资产评估复核或复核资产评估不同于一般的资产评估，它更接近于我国的国有资产评估中的资产评估确认，只不过复核资产评估也是由执业的评估师完成，而我国的资产评估确认是由政府有关部门进行。

（四）按资产评估的范围划分

资产评估报告按照评估的范围，划分为两类：整体评估报告和单项评估报告。

整体资产评估报告是对企业整体资产进行评估所出具的资产评估报告。

单项资产评估报告是对某一项资产或某部分资产进行评估出具的资产评估报告。

一般情况下，整体资产评估报告的报告内容不仅要包括资产，也要包括负债和权益方面的内容，甚至有的企业整体资产评估还要考虑由整体资产而形成的不可确指的无形资产。而单项资产评估一般不考虑负债和不可确指的无形资产。

---

① 参见《资产评估准则——评估报告》第七条。

(五) 按评估用途划分

资产评估报告按照评估用途,划分为两类:产权变动和产权不变动。

产权变动评估报告是为资产出售、转让、拍卖及重组等产权变动所出具的评估报告。这类评估报告在资产的权属方面必须清楚,其时间界限(包括评估基准日、报告有效期)也必须在报告中有明确确定。

产权不变动评估报告是为了资产抵押、保险及课税等产权不发生变动所出具的报告,这类用途的资产评估不涉及产权变动,与前一种略不同而且在内容上也相对简单些。

(六) 按评估对象划分

资产评估报告按照评估对象,划分为三类:资产评估报告、房地产评估报告和土地估价报告。

资产评估报告是以"资产"为评估对象所出具的评估报告。这里的资产可以包括负债和所有者权益,也可以包括机器设备、无形资产和企业价值以及相关的建筑物和土地等。

房地产估价报告则是以房地产为评估对象所出具的估价报告。

土地估价报告则是以土地为评估对象所出具的估价报告。由于评估对象之间存在差别,加上管理体制的原因,以上几种报告不仅具体格式不同,而且在内容上也存在较大差别。从严格意义上讲,评估报告的基本要素和基本要求不会因评估对象不同而有重大区别。

> **小测试:**
> 资产评估报告书的正文包括( )等内容。(2004 年 CPV 考题)
> A. 评估机构资质证书复印件　　B. 评估结论分析
> C. 评估报告的使用范围　　　　D. 关于进行资产评估有关事项的说明
> E. 评估报告的有效期

第二节　资产评估报告的内容

一、资产评估报告的组成框架

资产评估报告的组成框架如图 13-2 所示。

10. 评估结论。这部分是报告正文的重要部分，应使用表述性文字完整地叙述评估机构对评估结果发表的结论，对资产、负债、净资产的账面价值、调整后账面价值、评估价值及其增减幅度进行表述，还应单独列示不纳入评估汇总表的评估结果。资产评估师应当在评估报告中以文字和数字形式清晰说明评估结论。通常评估结论应当是确定的数值。经与委托方沟通，评估结论可以使用区间值表达。

11. 特别事项说明。评估报告的特别事项说明通常包括下列内容：

（1）产权瑕疵；

（2）未决事项、法律纠纷等不确定因素；

（3）重大期后事项；

（4）在不违背资产评估准则基本要求的情况下，采用的不同于资产评估准则规定的程序和方法。

资产评估师应当说明特别事项可能对评估结论产生的影响，并重点提示评估报告使用者予以关注。在这部分中应说明在评估过程中已发现可能影响评估结论，但非评估人员执业水平和能力所能评定估算的有关事项，也应提示评估报告使用者注意特别事项对评估结论的影响，还应揭示评估人员认为需要说明的其他事项。

12. 评估报告使用限制说明。评估报告的使用限制说明通常包括下列内容：

（1）评估报告只能用于评估报告载明的评估目的和用途；

（2）评估报告只能由评估报告载明的评估报告使用者使用；

（3）未征得出具评估报告的评估机构同意，评估报告的内容不得被摘抄、引用或披露于公开媒体，法律、法规规定以及相关当事方另有约定的除外；

（4）评估报告的使用有效期；

（5）因评估程序受限造成的评估报告的使用限制。

13. 评估报告日。评估报告载明的评估报告日通常为资产评估师形成最终专业意见的日期。

14. 资产评估专业人员签名和资产评估机构印章。这部分应写明出具评估报告书的机构名称并加盖公章，还要由评估机构法定代表人和至少两名以上负责评估的资产评估师签名盖章。

资产评估报告书附件具体内容

（五）附件

资产评估报告附件通常包括：

1. 评估对象所涉及的主要权属证明资料；

2. 委托人和其他相关当事人的承诺函；

3. 资产评估机构及签名资产评估专业人员的备案文件或者资格证明文件；

4. 资产评估汇总表或者明细表。

目前我国的资产评估报告制度

第三节 资产评估报告的编制和使用

一、资产评估报告的编制及其要求

（一）资产评估报告书的编制步骤

资产评估报告书的制作是评估机构完成评估工作的最后一道工序，也是资产评估工作中的一个重要环节。制作资产评估报告书主要步骤见图 13-3。

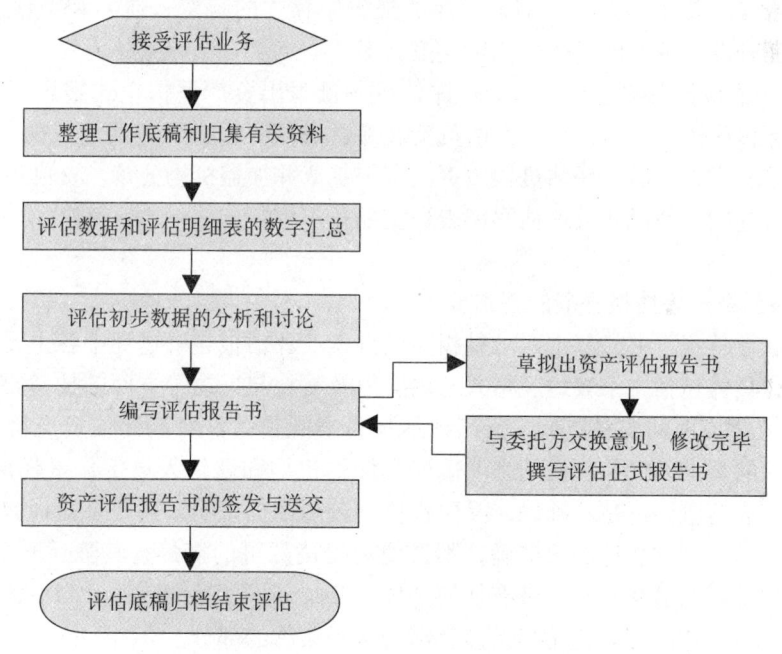

图 13-3 资产评估报告书的编制步骤

1. 整理工作底稿和归集有关资料。资产评估现场工作结束后，有关评估人员必须着手对现场工作底稿进行整理和分类，同时对有关询证函、被评估资产背景材料、技术鉴定情况和价格取证等有关资料进行归集和登记。对现场未予确定的事项，还须进一步落实和查核。这些现场工作底稿和有关资料都是编制资产评估报告书的基础。

2. 评估数据和评估明细表的数字汇总。在完成现场工作底稿和有关资料的归集任务后，评估人员应着手进行评估数据的汇总，如果评估对象是整体资产评估，评估人员还应着手评估明细表的数字汇总。明细表的数字汇总应根据明细表的不同级次，首先进行明细表汇总、然后是分类汇总，再到资产负债表式的汇总。不具备采用电脑软件汇总的评估机构，在数字汇总过程中应反复核对各有关表格的数字的关联性和各表格栏目之间数字的勾稽关系，防止出错。

3. 评估初步数据的分析和讨论。在完成评估数据和评估明细表的数字汇总后，应召集参与评估工作过程的有关人员，对评估报告的初步数据的结论进行分析和讨论，比较各有关评估数据，复核记录估算结果的工作底稿，对存在作价不合理的部分评估数据进行调整。

4. 编写评估报告书。编写评估报告书又可分两步：

第一步，在完成资产评估初步数据的分析与讨论并对有关部分的数据进行调整后，由具体参加评估各组负责人员草拟出各自负责评估部分资产的评估说明，同时提交全面负责、熟悉本项目评估具体情况的人员草拟出资产评估报告书。

第二步，将评估基本情况和评估报告书初稿的初步结论与委托方交换意见，听取委托方的反馈意见后，在坚持独立、客观、公正的前提下，认真分析委托方提出的问题和建议，考虑是否应该修改评估报告书，对评估报告中存在的疏忽、遗漏和错误之处进行修正，待修改完毕即可撰写出资产评估正式报告书。

5. 资产评估报告书的签发与送交。评估机构撰写出资产评估正式报告书后，经审核无误，按以下程序进行签名盖章：先由负责该项目的评估师签章（两名或两名以上），再送复核人审核签章，最后送评估机构负责人审定签章并加盖机构公章。资产评估报告书签发盖章后即可连同评估说明及评估明细表送交委托单位。

（二）编制资产评估报告书的基本要求

编制资产评估报告书的基本要求是指对编制资产评估报告书过程中各主要环节和方面的技术要求，具体包括文字表达、格式与内容以及复核与反馈等方面的技术要求。

1. 文字表达方面的技术要求。资产评估报告书既是一份对被评估资产价值有咨询性和公证性作用的文书，又是一份用来明确资产评估机构和评估人员工作责任的文字依据，所以它的文字表达既要清楚、准确，又要提供充分的依据说明，还要全面地叙述整个评估的具体过程。其文字的表达必须准确，不得使用模棱两可的措辞；其陈述既要简明扼要，又要把有关问题说明清楚，不得带有任何诱导、恭维和推荐性的陈述。当然，在文字表达上也不能有大包大揽的语句，尤其是涉及承担责任条款的部分。

2. 格式和内容方面的技术要求。对资产评估报告书格式和内容方面的技术要求，目前还必须以财政部颁发的《资产评估报告基本内容与格式的暂行规定》中要求的格式和内容为标准。

3. 评估报告书的复核及反馈方面的要求。资产评估报告书的复核与反馈是指在正式出具资产评估报告书之前，通过对工作底稿、评估说明、评估明细表和报告书正文的文字、格式及内容的复核和反馈，以检查评估报告中是否存在有关错误和遗漏等问题，并在出具正式报告书之前加以改正。对评估人员来说，资产评估工作是一项必须由多个评估人员同时作业的中介业务，每个评估人员都有可能因能力、水平、经验、阅历及理论方法的限制而产生工作盲点和工作疏忽，所以，对资产评估报告书初稿进行复核就成为必要。由于大多数资产委托方和占有方对委托评估资产的分布、结构、成新等具体情况总是可能会比评估机构和评估人员更熟悉，因此，在出具正式报告之前征求委托方意见、搜集反馈意见有时也是很有必要的。

对资产评估报告书必须建立起多级复核和交叉复核的制度，明确复核人的职责，防止流于形式的复核。反馈意见主要是向委托方或占有方熟悉资产具体情况的人员搜集。对委托方或占有方意见的反馈信息，应谨慎对待，并应本着独立、客观、公正的态度去接受其反馈意见。

4. 撰写评估报告书的具体要求。编制资产评估报告书除了需要满足上述三个方面的基本要求外，在撰写评估报告时还应满足以下具体要求：

（1）实事求是，切忌出具虚假报告。报告书必须建立在真实、客观的基础上，不能脱离实际情况，更不能无中生有。报告拟定人应是参与该项目并较全面了解该项目情况的主要评估人员。

（2）坚持一致性做法，切忌表里不一。报告书文字、内容前后要一致，摘要、正文、评估说明、评估明细表内容与格式、数据要一致。

（3）提交报告书要及时、齐全和保密。在正式完成资产评估工作后，应按业务约定书的约定时间及时将报告书送交委托方。送交报告书时，报告书及有关文件要送交齐全。涉及外商投资项目对中方资产评估的评估报告，必须严格按照有关规定办理。此外，要做好客户保密工作，尤其是对评估涉及的商业秘密和技术秘密，更要加强保密工作。

二、资产评估报告的使用

资产评估报告书由评估机构出具后，资产评估委托方、资产评估管理方和有关部门对资产评估报告书及有关资料要根据需要进行应用。资产评估报告使用人包括委托人、资产评估委托合同中约定的其他资产评估报告使用人和法律、行政法规规定的资产评估报告使用人。

（一）委托方对资产评估报告书的使用

委托方在收到受托评估机构送交的正式评估报告书及有关资料后，可以依据评估报告书所标明的评估目的和得出的评估结论，合理使用资产评估结果。

根据有关规定，委托方依据评估报告书所揭示的评估目的及评估结论，可以将资产评估报告作为以下几种具体的用途进行使用：

1. 根据评估目的，作为资产业务的作价基础。包括：

（1）整体或部分改建为有限责任公司或股份有限公司；

（2）非货币资产对外投资；

（3）合并、分立、清算；

（4）除上市公司以外的原股东股权比例变动；

（5）除上市公司以外的整体或部分产权（股权）转让；

（6）资产转让、置换、拍卖；

（7）整体资产或者部分资产租赁给非国有单位；

（8）确定涉讼资产价值；

（9）国有资产占有单位收购非国有资产；

（10）国有资产占有单位与非国有资产单位置换资产；

（11）国有资产占有单位接受非国有资产单位以实物资产偿还债务；

（12）法律、行政法规规定的其他需要进行评估的事项。

2. 作为企业进行会计记录或调整账项的依据。委托方在根据评估报告书所揭示的资产评估目的使用资产评估报告资料时，还可依照有关规定，根据资产评估报告书中的资料进行会计记录或调整有关财务账项。

3. 作为履行委托协议和支付评估费用的主要依据。当委托方收到评估机构的正式评估报告书及有关资料后，在没有异议的情况下，应根据委托协议，将评估结果作为计算支付评估费用的主要依据，履行支付评估费用的承诺及其他有关承诺的协议。此外，资产评估报告书及有关资料也是有关当事人因资产评估纠纷向纠纷调处部门申请调处的申诉资料之一。

当然，委托方在使用资产评估报告书及有关资料时也必须注意以下几个方面：

（1）只能按报告书所揭示的评估目的使用报告，一份评估报告书只允许按一个用途使用。

（2）只能在报告书的有效期内使用报告，超过报告书的有效期，原资产评估结果无效。

（3）在报告书有效期内，资产评估数量发生较大变化时，应由原评估机构或者资产占有单位按原评估方法作相应调整后才能使用。

（4）涉及国有资产产权变动的评估报告书及有关资料必须经国有资产管理部门或授权部门核准或备案后方可使用。

（5）作为企业会计记录和调整企业账项使用的资产评估报告书及有关资料，必须由有权机关批准或认可后方能生效。

（二）资产评估管理机构对资产评估报告书的使用

资产评估管理机构主要是指对资产评估进行行政管理的主管机关和对资产评估行业自律管理的行业协会。

对资产评估报告书的运用，表现在以下几方面：

第一，是资产评估管理机构实现对评估机构的行政管理和行业自律管理的重要过程。资产评估管理机构通过对评估机构出具的资产评估报告书有关资料的运用，能大体了解评估机构从事评估工作的业务能力和组织管理水平。由于资产评估报告是反映资产评估工作过程的工作报告，通过对资产评估报告书资料的检查与分析，评估管理机构能大致判断该机构的业务能力和组织管理水平。

第二，资产评估报告书也是对资产评估结果质量进行评价的依据。资产评估管理机构通过对资产评估报告书进行核准或备案，能够对评估机构的评估结果质量的好坏作出客观的评价，从而能够有效实现对评估机构和评估人员的管理。

第三，资产评估报告书能为国有资产管理提供重要的数据资料。通过对资产评估报告书的统计与分析，可以及时了解国有资产占有和使用状况以及增减值变动情况，为进一步加强国有资产管理服务。

(三) 其他有关部门对资产评估报告书的使用

除了资产评估管理机构可运用资产评估报告书资料外，还有些政府管理部门也需要运用资产评估报告书，包括证券监督管理部门、保险监督管理部门、工商行政管理、税务、金融和法院等有关部门。证券监督管理部门对资产评估报告书的运用，主要表现在对申请上市的公司有关申报材料招股说明书的审核过程，以及对上市公司的股东配售发行股票时申报材料配股说明书的审核过程。

根据有关规定，公开发行股票公司信息披露至少要列示以下各项资产评估情况：

(1) 按资产负债表大类划分的公司各类资产评估前账面价值及固定资产净值。

(2) 公司各类资产评估净值。

(3) 各类资产增减值幅度。

(4) 各类资产增减值的主要原因。

此外，还应简单介绍资产评估时采用的主要评估方法。公开发行股票的公司采用非现金方式配股，其配股说明书的备查文件必须附上资产评估报告书。

当然，证券监督管理部门还可运用资产评估报告书和有关资料加强对取得证券业务评估资格的评估机构及有关人员的业务管理。保险监督管理部门、工商行政管理部门、税务、金融和法院等部门也都能通过对资产评估报告书的运用来达到实现其管理职能的目的。

(四) 资产评估报告的使用限制说明应当载明的内容

1. 使用范围。

2. 委托人或者其他资产评估报告使用人未按照法律、行政法规规定和资产评估报告载明的使用范围使用资产评估报告的，资产评估机构及其资产评估专业人员不承担责任。

3. 除委托人、资产评估委托合同中约定的其他资产评估报告使用人和法律、行政法规规定的资产评估报告使用人之外，其他任何机构和个人不能成为资产评估报告的使用人。

4. 资产评估报告使用人应当正确理解评估结论。评估结论不等同于评估对象可实现价格，评估结论不应当被认为是对评估对象可实现价格的保证。

三、资产评估业务档案的应用

(一) 资产评估业务档案的概念及主要内容

资产评估业务档案是指评估机构在资产评估过程中形成的，经系统整理汇总，具有保存价值的文字、图表及声像等不同形式的记录和资料。资产评估业务档案是资产评估过程和评估成果的真实写照，是澄清事实与责任的法律依据，是评估质量监控的重要手段。评估业务档案的内容丰富，主要内容包括主卷和附卷两部分。

1. 主卷。主卷包括业务约定书或业务委托书、洽谈记录、项目建议书或工作计划书、委估单位清单及财务资料、评估报告正本、委托方和资产占有方的承诺函、资产评估师和资产评估机构的承诺函、评估机构营业执照及资格证书复印件、参加本评估项目的人员名单及其资格证书复印件、与本项目有关的政府部门批件、上级及董事会决议、营业执照和产权登记证等重要文件的复印件。

2. 附卷。附卷包括以下资料：

（1）评估报告说明书。包括流动资产评估说明、房屋建筑物及构筑物评估说明、土地评估说明、机器设备评估说明、长期投资评估说明、无形资产评估说明、其他资产评估说明以及流动负债评估说明。

（2）资产评估清查核实报告说明包括审计报告、核实调整报告、与委估范围不一致的重大调整事项说明、调整后的评估范围清单及财务资料。

（3）选择适合本项目的评估方法说明。

（4）工作底稿。实施具体评估程序的盘点记录、往来函件、现场踏勘记录、照片、市场询价资料、专家鉴定资料、数据分析、会谈及洽谈记录、工作进度表、职责表、审核调整表、工作总结、项目三级复核记录或表格、评估报告及说明初稿、评估明细和汇总表等均为需整理汇总的内容。

（5）对委估单位有关评估风险及内部控制制度的研究与评价记录。

（6）委估单位为此评估目的提供的相关资料（保密性的技术资料）。

（7）主管部门审核时提出的修改意见复印件及执行情况记录。如国资部门审核中提出的意见稿，上级主管审核意见稿。

（二）资产评估业务档案的工作环节

资产评估业务档案是专门档案的一种，其工作环节包括搜集、整理、鉴定、保管、统计及利用六个方面。

1. 档案搜集。档案的前身——文件，是由机构内各组织机构和个人分散形成的，而机构、社会组织和个人利用档案，则要求一定的集中，为了更广泛地发挥档案的作用，就需挑选文件集中保存，这便是档案的搜集工作。文件归档和各单位档案向档案馆移交都属于档案搜集工作。

2. 档案整理工作。搜集起来的档案来源广泛，数量很大，内容复杂，有的还可能是零散文件。为了改变这种对象零乱的状况，便于保管和利用，就必须对档案进行分门别类，使其有规可循，这便是档案的整理工作。

3. 档案鉴定工作。随着时间的推移和社会实践的发展，档案数量日益增多，而有些档案则逐渐失去了保存价值。为了减轻库房负担，降低档案管理成本，方便有价值档案的管理和检索，就需要对库存档案进行鉴别、挑选、去粗取精，这便是档案的鉴定工作。文件归档环节中的确定保管期限也属档案鉴定工作范畴。

4. 档案保管工作。由于自然和社会的原因，档案总是处于渐变性的自毁过程，甚至遭到突变性的破坏。为了尽可能地延长档案的寿命，就需要对其采取保护措施，进行妥善管理，这便是档案的保管工作。

5. 档案统计工作。档案数量多，成分复杂，为了科学地进行搜集、整理、鉴定、保管和有效的提供利用，档案管理部门和行政管理部门有关人员都要掌握档案及档案管理工作的基本情况，及时对有关状况进行数据的登记和分析研究，这便是档案的统计工作。

6. 档案利用工作。建立档案的最终目的是发挥其作用，为此档案管理人员除大量的基础工作外，还要通过各种方式和手段提供利用档案和有关资料，这种直接满足社会各方面档案利用者需求的工作，便是档案的利用工作。

（三）资产评估业务档案的归档要求

评估资料的归档是评估业务档案搜集工作的重要环节。在归档过程中，应力求做到评估资料齐全、完整和准确。

1. 归档范围包括各种产权证明、业务约定书、项目建议书、工作底稿、工作计划、核算资料及表格、合同及章程、评估报告书、评估软件及照片等。

2. 归档时间是指评估机构将评估过程中搜集的材料整理后向本单位档案管理员移交的时间。档案管理员在执行归档时间时，应该注意每个单位应明确评估档案的具体归档时间，确定评估材料在评估机构保存的时间，并列入评估业务档案管理制度，以便于操作实施。

3. 归档要求接受委托的每个评估项目，无论其规模大小，无论属于单项资产评估或整体资产评估，都要单独编号立卷归档。具体应做到以下三点：

（1）形式上应做到要素齐备、格式规范、索引明确、标识一致及记录清晰。

（2）内容繁简要恰当。业务档案的建立要与评估目的、被评估资产的规模，产权关系等要求相一致。

（3）编制时注明资料来源，分清责任。对搜集的资料要进行分析判断，去粗取精，去伪存真。

（四）资产评估业务档案的整理和编制

评估业务档案材料的整理要符合评估工作的专业要求，遵循专业管理的规律。在整理工作中，要坚持由资产评估项目负责人和档案管理人员共同负责的制度。

1. 评估业务档案的组卷方法。资产评估机构应根据档案管理的有关法规和评估机构的实际情况，采用分年度制，对业务档案本着便于查找、利用的原则，进行归类整理立卷，并编制案卷目录，填写案卷封面。

2. 组卷。按照一个委托单位、一项业务或按一个评估目的，并考虑按年度分开，在每个年度下，按业务项目分类，组成一个案卷。同时根据业务需要组成若干分册，且在每册封面上注明本卷共有多少册，此册为第几册。按资产类别编制页码，案卷开首要填写"卷内文件目录"，案卷封面填写要规范、整齐，有评估机构负责人、部门经理及项目负责人的签字或盖章，同时装订的密封处要加盖评估机构公章。

组卷可按类别分开，按评估项目形成的特点和顺序分别组卷，具体就以下四个方面简要说明：

（1）工作底稿归档可按管理类和操作类整理编制。由项目不同评估小组分工完成，编制时可按工作底稿形成的特点和顺序，分为评估项目管理类工作底稿和操作类工作底稿。管理类工作底稿，由评估项目负责人编制。编制中要侧重评估项目的组织管理过程和最终结果的质量控制。操作类工作底稿则由评估项目的执业人员完成，侧重于反映执行具体评估程序和形成评估结果的情况。

具体做法是：将工作底稿分门别类，形成相互联系相互控制的特定编号——索引号；在同一索引号下不同的工作底稿的页次应按顺序编号——顺序号；相关项目评估的各种底稿之间应保持清晰的关系，相互引用时，应注明交叉索引号。编制者应签署姓名和日期，复核者也应在工作底稿上签署姓名和日期，编制完毕，与档案管理人员办理交接手续。

（2）评估报告及有关资料可按国务院（1991）91号令规定的先后顺序整理编制。项目负责人在得到法人批准出具正式报告后，要按国务院（1991）91号令中规定的主卷评估报告书/副卷评估说明及评估明细表格式，对封面及目录、摘要、正文、备查文件等进行顺序编制，并连同工作底稿等有关资料一并上交档案管理人员。办理完交接手续后，由档案管理人按报告的编号顺序排列，先编制页码，开首要填写卷内文件目录，封面要有单位法人、部门经理及项目负责人签名盖章。案卷题名要有单位名称、评估材料的名称，应填写该卷档案的流水号、保管清册。案卷的分类排列编号要防止漏号、空号、重号和颠倒等。

（3）合作评估的评估资料的归档整理编制。原则上，工作底稿和评估报告的有关内容和资料，由各自分工负责的机构整理，交给评估项目的牵头方，并留备份。编制按上述要求完成。

（4）咨询服务的评估报告及分析资料也应按要求归档编制，内容完备，以备查用。

（五）资产评估业务档案的保管与销毁

档案保管与保护是为了最大限度地延长档案的寿命。这就要求有关人员了解和掌握影响档案寿命的原因和规律，采取专门的、有的放矢的技术措施和方法，最大限度地消除各种可能影响档案寿命的不利因素，把档案毁损率降低并将控制在最小的范围内。

1. 保管。保管是指根据档案的成分和状况所采取的存放和安全防护措施，包括三项工作内容：

（1）档案的库房管理；

（2）档案流动过程中的保护；

（3）保护档案的技术措施。

2. 资产评估业务档案必须保证完整无缺。凡与评估项目有关的资料应全部搜集归入档案。会计师事务所、资产评估机构应当建立健全业务档案管理制度，有条件的单位还应设立档案管理工作岗位，指派专职或兼职档案管理人员，专门负责资产评估业务档案的立卷与保管，按规范要求做好评估档案的建设与管理工作。评估机构在完成评估任务后，项目负责人应及时组织和整理资料，验收合格后连同目录在一个月内向档案保管人员登记移交，双方应办理移交手续，签署书面材料，不得拒绝归档或据为己有。在档案搜集整理过程中，评估机构应结合各个评估项目的具体要求，填写项目档案卷内目录、档案索引、编写页号和备考表，并按要求装订成册，放入符合条件的专柜保管，确保业务档案的安全。电子档案的保存有很多种形式，从电子文件到电子档案要经过很多步骤和处理过程，档案管理人员要进行监督和实施，不仅保证数字信息的可存取性，更要确保被存取信息的真实性。

3. 保管期限。档案保管期限，要根据国家法律法规、行业管理规定和评估项目的具体情况来确定。档案保管期限按评估目的划分，当评估目的为发行股票、股票上市交易以及涉及财产纠纷时，该项目的档案须保存 10 年以上。其他评估目的档案，要保存 5 年以上。档案的保管年限应从评估基准日算起。咨询服务性评估报告的保管期限可由评估机构根据客户情况确定保管时间。具体地说，若为长期客户，时间可保留长些，其他可根据业务需要保留。应该注意的是，咨询服务性评估报告问题较多，且报告不够规范，产权关系复杂，有的报告因委托方提供的资料有限，付费较少，评估机构接受任务后未能对评估范围、产权关系及其与评估目的有关的资料进行全面仔细的调查研究，工作底稿粗略，甚至没有。针对这种情况，档案管理人员应及时督促项目负责人尽量使相关资料归档。

4. 销毁。销毁业务档案保管期满后，应及时进行鉴定，对确实没有继续保存价值的档案，在销毁前必须由档案管理人员编造清单，经一定程序批准后，由法人代表和档案管理员共同在销毁清单上签字后，方可销毁。评估机构应委派至少 2 人以上的人员负责销毁，确保评估业务档案的保密性，杜绝评估档案流入外界。咨询服务性评估方面的资料销毁，可办理简单的内部审批手续，由法人代表签字后即可销毁。

（六）资产评估业务档案的利用

资产评估业务档案的利用是指对业务档案的借阅、复印和摘录。它分为外部查阅和内部查阅两种形式。

对档案外借必须建立严格的制度，只有通过一定的手续，档案材料方能外借，如法院、检察院、行业主管部门及国家有关部门需查阅相关资料。同行相关专业人员经档案所有权人同意亦可查阅，但不得复印，特别是工作底稿和客户的有关机密文件等。涉及原客户商业机密的，查阅人必须承担保密责任。同时，因查阅者误用档案资料，造成直接经济损失或不良后果的与档案提供者无关。评估机构内部业务人员因工作需要查阅、复印或摘录相关内容，也应办理相关手续。

电子档案的利用比纸质档案利用更方便、快捷，且做到档案资源共享。但这必须建立在所依赖的技术上，必须满足以下先决条件才能实现：

（1）建立电子档案的基础数据和识别文件。

（2）提供利用的方法有拷贝、通信传输和直接利用。

（3）由于提供利用方法对氧化和所依赖技术多重化，导致管理的复杂化。电子档案的利用涉及系统维护操作人员、系统管理人员、电子档案载体保管员及利用者各自工作性质和责任不同，因此，要对其使用权限进行审核，并以此向利用系统注册登录，以确保系统安全并进行有效控制和监督。提供拷贝件的内容应依据利用者使用权限及其需求来确定，原则上尽量避免把存储的电子档案信息全部拷贝出来，并通过技术手段使所提供的拷贝件无法再复制。提供者和利用者双方都应对拷贝件的内容进行确认，对载体类型、数量、日期和回收期限等情况进行登记，对回收的拷贝件做信息内容的彻底清除，完善管理手续。

（4）做好利用统计的信息采集、综合指标体系及结果的分析工作。

（5）建立利用中的安全措施档案的利用效果是指在利用档案提供的信息后，所获得的生产工作的结果。档案利用和保密是一致的。保密只是相对地把档案的使用限制在一定的范围内，但保密的最终目的还是为了更好地发挥档案的作用。

小测试：
按资产评估的具体对象划分，资产评估报告书可分为（　　　）。
A. 整体资产评估报告书　　　　B. 房地产估价报告书
C. 单项资产评估报告书　　　　D. 土地估价报告书

资产评估报告的特别事项说明

资产评估报告书实例

资产评估报告书摘要

资产评估报告书的补充说明

本章小结

★资产评估报告是指资产评估师根据资产评估准则的要求，在履行必要评估程序后，对评估对象在评估基准日特定目的下的价值发表的、由其所在评估机构出具的书面专业意见。资产评估报告既是资产评估机构完成对资产作价意见后提交给委托方的具有法律效力的公正性的报告，也是评估机构履行合同情况的总结，还是评估机构为评估项目承担相应法律责任的证明文件。

★资产评估报告由标题及文号、声明、摘要、正文、附件组成。评估报告正文包括：委托方、产权持有者和委托方以外的其他评估报告使用者、评估目的、评估对象和评估范围、价值类型及其定义、评估基准日、评估依据、评估方法、评估程序实施过程和情况、评估假设、评估结论、特别事项说明、评估报告使用限制说明、评估报告日、注册资产评估师签字盖章、评估机构盖章和法定代表人或者合伙人签字。

★资产评估报告依照不同的标准有不同的类型。

★我国资产评估项目管理实行核准制和备案制。

★在撰写资产评估报告时，必须遵守国家有关资产评估报告规定规范，同时评估人员还必须注意资产评估报告形式与内容的统一，以更好地为资产评估委托人、国有资产管理行政机关及其他机关利用。

思考题

1. 如何理解资产评估报告也是一种工作制度？
2. 资产评估报告的分类有哪几种？

3. 资产评估报告包括哪些基本内容和格式？其在资产评估中有什么作用？
4. 简述资产评估编写步骤及其基本要求？
5. 如何规避资产评估报告使用中的风险？
6. 说明资产评估业务档案内容，整理、编制及保管的特点？
7. 避免评估报告误导社会及其报告使用人的关键是什么？

阅读材料

1. 刘玉平：《国有资产管理与评估》，经济科学出版社2012年版。
2. 姜楠：《资产评估》，东北财经大学出版社2015年版。
3. 虞晓芬、汪初牧：《资产评估》，清华大学出版社2004年版。
4. 朱进强、纪益成：《资产评估综合操作实务》，中国财政经济出版社2012年版。
5. 《资产评估准则——评估报告》。
6. 《中华人民共和国资产评估法》。